지역공동체 형성과 사회적 자본

부 만 근

온누리디앤피
DESIGN & PRESS

지역공동체 형성과 사회적 자본

머리말

사람들은 공동체적 협동을 통해 삶을 유지하고 자신의 사회적 위치를 확인하며, 공동체적 삶의 장에서 자신의 사회적 존재가치와 정체성을 확인하고 인정받는다. 공동체 출현의 기본동기는 이같이 사람들이 생존을 위한 욕구충족과 자아실현에 있다.

우리나라에서는 일제강점기까지만 해도 마을을 중심으로 한 전통적 공동체인 촌락공동체가 존재하였다. 그러나 해방 이후 6·25동란으로 수많은 인구의 공간적 이동이 초래된데다 1960년대부터 산업화와 도시화가 본격화되면서 도시로의 급격한 인구집중과 함께 높은 이사율에 의한 정주체계의 불안정, 압축적 근대화와 다양한 사회갈등 등으로 대면적 의사소통과 상호협력에 기초한 공유가치와 규범, 그리고 장소적 정체성을 형성할 수 있었던 전통적 지역공동체가 해체되게 되었다.

이렇게 전통적 지역공동체의 해체로 공동체의식이 약화되면서 우리사회에서는 인간관계의 파편화와 무책임성, 사회적 규범의 해이, 공동체적 가치에 대한 배려의 약화, 귀속감의 약화에 따른 지역문제에 대한 무관심 등 여러 가지 사회문제가 야기되게 되었다. 이에 따라 현대를 살아가는 사람들은 인간소외, 인간성 상실에 따르는 불안한 삶에서 벗어나 다른 사람들과 인격체로서 관계를 맺고 서로 이해하고 협력하면서 지속적으로 긴밀한 유대를 통하여 공동가치를 추구하며, 그러한 관계 속에서 삶의 의미를 확인하고 심리적으로 안정감을 갖는 주체적인 삶을 원하게 되었다.

그런 점에서 현대인들에게는 공동의 가치추구와 삶의 의미를 확인하고 심리적 안정감을 가질 수 있는 사회적 기반을 필요로 하는데, 지역공동체는 비로 그러한 기반을 제공해 준다. 현대사회에서 지역공동체의 필요성은 바로 여기에 있다고 할 수 있다. 현대인들의 공동체에 대한 이러한 열망은 개인주의적 고립에 따른 소외, 탈맥락에서 오는 존재의 안정성 확보와 함께 삶의 질을 추구하기 위한 필연적 욕구라고 할 수 있다.

이러한 지역공동체는 신뢰, 네트워크, 규범, 참여와 같은 사회적 자본과 불가분의 관계를 가지고 있다. 사회적 자본은 사회성원들의 협력적 노력을 촉진시키고, 거래비용의 감소를 통해 경제적 효율성을 제고시키며 생산성 향상에 기여한다. 또 사회적 자본은 사회적 갈등을 완화시키고 주민들의 삶의 질 향상에 기여한다. 따라서 지역공동체가 형성·발전되기 위해서는 사회적 자본이 축적되어야 한다. 뿐만 아니라 지역공동체의 형성·발전은 정부 또는 민간부문의 단독 노력만으로 이루어지는 것이 아니라 민관의 공동참여와 상호협력을 통해 실현된다는 점에서 지역거버넌스가 구축되어야 한다.

본서는 위와 같은 전제 아래 현대사회에서 지역공동체 형성이 필요한 이유와 현대 지역공동체의 내용과 특성을 고찰하고, 이러한 공동체를 형성하기 위해 사회적 자본과 지역거버넌스가 어떤 역할을 해야 하는가를 규명하기 위해 집필하였다.

본서의 내용은 총 3장 11절로 구성되었다. 제1장 '지역공동체의 형성'은 4절로 구성되었는데, 제1절에서는 지역공동체의 성립요건, 구성요소, 공동체의식을 비롯한 공동체에 관한 이론을 다루었으며, 제2절에서는 전통적 지역공동체의 해체 원인과 현대 지역공동체의 형성이 필요한 이유를 서술하였다. 제3절에서는 지역공동체 형성이 어떠한 기조 아래 추진되며, 지역공동체 형성을 위한 시민사회와 지방정부의 역할을 제시하였으며, 제4절에서는 지역공동체 형성으로서의 마을만들기에 관한 이론과 실제를 서술하였다.

그리고 제2장 '지역공동체 형성을 위한 사회적 자본'은 5절로 구성되었다. 제1절에서는 사회적 자본에 관한 기초이론 및 사회적 자본과 지역발전과의 관계, 사회적 자본의 증진방안 등을 다루었으며, 제2절부터 제5절까지는 사회적 자본의 구성요소인 신뢰, 네트워크, 규범, 참여에 관한 내용을 구체적으로 제시하였다.

한편 제3장 '참여와 협력을 위한 지역거버넌스'는 2절로 구성되었다. 제1절에서는 지역거버넌스의 구성요소, 우리사회에서 추구해야 할 바람직한 거버넌스모형 등을 제시하였으며, 제2절에서는 참여와 협력을 통해 거버넌스를 활성화하기 위한 숙의의 필요성과 참여주체들의 역할을 다루었다.

그런데 본서의 내용 중에서 제1장은 졸저인 사회통합론(온누리디앤피, 2016)의 제4장의 내용을 대폭 보완한 것이며, 제2장 중에서 제2절(신뢰)은 사회통합론의 제2장 제2절을, 제3장은 제5장의 내용을 크게 보완한 것임을 밝혀둔다.

막상 집필을 마치고 보니 미흡한 내용이 적지 않다고 여겨지지만, 이 책이 지역발전에 관심을 가진 이들이 지역공동체의 형성과 그에 대한 사회적 자본의 역할을 이해하게 하는데 조금이라도 도움이 될 수 있다면 저자로서는 더없는 기쁨이겠다.

끝으로 어려운 여건 속에서도 출판을 기꺼이 맡아 주신 온누리디앤피 김용택 사장님과 편집 및 인쇄를 맡아 애써주신 직원들께 고마운 말씀을 드린다.

2022년 10월

저자 부만근

차례

제2장 지역공동체의 형성을 위한 사회적 자본

제 1 장

지역공동체의 형성

제1장 지역공동체의 형성

제❶절 지역공동체에 관한 이론

1. 서론

인간은 공동체적 협동을 통해 삶을 유지하는 한편 자신의 사회적 존재가치와 정체성을 공동체적 삶의 장에서 확인하고 인정받는다. 공동체 출현의 기본 동기는 사람들의 생존을 위한 욕구충족과 자아실현에 있는데, 이러한 동기는 사회를 공동사회와 이익사회로 구분하여 최초로 공동체를 체계적으로 연구한 Tönnies(1957)의 본연의지(Wessenwille) 개념에서도 찾아 볼 수 있다.

퇴니스에 의하면 인간은 본능적으로 타인과 함께 살아가기를 원하며 서로 협동하고 희생하려는 타고난 의지, 즉 본연의지가 있다고 한다. 본연의지는 공감, 습관 등과 같이 인간의 본성에서 우러나는 감정과 사고로서, 사회적 상황의 변화 속에서도 사라지지 않고 잠재적 욕구로 항상 인간의 내면에 남아 있다는 것이다.

퇴니스는 이처럼 본연의지에 의한 인간의 순수한 반응으로 결합된 관계를 공동사회(Gemeinschaft)라고 했는데(강대기, 2001: 177 재인용), 공동사회는 사람들의 관계가 연대감에 기초하여 형성되고 상호간의 규범(norm)이 존재하며 구성원들이 정체성을 강하게 인식하는 사회라는 점에서 바로 공동체이며, 본연의지는 이 공동체를 성립시키는 근본적인 요소가 된다(남상우, 2008: 169).

인간이 타인과 더불어 공동체를 이루며 살아가는 사회적 결합의 근저에는 이같이 본연의지와 같은 인간의 기본욕구가 자리 잡고 있다. 이러한 기본욕구로는 두 가지 형태가 있는데, 그 하나는 신체적 생존을 보전하기 위한 생리적 욕구이며 다른 하나는 자신의 사회문화적 존재가치를 표현하려는 자아실현의 욕구이다.

인간은 생존욕구를 다른 어떤 욕구보다도 강하게 갖고 있는데, 이는 모든 것에 앞서 충족되어야 한다. 그래서 인간은 생존을 위하여 가족, 이웃, 종교집단, 지역사회 등 집단을 이루며 살고 있다. 또 인간은 이러한 집단에서 사회적 가치지향과 규범적 수단을 통해 자아실현을 위한 노력을 하고 있다. 따라서 공동체 안에서 이루어지는 모든 인간관계는 생존욕구와 사회적 자아실현의 기본적 욕구가 조정되어 나타나는 현상으로 볼 수 있는데(강대기, 2001: 181), 이러한 기본욕구는 공동체적 결합의 기본동기로 작용한다.

일반적 의미에서 공동체(community)란 "일정한 공간을 공유하고 공동의 문화와 가치를 지향하면서 연대감을 가지고 사회적으로 상호작용을 하는 집단"을 말한다. 이렇게 볼 때 공동체 중에서 물리적 공간인 지역을 기반으로 하는 지역공동체(local community)는 "어떤 지역을 함께 하면서 지속적인 사회적 상호작용을 통해 소속감과 연대감을 가지고 공동의 목적과 가치를 같이하는 집단"이라고 할 수 있다.

우리나라에서는 조선시대까지만 해도 마을을 중심으로 촌락공동체가 존재하였다. 촌락공동체는 전통적 지역공동체의 일반적 특징인 안정적이고 폐쇄적 체계, 구성원들의 대면적 관계, 문화적 전통과 도덕률을 근간으로 하는 공동체로서 퇴니스가 말하는 공동사회(Gemeinschaft)적 사회관계에 기초하고 있었다고 할 수 있다. 그러나 해방 이후 6·25동란으로 수많은 인구의 공간적 이동이 초래된 데다 1960년대부터 본격화된 산업화와 도시화는 도시로의 급격한 인구집중과 함께 도시 내의 높은 이사율에 의한 정주체계의 불안정이 초래됨에 따라 사람들은 사회공간적인 소속감을 상실하고 삶의 공간으로부터 소외되어 갔다.

또 압축적 근대화에 따른 개인주의문화의 확산은 타인에 대한 배려를 약화시키고 사회적 규범(social norm)의 지속성을 무너뜨렸으며 분자화된 개인주의와 관계의 단절에 따른 사회적 배제 및 불평등을 초래하게 되었다. 그리하여 대면적 의사소통과 상호협력에 기초한 공유가치와 규범, 그리고 장소적 정체성을 형성할 수 있었던 공동체적 사회의 해체가 초래되게 되었다(한국도시연구소 엮음, 2003: 57).

이렇게 전통적 지역공동체가 해체되고 공동체의식이 약화되면서 여러 가지 사회문제가 야기됨에 따라 지역의 중요성이 부각되는 한편 비인간적 사회관계를 인간화시키고 갈등(conflict)을 완화하여 사회적 통합성을 증진시키기 위해서는 현대적 의미의 지역공동체를 형성해야 할 필요성이 커지게 되었다. 현대의 지역공동체는 자연발생적으로 동질성을 갖춘 전통적 의미의 '자연적 공동체'가 아니라 새로운 맥락에서 공동의 목적과 이념·가치를 추구하는 '의도적 공동체'라고 할 수 있다(이종수 외, 2008: 130).

따라서 우리 사회가 추구해야 할 현대의 지역공동체는 전통적인 가치와 생활양식에 기초한 공동체가 아니라 지역의 자립성을 확보하면서 공공성을 토대로 주민들과 지역집단들 상호 간에 연대를 모색하고 외부사회에 대해서도 협력적 상호작용을 하면서 더불어 발전해 나가는 공공성과 개방성을 속성으로 하는 공동체이다.

전통적 지역공동체가 전통적인 도덕적 가치·규범과 의무를 공유하는 통합성의 강조를 중요한 특성으로 했다면 현대의 지역공동체는 구성원들의 개성적인 생활양식, 다양한 가치관과 이해관계를 허용하는 차별성을 주요 특징으로 한다고 할 수 있다. 다시 말해서 현대의 지역공동체는 구성원들이 동등한 입장에서 자율성을 가지고 상호신뢰와 협력의 토대 아래 서로의 차이(다름)를 인정하는 다원적 가치가 공존하고 조화를 이루며 구성원들의 자발적 참여를 통해 자치를 강화하는 것을 주요 내용으로 하는 공동체라고 할 수 있다.

이러한 의미의 지역공동체가 형성·발전되고 지역주민들의 삶의 질이 향상되기 위해서는 주민들이 연대의식에 기초하여 개인의 문제를 넘어서는 공동의 문제를 인식하고 그것을 협력하여 해결하며 살아가려는 공동체의식의 내면화와 함께 신뢰(trust), 규범(norm), 네트워크(network) 등 사회적 자본(social capital)을 증진시켜 나가야 할 것이다. 지역공동체의 형성·발전에 사회적 자본이 필요한 이유는 사회적 자본이 지역의 생산성 향상에 기여하고 사회갈등을 완화시키며 지역여건에 부합되는 최적의 의사결정과 자원배분을 가능하게 하는 한편 공동이익을 위해 집단구성원들이 자발적 협력을 유도함으로써 지역주민들의 삶의 질을 향상시키는데 기여하는 자원이기 때문이다.

2. 지역공동체의 개념

1) 공동체의 개념

일반적으로 공동체(community)는 정주의 단위를 기초로 하여 소속감과 연대감을 공유하는 집단을 지칭하지만, 때로는 정책공동체, 문화공동체, 신앙공동체 등과 같이 특정한 속성을 공유하는 집단을 지칭하는 경우도 있다. 현재 공동체라는 용어는 가족단위에서부터 마을·지역·도시는 물론이고 국가를 넘어 지구차원에까지 적용되고 있으며 정치·경제·사회·문화 등 다양한 영역에서도 사용되고 있다.

더욱이 최근에는 온라인(on-line)상의 운영체계나 다양한 사이버활동 모임에까지 공동체라는 용어가 사용되고 있다. 이처럼 공동체라는 용어에는 사실과 가치라는 두 차원이 서로 얽혀 있어서 용어의 사용에 혼란을 주고 있는데, 이러한 현상은 공간과 사회관계의 변화에 따라 공동체의 개념이 다양하게 변화되어 온 데에 기인하는 것이라고 할 수 있다.

공동체의 원형이라고 할 수 있는 전근대사회의 촌락공동체가 근대화와 산업화의 과정을 거치면서 해체되고 그 대신 효율성을 중심으로 한 기능적이고 계획적인 공간전략으로서의 공동체 개념이 자리를 잡게 됨에 따라 공동체의 본래적 의미와 역할도 변화하게 된 것이다. 여기에다 교통 및 정보통신의 발달에 따라 장소적 밀착성이 사회관계의 친밀성을 더 이상 담보해주지 못하게 되면서 공동체는 탈장소적인 관계중심의 의미로 자리를 잡게 되었다.

이에 따라 공동체에 대한 인식이 일정한 공간 또는 지역차원의 지리적 근접성을 중심으로 한 개념에서 공동의 정체성, 이해관계, 신념 등 집단 구성요소의 동질성을 중심으로 한 개념을 넘어 이제는 자율적 개인들의 자발적 선택과 협력을 통한 신뢰관계의 개념으로까지 변화하게 되었다.

이같이 공동체는 다의적 개념을 갖고 있는데, 공동체 연구자들이 그 개념을 정의하는 경향은 크게 다음과 같은 세 가지로 구분할 수 있다(신용하, 1987: 14-15). 첫째, 공동체를 동질성을 가진 소집단과 동일한 것으로 정의하려는 경향으로서 Miinar, Greer 등의 견해이다. 둘째, 공동체를 타인과 일체가 되어 협동적 관계를 맺고자 하는 심성적·정신적 현상과 관계로 정의하려는 경향으로서 McClver, Nisbet 등의 견해이다. 이들은 심성적 공동체와 대중사회를 대조적인 것으로 보아 공동체는 일체감, 심성적 통일, 자발성, 전체성이 특징인 반면에 대중사회는 소외, 심성적 단절, 비참여, 분절화가 특징이 된다고 한다.

셋째, 공동체를 지역과 결부된 조직체의 단위들로 정의하려는 경향으로서 Popin, Sussman 등의 견해이다. 이들은 인간이 공간을 초월할 수 없는데다 사회적·심리적 욕구충족이 근린성을 수반하는 것이기 때문에 공동체가 형성되는 것으로 보아 공동체를 공간적 단위로서 특정한 지역 내에 거주하는 사람들의 집단으로 본다.

한편 개별연구자들의 공동체에 대한 개념정의를 보면 Simmel(1950)은 공동체를 “상호교류를 지속하면서 집단 내에서 동료애와 관습을 공유하고 공통된 가치를 가지며 상호 간에 이해와 일치감을 느끼는 공간"이라고 하였으며, Hillery(1955)는 "일정한 영역에서 공동의 유대감을 가지고 상호작용하는 주민집단"으로 정의하면서 그 특징으로 집단에 대한 소속감, 공동목적을 추구하는 일체감, 자발적 참여의식과 공동체 의식을 들고 있다(임광현, 2010: 15 재인용).

또 Sanders(1970)는 공동체를 "특정의 공간적 유대와 공동의 관심과 가치를 소유하고 있는 사람들의 집단"이라고 하였으며(한준상 외, 2003: 12 재인용), Taylor(1982)는 "지리적으로 한정된 지역에 거주하면서 상호 간에 자신들이 살아가고 있는 장소에 대해 사회적·심리적인 유대감을 형성하고 있는 사람들의 집합체"로 정의하고 있다. 그리고 정지웅과 최상호(1990)는 "일정한 영역에서 공동의식과 그 영역에의 소속감을 갖고 활동하는 인간집단"이라고 포괄적 정의를 내리고 있다(정하성 외, 1990: 21 재인용). 본 연구에서는 위와 같은 여러 견해들을 토대로 하여 공동체를 "일정한 공간을 공유하고 공동의 문화와 가치를 지향하면서 연대감을 가지고 사회적으로 상호작용을 하는 집단"으로 정의하고자 한다.

2) 지역공동체의 개념

(1) 지역공동체의 개념

지역공동체(local community)는 여러 유형의 공동체 중에서 물리적 공간인 지역을 기반으로 하는 공동체로서, 그 자체가 생활단위이며 지역주민들의 일상적인 삶과 밀접히 관련된 복합적 기능을 가진 공동체라고 할 수 있다. 지역공동체의 개념은 연구자들의 관점에 따라 다양하게 정의되고 있다.

Nelson은 "제한된 지역에 거주하면서 공동의 의식을 가지고 조직된 관계를 통하여 공동의 이익을 추구하며 여러 가지 활동을 분담하여 수행하는 인간집단"이라고 하고 있으며(임광현, 2010: 15 재인용), Poplin

(1979)은 "지리적 기반을 바탕으로 하며, 지역 내 구성원들 간의 상호작용을 통해 공동의 문제와 욕구를 해결해 나가는 가장 기본적인 사회조직 단위"로 정의하고 있다. 그리고 이주열(2006)은 "정주단위를 기초로 소속감과 유대감을 공유하는 집단"이라고 하고 있으며, 박병춘(2012: 14)은 "물리적 공간인 일정한 지역을 기반으로 지역주민과 생활 전반에 걸쳐 서로 긴밀하게 상호작용하고 공동의 목표와 가치라는 정서적 유대감을 공유하는 사회적 조직단위체"로 정의하고 있다.

이처럼 지역공동체는 그 개념이 다양하게 정의되고 있음에도 불구하고 그 내용에는 지역성, 사회적 상호작용, 공동의 목표나 가치라는 특성이 포함되어 있다. 이런 점에서 본 연구에서는 위의 여러 연구자들의 견해를 토대로 하여 지역공동체를 "어떤 지역을 함께 하면서 지속적인 사회적 상호작용을 통해 소속감과 연대감을 가지고 공동의 목적과 가치를 같이하는 집단"으로 정의하고자 한다.

그런데 여기에서 유념해야 할 것은 일정한 장소를 공유하며 구성원 간의 지속적 상호작용이 이루어진다고 해서 그 자체로 지역공동체라고 보기는 어렵다는 것이다. 일정한 장소를 공유하고 그 안에서 사회적 상호작용이 이루어지며 공동의 연대감을 갖는다고 하더라도 인근지역 주민과의 상호작용이 활발하지 못하고 지역정체성을 공유하지 못한다면 이는 지역공동체라기보다는 일종의 특수한 생활공동체로 볼 수 있다.

(2) 지역공동체의 유사개념

지역공동체의 유사개념으로는 지역사회, 생활공동체, 농촌공동체와 도시공동체, 도시지역공동체(urban local community) 등을 들 수 있는데, 이들과 지역공동체는 다음과 같은 점에서 구별된다. 첫째, 공동체와 지역사회의 구별이다. 지역사회와 공동체의 영어식 표현은 모두 'community'로서, 양자는 동의어로 사용되는 경우가 많다. 전통적으로 community는 일정한 장소를 기반으로 하여 사회적 상호작용과 공동의 유대감을 공통요소로 하는 지역공동체를 의미하였으나 산업화의 영향으로 community를 구성하는 요소 중 지리적 영역의 중요성이 약화됨에 따라 개념상의 혼란이 초래되게 되었다.

이에 따라 community는 보통 '지역사회'로 번역되기도 하고, 맥락에 따라서는 '공동체'로 번역되기도 한다. 이는 community가 공동체로서의 community와 지역사회로서의 community라는 이중성을 가지고 있음을 의미한다. 공동체로서의 community는 공동의 유대감, 공동의 목적의식을 기본요소로 하는데 비해 지역사회로서의 community는 일정한 지역생활권을 기본요소로 한다. 따라서 community가 지역성을 주로 반영할 때에는 '지역사회'로, 공동성을 주로 반영할 때에는'공동체'로 번역되는 경향이 있다(오혁진, 2014: 89-90).

둘째, 지역공동체와 생활공동체의 구별이다. 생활공동체는 비교적 소수의 사람들이 작은 범위의 지역에 함께 모여 공동의 가치관과 이념을 갖고 공동의 목적을 추구하며 생활하는 관심공동체(community of interest)의 일종이라고 할 수 있다. 이때의 지역은 공통의 역사와 문화 등 지역성을 반영하는 장소가 아니라 단지 물리적 공간인 경우가 많으며, 일반적으로 외부와 성격상 뚜렷하게 구별되는 공간이다. 이러한 생활공동체는 그 자체가 지역공동체로 보기는 어렵지만 그 영역이 확대되고 지역사회와의 관련성이 커지게 되면 지역공동체의 주요 기반이 될 수 있다.

반면에 지역공동체는 생활공동체에 비해 비교적 넓은 지역에서 많은 주민들이 특정한 이념이나 신앙의 장벽을 넘어 지역의 문화와 역사에 대한 정체성을 공유하며 정치·경제·사회·문화 등 생활의 전 영역에 걸쳐 지속적이고 긴밀하게 상호작용하는 공동체라고 할 수 있다(오혁진, 2014: 91-92).

셋째, 농촌공동체 및 도시공동체와 지역공동체의 구별이다. 농촌공동체는 도시공동체와 함께 지역공동체의 하위유형으로서 농촌이라는 취락유형의 공간 안에서 형성되는 모든 공동체를 말하며, 도시공동체

(urban community)는 공동체 형성의 일차적 계기를 이루는 공동의 요소가 무엇이든 간에 도시라는 취락유형의 공간 안에서 형성되는 모든 공동체를 지칭한다.

이러한 도시공동체의 하위유형으로는 아파트공동체와 같은 도시주거공동체, 생활협동조합과 같은 소비공동체, 생활환경의 개선을 목표로 하는 자연생태공동체를 비롯한 도시생태공동체, 생산자공동체와 같은 도시경제공동체 등이 있다. 이와 함께 도시공동체 안에는 하위 지역공동체인 도시지역공동체(urban local community)도 존재한다. 도시지역공동체는 도시공동체와 지역공동체의 교집합에 해당하는 공동체로서, 도시 내의 특정한 지역사회가 구성원들의 생활터전이 된다는 사실을 바탕으로 형성되는 공동체이다(황익주 외, 2017: 37-38).

3. 지역공동체의 형성 요건과 지역적 범위

1) 지역공동체의 형성 요건

지역공동체가 형성되기 위해서는 어떤 요건들이 충족되어야 하는가. 이에 대해 Olsen(1957)은 지역공동체의 특성을 생태적·자연적, 경제적, 심리적, 문화적 특성 등 네 가지로 구분하고 각 특성별로 지역공동체의 요건을 다음과 같이 제시하고 있다(정지웅 외, 2000: 17 재인용).

생태적·자연적 측면에서 지역공동체(local community)는 자연에 의해 형성되어 일정한 토지 위에 지리적인 일정한 장소를 공유하며, 경제적 측면에서는 물품의 생산·판매·구입 등에서 어느 정도 자립할 수 있는 범위를 포함한다. 그리고 심리적 측면에서는 그 구성원들이 심리적·사회적 통일을 이루고 있으며, 문화적 측면에서는 일상생활의 현장에서 혼인·사교·오락·예술 활동 등이 이루어지는 영역이다.

한편 Cook(1980)은 지역공동체가 형성되기 위해서는 다음과 같은 일곱 가지 조건들이 갖추어져야 한다고 한다(정지웅 외, 2000: 13-14 재인용). 첫째, 지역공동체는 인구의 집합체로서 어느 정도의 동질성을 가진 인구가 있어야 한다. 둘째, 지역공동체는 제한되고 인접된 지역 내에 거주하는 주민으로 성립된다. 셋째, 지역공동체는 지역사회의 공동성을 강화시키는 역할을 하는 역사적 유산을 공유한다.

넷째, 지역공동체는 은행·학교·교회·시장 등 기본적인 봉사기관을 갖는다. 다섯째, 지역공동체는 주민들이 '우리의식(we-feeling)'을 갖게 하는 공동생활양식에 참여한다. 여섯째, 지역공동체는 주민들이 하나의 집단으로 행동할 수 있는 통일된 의식을 가진다. 일곱째, 지역공동체는 협동생활의 가능성을 가진 상호협동사회이다.

이같이 지역공동체가 형성되기 위해서는 다양한 요건들이 충족되어야 한다. 즉 지역공동체는 인접한 토지에 살고 있는 일정 규모의 주민들로 구성되고, 주민들이 지역정체성과 공동유대감을 가지고 있고 서비스기관을 소유하며, 위기나 문제를 해결해 나갈 수 있는 단합된 행동방식과 장치를 가지고 있어야 한다는 것이다(오혁진, 2014: 94).

2) 지역공동체의 지역적 범위

지역공동체는 인간의 생존에 필요한 물질적·정신적 욕구를 충족시키는 조직이기 때문에 이러한 기능을 정상적으로 수행하기 위해서는 적절한 구조를 갖추어야 한다. Rubin(1977)은 지역공동체는 다음과 같은 구조적 특성을 가질 때 구체적으로 인간 상호간의 정체성을 인식하고 충분한 자기실현이 가능하다고 하고 있다(강대기. 2001: 77 재인용).

첫째, 지역공동체는 구성원들 간에 동료의식을 느낄 수 있도록 크지도 작지도 않은 적절한 규모를 갖추어야 한다. 둘째, 구성원들이 일체감을 느낄 수 있도록 적절한 1차 관계와 2차 관계의 유지가 가능해야 한다. 셋째, 그 사회에서 문화적 중추역할을 수행할 수 있는 집단이나 조직과 같은 제도적 기반을 가지고 있어야 한다. 넷째, 구성원들이 특정 장소에 상당 기간 안정적으로 정착되어야 하며, 인구이동이 적은 근린(neighborhood)들로 구성되어야 한다. 다섯째, 구성원들이 최소한 자기를 충분히 이해하고 있는 몇 사람의 친구를 가질 수 있어야 한다는 것이다.

이러한 구조적 특성을 갖는 지역공동체는 일정한 장소를 공유하는 구성원들 간의 비매개적 대면접촉을 통한 의사소통과 이해관계 또는 생활양식의 동질성에 대한 직접적 확인이 가능한 일정범위의 생활공간을 기반으로 한다. 지역공동체의 형성요건 또는 구조를 고려할 때 지역공동체는 단순한 생활공동체보다 대체로 인구와 지리적인 면에서 더 규모가 크고 생활 전반에 걸쳐 어느 정도의 자립기반을 가지고 있어야 한다.

지역공동체의 지역적 범위에 대해서는 마을 또는 일상생활권을 범주화하는 견해가 있는가 하면 읍·면·동 정도의 지역수준을 지역공동체로 보는 견해도 있는데, 최근 들어서는 세계화의 영향과 지역혁신 등으로 지역공동체의 지역적 범위가 확대되어 가는 추세이다. 그런데 지역공동체 성립 가능성의 차원에서 본다면 지역적 범위는 구성원들 간의 실제적인 관계망(network)을 형성할 수 있고 일상적으로 친숙하게 인식될 수 있으며 주민들의 참여를 통해 직접민주주의의 실현이 가능한 작은 단위의 지역이 보다 의미가 있다고 할 수 있다(오혁진, 2014: 97).

4. 지역공동체의 구성요소

지역공동체가 어떤 요소로 구성되는가에 대해서는 다양한 견해가 제시되고 있다. Hillery(1955)는 지역공동체의 구성요소로 물리적 공간인 지리적 영역, 사회관계를 나타내는 사회적 상호작용, 집단의식을 나타내는 공동의 유대 등 세 가지를 들고 있으며, McClver(1930)는 지역의 특정 범위, 공통된 사회적 특징, 공동감정을 지적하고 있다.

그리고 Davies와 D.Herbert(1993)는 지역적 영역, 상호작용적 행동, 인지적 정체성, 역동적 변화를 들고 있으며, Ross(1958)는 공간적 차원에서 일정한 영역을 공유하는 지역성, 사회문화적 차원에서 상호작용을 함께 하면서 집단적 정체성을 형성하는 공동체성, 구조적 차원에서 독자적 실체로 존속하기를 원하는 유기체성을 지적하고 있다(김현호, 2013: 12-13 재인용). 여기에서 유기체성은 주변 환경의 변화에 적응하면서 나름의 독자성을 유지하고 자신의 생명을 지속적으로 유지하고자 하는 성향을 말한다.

이상에서 일부 연구자들의 지역공동체 구성요소에 대한 견해를 살펴보았는데, 그 중 Hillery의 견해는 오늘날 사회적 상황변화에 따라 다양하게 나타나고 있는 공동체의 형태와 속성을 평가하는 하나의 준거틀이 되고 있다고 할 수 있다. 힐러리의 견해에 따라 지역공동체의 구성요소를 설명하면 다음과 같다.

(1) 지리적 영역

지리적 영역(geographic area)은 공동체 형성의 물리적 기반으로서 주민들이 함께 거주하며 공동의 관심사를 생산하고 교류·소비하는 사회적 공간을 말한다. 지리적 영역은 사람들이 사회적 활동이 이루어지는 구체적 공간이며 사회적 상호작용을 가능하게 하는 물리적·상황적 조건으로서, 인간의 삶은 기본적으로 일정한 지역에 근거함으로써 안정성과 지역정체성을 가질 수 있다. 지역공동체가 형성되기 위해서는 구성원들 간의 정신적 연계가 가능한 공동의 생활터전으로 지리적 영역인 공간단위가 있어야 하며, 이러한 공간단위는 구성원들 간의 상호교류가 가능한 근접성과 문화적 통일성, 생활의 통합성 등을 지니고 있어야 한다(장헌일, 2004: 10).

이러한 지리적 영역은 공동체의 본질은 아니지만 공동체를 가능하게 하는 기본요소이자 사회적 상호작용을 일으키는 공동체 형성의 물리적 상황조건으로서, 교통과 정보통신이 발달하지 못했던 예전에는 공동체를 출현시키는 가장 중요한 요소로 작용하였다. 그러나 산업화로 인해 사람들의 경제활동이 주거지역에 국한되지 않는데다 교통·통신의 발달로 원거리에서도 관계형성이 가능해지면서 일상의 범위가 시공간적 규제의 범위를 벗어나게 됨에 따라 공동체 구성요소로서의 지역성은 약화되고 있다.

(2) 사회적 상호작용

지역공동체는 일정한 지리적 영역 내에서 공동생활을 영위하는 주민들 간의 상호작용을 통하여 형성된다. 사회적 상호작용(social interaction)은 공동체 구성원 간의 네트워크와 조직, 그리고 사회체계 및 제도를 포괄하는 개념(신예철, 2012: 25)으로서 공동체가 형성되고 유지되는 과정이며 잠재적인 구조를 의미한다. 공동체의 형성은 사회구성원들의 상호작용에서 시작되기 때문에 지리적 상황조건보다도 직접적 대면관계에 의한 상호작용이 더 중요하게 작용하게 된다.

사회구성원들은 상호작용을 통해서 집단적 정체성과 상호간에 유대감이 형성되는 공동체를 이룰 수 있다. 사회적 상호작용은 일시적인 사회적 관계가 아니라 지속적이며 정형화된 관계로서 일반적으로 일정한 지리적 영역 내에서 공동생활을 영위하는 주민들 간의 상호교류를 통해 형성된다. 이러한 상호교류를 통해 사회관계가 유형화되며 그 과정에서 공동체적 규범과 가치가 제도화된다. 따라서 같은 생활권에 살고 있으면서도 상호교류가 없어 공동의 이해관계나 공동의 요구가 이루어지지 않으면 지역공동체는 형성되지 않는다.

그런데 공동체 구성요소로서의 상호작용은 교통·통신기술의 발달에 따라 과거의 본연의지(Wissenwille)의 관계가 합리적 의지의 관계를 거쳐 감각적 관계로 변형되고 있으며, 과거의 직접적인 대면관계가 통신매체를 통한 간접적 매개관계로 변형되는 동시에 일대일이던 대인관계도 다수 대 다수의 의사소통방식으로 확대되고 있다(강대기, 2003: 32).

(3) 공동의 유대

공동체의 형성은 일정한 지리적 영역과 그 영역에 살고 있는 구성원들 간의 상호작용을 통하여 공동의 유대가 생길 때 비로소 이루어진다. 공동의 유대(common tie)란 공동의 가치와 목표에 대한 인식 및 감정을 공유하는 것으로서 지리적 영역과 상호작용의 결과를 의미한다. 공동의 유대는 태어나면서부터 지니고 있는 혈연과 같은 원초적 공동의식이라기보다는 그 지역의 주민들이 장기적이고 지속적인 상호교류를 통해 나타나는 획득적 공동의식을 말한다(이재민, 2019: 13).

공동의 유대 가운데 가장 중요한 것은 구성원 간의 동질성으로 얻어지는 일체감과 협동정신이라고 할 수 있다. 공동체는 지속성이 강한 사회집단으로서 그것이 유지되기 위해서는 그 구성원들 간의 유대가 필수적이다. 공동의 유대에서 나오는 의식이 구성원들의 공동생활의 기초가 되어 전통을 형성하고 규범(norm)을 공유하게 하여 지역문화의 토대가 된다.

이러한 공동의 유대감은 지역의 전통 및 각종 제도의 영향을 받는데, 공동체 구성원들은 이러한 유대를 바탕으로 공동의 가치체계와 상징을 형성하며 공동체의 문제에 함께 참여하고 협력을 통해 해결방안을 모색하게 된다. 공동의 유대는 의미론적 관점에서 공동체의 가장 중요한 특성으로 인식되고 있는데 그 이유는 공동체의 개념이 어떤 형태로 분절되더라도 공동체 구성요소로서 공동의 유대가 포함되지 않으면 그것은 공동체라고 할 수 없기 때문이다(신예철, 2012: 30).

위에서 지역공동체의 구성에 대한 세 가지 요소를 살펴보았는데, 이러한 요소들은 일련의 차원을 나타내는 복합적 개념으로서 공동체기반으로서의 시공간적 차원, 공동체과정으로서의 사회적 차원, 그리고 공동체목표로서의 문화적 차원을 나타내고 있다. 따라서 이들 세 요소는 경험적 차원에서는 하나의 통합된 체제로 인식된다.

그런데 이러한 구성요소들은 서로 영향을 주고받는다. 같은 지역을 공유하는 구성원들은 직접적 대면방식을 통해 서로를 이해하고 협력을 통한 공동의 유대에 보다 적극적일 수 있다. 이 때 사회적 상호작용이 활발해짐으로 인해 다시 공동의 유대가 강화되고 지역에 오래 머물고자 하는 욕구가 생기게 되는 것이다. 이런 점에서 이들 지역공동체의 세 가지 구성요소는 각각 독립된 속성이 아니라 밀접하게 상호 연관된 하나의 개념체계라고 할 수 있다(강대기, 2001: 27-30).

이상에서 지역공동체의 구성요소를 살펴보았는데, 결국 지역공동체가 형성되고 발전되기 위해서는 제한된 특정지역에 대한 공유가 필요하며, 상호 영향을 주고받으며 유대감을 형성하고 소속감을 쌓아나가는 상태가 필요하다고 할 수 있다. 그런데 지역공동체의 의미는 기술발전과 더불어 추상화되어 왔다고 할 수 있다.

산업화 초기에는 공동체가 지리적 영역에 의해 그 실체가 확인되었으나 교통과 통신기술의 발달과 함께 사회 전반이 공업화되면서는 사회적 상호작용에 의해 그 정체성이 확인되었다. 그리고 정보통신기술이 물리적 공간장애를 획기적으로 극복한 오늘날에는 지리적 영역과 대면적 상호작용을 초월하여 인간 상호간의 공통의 유대나 정서로 추상화되어 왔다.

따라서 오늘날 공통체형성의 중심 내용은 지리적 영역이나 상호작용 그 자체가 아니라 집단적 공동유대라는 것이다(강대기, 2001: 27-28). 이렇게 공동체의 성격이 역사적으로 변화했다고 하더라도 공동체 구성요소로서의 지리적 영역, 사회적 상호작용, 공통의 유대는 여전히 유효하다고 할 수 있다. 다만 시대와 사회적 맥락에 따라 그 각각의 상대적 중요성과 강조점이 달라졌다고 할 수 있다(신예철, 2012: 27).

따라서 힐러리가 제시한 공동체 구성요소의 세 차원인 지리적 영역, 사회적 상호작용, 공통의 유대가 조화롭게 통합된 공동체는 이념형 공동체로서 산업혁명 이전의 촌락공동체가 이러한 공동체라고 할 수 있는데, 현대사회에서 이런 공동체는 존재하지 않는다.

5. 지역공동체의 유형

지역공동체는 공간 및 공동목적, 지향하는 가치, 구성형태 등을 기준으로 다양하게 유형을 분류할 수 있다. 지역공동체는 공간 및 공동목적에 따라 정주공동체, 지역공동체, 관심공동체로 구분된다. 정주공동체는 동일지역에 거주하는 사람들로 구성된 집단으로서, 혈연관계나 공동의 이념·목적 등에 의하여 형성되는 공동체라기보다는 같은 지역에 살고 있다는 유대감에 기초하여 형성되는 공동체이다. 현대사회의 정주공동체는 전통적 공동체처럼 지역에 대한 강한 애착심은 없지만 공동의 관심사에 기초한 일종의 통합성을 가지고 있다.

정주공동체의 대표적 형태는 마을(동네)이다. 그러나 현대사회에서 마을의 범위는 물리적·인지적·목적적 경계 등의 형태로 다양하게 논의되고 있는데다가 주민들이 인식하는 마을의 범위 또한 다양하며, 공동체 활동의 목적이 지역에 대한 공동관심을 전제로 하고 있다는 점에서 정주공동체는 지역공동체의 개념과 유사하며 지역공동체에서 정주성을 강조한 개념으로 이해할 수 있다(신예철, 2012: 34).

지역공동체는 일정한 지역을 기반으로 목표와 가치의 공유에서 비롯되는 연대감을 갖는 공동체로서 자연발생적 공동체가 아닌 '계획공동체적 성격'을 가지며, 근본적으로 지역 내에서의 정치·경제·사회·문화·교육의 기능을 수행하는 특징이 있다. 지역공동체는 초기에는 하나의 목적 또는 가치에 의해 형성되지만 규모가 커지고 활동범위가 확대되고 다양화되면서 그 공동체 안에 주거·경제·환경·문화 등 다양한 성격의 공동체가 복합적으로 형성되는 경우가 많다.

한편 관심공동체(community of interest)는 특정한 지역적 기반보다는 공동의 유대나 공동의 목적의식을 기본적 요소로 하여 형성되는 공동체이다. 관심공동체는 합리적 절차를 밟아 의도적으로 형성된 결사체적인 성격을 갖는 공동체로서, 공동의 목적이나 관심사를 가지고 오프라인(off-line)의 특정한 공간을 기반으로 형성되는 공동체와 가상공간에서 형성되는 사이버공동체(cyber community)가 있다. 오늘날 관심공동체는 교제 및 친목, 정보교류 및 교육, 여가와 취미, 정서적 공유와 사회적 지원 등 다양한 목적으로 활발하게 형성·운영되고 있다(신예철, 2012: 35).

지역공동체는 지향하는 가치에 따라 주거공동체, 생태환경공동체, 대안교육공동체, 경제공동체, 문화공동체로 구분된다. 주거공동체는 특정한 주거단위를 중심으로 형성되는 공동체로서 단독주택, 연립주택, 다세대주택, 아파트단지 등 다양한 형태로 존재한다. 이러한 주거공동체는 주거에 기초한 생활공간을 개선하고 이웃 간의 만남의 기회를 넓히며 교육·의료 등 생활서비스를 향상시키려는 목적을 갖는다.

생태환경공동체는 현대문명이 가져온 생태계 파괴와 인간성 상실로부터 벗어나기 위한 대안사회의 한 형태로 형성되는 공동체이다. 이 유형의 공동체는 인간과 자연이 선순환을 이루는 지속가능한 삶을 목표로 하는데(김기곤, 2012: 8), 자연 및 생태계와 인간사회 간의 상호작용에 초점을 맞추어 이들이 서로 선순환을 할 수 있도록 오염 없는 생태환경 조성, 자원절약형 생활환경 조성 등을 지향한다.

대안교육공동체는 학교와 학부모 간의 유기적인 네트워크를 통해 다양한 교육문제를 극복하기 위해 형성되는 공동체이다. 대안교육공동체는 대안교육의 일환으로 제도교육의 한계를 극복하여 민주시민의 육성과 평생학습을 통한 시민성의 획득을 목표로 한다. 그런 점에서 대안교육공동체는 지식과 정보의 주입이라는 전통적 교육방식에서 벗어나 자율성과 창의성을 강조하며 지역의 문제를 자신의 문제로 함께 인식하고 공동으로 해결해 나가는 교육을 지향한다.

경제공동체는 고도화된 산업경제체제에서 배제되어 일자리와 경제력이 취약한 집단들이 실직 등 사회적 위험에 대처하기 위해 자발적이고 집합적으로 형성되는 공동체이다. 이 공동체는 사회적 기업이나 협동조합 등의 형태로 운영되면서 지역의 필요를 충족하고 구성원들의 경제적 이익을 실현하기 위한 목적을 갖는다. 경제공동체는 지역단위에서 정부·기업·주민 등 3대 주체가 상생과 공존의 경제활동을 위해 상호 협력하는 방식으로 운영된다(김기곤, 2012: 8).

한편 문화공동체는 문화·예술 활동을 매개로 하여 형성되는 공동체로서, 그러한 활동을 통해 삶의 질을 향상시키고 지역의 정체성을 형성하며 공동체적 연대의 삶을 형성하는 것을 목적으로 한다. 문화공동체는 전통 및 고급문화의 확산을 통한 문화적 권리의 신장, 경관 및 건축미관 개선 등을 지향한다.

지역공동체는 그 구성형태에 따라 기업형 지역공동체, 협업형 지역공동체, 풀뿌리운동형 지역공동체로 구분된다. 기업형 지역공동체는 기업활동에 기반을 두어 '공생'이라는 사회적 가치의 추구를 목적으로 하는 공동체로서 사회적 기업, 마을기업, 자활공동체, 농어촌공동체회사 등을 그 예로 들 수 있다.

협업형 지역공동체는 상부상조의 전통적 가치에 기반을 두어 공동 또는 협업을 통해 공동의 경제적·사회적·문화적 필요와 욕구의 충족을 목적으로 하는 공동체로서 협동조합, 주민자치회 등을 그 예로 들 수 있다. 한편 풀뿌리운동형 지역공동체는 지역사회에서 주민들과 함께 시민운동의 영역에서 지역사회의 문제를 해결하고 이를 기반으로 전체사회의 공동체적 변화를 추구하는 것을 주요 목적으로 하는 공동체로서 교육공동체, 문화공동체, 생태공동체 등을 그 예로 들 수 있다.

6. 지역공동체의 기능

지역공동체는 개인이 그 구성원이 되기 위하여 규범과 역할을 익혀나가는 지역단위인 동시에 그 지역의 특유한 문화를 이어받고 변화시키며 후손에게 전달하는 사회조직의 단위로서 주민들의 삶과 밀접하게 관련된 복합적 기능을 수행한다. 이러한 기능은 지리적으로 동일한 사회적 단위들과 사회체계에 의해서 수행되며 상호의존적으로 이루어진다(이근홍, 2011: 341).

지역공동체의 기능에 대하여 Fellin(1987)은 생산·분배·소비라는 경제적 하위체계로서의 기능, 가치·행위의 학습을 비롯한 개인과 집단의 사회화 기능, 지역사회의 규범에 동조하도록 하는 사회통제기능, 공동체 활동에 참여를 위한 심리적 동일시의 기능, 상부상조기능 등 다섯 가지를 제시하고 있으며(고순철, 1994: 8 재인용), 정지웅 외(2000: 212-213)는 구성원들의 자아실현, 문화전수, 사회화, 공동체정신 구현, 관계형성과 상호작용을 위한 장으로서의 기능을 들고 있다.

그리고 김남선(2010)은 개인이 해결하기 어려운 문제를 함께 해결하고 대처할 수 있는 상부상조기능, 개인들을 지역사회의 가치·규범·신념에 동조하도록 이끌어주는 사회통제기능, 사회통합기능 등 세 가지를 제시하고 있으며, 권순복(1990)은 주민자치활동 및 인간성 회복의 장으로서의 사회적 기능, 생활정보 교환 및 공동생활 실천의 장으로서의 경제적 기능, 자치행정 실천의 장으로서의 행정적 기능 등 세 가지를 들고 있다.

이 밖에도 여러 연구자들이 지역공동체의 기능을 다양하게 제시하고 있는데, 이를 분야별로 정리하면 정치적으로는 구성원들의 참여촉진과 사회통합 및 통제기능을 수행하며, 경제적으로는 공동체 내에서 생산·분배·소비활동을 수행한다. 그리고 사회적으로는 구성원들 간의 상호부조 및 사회화기능을, 문화적으로는 문화유산의 전수 및 문화창조의 기능을 수행한다. 이러한 견해들을 종합하여 지역공동체의 기능을 구체적으로 설명하면 다음과 같다.

첫째, 지역공동체는 그 성원들의 일상생활에 필요한 재화와 서비스를 생산하여 주민들에게 적절히 배분하며, 그것을 활용하도록 한다. 이러한 역할은 지역공동체의 산업을 비롯한 다양한 전문기관을 통하여 이루어진다. 둘째, 지역공동체는 성원들에게 그 사회가 가지고 있는 일반적 지식과 사회적 가치 그리고 행동양식을 사회화시킨다. 사회화는 사람들이 태어나면서부터 그 공동체의 문화를 배우고 공동체의 가치를 내면화하는 과정으로서, 이를 통하여 사람들은 사회유산을 전승하고 퍼스낼리티를 형성하여 사회성원으로서의 역할을 하게 된다.

셋째, 지역공동체는 그 성원들이 사회규범에 순응(adaptation)하도록 행동을 통제한다. 지역공동체에서는 성원들의 사회규범에 대한 일탈을 막고, 일탈이 일어나면 그것을 제재하고 더 나아가서 일탈자를 재사회화하는 사회적 노력이 통제라는 기제를 통하여 이루어진다. 넷째, 지역공동체는 그 성원들의 상호부조를 통하여 인간다운 삶을 영위하도록 한다. 여기에서의 상호부조는 공동체성원들이 자신들의 욕구를 스스로 충족할 수 없을 경우에 공동체의 공식적·비공식적 지원체계로부터 필요한 서비스를 제공받는 것을 말한다.

다섯째, 지역공동체는 성원들의 사회참여를 촉진시킨다. 지역공동체는 그 성원들에게 개인적 발전이나 공동체의 목적을 실현하기 위해서 공동체의 제반 활동에 참여할 수 있도록 기회를 제공한다. 이러한 참여는 성원들 간에 활동을 공유하도록 하여 유대감을 높이고 신뢰를 강화시킴으로써 상호 이해관계를 더 큰 공공선(public good)의 가치와 조절하고 타협하도록 하며 사회에 대한 책임 있는 행동을 가능하게 한다(조현성, 2009: 65).

여섯째, 지역공동체는 사회통합을 촉진시킨다. 지역공동체는 성원들이 기꺼이 공동체에 헌신할 수 있도록 동기를 부여하여 결속시키며 지역문화를 보전시킴으로써 사회통합에 기여한다. 앞에서 설명한 사회통제의 기능이 그 성원들에게 사회규범에 순응하도록 하는 것이라면 사회통합의 기능은 성원들이 스스로 법을 준수하고 관습(custom)과 문화를 존중하며 서로 대등한 입장에서 공동체를 위하여 기꺼이 참여하도록 하는 것이다.

7. 지역공동체와 공동체의식의 관계

1) 공동체의식의 개념

현대사회에서 공동체는 물리적 공간 속에서 형성되기도 하고 사회 구성원들이 지향하는 신념이나 가치에 따라 형성되기도 하며, 외부의 지원을 통해 형성되기도 하는 등 다양한 요인에 의해서 형성된다. 그럼에도 공동체 형성에 대한 논의에서 공통적으로 중요한 것은 공동체성, 즉 공동체의식(sense of community)이라고 할 수 있다.

공동체는 기본적으로 '공동체적 인간'에 의해 형성된다. 그러므로 공동체의 형성 및 그 성격은 공동체를 구성하는 사람들의 의식 및 태도에 의해 결정된다. 공동체 속에 살고 있는 사람들은 각기 서로 다른 개인의 인성에 상응하는 개인의식을 가지는 동시에 그들이 속해 있는 공동체에 대한 집합의식을 가지고 있다. 이 집합의식이 바로 공동체의식이라고 할 수 있다.

공동체의식의 개념에 대해서 Davidson과 Cotter(1991)는 "사람들과 그들 공동체 간의 강력한 애착심을 의미하는 개인감정"이라고 정의하고 있으며, McMillan과 Chavis(1986)는 "구성원들이 소속감을 갖고 집단의 일부라는 느낌을 가지며, 구성원의 요구가 헌신을 통해 충족된다는 공유된 믿음"이라고 하고 있다(강향미, 2015: 21 재인용). 한편 Nisbet (1962)은 공동체의식을 "함께 살고 일하며 함께 겪는 것을 전제로 한 소규모의 안정된 구조의 공동체 안에서 형성된 집단의식"으로 정의하고 있으며(이나영, 2009: 26 재인용), 김남선(1992)은 "그 사회성원들이 사회생활을 통하여 나타난 획득적 공동의식"이라고 하고 있다.

이같이 공동체의식의 개념은 연구자들의 연구 관점에 따라 그 강조점을 달리하고 있는데, 본 연구에서는 위에 제시한 여러 견해를 토대로 하여 공동체의식을 "사회성원들이 공동의 유대감을 가지고 일정한 공간에서 상호작용을 하면서 형성되는 정서적 연계"라고 정의하고자 한다. 공동체의식을 이렇게 정의할 때 지역공동체의식은 "지역사회 성원들이 공동의 유대감을 가지고 물리적 공간인 일정한 지역에서 상호작용을 하면서 형성되는 정서적 연계"라고 할 수 있다. 이같이 지역공동체의식은 지역사회 성원들의 사회적 결속과 관련된 집합의식 또는 그 집단 전체의 공통된 의식이다.

공동체의식은 이주의 자유가 제한되었던 근대사회 이전의 전통적 공동체에서는 물리적 공간으로부터 가장 큰 영향을 받았지만 현대사회에서는 구성원들 간의 사회적 관계를 통해서 형성되는 주관적·심리적 감정으로부터 더 큰 영향을 받는다(김수영 외, 2013: 345). 이러한 공동체의식의 핵심적 논제는 구성원들 간의 사회적 관계에서 비롯되는 주관적·심리적 감정이며, 이것이 정형화된 것이 가치와 신념이라고 할 수 있다.

사회구성원들은 가치와 신념에 동의하면서부터 공동체의식을 가지고 지역공동체를 형성하며, 이들 구성원들 간에 신뢰와 호혜성이 증진되면서 응집성이 강한 공동체로 유지된다. 그리고 그들이 가지고 있는 가치와 신념을 다른 사회구성원들에게 전파하여 새로운 공동체 구성원으로 동화하려는 노력도 하게 된다. 이러한 과정을 통해 지역공동체는 단일의 가치를 지닌 공동체에서 다양한 가치들과의 결합을 통해 다원화된 가치와 신념을 공유하는 새로운 공동체의 모습을 지니게 된다.

2) 공동체의식의 구성요소

공동체의식은 어떤 요소로 구성되는가. MacClver(1917)는 지역사회의 토대는 지역성(locality)과 공동체의식임을 강조하면서, 공동체의식의 내용으로 공동체 성원들이 공통된 이해를 갖는 데서 생기는 우리의식(we-feeling), 공동체 성원으로서의 역할을 가진다는 역할의식, 성원들이 공동체에 의존하고 있다는 상호의존의식 등 세 가지를 제시하고 있으며, Popplin(1985)은 자기 자신과 집단을 동일시하는 소속감, 공동목적을 추구하는 일체감, 자발적 참여의식, 전인격적 인간관계 등 네 가지를 들고 있다(이나영, 2009: 31-32 재인용).

한편 McMillan과 Chavis(1986)는 공동체의식이 일정한 지역 내 주민들 간의 상호작용을 통해 형성된다면서 그 구성요소로 구성원의식, 상호영향의식, 욕구의 충족과 통합, 공유된 정서적 연계의 네 가지를 제시하고 있으며, 김경준(1998)은 충족감, 연대감, 소속감 및 상호영향의식, 정서적 친밀감을 들고 있다(채종헌·김종수, 2014: 47 재인용). 이 밖에도 여러 연구자들이 구성요소를 제시하고 있는데, 본 연구에서는 그 중에서도 가장 많이 인용되고 있는 맥밀란과 채비스의 견해를 구체적으로 살펴보고자 한다.

첫째, 구성원의식은 사람들이 자신은 공동체의 구성원이며 공동체에 소속될 권리가 있다고 여기는 의식이다. 구성원의식은 공동체의 상징체계와 신념 및 목표들을 공유함으로써 혼자가 아니라 누군가와 함께 살고 있다는 존재감을 인식하게 해 준다, 이러한 의식은 구성원들의 유대와 통합을 위한 기반요소로 기능하며 문화적 일체감과 심리적 안정감을 제공함으로써 지역정체성을 확립하는데 기여한다.

둘째, 상호영향의식은 구성원들이 공동체로부터 영향을 받고 있으며 구성원들 역시 공동체에 일정한 영향력을 행사할 수 있다고 여기는 믿음이다. 이는 공동체 구성원인 개인과 공동체의 관계가 지속적인 의사소통과 상호작용을 담보해야 함을 의미하는데, 상호영향의식이 강할수록 공동체의식도 강해져 공동체 내의 주인의식이 고취되며, 이를 통해 공동체 구성원으로서의 책무를 다하게 된다.

셋째, 욕구의 통합과 충족은 공동체에서 자신의 욕구가 다른 구성원들과의 협력적 관계를 통하여 충족될 수 있을 것이라는 의식이 구성원들 간에 받아들여지고 공유되는 것을 의미한다. 이는 구성원들이 공동체 활동에 참여하게 되는 동기로 해석할 수 있으며, 욕구의 충족을 통하여 얻게 되는 만족감은 공동체 구성원으로서의 정체성(identity)을 고취시킬 수 있다. 이러한 욕구의 충족은 자신이 원할 때 그것을 충족시킬 수 있는 서비스의 유무와 다양한 경험을 할 수 있는 기회 등이 주요 변인으로 작용한다(김미연·김인설, 2008: 115).

넷째, 정서적 연계는 구성원들의 빈번한 접촉과 상호작용을 통해 함께 활동하고 경험함으로써 가치와 역사, 경험을 공유하고 있으며 앞으로도 공유할 것이라는 의식이다. 이렇게 구성원이 의식하는 정서와 유대감은 상호신뢰의 바탕이 되고 자신의 행동을 스스로 조절하도록 만듦으로써 협동을 가능하게 한다. 이러한 협동은 그 과정에서 경험과 관계가 긍정적일수록, 구성원들이 공유한 사안이 개인들에게 중요할수록 집단 내의 유대감이 커지며, 활동이 성공적으로 수행되고 있다고 의식할수록 정서적 연계가 이루어질 가능성이 높다(김미연·김민설, 2008: 116).

3) 공동체의식과 지역공동체의 관계

공동체의식은 지역사회에서 공동체 중심의 활동을 활발하게 할 수 있는 기반을 제공하는 등 공동체 발전에 핵심적 역할을 수행한다. 공동체의식은 공동체 구성원들에게 동일시의 근거를 제공함으로써 심리적 안정과 소속감을 제공해 주며 구성원들의 건전한 퍼스낼리티(personality)의 형성과 발달에 기여한다. 또 공동체의식은 구성원들에게 연대성과 참여성을 갖도록 하고 공동체의 가치와 규범에 순응하도록 하는 사회통제기능을 수행하며, 그들이 속한 공동체와 일체감을 갖도록 하여 사회통합에 기여하게 된다.

공동체의식이 강한 사회에서 구성원들은 자신의 사익만을 추구하는 개인주의적이고 자기중심적인 존재가 아니라 사회구성원으로서의 소속감과 연대감, 책임감을 가져 공동의 문제를 함께 해결하기 위한 협력을 하도록 한다. 그리고 상대방의 입장을 이해하고 관용(tolerance)하며 공동의 이익을 위해서 사적 이익의 일부를 희생해야 한다는 것을 이해하게 한다.

이러한 사회에서는 공동체의 문제를 자신의 문제로 인식하기 때문에 공공문제에 적극적으로 참여하게 되고 호혜성(reciprocity)이 높아져 공동노력에 불참하려는 무임승차(free riding)의 욕구를 감소시켜 구성원들 간의 협력적 노력이 촉진되며, 집단행동의 딜레마가 사라지고 공공재의 원활한 공급이 기능해지게 된다(채종헌·김종수, 2014: 48). 또 구성원들 간의 갈등과 무분별한 경쟁도 완화되게 된다. 이같이 공동체의식의 강화는 구성원들 간에 상호관계를 돈독하게 하고 협력과 호혜성을 강화시킴으로써 공동체가 형성되고 발전할 수 있는 원동력이 된다고 할 수 있다.

제❷절 전통적 지역공동체와 현대 지역공동체

1. 전통적 지역공동체의 특징

인간의 생존방식은 시간과 공간질서에 기초하고 있다는 점에서 한국의 고유한 공동체는 한국의 독특한 지리적·문화적 환경 속에서 형성되었다고 할 수 있다(강대기, 2001: 31). 한국의 전통적 공동체는 크게 두 가지로 구분할 수 있는데, 하나는 가족과 친족 등 혈연을 중심으로 한 씨족공동체이고, 다른 하나는 마을(동리) 등의 지연을 중심으로 하는 촌락공동체(향촌공동체)이다. 농업사회인 조선시대에 마을은 단순한 행정단위가 아니라 하나의 사회적 통일체로서 생태적인 취락인 동시에 사회생활의 단위였으며, 마을 자체가 주민들의 생활권을 형성하여 그들의 중요한 사회관계가 거의 마을 안에서 이루어졌다.

당시는 농업위주 사회였기 때문에 마을이 여러 면에서 자족적 생활단위를 이루고 있었으며, 마을의 인구와 가구 수가 많지 않은데다 지리적 영역도 한정되어 마을사람들은 일상적으로 대면적인 상호작용이 가능하였다. 따라서 마을사람들은 서로 알고 지내며 협동하고 마을전체를 공동운명체로 인식하며, 마을 안에서 거의 모든 활동을 하고 마을중심으로 세상을 이해하고 거의 비슷한 경제활동을 하였다(이 건, 2002: 117). 이와 같은 마을 안의 활동과 마을중심의 세계관, 비슷한 경제활동, 마을 안의 자기충족, 면대면의 인간관계, 공통의 의식과 믿음 등은 사람들이 한 마을에서 오랫동안 함께 살아가기 때문에 자연발생적으로 형성되었다.

조선시대에는 향약(鄕約)이 마을의 자치규약으로 채택되어 주민들의 공동체적 결속을 다지고 유지하는데 활용되었다. 향약에는 촌락공동체를 이루며 살아가는데 필요한 여러 가지 운영원리들이 포함되어 있었는데, 덕업상권, 예속상교, 환난상휼, 과실상규의 네 가지 덕목이 바로 그것이다(이명호, 2016: 96). 덕업상권(德業相勸)은 마을구성원들의 선행을 장려하고 생업에 정진하는 것을 말하며, 예속상교(禮俗相交)는 공동체 생활에 필요한 규범을 서로 알리고 생활화하는 것을 의미한다.

환난상휼(患難相恤)은 수재나 질병, 화재 등 재난이 발생할 때에 서로 돕는 것을 말하며, 과실상규(過失相規)는 공동체 생활에서 서로의 허물을 비판하고 규율하는 것을 의미한다. 이러한 덕목들이야말로 소농사회적 환경아래서 촌락공동체가 상호의존적으로 생활하면서 생존을 보장받는데 필요한 기본규범이었다고 할 수 있다.

조선시대에 향약에 기초하여 추구하였던 가치규범으로는 자치성, 윤리성, 경제적 상호부조의 세 가지를 들 수 있다(이명호, 2016: 98-99). 첫째, 자치성이다. 조선시대에는 마을에 일정범위의 자율성을 부여하였는데, 이러한 자율성은 마을주민들의 사회의식을 고양시키는데 기여하였다. 자율성은 유교적 가치의 공유, 과실상규로 대표되는 제재조치의 시행과 함께 경제적 부조 및 자립을 위한 공동체의 공동재산을 통해 유지되었다. 둘째, 윤리성이다. 향약은 서로에게 삼강오륜을 비롯한 유교적 덕목의 실천을 권장하고 자발적 실천을 유도하였다. 이러한 윤리성은 마을주민들로 하여금 스스로를 점검하게 하고 행위를 규제하는 기제로서 공동체를 지속할 수 있게 하는 동력으로 작용하였다

셋째, 경제적 상호부조이다. 상호부조는 마을공동체 활동의 기본원칙으로서, 마을에서 발생하는 재난들을 공동체 차원에서 함께 극복하는 것을 추구하였다. 마을구성원들의 개인적 이해관계보다는 공동체의 이익을 우선시하는 윤리에 기초하여 무의탁 노인이나 고아를 비롯한 사회적 약자 등 취약계층을 배려하는 상호호혜의 협동원리가 권장되었다. 이러한 가치규범들인 자치성, 윤리성, 경제적 상호부조는 당시 마을주민들의 생활원리로 작용하였다.

조선시대에는 벼농사를 위주로 하는 자급적 생계농업의 특수성으로 인해 마을사람들이 서로 협동하지 않고서는 생산활동을 영위할 수가

없었기 때문에 바쁜 농사철에 주민들이 상호 협동하는 두레와 품앗이와 같은 호혜성의 규범(norm of reciprocity)이 정착되었다. 이와 함께 마을은 사회적 위험을 줄이고 안전을 확보하기 위하여 경지·임야·제언(堤堰)과 혼상구 등 일부의 자원을 공유함으로써 공동의 이해가 발생하였고, 이를 위한 경제적 협동의 규범이 만들어졌다(한준상 외. 2003: 43). 그리고 마을의 공유재산을 처분할 때에도 마을주민 전부 또는 유력자들이 협의해서 결정함으로써 그 동리에 사는 사람들은 누구나 이익을 향수할 수 있었다.

주민들의 협동적 사회관계 측면에서도 마을은 하나의 지역적 공동생활체를 이루고 있었다. 주민들은 마을의 공공시설을 유지하기 위해 도로·교량·우물 등의 수축작업을 공동으로 시행했는데, 그러한 일들은 대동회(大同會)의 결의를 거쳐 호구별로 얼마씩 비용을 배분하여 갹출하고 노역을 부과하여 이루어졌다. 따라서 마을공동체는 단지 개인들이 모여 사는 공동체가 아니라 모두가 운명을 같이하는 운명공동체였으며, 이로부터 공동체의 안정을 개인의 이익보다 더 중요하게 여기는 도덕적 사회규범이 형성되었다(이 건, 2002 : 119).

이같이 전통사회인 조선시대에서는 행정의 지역단위인 마을(동리)이 생활공동체로서의 마을과 일치되어 있었고, 그러한 지역구조가 주민들 상호간에 친밀감과 일체감을 증진시켜 마을사람들의 연대의식과 응집력을 강화시켰다. 이러한 공동체적 성격 때문에 마을이라는 지역집단은 그 마을사람들 상호간에 공동운명체로서의 '우리 집단'이 되고 그 마을을 벗어난 외부사람들에 대해서는 자기의 신원을 밝혀주는 준거집단이 되었다(김필동, 1985: 35).

이처럼 조선시대의 촌락공동체는 전통적 지역공동체의 일반적 특징인 안정적이고 폐쇄적 체계, 구성원들의 대면적 관계, 문화적 전통과 도덕률을 근간으로 하는 공동체였다고 할 수 있다. 다시 말하면 조선시대의 촌락공동체는 퇴니스(Tönnies, 1957)가 말하는 공동사회(Gemeinschaft)

적 사회관계에 기초하고 있었다고 할 수 있다. 비록 향약과 계(契)와 같은 규정은 이익사회(Gesellschaft)적 사회계약에 해당되지만 실제로 그러한 계약의 기본정신과 운영은 철저하게 공동사회적이었다는 데서 당시 주민들의 생활이 공동체적이었음을 확인할 수 있다(강대기, 2001: 165).

최재석(1983)은 이러한 조선시대의 전통적 지역공동체의 특징으로 자연발생적이었다는 점, 오랜 기간 지속되어 전통으로 자리 잡았다는 점, 전인격적 관계를 기반으로 하여 귀속적이고 포괄적이며 상호의존적이었다는 점, 아울러 공동체적인 강제를 수행했다는 점에서 매우 독특한 성격을 갖추고 있었다고 주장한다(이재열, 2006: 76 재인용).

한편 1910년 한반도를 합병시킨 일본은 식민지배체제를 구축하기 위한 조치의 하나로 전통적으로 독립된 생활권을 이루어 왔던 생활공동체인 마을을 통폐합하고 하나의 법정동리로 묶어 개편하는 한편 토지조사사업 등을 실시하여 전통적인 지역구조를 변화시켰다. 그럼에도 불구하고 사람들은 조선시대에 형성되었던 마을을 중심으로 면대면의 인간관계 및 공동의식을 유지하였으며 지역공동체의 사회보장 성격으로서 평등성이 강조되었다.

또 마을사람들끼리 일부의 자원을 공유함으로써 공동의 이해가 발생하고 이를 위한 경제적 협동규범이 유지되었다. 따라서 일제강점기까지만 해도 마을이라는 지역공동체는 단지 개인들이 한 지역에 모여 산다는 차원을 넘어 운명공동체적 성격을 띠고 있었으며, 공동체의 안정을 개인의 이익보다 더 중요하게 여기는 도덕적 사회규범이 어느 정도 유지되었다고 할 수 있다(한준상 외, 2003: 43).

2. 전통적 지역공동체의 해체 원인

1945년 일제(日帝)의 식민통치에서 벗어난 우리나라는 급격한 사회변화를 겪게 되었다. 6·25동란으로 수많은 인구의 공간적 이동이 초래된 데다, 1960년대부터 본격화된 산업화와 도시화는 우리 사회의 전통적 공동체생활을 크게 변화시킴으로써 지역공동체가 해체되는 중요한 원인으로 작용하였다.

인구가 집중된 도시사회는 산업화와 사회적 분화에 적합한 공동체 의식이 뿌리를 내리지 못함으로써 공동체가 제대로 형성되지 못하는 결과를 초래하게 되었다. 반면에 농촌은 도시의 과밀과는 대조적으로 인구의 대량 유출에 의한 심각한 인구과소 및 고령화현상과 함께 사회·경제적 기반이 크게 열악하여 지역의 활력이 저하됨으로써 공동체의 존립자체가 위협을 받게 되었다.

그동안 우리나라는 사회경제적 측면에서 변화와 발전이 급속하게 이루어졌기 때문에 전통적 공동체가 해체되는 속도와 시간도 서구(西歐)의 여러 국가들보다 훨씬 빠르게 진행되었다. 이러한 공동체의 해체에 따른 공동체적 삶의 상실은 어떤 특정개인의 성향과 관련된 문제라기보다는 사회구조적으로 초래된 결과라고 할 수 있다(최병두, 2003: 57).

공동체의 해체란 공동체가 지닌 공동체행동(community action)의 능력이 약화되는 현상을 말한다. 다시 말하면 공동체 성원들이 공동행동을 통해 공동체에 당면한 문제들을 자발적으로 해결해 나가는 능력이 현저하게 약화되었거나 결함을 지닌 상태라고 할 수 있다. 공동체의 해체는 그 내용을 심리적·문화적·조직적 차원으로 구분하여 설명할 수 있다(임희섭, 1991: 121-122).

심리적 차원에서의 공동체 해체는 공동체에 대한 성원들의 낮은 소속감과 충성심, 공동체의 다른 성원들에 대한 낮은 동일시 감정, 공동체 문제에 대한 무관심 등의 현상을 의미하며, 문화적 차원에서의 공동체 해체는 가치·규범·생활양식 등 문화적 차이로 인하여 일어날 수 있는 갈등을 말한다. 그리고 조직적 차원에서의 공동체 해체는 공동체 내의 공식적·비공식적 조직에 대한 낮은 자발적 참여, 공공행정에 대한 불신과 무관심, 이익갈등 조정기제의 비효율성 등을 의미한다.

이러한 공동체의 해체현상은 일반적으로 구성원들의 공동체에 대한 소속감·긍지·애정·충성심, 공동체 구성원들에 대한 동일시 감정, 공식적·비공식적 공동체조직에의 참여정도, 구성원들에 의한 공동행동의 양과 질, 공동체 내 갈등조정기능의 효율성 정도, 공동체규범을 지키는 규범의식의 정도, 공동체 생활의 만족도와 구성원의 사기정도 등 여러 가지 요소를 통해 진단하고 측정할 수 있다(임희섭, 1991: 124). 우리나라에서 지역공동체가 해체된 구체적 원인을 설명하면 다음과 같다.

(1) 급속한 도시화

한국사회는 급속한 산업화가 이루어지면서 도시화 역시 빠른 속도로 진전되었다. 1960년에 28.3%에 불과하던 도시화율이 불과 40년만인 2000년에는 무려 88.3%로 높아져 국민 10명 중에서 9명 정도가 도시지역에 살게 되었다. 이러한 도시화율은 다른 국가들에 비해서 매우 높은 편인데, 우리 사회의 도시화는 전통적 지역공동체가 해체되는 가장 중요한 요인으로 작용하였다.

Wirth(1938)는 산업화과정에서 도시에 다양한 전통과 가치를 지닌 수 많은 사람들이 모여들면 인간관계가 불가피하게 순간적이고 피상적으로 이루어질 수밖에 없으며, 이들의 서로 다른 행동양식은 도시에 아노미현상을 초래하여 각자 자기방어적 태도를 취하게 된다고 한다(강대기, 2001: 60 재인용). 그리고 Simmel(1977)은 많은 사람이 모여 사는 도시에서는 사람들이 공간적으로는 가깝지만 사회적으로 멀어지는 삶을 살게 되어 주변에 대한 무관심과 냉정한 태도를 갖게 됨으로써 지배적 인간관계가 상인과 고객, 고용주와 피고용자 사이와 같이 사무적으로 되어간다고 지적한다.

이같이 도시에 많은 사람들이 밀집되어 살면서도 서로 감성적 교류를 갖지 못하기 때문에 이웃과의 소통이 어려워 인간관계가 파편화되고 피상적·일시적·부분적이 되어 치열한 경쟁과 특정한 이해관계를 중심으로 계산적인 삶을 살아가게 됨에 따라 공동의 이익과 공동체적 가치에 대한 관심과 배려가 상대적으로 약해지게 되었다. 또 도시에서 개인은 분자화 되고 많은 사람들 속에서 익명의 존재가 됨으로써 사회규범이 해이해지며 대인관계는 무책임하고 표면적인 동시에 예측 불가능하며 불안정한 태도를 보이게 되었다.

이와 함께 도시의 삶에서 사람들은 하루의 대부분을 직장이나 학교 등 자신이 거주하는 지역과 관계없는 곳에서 보내기 때문에 거주지역은 단지 개인적 휴식을 취하는 장소로 인식하고 삶에서 부차적 영역으로 여겨지게 됨으로써 지역에 대한 정체성(identity)과 공동체성(communality)이 약화되게 되었다. 더욱이 최근에는 신자유주의적 경제체제가 일상생활에 크게 영향을 미치게 됨에 따라 사회적 경쟁이 더욱 치열해지고 공동체의식이 약해지면서 개인주의나 집단이기주의가 사회 전반에 만연되게 되었다. 이와 같은 급속한 도시화의 영향은 지역공동체 해체의 가장 큰 원인으로 작용하였다.

(2) 정주체계의 불안정

우리나라 경제의 고도성장을 견인한 급속한 산업화는 그 과정에서 국민들의 높은 이사율과 그에 따른 정주체계의 불안정을 초래하였다. 이러한 현상은 대면적 의사소통과 상호협력에 기초하여 가치 및 규범을 공유하고 장소적 정체성을 형성할 수 있었던 지역공동체를 해체시키는 중요한 요인의 하나가 되었다.

산업화가 시작된 1960년대 이후 우리 국민 중에서 읍·면·동의 경계를 넘어 이사하는 인구비율은 연간 20% 내외를 기록하고 있어서 일본·대만·미국이나 유럽 여러 국가의 수준에 비하여 매우 높게 나타나고 있다. 이렇게 이사의 비율이 높아지면서 특히 도시에서의 거주는 주민들의 삶에 안정적 기반을 제공하지 못하게 되었다. 지역공동체 형성의 토대가 되는 지역정체성은 장기적인 상호작용과 축적된 경험을 토대로 형성되는데, 이러한 거주지의 빈번한 이동은 이웃과의 안정된 근린관계를 형성하는데 제약을 줌으로써 우리 동네, 우리 지역이라는 정착성에 기반을 둔 정체성을 형성하기 어렵게 만들었다.

이같이 주거지의 빈번한 이동은 주민들로 하여금 자기가 살고 있는 지역에 대한 애착과 자부심, 귀속감을 느끼지 못하게 함으로써 자신을 그 지역의 정착자가 아니라 일종의 체류자로 인식하도록 하여 주민들 간의 연대의식이 약해지고 지역에서 발생하는 각종 문제들에 무관심하도록 만들었다.

(3) 압축적 근대화와 다양한 사회갈등

도시로의 급격한 인구이동 및 도시 내의 높은 이사율로 인한 정주체계의 불안정이 지역공동체를 해체시킨 원인이었다고 한다면, 이러한 현상을 초래한 또 다른 선행적 이유는 압축적 근대화에서 찾아볼 수 있다(이종수, 2008: 6-8). 그동안 우리나라에서 추진된 압축적 근대화는 물질적 풍요를 가져온 반면에 사회문화적 가치체계의 지속성을 어렵게 하는 한편 다양한 갈등적 상황을 초래하여 구성원 간에 안정적 관계형성이 어려워지고 사회적 성층이 파편화됨으로써 공동체적 삶의 의미를 상실하게 하였다.

근대화에 따른 개인주의문화의 확산은 타인에 대한 배려를 약화시키고 사회적 규범의 지속성을 무너뜨렸으며 무분별한 경쟁의 심화, 원자화된 개인주의, 관계의 단절에 따른 사회적 배제 및 불평등과 같은 병리적 현상을 초래하게 하였다. 또 사람들은 압축적 근대화과정에서 사회공간적 소속감을 잃어버리고 자신의 삶의 공간으로부터 소외되어 갔다. 그리하여 대면적 의사소통과 상호협력에 기초하여 공유된 가치와 규범, 그리고 장소적 정체성을 형성할 수 있었던 공동체적 사회의 해체를 초래하게 되었다. 따라서 현대사회에서 공동체적 삶의 상실은 사회구조적으로 초래된 결과라고 할 수 있다(최병두, 2003: 57).

(4) 공존의 논리를 간과한 정부정책

사회구성원들 간에 존재하는 공존의 논리를 간과한 정부의 정책도 지역공동체의 해체를 초래한 원인의 하나로 지적할 수 있다(이종수, 2008: 6). 우리 사회는 공동체주의적 토양인 공동선의 우선, 덕윤리의 함양, 사회적 책임과 의무의 강조, 질서와 자율의 조화 등을 근간으로 하는 문화적 뿌리를 바탕으로 하고 있다. 그러나 일본제국주의로부터의 해방 이후 정부가 도입한 정책이나 개발모형은 서구의 이익정치 패러다임을 바탕으로 하는 것이었기 때문에 강력한 이윤추구와 경쟁논리가 구사되어 왔다.

정부정책의 이러한 편향은 공동체주의 속성인 사회적 공공성 내지 공적 영역(public sphere)을 보존하거나 확대하지 못하고 오히려 지속적으로 잠식하는 결과를 가져왔다. 이렇게 공공성을 상실하고 지대추구를 일삼는 정책으로 개발연대를 거치는 동안 우리 사회는 공공성 내지 공적 영역이 확보될 수 있는 기회를 많이 상실함으로써(이종수, 2008: 7), 공동체의 붕괴를 초래하는 원인의 하나가 되었다.

3. 현대 지역공동체의 형성 필요성

인간의 삶에 있어서 공동체는 기본적으로 두 가지 측면에서 매우 중요한 의미를 갖는다. 하나는 인간은 혼자 살 수 없으며 이웃과 더불어 살아갈 때 보다 나은 삶을 영위할 수 있다는 것이고, 다른 하나는 이웃과 공존하는 일상생활을 통해 나의 존재가치와 주체성을 찾을 수 있다는 것이다. 인간이 이러한 삶을 영위하기 위해서는 지역공동체를 필요로 한다. 그 이유는 사회심리학적 측면과 지역공동체 본질가치의 회복 측면으로 구분하여 설명할 수 있다.

먼저, 사회심리학적 측면에서 지역공동체 필요성을 살펴보자.

산업화·근대화에 따라 현대인들은 도시에서 밀집된 생활을 하면서도 서로 감정적 교류를 갖지 못하기 때문에 인간관계가 파편화되고 피상적·부분적·일시적이 되어 이해관계를 중심으로 한 계산적인 삶을 살게 되었다. 또 개인들이 분자화되고 익명의 존재가 됨으로써 비인간화, 이웃에 대한 무관심과 함께 대인관계가 냉정하고 무책임하며 예측 불가능한 태도를 보이게 되었다.

이에 따라 사람들은 인간 소외, 인간성 상실 등에 따르는 불안한 삶에서 벗어나 서로 이해하고 협력하면서 감정적 응집을 강화하며 지속적으로 긴밀한 유대를 통하여 공동가치를 추구할 수 있는 주체적인 삶을 원하게 되었다. 그런 점에서 현대인들에게는 심리적 안정과 삶의 의미를 찾을 수 있는 사회적 기반을 필요로 하는데 공동체는 바로 이러한 기반을 제공해 준다.

공동체는 사람들에게 사회적 상호작용을 통해 자신뿐만 아니라 다른 사람들의 행위를 이해하고 행위에 의미를 부여하며, 이를 통해 문화를 창출하고 재생산할 수 있는 기회를 제공한다. 이제 사람들은 다른 사람들과 인격체로서 관계를 맺고, 그러한 관계 속에서 삶의 의미를 확인하고 심리적 안정감을 되찾고자 공동체를 추구하게 되었다(한준상 외, 2003: 21). 현대사회에서 공동체의 필요성은 바로 여기에 있다고 할 수 있다. 현대인들의 공동체에 대한 이러한 열망은 개인주의적 고립에 따른 소외, 탈맥락에서 오는 존재의 안정성 확보와 함께 삶의 질을 추구하기 위한 필연적 욕구라고 할 수 있다.

Nisbet(1960)은 현대사회가 인간에게 행복감을 수반하는 안전 또는 소속감을 제공하지 못하고 있기 때문에 소외의 지속적 확대 현상을 가져오고 있는데, 이를 해결할 수 있는 유일한 대안은 규모는 작지만 구조가 튼튼한 공동체를 형성하는데 있으며, 이러한 공동체를 통하여 인간이 갖고 있는 '같이 생활하고, 일하고, 경험하고, 존재하려는 욕구'를 채워줄 수 있다고 주장한다(고순철, 1994: 8 재인용).

교통과 정보통신의 급속한 발달과 생활영역이 확대됨에 따라 공동체의 지역성(locality)이 약해지고 있음에도 불구하고 최근 들어 사람들의 일상생활을 영위하는 기반이 되는 지역공동체의 중요성이 다시 부각되고 있다. 이는 산업화의 산물이며 익명성과 비인격성을 특징으로 하는 도시에서도 마찬가지이다. 따라서 도시에서의 공동체는 사라져야 할 '과거의 유제'가 아니라 도시사회 내에서 인간의 본원적 삶을 유지하기 위해 지속시켜야 할 도시발전의 필수조건이라고 할 수 있다(한국도시연구소 편, 2003: 86).

이상에서 사회심리학적 측면에서 지역공동체의 필요성을 고찰했는데, 이번에는 공동체 본질가치의 회복 측면에서 지역공동체의 필요성을 살펴보자.

첫째, 지역은 면대면의 인간적인 만남이 이루어지는 물리적 공간으로서 중요성을 갖는다. 현대사회에는 정보·통신기술의 발달로 많은 가상공동체가 형성되고 있지만 인간은 물리적 공간을 완전히 초월할 수 없는 유기체이기 때문에 가상공동체는 그 자체로 완전한 공동체가 될 수는 없으며 어디까지나 장소중심의 지역공동체를 보완하기 위한 수단으로 고려될 수밖에 없다(오혁진, 2014: 99). 인간은 서로 얼굴을 알고 직접 소통할 수 있는 작은 규모의 집단에서 정서적 안정을 느낀다. 그런 의미에서 지역은 사람들이 서로 직접 만나 소통할 수 있는 중요한 공간이라고 할 수 있다.

둘째, 지역은 보다 지속적인 인간관계 형성을 통한 밀도(network density) 높은 공동체를 만들 수 있는 장으로서의 중요성을 갖는다. Frazee(2003)는 성숙한 공동체를 이루기 위한 조건으로 자발성, 유용성, 빈번한 만남, 지역성 등을 들고 있는데(오혁진, 2014: 99 재인용), 사람들은 가까운 지역에서 빈번한 만남을 통해 상호작용이 더욱 높아지고 장소의 공유를 통해서 발생하는 연대감에 의해 서로가 가치를 공유할 수 있게 된다.

셋째, 지역은 공동의 문제를 해결하기 위한 사회단위로서의 중요성을 갖는다. 산업화와 도시화로 인해 지역주민들의 동질성이 많이 약화된 것은 사실이지만, 여전히 지역에는 모든 구성원들에게 영향을 미치는 문제들이 많이 발생한다. 특히 최근에는 교통·환경·교육·경제문제 등 전 지역차원에서 공동으로 해결해야 할 새로운 성격의 문제들이 많이 발생하고 있기 때문에 이런 문제들을 공동으로 해결하기 위해서는 지역주민들이 서로 연대해야 할 필요성이 커지게 된다(한국도시연구소 엮음, 2003: 88).

이같이 지역은 주민들의 구체적 삶의 공간이고 소통의 장이며 공동의 문제를 함께 해결해야 하는 기본적인 사회단위이기 때문에 현대적 의미의 지역공동체를 형성하는 것은 전통적 공동체의 상실로 우리 사회가 직면하고 있는 여러 가지 사회문제를 해결하는 방안이 될 수 있다. 이런 점에서 지역공동체는 우리들이 다시 찾아야 하고 새롭게 구축해야 할 현실적인 목표이며 대상이라고 할 수 있다(강대기, 2001: 22). 현대사회에서 지역공동체가 필요한 이유를 부문별로 구체적으로 설명하면 다음과 같다.

1) 지역문제의 해결

지역공동체(local community)는 특정한 공간에 토대를 두어 구성원들 간의 유대를 통해 삶의 질을 개선하고 공동의 사회경제적 이익을 보호하는 목적을 가진 조직으로서, 구성원들의 소속감과 호혜성(reciprocity)을 생산할 수 있는 사회적 작용이 이루어지는 최소단위이다. 이러한 지역공동체가 필요한 이유는 지역은 주민들의 밀도 높은 면대면 관계의 삶의 단위이며 주거·교육·의료·교통·환경 등 수많은 사회문제가 응축되어 표출되는 구체적 삶의 현장으로서 생활과정에서 발생하는 여러 가지 사회문제를 공동으로 해결해 나가야 하는 중요한 사회단위이기 때문이다.

그동안 이루어진 우리 사회의 압축적 근대화는 사람들의 공동체적 삶에 급격한 변화를 겪게 하였다. 원자화된 개인주의, 관계의 단절에 따른 사회적 배제 및 불평등과 같은 사회적·문화적 병리현상들이 커짐에 따라 빈부격차, 사회적 갈등, 약자의 소외감과 박탈감, 이웃에 대한 배려의 부족에 의한 주민들의 삶의 질 저하 등 국가와 시장만으로는 해결하기 어려운 여러 가지 심각한 사회문제들이 대두되게 되었다.

또한 그동안 이루어진 산업화는 과학기술의 발전에 힘입어 물질적 풍요를 가져왔지만 자원고갈, 환경파괴와 같은 심각한 사회문제들을 발생시켰다. 이에 따라 인간소외를 극복하고 산업사회가 안고 있는 근본적 문제인 불안, 불평등, 생태계 파괴 등의 확산을 막기 위해서는 지역주민들 간의 상호작용을 통한 연대감 형성 및 인간성 회복이 무엇보다도 중요해졌다. 즉 지역공동체 형성이 필요하게 되었다.

이렇게 형성되는 지역공동체는 이해관계에만 집착한 비인간적 사회관계를 인간화시키는 대안이며, 사회구성원들 간의 연대의식에 기초하여 개인의 문제를 넘어서는 공동의 문제를 인식하고 그것의 해결을 위해 함께 참여하는 가운데 삶의 의미와 심리적 안정감을 되찾을 수 있는 공간으로서의 의미를 가진다. 또 이러한 지역공동체는 구성원들 간의 갈등과 무분별한 경쟁을 완화하고 생산적인 협력과 공정한 경쟁을 증진시킬 수 있는 공간으로서의 의미를 가진다.

2) 가족구조 및 삶의 변화에 대한 대응

우리 사회의 경제적 성장과 정치적 민주화에 따라 지역주민들의 삶에 대한 기대수준이 높아지고 요구가 다양화되고 있지만 생활복지 및 안전에 대한 행정서비스의 대응이 제대로 이루어지지 못함에 따라 그에 대한 대안으로 지역공동체를 필요로 하게 되었다. 우리 사회는 대가족제도의 해체와 고령화로 독거노인이 많아지고 있으며 더 이상 자녀의 효도에 노년을 의탁할 수 없는 현실에서 누구나 사망하기 전의 몇 년 간은 대부분 독거노인으로 살아야 하는 시대를 맞고 있다.

또 1인 가구와 이혼가구가 증가하고 있으며, 계층 간에 상승이동이 어려운 양극화사회가 되고 있기 때문에 사회로부터 정서적·물질적 도움을 필요로 하는 사람들이 많아지고 있다. 그런데도 우리 사회는 이제 전통적 가족제도로의 회귀가 거의 불가능한 상황인데다 국가복지가 크게 발달되지 못하고 시장복지도 미흡하여 제 기능을 다하지 못하고 있기 때문에 가족과 국가의 중간영역인 지역공동체가 복지와 상호부조의 제공 및 교환을 통하여 대안적 복지를 담당해야 할 필요성이 커지게 되었다.

3) 풀뿌리 자치 및 내생적 지역발전의 추구

1990년대에 지방자치가 실시되면서 지방분권에 대한 수요가 점차 증가하고 생활세계에 대한 주민들의 관심이 높아진 것도 지역공동체의 필요성을 증대시키고 있다. 지역공동체는 시민성을 키워내는 토양으로서 상호성, 연계성, 호혜성을 지향하고 있다는 점에서 풀뿌리 자치를 활성화시키고 구성원들의 삶의 질을 향상시키는데 기여하게 된다.

지역공동체가 형성되면 지방자치에 필수적인 주민참여가 실질적으로 가능하게 되며 지역 내의 소외계층에게 공공서비스의 일부를 제공하는 등 일정한 사회문제에 대한 지방정부의 해결능력을 보완해 줄 수 있다. 또 지역공동체는 지역주민들의 생활에 직접적인 영향을 미칠 수 있는 지방정부의 정책결정에 실질적인 참여수단이 될 수 있다(임호, 2007: 32).

이와 함께 지역공동체는 지역의 내생적 발전(endogenous development)을 위해서도 그 형성을 필요로 한다. 종전의 지역개발은 주로 중앙정부와 전문가집단이 주도하고 외부의 자원에 의해 이루어지는 외생적 발전(exogenous development) 방식이었기 때문에 해당지역 주민들로 하여금 지역발전에 적극적 참여보다는 고객이나 소비자로 머무는 수동적 역할자로 인식하게 만들었다. 뿐만 아니라 중앙정부의 재정부담 과중, 개발사업과 주민소득 증대와의 연계 약화 등 여러 가지 한계를 드러내게 되었다.

이러한 개발방식에 대한 대안으로 대두된 것이 내생적 지역발전인데, 외생적 지역발전이 외부의 주도와 자원에 의해 이루어지는 하향적 발전방식인데 비하여 내생적 지역발전은 발전의 주체와 동인을 지역 내부에서 잡고 발전성과도 지역에 귀속되는 상향적 발전방식이다. 해당 지역의 인적·물적·상징적 자원을 활용하여 지역발전의 선순환 관계를 형성하고자 하는 내생적 지역발전에서는 경제성장이라는 총량적 목표보다는 주민의 소득증대, 일자리 창출, 복지증진 등을 추구하며 지역주민들의 체감적 행복을 중시한다.

그리고 발전전략도 지역이 주도하며 지역의 사회적 자본을 활용할 수 있는 주민자치회, 협동조합, 마을기업 등 주민조직의 주체적 역할을 중요시한다. 이런 점에서 지역주민들의 욕구와 지역특성에 적합한 내용의 내생적 지역발전은 지역공동체가 주도하여 추진해야 할 필요성이 커지게 되었다.

4. 현대 지역공동체의 특징

1) 전통적 지역공동체와 현대 지역공동체의 차이

전통적 지역공동체는 Hillery(1955)가 제시한 공동체 기반인 지역성(locality), 공동체 과정인 사회적 상호작용(social interaction), 공동체 목표인 공동의 유대(common ties)라는 세 가지 요소가 조화롭게 통합된 공동체였다. 그런데 전통적 공동체의 이러한 구성요소들은 교통 및 정보통신의 급속한 발달에 따라 그 특징이 크게 변화되었다.

과거 농업사회의 전통적 지역공동체는 이동성의 한계에 따른 지역적 고립성과 함께 빈번한 직접적 접촉과 긴밀한 사회적 상호작용 그리고 공동의 연대감이 일상적으로 확인될 수 있는 공간적, 사회경제적 배경을 가지고 있었다. 그러나 산업화와 함께 교통과 정보통신이 발달되면서 사람들의 경제활동이 주거지역에 국한되지 않고 원거리에 있어도 관계형성이 가능해져 일상의 범위가 시간적·공간적인 규제를 벗어나게 됨에 따라 공동체 형성의 물리적 토대인 지리적 근접성에 대한 중요성이 약화되고(신예철, 2012: 26), 물리적 경계가 명확하지 않게 되었다.

또 정보통신기술이 물리적 공간장애를 획기적으로 극복한 오늘날에는 사회적 상호작용도 긴밀한 대면관계에서 통신매체를 통한 간접적 매개관계로 변형되고 있어서 지역공동체는 지리적 영역과 대면적 상호작용을 초월하여 인간 상호간의 공동의 유대나 정서로 추상화되고 있다고 할 수 있다(강대기, 2001: 27). 이같이 산업화와 교통 및 정보통신기술의 발달은 전통적 공동체 구성요소의 특징을 크게 변화시켰으며, 그 결과 전통적 지역공동체와 현대의 지역공동체는 여러 면에서 구별되는 차이점을 갖게 되었다. 그러한 차이의 주요 내용으로는 공동체적 경험의 기반, 소속, 공동체의식의 기반, 공동체의식의 내용 등 네 가지를 지적할 수 있는데 그 구체적 내용은 다음과 같다(조현성, 2009: 31-32).

첫째, 양자는 공동체적 경험의 기반을 달리한다. 전통적 지역공동체가 지리적인 연속성 및 물리적 공간의 공유를 조건으로 공동체적 경험이 발생했다면, 현대의 공동체는 탈지역성을 특징으로 한다. 지리적 접근성이 아닌 친밀성의 네트워크가 의사-지역(pseudo-locales)으로서 공동체의 조건으로 작용하는 것이다. 이것은 공동체의 구성요소 중에서 지역성 차원의 변화를 반영한 것으로 볼 수 있다

둘째, 양자는 소속의 자발성 측면에서 차이가 있다. 전통적 지역공동체가 가족이나 친족 등과 같이 비자발적인 결속에 기초한 관계였다면, 현대의 공동체는 합리적인 행위목표를 가지고 자발적으로 소속된 다양한 사회적 관계로 구성된다. 자발성에 기초해 있기 때문에 현대공동체는 상호작용의 관계망이 명확하지 않으며 상호작용의 빈도와 강도 등에 의해서 구분될 뿐이다. 이것은 지역공동체 구성요소 중에서 사회적 상호작용 차원의 변화를 반영한 것으로 볼 수 있다.

셋째, 양자는 공동체의식의 기반에서 차이가 있다. 전통적 지역공동체가 생활공동체로서 자연스럽게 형성된 전통적인 가치규범에 기반을 두었다면, 현대의 공동체는 상징과 실제의 상호작용의 산물이다. 그래서 현대의 공동체는 상호작용을 통한 주관적 소속감과 가치의 공유가 공동체의식의 기반이 된다.

넷째, 양자는 공동체의식의 내용에서 차이가 있다. 전통적 지역공동체가 공동체의식의 내용면에서 동일한 가치와 규범의 공유를 강조했다면, 현대의 공동체는 서로의 '다름'을 인정하는 다양한 방식의 중요성을 강조하는 경향이 있다. 이러한 내용들은 지역공동체 구성요소 중에서 공동의 유대차원의 변화를 반영한 것으로 볼 수 있다(조현성, 2009: 32). 이와 같이 공동체의 성격은 시대와 사회적 배경에 따라 변화해 왔으며, 그에 따라 그 구성요소인 지역성, 사회적 상호작용, 공동의 유대 역시 그 중요성과 강조점이 달라지게 되었다.

2) 현대 지역공동체의 특징

위에서 전통적 지역공동체와 현대 지역공동체의 차이점을 살펴보았는데, 여기에서는 이를 토대로 하여 현대 지역공동체의 특징을 고찰하고자 한다. 현대 지역공동체도 전통적 지역공동체와 마찬가지로 지역성, 사회적 상호작용, 연대성이라는 공동체의 기본속성은 공유하고 있으나, 이 속성이 다소 약화된 대신 개방성과 공익성 그리고 주체적 참여의 속성 등을 새롭게 가지게 되었다. 그 내용은 다음과 같다(이종수 편, 2008: 7-13).

첫째, 현대의 지역공동체는 결사체적 공동체로서의 성격을 갖는다. 주민들의 자유로운 이주가 보장되는 현대사회에서 지역공동체는 자연발생적으로 형성되거나 '주어진 것'이 아니라 특정 지역사회가 공동의 목적을 달성하기 위하여 '의도적으로 결성'된 공동체이다. 전통적 지역공동체가 지역을 생활터전으로 삼고 살아가는 시간의 축적을 통해 형성된 것이라면, 현대의 지역공동체는 특정한 가치나 이해를 공유하는 사람들의 의도적이고 자발적 노력을 통해 형성되는 공동체이다.

그리고 현대 지역공동체에서는 성원들의 참여도 동일한 지역에 거주한다고 해서 무조건적으로 이루어지는 것이 아니라 개인적 선택의 문제가 된다. Pepper(1991)는 현대 지역공동체의 구성요인의 하나로 구성원의 자율적 의지에 따른 가입과 탈퇴를 제시하고 있다(이은희, 2008: 28 재인용). 이러한 점에서 현대의 지역공동체는 결사체적 공동체의 성격을 갖게 되고 그 구성원들의 주체적 참여여부가 중요해진다.

둘째, 현대 지역공동체는 전통적 공동체와 같이 고립된 지역단위의 폐쇄된 공동체가 아니라 다른 지역들과 더불어 발전할 수 있는 개방적 공동체이다. 현대 지역공동체는 주변 집단들과 연대를 모색하고 전체사회와 개별 구성원들을 유기적으로 매개해 주는 개방적 자립성을 지닌 공동체로서(松野弘, 1997: 26-27), 시민사회와 민주주의라는 토양 아래 공동선(public good)을 실현하기 위해 외부사회에 대해 열려진 협력적 상호관계를 맺게 된다.

이같이 현대 지역공동체는 전통적 가치와 생활양식에 기초한 자급자족적 공동체가 아니라 지역의 자립성을 확보하면서 시민적 공공성을 토대로 공동선을 실현하기 위해 주민들과 지역집단들 간의 연대를 모색하고 외부사회에 대해서도 협력적 상호작용을 하는 개방성과 공익성을 속성으로 하는 공동체이다.

셋째, 현대 지역공동체는 구성원들의 성장과 지역발전의 동시 추구를 특징으로 한다. 현대 지역공동체는 공적·민주적 가치의 고양과 자치능력의 함양을 위한 풀뿌리 민주주의를 전제로 하고 지역주민들 간의 신뢰와 호혜성, 상호협력과 같은 사회적 자본의 축적에 기초하여 생활공간의 질적 향상을 통한 정체성 향상과 존재론적 안정감을 목표로 한다(최병두, 2006: 527). 따라서 현대 지역공동체는 구성원들이 동등한 지위를 가지고 다원화된 가치가 조화를 이루며 구성원들의 자발적 참여를 통해 자치를 강화함으로써 개개인의 성장과 지역발전이 동시에 추구되는 공동체라고 할 수 있다.

넷째, 현대 지역공동체는 다원성과 차별성을 특징으로 한다. 현대 지역공동체는 도덕적 가치·규범·의무를 공유하는 통합성을 중요한 특징으로 하는 전통적 지역공동체와는 달리 구성원들의 개성적인 가치와 생활양식 그리고 상호 이해관계를 존중하고 서로의 '다름'을 인정하는 다원성과 차별성을 주요 특징으로 한다(김수영 외, 2013: 334).

따라서 현대 지역공동체는 상이한 전망을 가진 지역주체들이 네트워크(network)를 형성하는 과정을 통해, 즉 결사를 통해 다양한 이해를 병렬적으로 해결해 가는 것을 작동원리로 한다(한국도시연구소, 2003: 91). 이같이 현대 지역공동체는 전통적 지역공동체에 비해 공동체의 기본속성은 다소 약화되면서 개방성과 공익성, 다원성과 차별성 그리고 주체적 참여의 속성이 새롭게 더해지는 특징을 갖는다고 하겠다(장세훈 외, 2014: 13).

5. 바람직한 현대 지역공동체의 요건

현대사회에서 형성되는 지역공동체가 바람직한 공동체가 되기 위해서는 그에 상응하는 조건들이 갖추어져야 한다. 이에 대한 선행연구들을 살펴보면, Warren(1972)은 "진정한 공동체란 성원들과의 관계에서 당면하는 어려움들을 상호협동으로 대처하고 연민의 정을 나누는 관계"라고 하면서, 그 조건으로 공동체 성원간의 일차적 관계인 친밀성, 개인과 집단의 자율성, 문제해결을 위한 생동감, 권력의 적절한 분포, 공동체 참여, 공동체를 위한 헌신적 활동, 적절한 수준의 이질적 인구구성, 적절한 근린통제, 적절한 수준의 갈등유지를 제시하고 있다(강대기, 2001: 76 재인용).

Berridge(1973) 역시 좋은 지역공동체의 요건으로 활발한 의사소통, 참여기회 확대, 자원동원 능력, 재정의 효율성, 일체감, 참신성, 개인의 성장과 자신감, 신뢰성, 구성원들의 참여확대를 들고 있으며(오혁진, 2014:

106-107 재인용), Rubin(1977)은 지역공동체를 인간생존에 필요한 물질적·정신적 욕구를 충족시키는 조직 또는 구조로 보고, 이러한 욕구충족 기능을 정상적으로 수행하는 바람직한 공동체는 다음과 같은 다섯 가지 구조적 특성을 가져야 한다고 밝히고 있다(강대기, 2001: 77 재인용).

첫째, 공동체는 구성원들 간에 동류의식을 느낄 수 있게 크지도 작지도 않은 적절한 규모를 갖추어야 한다. 둘째, 구성원들이 일체감을 가질 수 있도록 적절한 일차 관계와 이차 관계의 유지가 가능해야 한다. 셋째, 공동체에서 문화기능을 수행할 수 있는 집단이나 조직과 같은 제도적 기반을 가지고 있어야 한다. 넷째, 구성원들이 특정장소에 상당 기간 안정적으로 정착되어야 하며 인구이동이 적은 근린(neighborhood)들로 구성되어야 한다. 다섯째, 성원들이 최소한 자기를 충분히 이해하고 있는 몇 사람의 친구를 가질 수 있어야 한다는 것이다.

한편 Bellah(1998)는 현대의 지역공동체가 지향해야 할 '좋음'의 가치로 다음의 네 가지를 제시하고 있다(조현성, 2009: 74 재인용). 첫째, 인간은 공동체를 통해서 자기실현을 할 수 있는 존재이기 때문에 공동체는 개인의 신성한 가치를 존중하고 보호해야 한다. 둘째, 구성원들 간의 결속을 사회의 핵심적 가치로 인정한다. 셋째, 구성원들의 다양한 집단에의 소속을 긍정적으로 보고 그것이 갖는 보완적 효과를 인정한다. 넷째, 권리이자 의무로서 구성원들의 참여를 인정해야 한다는 것이다.

이상의 견해들을 종합해 보면 현대사회에서 요구되는 좋은 지역공동체, 바람직한 지역공동체는 구성원들의 긴밀한 의사소통을 통해 그들의 주체성과 공동체의 유대감이 조화를 이루면서 지역의 자원이 동원되어 구성원 개개인의 성장과 지역발전이 동시에 추구되는 공동체라고 할 수 있다(오혁진, 2014: 107). 이러한 지역공동체는 적절한 지역적 규모에 구성원의 소속감과 일체감, 개인가치의 존중, 자율성과 개방성, 구성원의 자발적 참여를 기본적 속성으로 하는 공동체여야 할 것이다.

제❸절 지역공동체 형성과 참여주체들의 역할

1. 지역공동체의 형성모형

지역공동체를 형성하는 목적은 지역 내의 사회적 자본을 포함한 유·무형의 주요 자원들을 동원하는 내생적 자원동원체계의 구축을 통하여 지역주민들의 물질적 풍요뿐만 아니라 인간적 유대관계를 강화시킴으로써 생활의 안정 및 정체성의 고양을 도모하기 위한 것이다(최병두, 2006: 523). 또 과거의 급속한 도시화·산업화과정에서 비인간적 획일성과 비장소적 보편성에 따라 추진되어 온 개발주의에 기초한 공간환경의 조성에 따른 폐해를 불식하고 지역생활환경의 질을 향상시키기 위한 것이다.

이러한 지역공동체의 형성모형으로 곽현근 외(2003)와 최병두(2006)는 공동체 형성의 참여주체와 역할에 따라 관리주의모형, 파트너십모형, 주민협치모형을 제시하고 있으며, 정규호(2012) 역시 참여주체의 주도성에 따라 정부주도형, 주민주도형, 주민·정부협력형을 들고 있다. 이 밖에도 여러 연구자들이 형성모형을 제시하고 있는데, 그 대부분이 참여주체에 따른 모형으로서 내용이 서로 유사하기 때문에 본 연구에서는 관리주의모형, 파트너십모형, 주민협치모형의 세 가지로 구분하여 고찰하고자 한다. 이러한 구분은 지역공동체 형성에 있어서 관련 참여주체들의 역할이나 기능을 판단하는데 중요한 역할을 할 수 있다.

첫째, 관리주의모형(managerial model)은 정부가 수행하는 행정서비스 전달체계의 중요성에 바탕을 두어 지역주민을 서비스의 대상인 수요자(고객)로 간주하고 행정을 서비스의 공급자로 설정하여 정부가 주도하여 공공서비스를 제공하고 지역사회발전을 추진하는 모형이다. 이 모형에서 읍·면·동에 설치된 주민자치센터는 주민들에게 문화여가와 편의를 제공하며, 주민들은 행정이 제공한 시설이나 서비스를 향유하는 것에 만족하게 된다. 관리주의모형에서 '지역'의 의미는 행정이 제공하는 서비스를 공동으로 소비·향유하는 공간이 된다(김찬동 외, 2012: 30). 관리주의모형은 현재 주민자치센터의 활동에서 그 예를 찾아볼 수 있지만, 행정의 일방적 유도와 주민들의 피동적 동원으로 인해 실질적인 지역공동체 형성과는 거리가 멀다고 하겠다(최병두, 2006: 524-525).

둘째, 파트너십모형(partnership model)은 정부가 민·관 공동생산을 위한 주민참여에 초점을 두어 지역주민들을 파트너로 간주하고 공공서비스를 주민들과 공동으로 생산하는 모형이다. 대표적인 예로는 우리나라의 마을만들기사업과 일본의 마치즈쿠리(まちづくり)사업을 들 수 있다. 이 모형은 정부와 주민들 간의 대등한 관계를 전제로 하여 지역문제를 해결해 나가게 되는데, 이러한 과정에서 지역주민들 간의 소속감, 연대감, 정체성을 형성하게 된다. 파트너십모형에서 '지역'은 대의민주주의를 실현하고 공동체의식을 함양하는 공간으로서의 역할을 하며, 주민자치센터는 민·관협력의 네트워크를 구축하여 지역사회복지를 구현하는 기구로 활용된다. 그러나 이 모형 역시 완전한 자치공동체모형이라고는 할 수 없다.

셋째, 주민협치모형(citizen governance model)은 지역주민들이 지역문제에 대한 실질적 권한을 행사하는 협치자(governor)의 역할을 담당하고 정부는 주민들이 지역문제를 자신들의 문제로 인식하여 관심을 가지도록 유도 또는 지원하는 촉매자의 역할을 수행하는 모형이다. 이 모형은 주민을 지역의 실질적 주체로 인정하고 지역문제 해결을 위한 의사결정에 자발적으로 참여하도록 하여 지역사회의 공동체성을 형성하는데 목적을 둔다.

주민협치모형에서 '지역'은 직접민주주의 실현과 공동체의식을 함양하는 공간으로서 주민들이 소속감, 연대감, 정체성을 형성하고 유지하는 차원뿐만 아니라 공동의 관심사를 지방정부와 협상할 수 있는 기반을 제공하며(김수영 외, 2013: 343), 주민자치센터는 주민자치를 지원하는 역할을 한다. 이 모형은 주민들의 자율성을 통한 자치를 전제로 하고 있는데, 대표적 사례로는 도시지역의 아파트공동체를 들 수 있다. 위에서 설명한 세 가지 모형의 주요 내용을 집약하면 〈표. 1〉과 같다.

〈표. 1〉 지역공동체의 형성모형

구 분	관리주의모형	파트너십모형	주민협치모형
초 점	서비스 전달체계의 중요성	민·관공동생산을 위한 주민참여	주민들에게 지역문제 해결을 위한 영향력 행사 권한부여
주민의 역할	고객으로서의 시민	공동생산자, 동반자 (행정과 대등한 관계)	협치자로서의 시민
행정의 역할	공급자	공동생산자, 동반자	촉매자, 촉진자
주민자치 센터의 기능	문화여가 및 편의	민관협력, 네트워크 구축, 지역복지	주민자치
지역(동네)의 중요성	복지서비스 혜택의 장, 공동소비와 여가 향유	대의민주주의 실천의 장, 공동체의식 함양	참여민주주의 실천의 장, 자치공동체의식 함양
사 례	한국의 주민자치센터, 일본의 공민관, 서구의 커뮤니티센터	일본의 마치츠쿠리운동, 영국 이슬링턴구의 동네포럼	스위스의 준직접민주제 (주민총회 및 주민투표제)

* 자료: 곽현근 외(2010), 마을공동체 복원을 통한 주민자치 실현 방안, 서울시정개발연구원, p.10.

이상에서 지역공동체 형성을 위한 세 가지 모형을 살펴보았는데, 모형별 내용의 차이점은 공동체 형성과정에 누가 참여하며 주도할 것인가에 있다. 우리나라의 경우 그동안 지역공동체 형성과 직·간접적으로 관련된 다양한 정책과 사업들은 기본적으로 행정기관 주도로 추진되었고 지역주민들은 단순히 혜택의 대상 또는 동원의 대상으로 간주되는 정도였다.

그러나 이러한 행정기관 주도사업들은 지역공동체 구축에 크게 기여하지 못했다고 할 수 있다. 왜냐하면 지역공동체란 단지 정부가 하향식으로 결정하여 공급해 주는 어떤 제도가 아니라 실제 지역주민들이 자발적으로 참여하고 상호신뢰 및 협력을 통해 실천해 나갈 때에만 구축될 수 있는 역동성을 전제로 하기 때문이다(최병두b, 2006: 524). 이러한 점에서 지역공동체 형성은 주민들이 지역문제 해결의 주체로서 협치자의 역할을 하고 정부는 촉진자의 역할을 하는 주민협치모형을 토대로 추진하는 것이 바람직하다고 본다.

2. 지역공동체 형성의 추진 기조

현대사회에서 지역공동체의 형성은 자연적으로 주어지는 것이 아니라 일정한 지리적 영역에 거주하는 구성원들로 하여금 목적과 가치를 공유할 수 있도록 여건을 조성하고, 그러한 목적을 달성할 수 있는 사회적 역량을 구축해 나가는 일련의 조직화된 활동을 통하여 이루어지는 것이다. 이러한 지역공동체 형성은 주민들의 지역정체성 확립, 지역적 특성의 종합적 고려, 지역자원의 효율적 활용, 개성 있는 지역문화 진흥이라는 기조 아래 추진되는 것이 바람직하다고 본다. 이를 구체적으로 설명하면 다음과 같다.

1) 주민들의 지역정체성 확립

(1) 지역정체성의 개념

지역정체성(local identity)의 확립은 지역공동체 형성에 있어 가장 중요한 요소로 작용한다. 정체성의 개념은 연구의 목적과 관점에 따라 다양하게 정의되고 있으나, 일반적 의미에서 "개인이 사회공간적 관계 속에서 갖게 되는 대상에 대한 의미 또는 의식의 집합"이라고 할 수 있다(최병두, 2007: 4). 개인은 정체성에 의해 자신이 위치한 지점에서 자신의 존재를 이해하며, 특정집단에 자신을 소속시키고 자신의 지위를 인식할 수 있으며, 타인과의 관계에서도 자신의 위치를 설정할 수 있다. 이같이 정체성은 자신을 인식하는 것이고 상대방과의 관계를 설정하는 기준이 된다(이재민, 2019: 42).

정체성은 개인정체성과 집단정체성으로 구분되는데, 개인정체성이란 한 개인이 타인과의 동일시과정을 거쳐 고유하고 독립된 존재로서 갖게 되는 의식을 의미한다. 반면에 집단정체성은 한 개인이 자신이 속한 집단과의 동일시과정을 거쳐 집단과 개인을 일치시키려는 의식(이윤희, 2002: 15)으로서 민족정체성, 지역정체성 등을 그 예로 들 수 있다. 지역정체성은 집단정체성에 속하는 의식으로서 "한 지역의 주민으로서 소속감과 동질성을 가지고 더불어 사는 생활 속에서 하나 됨의 체험을 통하여 습득된 그 지역만의 고유성과 상징성"이라고 정의할 수 있다(고준희, 2003: 6).

지역정체성은 형식적 정체성과 내용적 정체성으로 구분된다. 형식적 정체성이 추상적으로 자신을 해당지역의 주민으로 인식하는 것을 의미한다면, 내용적 정체성은 특정의 속성이나 경향을 자기지역의 특징으로 인식하는 것을 말한다(정근식, 1997: 128). 그런데 지역정체성은 한번 형성되면 비교적 오랜 기간 지속되지만 고정불변한 것이 아니라 지역의 정치·경제·사회적 조건들이 변화함에 따라 변할 수 있다.

(2) 지역정체성 형성의 구성요소

지역정체성은 해당지역의 자연이나 사회적·정치적 측면에 대한 집단적 지향과 역사적 유산이나 문화적 자원 등 그 지역의 상징이 함축하고 있는 의미를 통해서 형성된다. 그 지역의 역사와 풍토, 문화, 산업, 교육, 지역민들의 삶 등은 다른 지역과 차별화되는 그 지역만의 독특한 개성을 생성하게 되고, 그 지역에 사는 사람들에게 친밀감이나 애착을 느끼게 하는 요소로 작용하여 그 지역의 고유하고 독특한 지역정체성을 형성하게 된다(이미영, 2008: 11). 이러한 지역정체성 형성에 영향을 주는 요소로는 일반적으로 그 지역에 토착화되어 있고 그 지역에 영향을 미치는 역사, 문화, 경관, 산업 등을 지적할 수 있다(박노동, 2014: 21).

역사분야에서 영향을 주는 요소로는 지역의 역사적 사실, 역사적 인물, 역사의 현장, 유물 등을 지적할 수 있으며, 문화분야에서는 문학·미술·음악과 그 지역에 전래하는 음식·민속·축제 등을 들 수 있다. 한편 경관분야에서는 수려한 자연경관, 특색 있는 건축물과 구조물, 지역공원 등을 들 수 있으며, 산업분야에서는 다른 지역에 비해 특화되는 관광, 수공업, 첨단산업, 농산물 등을 지적할 수 있다.

지역정체성은 특정지역에서 과거로부터 이어져 오는 위와 같은 여러 요소를 통해 그 지역의 '지역다움'을 만들어 내는 동일성을 기반으로 한 지역정체성과 다른 지역과는 다른 특이함과 우월함을 통해 '지역다움'을 만들어 내는 개별성을 기반으로 한 지역정체성으로 구분된다. 그 중에서 동일성을 기반으로 한 지역정체성은 지역이 가지는 역사적 의미와 시간의 추이에도 변함없는 동질감 등 시간의 속성을 통해 나타나는 반면에, 개별성을 기반으로 한 지역정체성은 다른 지역과 차별화되며 무언가 뛰어난 요소들에 의해 크게 부각될 수 있다는 특징이 있다(서의권, 2010: 8-9). 이를 구체적으로 살펴보자.

첫째, 동일성은 지역적 관점에서 보면 바로 '그 지역답게'라는 개념으로서, 시간의 변화에도 불변적 특성을 가지는 연속성과 어떤 대상에 대한 동일화로 세분할 수 있다. 여기에서 연속성이란 시간의 흐름에 따라 많은 것이 변함에도 불구하고 기본적인 그 무엇은 변함이 없다는 것이다. 즉 역사적으로 변하지 않고 계속되는 물리적 또는 비물리적 요소들(예를 들면 최고건축물, 역사적 사실, 전래풍습 등)의 존재를 말한다. 한편 동일화란 특정한 지역에 관련되는 '나'는 그 지역과 동일하다는 일체감을 가지거나(투입에 의한 동일화), 그 지역에 관련되는 '나'는 주위 사람들과 환경에 대해 잘 어울린다는 귀속감을 가지는 것(정합에 의한 동일화)을 의미한다.

둘째, 개별성은 특정한 지역은 다른 지역과는 다르고 더 낫다는 개념으로서 어떤 지역이 다른 지역과 차별화되는 그 지역의 자기다움을 의미한다. 이러한 개별성은 역사, 문화, 사회경제적 특성 등으로 형성되며 지역의 이미지를 형성하는 중요한 인자가 된다(박노동, 2014: 12). 개별성은 특이성과 우월성으로 구분할 수 있는데, 특이성은 그 지역은 다른 지역과는 다르다는 것을 의미하며, 우월성은 그 지역은 다른 지역보다 뛰어나다는 것을 의미한다.

〈표. 2〉 지역정체성의 구성요소

<table>
<tr><th colspan="3">구 분</th><th>의 미</th></tr>
<tr><td rowspan="3">동일성</td><td colspan="2">연속성</td><td>그 지역의 기본적인 그 무엇은 시간의 흐름에도 불구하고 변함없다</td></tr>
<tr><td rowspan="2">동일화</td><td>투입에 의한 동일화</td><td>그 지역에 관련되는 '나'는 그 지역과 동일하다는 감정을 갖는다</td></tr>
<tr><td>정합에 의한 동일화</td><td>그 지역에 관련되는 '나'는 주위 사람들과 환경에 대해 잘 어울린다는 귀속감을 갖는다</td></tr>
<tr><td rowspan="3">개별성</td><td colspan="2">특이성</td><td>그 지역은 다른 지역과 다르다</td></tr>
<tr><td rowspan="2">우월성</td><td>공통요소를 비교한 우월성</td><td>그 지역은 다른 지역에 있는 요소들과 비교하여 더 뛰어나다</td></tr>
<tr><td>고유요소 존재에 대한 우월성</td><td>그 지역은 다른 지역에 없는 요소가 있어 더 뛰어나다</td></tr>
</table>

* 자료: 황기원(1995), 도시의 정체성과 쾌적성, 지방화시대의 도시정체성 회복과 조경의 과제를 위한 학술세미나 발표논문, 한국조경학회, p.5.

이러한 우월성은 그 지역은 다른 지역에 없는 요소가 있어 더 뛰어나다는 고유요소의 존재에 대한 우월성과 그 지역은 다른 지역에도 있는 요소들과 비교하여 더 뛰어나다는 공통요소를 비교한 우월성으로 세분할 수 있다(황기원, 1995: 5). 이상에서 지역정체성의 구성요소를 살펴보았는데, 지역정체성 중에서 동일성이 확보되면 주민들은 심리적 안정감을 확보할 수 있고, 개별성 중에서 특히 우월성이 확보되면 주민들은 심리적 안정감을 바탕으로 지역에 대한 자긍심과 자부심을 확보할 수 있다. 위에서 설명한 지역정체성 구성요소와 그 의미를 집약하면 〈표. 2〉와 같다.

(3) 지역정체성이 공동체 형성에 미치는 영향

지역정체성의 확립은 그 지역이 갖는 정체성 요소들(동일성 및 개별성)에 대한 인지도를 높임으로써 그 지역답게, 그리고 그 지역을 자랑스럽게 인식하는 것으로서 자기지역을 다른 지역과 구별하는 데에서 출발한다. 지역정체성의 확립은 지역사회의 특성과 지역구성원들의 인식에 영향을 받는다는 점에서 집합적 성향을 갖게 되며, 이러한 집합적 성향은 지역주민들의 지역에 대한 결속 정도에 영향을 미치게 된다(박진옥, 2014: 25).

지역정체성의 확립은 지역공동체의 형성과 발전에 가장 중요한 요소의 하나로 작용한다. 특정한 지역에 거주하는 개인은 다양한 사회화 과정을 통해 지역고유의 정체성을 학습해 나가게 되며, 그러한 개인들의 집합단위가 지역공동체를 형성하게 되고 결국 지역공동체의 정신적 틀이 되는 지역정체성이 형성되는 것이다(전대욱 외, 2012: 48).

이러한 지역정체성은 지역구성원들 간에 신뢰와 호혜성에 따른 협력을 가능하게 하는 한편 주민들로 하여금 지역구성원으로서 자신의 역할을 인식하고 행동하도록 함으로써 인간의 삶을 안정되게 하며, 사회적 상호작용을 통해 다른 지역이 가지지 못한 지역의 자랑스러운 역사와 전통을 중요하게 받아들이게 하여 지역의 이미지를 제고하고 발전을 위한 원동력으로 작용한다(김규원 외, 2010: 10).

또 지역정체성은 지역주민들로 하여금 지역이라는 범주 내로 일정하게 지향성을 갖고 행동하도록 하며, 타 지역과의 비교·경쟁을 통하여 지역주민들에게 소속감, 동질감, 일체감을 갖게 하고 그 지역만의 고유성과 상징성을 소유하도록 한다(심재호, 2000: 15). 이와 함께 지역정체성은 근대화과정에서 강요되어 온 중앙집권적 문화에서 탈피하여 지역문화, 지역적 개성, 지역의 내생적 에너지를 확보하기 위한 자원으로서의 역할도 한다.

(4) 지역정체성의 확립 방안

지역정체성은 지역주민들로 하여금 해당 지역의 정신적·정서적 결속을 유지하고 공동체 구성원으로서의 주체의식과 자율적 통치의식 등을 불러내는 중요한 역할을 함으로써 지역공동체 형성과 발전의 선행변수가 된다고 할 수 있다. 따라서 지역의 역량을 내부로부터 모으고 외부로 발산시키기 위해서는 지역정체성이 확립되어야 하며, 지역정체성이 확고하게 될 때 지역공동체가 형성되고 지속적으로 유지·발전될 수 있다(조명래, 2013: 79).

인간의 삶은 기본적으로 지역에 근거를 두고 있기 때문에 지역공동체의 형성과 이를 위한 지역정체성의 확립은 존재론적 의미를 갖는다. 그럼에도 불구하고 우리 사회는 도시화·산업화 과정에서 지역정체성이 크게 약화됨에 따라 심각한 사회공간적 갈등(conflict)을 겪게 됨으로써 개인들의 생활에 불안정과 소외감을 가져오게 되었을 뿐만 아니라 자발성과 창의성을 위축시켜 공동체 형성을 가로 막는 요인이 되어 왔다(최병두, 2007: 60).

그러나 최근 들어 많은 지역에서 지역정체성을 함양하기 위해 전통문화 복원을 통한 지역축제 또는 장소마케팅과 관련된 행사들이 개최되고 있으며, 비엔나레 개최, 전시관·박물관 등의 건립과 함께 '문화지구만들기' 등도 추진되고 있다. 이는 바람직한 현상으로서 지역정체성을 함양하기 위해서는 앞으로도 이러한 사업들이 더욱 활성화되어야 할 것이다.

그런데 이러한 지역정체성의 함양과정에서 유의해야 할 것은 획일화 경향을 경계해야 한다는 것이다. 최근 많은 지역에서 추진되고 있는 지역이미지 만들기를 통한 지역정체성 형성전략은 매우 급속하고 조작적으로 진행되고 있어서 정체성의 획일화가 우려되고 있는데, 이러한 획일화된 정체성은 오히려 사람들을 더욱 불만족스럽고 존재론적으로 불안전하게 만들게 된다.

2) 지역적 특성의 종합적 고려

각각의 지역은 서로 다른 물리적·사회공간적 조건을 가지고 있기 때문에 지역공동체 형성을 위해서는 우선 그 지역의 정치경제적·사회문화적·환경적인 여건과 특성들을 종합적으로 고려해야 하며, 그러한 여러 여건과 특성들은 전체사회 또는 세계화와 관련하여 고찰되고 그 의미가 부여되어야 할 것이다(최병두, 2006: 525).

지역공동체의 형성을 위해서는 과거 급속한 산업화와 도시화과정에서 지역적 생태와 환경, 지역주민의 정서와 가치를 경시한 채 획일성과 비장소적 보편성에 따라 추진되어 온 지역개발전략을 탈피하여야 한다. 그리하여 대도시, 중소도시, 소도읍, 농어촌 등 각 지역이 가진 고유한 가치와 특성을 종합적으로 고려하여 각각 적절한 형태의 지역공동체 개념을 설정하고 기본원칙을 수립하여 추진함으로써 지역별 특성과 가치가 더욱 발양되어 구성원들의 정체성 확립과 공동체 발전에 기여할 수 있어야 한다.

이러한 지역별 특성에 적합한 공동체형성은 부문별 공동체운동과 결합된 형태로 추진하는 것이 바람직한데, 그 예의 하나로 도시 및 농촌지역에 적합한 지역공동체형성과 교육공동체운동을 결합시키는 방법을 생각할 수 있다. 이는 도시화와 산업화과정에서 해체된 도시 및 농촌의 공동체를 지역사회의 거점인 학교를 통해 새롭게 형성하고 활성화시키는 것으로서, 도시지역의 경우에는 학교에서 문화·환경분야 등의 교육을 통해 도시민들의 자발적 참여에 의한 지역공동체 형성을 유도하는 것이며, 농촌지역의 경우에는 학교를 통해 정보화교육, 영농교육, 건강교육 등을 실시하는 방안을 모색하는 것이다(최병두, 2006a: 523).

3) 지역자산의 발굴과 활용

(1) 자산기반 커뮤니티 발전의 개념과 의의

지역에 존재하는 자원과 지역적 역량은 지역공동체 형성의 기반이 된다. 지역의 자산을 발굴하고 창의적으로 활용하는 것은 지역의 자산을 토대로 주민이 중심이 되어 발전을 추구하는 자산기반 커뮤니티발전방식(asset based community development: ABCD)에 그 근거를 두고 있다. 종전의 지역발전방식은 주로 국가가 중심이 되어 주민들의 욕구와 필요를 반영한 욕구기반 커뮤니티발전방식(need-based community development: NBCD)에 의하여 이루어져 왔다.

그런데 이 방식은 정부 등 외부기관의 역할에 크게 의존하는 것이어서 해당지역 주민들로 하여금 자신들이 지역발전에 주도적·적극적으로 참여한다는 인식보다는 고객이나 소비자로 머무는 수동적 역할자로 인식하도록 만들었다. 또 중앙정부의 재정부담 과중, 개발사업과 주민소득 증대와의 연계 약화 등 여러 가지 한계를 드러내게 되었다(한창묵, 2018: 4). 이에 따라 지역의 내적 자산을 적극적으로 활용하여 지역경제를 활성화 시키면서 동시에 지역주민들의 소득을 높이는 대안으로 1990년대 초에 대두된 것이 자산기반 커뮤니티발전방식이다.

자산기반 커뮤니티발전은 신내생적 지역발전 형태의 하나로서 "지역의 지속가능한 발전을 위하여 지역 내에 존재하는 다양한 인적·물적·상징적 자산을 최대한 밝혀내고 활용하여 지역공동체의 역량을 발전시키는 방식"이라고 정의할 수 있다(한상일·김경희, 2013: 158). 이 발전방식은 그 기본요소를 ①지역공동체가 지역 고유의 자산을 스스로 발굴하여 발전사업에 최대한 활용하고, ②지역사회의 다양한 조직과 이들 간의 공식적·비공식적 네트워크를 중요한 자산으로 고려하며, ③경제적 성과와 함께 주민중심의 참여적 발전, 주민참여를 통한 효율성 제고, 사회적 변화, 민주적 가치를 중시하는데 두고 있다(하현상 외, 2017: 55).

자산기반 커뮤니티발전방식에서 지역자산을 활용하는 것이 중요한 이유는 크게 다음의 세 가지로 요약할 수 있다(한상일, 2019: 219-220). 첫째, 지역자산을 활용하는 과정에서 지역공동체 전체가 지역의 문제에 대해 스스로 알게 되고 지역에 소재한 조직들의 활동에 대한 관심과 지원을 얻기가 용이하다. 둘째, 지역공동체가 지역의 문제를 인식하면 공동체 구성원들의 원활한 참여가 이루어지고 그들 간에 의사소통이 원활해진다. 셋째, 지역의 자산을 활용하는 과정에서 지역 내의 조직과 기관에 대한 상호이해의 수준이 커지고 신뢰가 높아지게 된다는 것이다.

이러한 자산기반 커뮤니티발전방식의 특징은 지역공동체가 정부나 시장에 의존적 관계를 형성하기보다는 지역이 보유하고 있는 자연적·사회적 자원 등 긍정적 역량을 개발함으로써 발전의 기반을 만든다는 데 있다. 그렇다고 지역의 요구와 문제를 경시하는 것은 아니며, 기존에 간과했거나 부정적으로 인식되었던 지역의 인적·물적 자산을 스스로 발굴하여 적극적으로 활용함으로써 지역발전의 새로운 동력으로 삼는다는 것이다.

(2) 지역자산의 유형과 내용

자산기반 커뮤니티발전방식에서 강조되는 것은 지역공동체 기반의 주민참여를 기본으로 하되 지역이 가지고 있는 다양한 인적·물적 자산 등 지역자산을 최대로 활용하여 지역역량을 강화시키는 개발이 우선돼야 한다는 것이다. 이러한 자산기반 커뮤니티의 발전을 위하여 지역사회가 최대한 밝혀내고 활용해야 할 지역 내에 존재하는 내생적 고유자원은 그 형태에 따라 크게 유형자산과 무형자산으로 구분할 수 있다.

유형자산은 특정한 형상을 갖추고 있어 시각적으로 인지할 수 있는 특성을 갖춘 자산으로서 자연적 자산과 구조적 자산으로 세분할 수 있다. 그 중 자연적 자산은 자연환경에 의해 특징지어지는 물리적 자산으로서, 지역의 지리적 위치나 접근성으로 대표될 수 있는 장소적 자산과 지역의 자연환경으로 대표될 수 있는 환경적 자산으로 구성된다. 구조적 자산은 시각적으로 인지될 수 있는 구조물화된 특성을 갖춘 자산으로서 지역의 공간구조적 특성으로 대표될 수 있는 공간적 자산과 지역의 기반시설이나 토지이용 특성으로 대표될 수 있는 시설적 자산으로 구성된다.

한편 무형자산은 시각적으로는 인지하기 어려운 정서적·이미지적 특성을 갖춘 자산으로서 문화적 자산, 사회적 자산, 경제적 자산으로 세분할 수 있다. 그 중 문화적 자산은 지역의 독특한 문화적 정서로 특징짓는 자산으로서 지역이 보유한 문화·역사적 자원으로 대표될 수 있는 역사적 자산과 관광적 요소를 갖춘 지역의 예술 및 문화자원인 관광적 자산으로 구성된다. 그런데 문화적 자산 중에는 문화재, 문화시설, 관광시설 등 가시적 자산들도 있는데, 이들은 유형자산 중의 구조적 자산에 포함시킬 수 있다.

사회적 자산은 지역의 사회활동성과 정체성으로 특징지어질 수 있는 자산으로서, 지역구성원들의 사회적 활동성과 잠재력으로 대표될 수 있는 인적 자산, 지역의 정체성 및 상징성으로 대표될 수 있는 이미지 자산으로 구성된다. 이러한 인적 자산에는 인적 네트워크, 구성원들의 행위 및 생활상이 포함되며 이미지자산에는 지역의 문화적 다양성, 브랜드, 특산품, 음식 등이 포함된다.

그리고 경제적 자산은 지역의 경제활동 정도로 특징지어질 수 있는 자산으로서 지역 내 기업활동의 기반이나 활동정도로 대표될 수 있는 기업체 자산, 지역구성원들의 경제활동 정도로 대표될 수 있는 노동력 자산으로 구성된다. 이러한 노동력 자산에는 개인 및 집단의 경험·지식·

교육정도와 고용프로그램 등이 포함된다(이왕건·박태선 외, 2011: 45). 위에서 설명한 내생적 지역자산의 유형과 내용을 집약하면 〈표. 3〉과 같다.

〈표. 3〉 지역자산의 유형과 내용

지역자산의 종류			내 용
유형자산	자연적 자산	장소적 자산	지역의 지리적 위치 또는 접근성
		환경적 자산	지역의 자연환경
	구조적 자산	공간적 자산	지역의 공간구조적 특성
		시설적 자산	지역의 기반시설이나 토지이용적 특성
무형자산	문화적 자산	역사적 자산	지역이 보유한 역사적·문화적 자원
		관광적 자산	관광적 요소를 갖춘 지역의 문화·예술적 자원
	사회적 자산	인적 자산	지역구성원들의 사회적 활동성 및 신뢰, 네트워크 등의 사회적 잠재력
		이미지자산	지역의 정체성 및 상징성
	경제적 자산	기업체자산	기업활동의 기반과 활동정도
		노동력자산	지역구성원들의 경제활동 정도

(3) 지역자산을 활용한 지역발전의 유용성

지역자산을 활용한 지역발전은 다음과 같은 유용성을 가지고 있다. 첫째, 지역주민들이 공유하여 공동으로 이용하는 지역자산은 주민들의 유대관계를 강화시키는 연결고리 역할을 함으로써 생활의 안정감 및 정체성을 고양하는데 기여한다(최병두, 2006: 523). 둘째, 지역에 부존하고 있는 자산의 활용은 개발과정에서 지역주민들이 인권과 삶의 질에 더 많은 관심을 갖도록 한다.

셋째, 지역자산을 활용하는 경우 주민들은 지역발전에 대한 의사결정과정에 직접적으로 참여함으로써 능동적 주체로서 행동할 수 있다(한창묵, 2018: 5-6). 넷째, 지역자산은 독특한 자연성 및 고유한 인위적 모습 등 지역특성과 연관된 가치 및 효용을 가지고 있기 때문에 지역특성에 적합한 발전을 도모할 수 있다는 것이다.

지역발전과정에서 지역자산을 적극 활용하는 것은 지역이 정부나 시장(market)에 의존적인 관계를 형성하는 것에서 벗어나 지역의 각종 현재적·잠재적 역량을 동원하여 지역공동체의 형성과 발전의 기반을 만드는 것이라고 할 수 있다. 그런 점에서 지역공동체는 자기지역에 부존하고 있는 자산들을 어떻게 활용이 가능한지, 새로운 의미를 부여해야 할 부분은 무엇인지, 재창조해야 할 부분은 무엇인지를 찾아내어야 한다. 특히 간과해서는 안 될 것은 무형자산의 중요성이다. 지역주민 개개인이 가지고 있는 역량, 각종 결사체나 기관들이 가지고 있는 무형의 자산들도 공동체를 형성하고 지역의 문제를 해결함에 있어서 매우 큰 역할을 할 수 있기 때문이다.

4) 개성 있는 지역문화의 진흥

(1) 지역문화의 개념과 기능

지역공동체의 형성과 지속적 발전을 위해서는 개성 있는 지역문화가 진흥되어야 한다. 지역문화란 "일정지역 주민들이 오랜 세월에 걸쳐 지역환경에서 생활하는 과정에서 이루어 놓은 특징적인 생활양식 및 정서체계"를 말한다(이종인, 2011: 302). 지역문화의 범위에는 지역주민들의 공유된 신념과 가치, 관습, 문화유산, 지역예술 활동 등이 모두 포함된다고 할 수 있다.

지역문화는 지역을 기반으로 하여 형성되는 동시에 지역 간의 차이를 만드는 특성이 있는데, 이러한 지역의 차이는 세계화 및 지방화시대를 맞아 지역성으로 부각되고 있다. 지역문화는 다음과 같은 기능을 수행한다. 첫째, 지역문화는 지역정체성 형성에 기여한다. 지역주민들은 지역적 특수성에 바탕을 둔 문화를 공유함으로써 지역에 대한 소속감과 동질성이 함양되고 지역정체성을 갖게 된다.

둘째, 지역문화는 지역주민들의 삶의 질을 향상시킨다. 일상적인 삶의 공간에서 문화·예술에 대한 체험은 주민들의 자기결정력, 창조성, 자율적인 의사소통능력을 증진시키는데, 이는 주민들의 행복도와 자존감을 높여 삶의 질 향상에 기여한다. 셋째, 지역문화는 지역사회의 경제 활성화에 기여한다. 독특한 향토성을 가진 지역문화는 지역의 이미지를 창출하고, 이를 통해 지역내 자원들의 부가가치를 높임으로써 관광산업 발전과 고용증진에 기여한다.

넷째, 지역문화는 교육적 기능을 담당한다. 지역에 보존되고 있는 문화적 유적이나 유물, 풍속·신앙 등은 과거에 선인들이 어떻게 살아왔으며, 후손들이 이를 통해 무엇을 얻어야 할 것인가를 일깨워 주는 역할을 한다. 다섯째, 지역문화는 지역주민들의 다양한 인식과 감정·경험들 가운데서 갈등과 이해관계를 조정하고 조화시킴으로써 사회통합에 기여한다.

이같이 지역문화는 지역주민들의 정서적·심미적 욕구를 충족시키고 활력과 창의력을 증진시킴으로써 인간다운 삶을 살아가는 토대를 제공해 주며 지역발전을 촉진시키는 동력이 된다. 또 지역문화는 자기가 살고 있는 지역에 대한 자부심과 공동체의식을 제고시키는 한편 지역산업의 부가가치를 창출함으로써 지역경쟁력을 높이고 지역의 생산성을 증대시키는 역할을 한다. 따라서 지역문화를 통해 지역공동체가 형성·발전될 수 있기 위해서는 지역별로 특화되고 다른 지역과 경쟁력을 가질 수 있는 개성 있는 지역문화가 진흥되어야 한다.

(2) 지역문화진흥의 필요성과 기본원칙

지역문화의 진흥이란 특정한 지역이 가지고 있는 다양한 문화자원이나 문화시설 등을 적극적으로 보존하고 활용하여 지역문화의 가치와 효용을 극대화시키는 것을 말한다(심응섭, 2005: 24). 지역문화 진흥의 필요성은 두 가지 측면에서 설명할 수 있다. 첫째는 문화정체성의 확립과 다양성 보호차원에서의 필요성이다. 문화의 세계화는 국가와 지역의 고유문화를 세계에 널리 알린다는 점에서 긍정적인 측면이 있지만, 반대로 문화의 획일화와 상품화와 같은 우려도 만만치 않다.

즉 세계화는 문화적 보편주의의 확산, 극단적으로는 문화의 획일화 또는 상품화로 연결되어 문화가 가지는 본연의 가치가 훼손될 수도 있다(노영순, 2016: 14). 이런 점에서 지역고유문화의 보호와 활용은 세계화로 인한 문화적 획일화 위협에 대처하는 최상의 방어기제라고 할 수 있다. 또 지역의 고유한 문화자산의 발굴·육성은 현대사회의 중요한 흐름이 되고 있는 세계적 차원의 지역 간 경쟁에서 경쟁력을 강화시키는 수단이 되기도 한다.

둘째는 국민 개개인의 문화활동과 향유를 보장하는 차원에서의 필요성이다. 사람들이 지역을 기반으로 삶의 기본적인 행위가 이루어진다고 할 때, 고급문화의 향유이든 창조적 문화활동이든 모두가 지역에 기초할 수밖에 없다. 따라서 지역문화의 보존 및 육성, 지역주민들의 문화향유와 활동보장 등의 지역문화 진흥은 주민들의 문화적 권리를 보장하고 문화향유와 창조적 문화활동을 통해 자기계발 및 삶의 질 향상에 기여할 수 있다(노영순, 2016: 16).

지역문화진흥이 어떤 원칙아래 이루어지는 것이 바람직한가에 대해서는 여러 측면에서 고찰할 수 있겠으나, 기본적으로는 주민자치의 원칙, 기초자치단체 주도의 원칙, 개성화·차별성 발현의 원칙, 유지·계승·발전의 원칙, 그리고 공유와 융합성의 원칙을 들 수 있다(이성근, 2003: 100-111). 첫째, 주민자치의 원칙이다. 지역의 문화생활이나 문화활동은 주민들의 문화생산자의 입장에서 자발성과 창의성 및 책임성을 전제로 하기 때문에 지역문화 진흥은 주민의 자주적인 활동으로 추진되어야 한다.

둘째, 기초자치단체 주도의 원칙이다. 개별지역에는 그 지역의 개성이 담긴 독특한 지역문화가 있기 때문에 주민들의 일상적 생활현장으로서의 지역은 문화창조의 모체가 된다. 이런 점에서 지역문화 진흥은 분권화를 통해 지역주민의 생활권역인 기초자치단체의 주도로 추진되어야 한다. 셋째, 개성화와 차별성의 원칙이다. 지역문화 진흥은 전례답습과 법규에 얽매인 형식적이고 모방적이며 획일적인 추진에서 벗어나 그 지역만이 가지고 있는 특성을 살리는 개성화와 차별성의 기조아래 추진되어야 한다.

넷째, 유지·계승·발전의 원칙이다. 지역문화는 지역주민들의 사고방식을 포함한 일상적 삶이 녹아있는 생활양식 그 자체이기 때문에 단기간에 형성·발전되는 것이 아니다. 그러므로 지역문화의 진흥을 위해서는 장기간에 걸쳐 그것을 유지하고 계승하며 발전시키기 위해 지속적인 노력을 기울여야 한다. 다섯째, 공유와 융합의 원칙이다. 지역문화는 지역주민들이 공유하고 다른 부문과 융합될수록 그 가치가 확대되기 때문에 지역문화는 발굴·보존하는 차원에 머무는 것이 아니라 지역주민들에게 공유되고 다른 부문과 융합될 수 있도록 참여적·향유적 형태의 문화로 발전해야 한다는 것이다.

(3) 지역문화의 진흥방안

첫째, 주민들의 문화에 대한 자발적 참여활동을 유도해야 한다. 주민들의 문화향유가 단지 피동적으로 보고 느끼는 수준에서 탈피하여 창조자의 입장에서 문화·예술활동에 자발적으로 참여하도록 유도해야 한다. 그렇게 될 때 참여자의 개인적 차원에서는 문화적 욕구의 충족과 함께 자존감이 높아지며, 지역차원에서는 공동체적 유대감의 증대와 다양한 문화예술동아리를 활성화시켜 문화예술 저변이 확대됨으로써 지역사회의 정체성과 결속력을 강화시킨다.

둘째, 지역생활문화공동체의 육성을 지원해야 한다. 주민들의 지역생활문화공동체 활동은 지역의 문화적 정체성을 확립하고 참여주민들간의 신뢰를 축적하며 갈등을 해소하는 긍정적 효과를 가져 온다. 또 문화활동에 대한 참여기회를 자연스럽게 확대함으로써 문화적 욕구해소의 좋은 기회를 제공한다. 그러므로 지방정부는 문화·예술동호회 등 자발적인 지역문화공동체의 형성과 활동을 적극 지원함으로써 그 속에서 주민들이 다양한 문화적 활동과 경험을 축적하고 공동체와 개인의 문화적 역량과 문화적 삶의 질이 향상되도록 해야 한다(한상우, 2011: 86).

셋째, 주민들의 문화·예술교육을 강화해야 한다. 주민들의 문화·예술활동에 대한 참여동기를 유발하고 참여활동을 구체화하기 위해서는 그에 필요한 기본적 지식과 기술을 필요로 하는데, 문화·예술교육은 이를 충족시켜 준다. 이러한 교육의 하나로 그 지역에 특화된 전통문화·예술이나 문화유산을 계승·보존하기 위한 교육을 실시하는 것도 바람직하다. 지역의 민요나 수공예, 전통기술 등 지역자원과 연계된 문화·예술교육은 개인의 문화향유 욕구의 해소와 함께 사라져 가는 지역의 전통과 문화의 복원·계승이라는 사회적 공헌으로 이어지는 의미 있는 활동이라고 할 수 있다.

넷째, 주민밀착형 문화기반시설을 지속적으로 확대시켜야 한다. 지역문화 기반시설은 주민들의 문화활동 참여나 지역문화공동체 형성을 지원하고 지역민의 문화향유의 기회를 제공하는데 기본적인 요건이 되기 때문에 체계적인 확충과 보완이 이루어져야 한다. 이를 위해서는 신규 인프라의 건립도 중요하지만 기존 문화시설의 재활용 등을 통해 활용도를 높일 필요가 있다. 폐교된 학교시설의 활용, 산업시설의 문화예술창작 공간화 등을 추진하여 주민들의 문화예술 활동에 적극 활용할 필요가 있다(한상우, 2011: 87-88). 이와 함께 지역의 기존 문화시설은 적극 개방하여 주민들의 문화·예술 창작활동이 이루어지고 그 성과를 지역에 공개하는 장소로 제공되어야 할 것이다.

다섯째, 지역의 문화·예술행사는 그 지역의 특수성을 반영해야 한다. 지역에서 열리는 축제 등 문화·예술행사는 지역이미지를 제고하고 주민들에게 자기지역에 대한 자부심과 긍지를 느끼게 하며 공동체의식을 제고하는 수단으로 활용될 수 있다. 따라서 지역의 문화예술행사는 다른 지역의 것과는 차별화, 특성화되어야 하고 그 지역만의 문화자원이나 문화유산 등을 활용하여 대표성을 확보하는 것이 중요하다.

여섯째, 지방문화산업을 육성해야 한다. 문화산업진흥기본법 제2조에 의하면 문화산업은 '문화상품의 개발·제작·생산·유통·소비 등과 이에 관련된 서비스를 행하는 산업'으로서, 창의성을 바탕으로 고부가가치를 창출하는 산업이다. 이러한 문화관련 산업은 지역의 매력을 살리고 지역경제를 활성화시키는 한편 지역문화의 창조에 기여한다.

지역의 고유한 풍습, 설화, 전설, 특산물, 동식물 등은 그 지역의 이미지를 나타내는 소중한 문화적·경제적 자산이다. 따라서 이들 자원과 관련된 문화자원을 이미지화한 캐릭터를 개발하여 상표 등으로 활용하면 상품에 대한 친밀감과 신뢰도를 높일 수 있고, 그 지역을 대외적으로 홍보하는 효과를 얻을 수 있으며, 지역주민들의 공동체의식을 높이는 데도 도움이 될 수 있다(심응섭, 2004: 44).

일곱째, 지역문화네트워크를 구축할 필요가 있다. 지역문화 진흥을 위해서는 지역 내 인력과 조직들의 네트워크가 필요하다. 이 네트워크에는 지방자치단체, 문화·예술전문가, 문화·예술기관, 지역문화의 생산과 소비에 자발적으로 참여하는 지역주민, 그리고 이들을 집합적 주체로 조직하는 지역공동체가 모두 포함되는 것이 바람직하다.

여덟째, 다문화 수용성을 증진시켜야 한다. 세계화 등에 의한 국가간 인구이동의 확대에 따른 외국이주민의 증가로 우리 지역사회가 다문화사회로 전환되면서 이들과 원주민들 간에 문화갈등이 초래되고 있다. 이러한 갈등을 완화하기 위해서는 원주민과 이주민 간의 소통과 공존을 위한 문화정책의 역할을 더욱 확대해야 한다. 다문화가족과 그 2세들을 우리 사회의 구성원으로 인정하고 차별과 편견 없이 평등하게 대하는 한편 이들이 가진 고유한 문화와 정체성을 포용하고 인정할 수 있는 교육을 강화하는 등 일상에서 이들을 차별하는 요소를 지속적으로 개선해 나가야 한다.

아홉째, 전통문화자산을 체계적으로 발굴·보존·활용해야 한다. 지역의 전통문화는 그 지역만의 개별적이고 고유한 가치를 표상하기 때문에 지역 및 지역주민들의 문화적 정체성을 형성하는 토대가 된다. 따라서 지역의 전통문화를 기반으로 한 문화적 자산을 체계적으로 발굴하고 보전해야 하며, 더 나아가서는 그것을 활용함으로써 고유의 가치를 유지하면서 현재적 가치를 생성해 나가야 할 것이다.

열 번째, 지역문화활동에 기업참여를 유도할 필요가 있다. 기업의 문화활동 참여는 지방문화 발전에 큰 역할을 한다. 그 참여형태는 지역의 문화시설 건립 또는 문화행사 지원, 기업체에 문화시설의 부설과 지역주민에의 개방, 지역주민을 위한 문화이벤트 개최, 지역내 문화단체 행사비의 지원과 작품·시설 건립용 토지의 기증, 재단설립을 통한 문화사업 전개 등 다양하다. 그러므로 지방정부는 관내 기업들이 지역문화활동에 적극 참여하고 지원할 수 있도록 세제혜택 확대 등 다양한 인센티브를 부여할 필요가 있다.

3. 지역공동체 형성운동

1) 지역공동체 형성운동의 배경과 목표

지역공동체 형성운동은 지역사회를 바람직한 공동체로 변화시키고자 하는 의도적인 노력이라고 할 수 있다. 인간은 누구나 신체적 생존을 보전하기 위한 생리적 욕구와 자신의 사회문화적 존재가치를 발현하려는 자아실현의 욕구를 가지고 있다. 이러한 기본욕구를 가지고 있는 인간에게 지역공동체는 필연적으로 요구되는 것이었기 때문에 지역공동체를 형성하기 위한 노력은 역사적으로 동·서양을 막론하고 오래전부터 끊임없이 이어져 왔으며 현재도 계속되고 있다.

현대사회에서 지역공동체 형성운동이 등장하게 된 직접적인 동기는 도시의 해체적 상황에 대한 도시민들의 적극적인 자각에서였다고 할 수 있다. 급격한 도시화 및 산업화에 수반되는 병폐는 환경오염, 교통문제, 주거와 복지문제 등 심각한 사회문제를 낳게 되면서 도시민들의 지속가능한 삶을 제약하는 조건들로 작용하게 되었다. 따라서 이를 극복하고자 하는 자의식과 집합적 실천의 모색이 지역사회를 공동체공간으로 바꾸어가려는 주거 및 생활공간을 중심으로 한 도시공동체운동의 출현을 가져오게 되었다(한국도시연구소 엮음, 2003: 93).

그 후 도시는 물론이고 농촌에서도 여러 유형의 지역공동체운동을 추진하게 되었으며 1990년대 후반부터는 지역의 구체적인 생활공간 단위를 공동체적 방향으로 바꾸기 위한 운동이라고 할 수 있는 마을만들기가 추진되기 시작하였다. 그리고 최근 들어 우리 사회에서 지역사회운동이 빈번하게 추진되고 있는데, 이 운동들도 공동체형성을 직접 표방하지는 않았다고 할지라도 공동체성의 형성이나 복원을 전제 또는 목표로 하고 있다는 점에서 지역공동체 형성운동이라고 할 수 있다. 오늘날 우리 사회의 대부분 지역공동체 형성운동은 현대사회의 도시화현상으로 인해 도시공동체운동의 성격을 띠고 있다(오혁진, 2014: 111).

이러한 지역공동체 형성운동은 그 성격과 지향하는 목표가 매우 다양하지만, 크게 보아 두 가지 목표로 요약할 수 있다. 하나는 풀뿌리 지역주민들을 공동체로 조직하겠다는 것이고, 다른 하나는 이러한 운동들을 근간으로 하여 지역사회 전체를 공동체적 분위기로 전환시키겠다는 것이다. 전자는 주민조직의 성격 또는 내적 운영원리를, 후자는 이 주민조직의 외적 지향점을 나타내는 것이다(한국도시연구소 엮음, 2003: 139).

공동체는 기본적으로 공동체적 인간에 의해 형성된다. 따라서 공동체의 형태 및 성격은 공동체를 구성하는 사람들의 의식 및 태도에 의해 결정되는데, 구성원들이 상호관계를 공동체적 관계로 바꾸기 위한 의식의 전환은 특정한 계기가 주어지지 않은 한 쉽게 이루어지지 않는다. 따라서 지역공동체 형성운동에서 의도하는 공동체적 의식으로의 변화는 운동을 통해 구성원들 간의 관계가 공동선에 토대를 둔 협동의 관계로 발전할 수 있도록 도와주는 것이다. 즉 사람과 사람 간의 관계를 규정하는 문화를 보다 공동체적으로 바꾸는 작업을 통해 사람들 간의 관계가 보다 공동체적으로 변화할 수 있도록 하는 것이다(한국도시연구소 엮음, 2003: 140).

지역공동체 형성운동에서는 위와 같은 목표의 실현을 통하여 지역경제 성장, 지역사회 복지구현, 그리고 생태적 안정을 도모하기 위하여 지역사회의 특성(지역성격, 공동체의식, 가용자산 등)과 사회적 자본(신뢰, 네트워크, 규범 등) 등을 동원하여 운동을 추진하고 있다. 최근 우리 사회에서 추진되고 있는 다양한 유형의 지역공동체 형성운동들은 대부분이 주거, 교육, 의료, 문화, 경제, 환경, 자치 등 각 부문들에 우선적인 관심을 가진 부문별 운동으로 전개되고 있다.

2) 지역공동체 형성운동의 유형

지역공동체 형성운동은 주민들의 주체성, 운동의 내용과 대상, 운동의 영역 등 다양한 관점에서 유형화할 수 있다. 첫째, 지역공동체 형성운동은 그 영역에 따라 주거공동체운동, 경제공동체운동, 환경공동체운동, 문화공동체운동, 자치공동체운동으로 구분된다(한국도시연구소 엮음, 2003: 97-105). 운동영역에 따른 분류는 지역공동체운동의 가장 기본적인 분류방법이라고 할 수 있다.

주거공동체운동은 주거에 기초한 생활환경 개선, 교육·의료를 비롯한 생활서비스 향상 등 주거와 관련된 생활상의 요구를 집단적으로 충족하기 위한 운동이다. 이 운동은 주거권 확보를 위한 운동으로 시작하여 아파트단지의 자주관리를 위한 운동으로 확대되고, 생활문화운동과 마을공동체운동으로까지 확대되면서 궁극적으로 주민생활 전반을 공동체로 이끌어 가는 것을 목표로 하고 있다. 이런 점에서 주거공동체운동은 공동체운동의 기본이라고 할 수 있으며, 다른 전문화된 운동은 주거공동체운동의 발전과 진화과정에서 파생된 것이라고 할 수 있다.

환경공동체운동은 오염 없는 생태환경 조성, 자원절약형 생활환경 조성 등을 통해 쾌적한 지역환경을 조성하기 위한 운동으로서, 소극적으로는 동네의 생태와 환경을 개선하는 개별사업운동으로부터 적극적으로는 공동체 전체의 구성·배치·운영체제를 생태적 원리를 중심으로 재편해 가는 내용까지를 포함한다. 이 운동의 소극적 방식의 예로는 녹색아파트만들기를 들 수 있고 적극적 방식으로는 생태마을만들기를 들 수 있다. 생태마을만들기는 마을의 공간구조와 생태계, 마을의 건물과 시설뿐만 아니라 주민들의 생산방식이나 생활양식까지도 친환경적으로 조성하는 것을 목적으로 한다.

경제공동체운동은 시장거래와 상품소비를 매개로 이루어지는 경제생활방식을 공동체적 경제방식으로 대체해 지역주민의 삶을 경제적으로 향상시키기 위한 운동으로서 지역고유의 브랜드 만들기, 장소마케팅 활성화 등을 주요 내용으로 한다. 경제공동체운동은 주거공동체운동을 바탕으로 하여 대안적 경제활동을 추구하는 운동으로 발전된 특징을 갖고 있는데, 그 예로 녹색가게운동, 생활협동조합운동, 지역통화운동을 들 수 있다.

녹색가게운동은 상설 물물교환을 통해 물품의 수명을 연장하고 재사용하는 나눔의 생활문화운동이면서 동시에 지역을 녹색소비의 실천장소로 바꾸는 녹색소비 실천운동이며, 생활협동조합운동은 지역사회 전체의 경제활동을 협동적이면서 공동체적 방식으로 재편하려는 운동이다. 한편 지역통화운동은 지역 내의 주민 또는 회원에만 통용되는 화폐를 발행하거나 계좌를 개설해 돈 없이도 재화와 서비스를 주고받는 공동체운동을 말한다(한국도시연구소, 2003: 100-101).

문화공동체운동은 문화활동을 매개로 하여 주민들의 삶의 질을 향상시키려는 운동으로서 지역의 전통문화와 고급문화의 확산, 건축미관 및 지역경관의 개선 등을 주요 내용으로 한다. 문화공동체운동은 지역주민들이 자체적으로 운영하는 소규모 문화활동에서부터 지역사회 전체가 참여하는 지역문화 선양을 위한 대규모 문화이벤트나 축제운동에 이르기까지 다양한 유형을 가지고 있다. 문화공동체운동을 통한 지역주민들의 문화활동은 문화적 품격이 있는 공동체적 삶을 향유하는 것을 의도하지만, 달리는 지배문화에 대항해 그들 스스로의 삶의 목표와 방식 그리고 가치관에 맞는 대안문화를 찾고 이를 함께 공유하는 것도 중요한 목적과 내용을 이루고 있는데, 그 한 예가 대안학교운동이라고 할 수 있다.

한편 자치공동체운동은 기본적으로 지역구성원들이 지역문제에 대한 참여를 통해 지역의 주체로서 권리를 행사하면서 민주적으로 살아갈 수 있는 지역의 정치·사회적 환경을 조성하는 것을 목적으로 하는 운동이다. 자치공동체운동의 예로는 해당지역 주민들이 시민단체와 협력하거나 새로운 조직들을 만들어 수행하는 공동체의식 형성운동, 예산감시운동, 행정정보공개운동, 조례제정운동 등을 들 수 있다. 이러한 운동영역에 따른 지역공동체 형성운동의 주요 내용과 운동의 형태를 집약하면 〈표. 4〉와 같다.

〈표. 4〉 지역공동체 형성운동의 영역에 따른 구분

유 형	주요 내용	운동의 주요 형태
주거공동체운동	주거에 기초한 생활공간 개선, 교육·의료 등 생활서비스 향상	생활문화운동, 마을공동체운동
환경공동체운동	오염없는 생태환경조성, 자원절약형 생활환경 조성	녹색아파트만들기운동, 생태마을만들기운동
경제공동체운동	지역고유브랜드 만들기, 장소마케팅 활성화	녹색가게운동, 생활협동조합운동, 지역통화운동
문화공동체운동	전통·고급문화의 확산, 건축미관 및 지역경관 개선	지역문화선양운동, 대안학교운동
자치공동체운동	지역의 민주적이고 투명한 정치·사회적 환경조성	공동체의식형성운동, 조례제정운동, 예산감시운동

둘째, 지역공동체 형성운동은 지역주민들의 주체성에 따라 지역적용운동과 지역주민운동으로 구분된다(숭실대기독교사회연구소, 1990: 25-26). 지역적용운동은 특정한 단위의 지역에서 특정계층의 처지와 조건, 요구의 공통성에 입각하여 행해지는 지역차원의 확산·적용운동이다. 다시 말해 계급적·계층적 운동이 지역차원으로 파급되어 가는 형태의 운동이다. 이러한 운동의 예로는 지역적 특성을 반영하는 지역농민운동, 지역빈민운동, 지역청소년운동 등을 들 수 있다.

지역주민운동은 지역의 공통성과 생활상의 이해 및 요구에 입각하여 지역주민이 주체가 되어 추진하는 지역운동이다. 지역주민운동은 도시빈민지역운동을 비롯하여 공해지역주민운동, 생태공동체운동, 지역교육운동, 주민자치운동 등의 다양한 형태로 나타난다. 최근에 지역의 중요성이 더욱 부각되고 자발성과 주체성이 중시됨에 따라 점차 지역주민운동으로서의 공동체운동이 중시되고 있다(오혁진, 2014: 114).

셋째, 지역공동체 형성운동은 운동의 내용과 대상에 따라 지역현안대응운동, 협동조합운동, 소공동체운동, 도시빈민운동으로 구분된다. 지역현안 대응운동은 도시지역의 경우에 아파트지역을 중심으로 하는 아파트공동체운동, 철거민을 중심으로 하는 빈민공동체운동, 반공해 주민운동 등이 시도되어 왔다. 이 운동은 지역이기주의가 스며들 위험이 있고 일시적·국지적인 운동형태를 띠는 경우도 있지만, 지역공동체 형성을 위한 주민들의 의식이 제고됨에 따라 점차 중요한 영역을 차지하고 있다(오혁진, 2014: 115).

협동조합운동은 현대산업사회의 문제들을 공동생산과 공동소비를 통해 해결하려는 운동이다. 이러한 운동의 예로는 빈민들의 자주적 활동으로 설립되는 생산협동조합과 생활협동조합 등을 들 수 있다. 소공동체운동은 강한 의식성을 기반으로 좁은 지역에서 이루어지는 공동체운동이다. 이 운동은 그동안 농촌지역을 중심으로 이루어졌으나 최근에는 도시를 중심으로 한 생태공동체운동으로 전개되고 있다. 소공동체운동의 일반적 특징으로는 자신들의 존재방식을 추구하는 고립지향적 경향과 공동체 내부에서의 직접적 인간관계를 중시한다는 점, 그리고 소유·생산·소비의 완전한 평등주의와 환경위기에 관련하여 인간의 공생을 중시한다는 점을 들 수 있다(김칠준, 1999: 11).

한편 도시빈민운동은 주로 하층 노동자들이 밀집해 있는 도시지역에서 주민들이 그들의 생활에서 발생하는 요구를 중심으로 조직적, 자주적으로 문제를 해결해 나가기 위한 운동이다. 위에서 지역공동체 형성운동의 유형을 살펴보았는데, 지역공동체 형성운동은 이 밖에도 운동주체를 기준으로 하여 관주도형운동, 주민주도형운동, 절충형운동으로 구분할 수 있고, 운동방식을 기준으로 할 때는 저항적 운동, 참여적 운동, 협력적 운동으로도 구분할 수 있다.

3) 지역공동체 형성운동의 과제와 성공적 추진 조건

지역공동체 형성운동은 지역공동체 구성원들의 가치관, 의식 및 태도를 바꾸어 참다운 인간관계를 회복시킴으로서 공동체에서 더불어 살아가는 상부상조적인 삶을 영위하도록 하는데 그 목적이 있다. 여기에서 인간관계의 회복이란 소극적 수준에서는 '나와 다름'에 대한 배타적이고 경쟁적인 태도 대신에 그 '다름'을 인정하고 수용하는 관용의 정신을 발휘하는 것이며, 적극적 수준에서는 타인과의 유대를 강화하고 상호 도움과 협력을 주고받는 것을 의미한다.

그런 점에서 지역공동체 형성운동은 두 가지 과제를 안고 있다. 하나는 일상적인 삶 속에서 주민들 간의 인간관계가 공동체적 관계(공생의 사회적 관계)로 발전하도록 하는 것이고, 또 하나는 그러한 사회적 관계의 범위를 확장하고 질적 수준을 높이는 것이다. 사회적 관계가 확장되고 질적 수준이 높아진다는 것은 주민들의 관심이 자신들이 속한 집단의 이해관계를 넘어서서 공동체 전체의 공동선을 지향하는 수준으로 발전한다는 것을 의미한다(황익주 외, 2017: 272-273).

지역공동체 형성운동이 성공적으로 추진되어 위와 같은 과제를 해결하기 위해서는 기본적으로 몇 가지 전제조건이 충족되어야 한다고 본다. 그것은 지역공동체 형성운동은 지역특성에 적합해야 하고, 지역주민의 실질적 참여가 확대되어야 하며, 다원주의적 입장에서 운동주제가 선정되어야 하고, 효과적 주민학습이 이루어져야 한다는 것이다. 이를 구체적으로 설명하면 다음과 같다.

첫째, 지역공동체 형성운동은 그 지역이 가지는 특성에 적합하게 추진되어야 한다. 대도시와 중소도시, 그리고 농촌지역은 각기 다른 사회공간적 여건을 가지고 있기 때문에 지역공동체 형성운동의 내용과 전략을 획일적으로 적용하지 말고 지역여건에 따라 다르게 적용해야 한다. 예를 들면 도시지역에 대해서는 환경·경관·문화기능을 강화하면서 주거·의료·교육 등 기초생활환경 개선을 목적으로 하는 운동을 추진하고, 농촌지역에서는 복합생활공간 조성 등을 통해 공동체 복원 및 도시민의 정주 지원을 위한 생활서비스 기능을 강화해 나가는 것이다.

또한 지역공동체 형성운동은 부문별운동과 결합한 형태로 추진하는 것이 바람직하다. 그 예로 도시지역과 농촌지역별로 여건에 적합한 공동체운동과 교육공동체운동을 결합시켜 도시와 농촌의 공동체를 지역사회의 거점인 학교를 통해 활성화시키는 것을 들 수 있다. 도시지역의 경우에는 학교에서 문화·교양·환경분야 등의 교육을 통해 도시주민들의 자발적인 지역공동체 형성을 유도하며, 농촌지역은 학교를 통해 정보화교육, 영농교육과 건강교육 등을 실시하는 방안을 모색하는 것이다(최병두, 2006a: 523).

지역공동체 형성운동은 지역성(locality)을 강조할 때 주민들이 가진 자원을 최대로 동원할 수 있고 운동을 자신의 것으로 생각하는 동일시를 확인시킬 수 있으며 주민들의 지지와 승인을 쉽게 얻을 수 있어서 지역의 공동문제에 효율적으로 대처할 수 있게 한다(고순철, 1994: 13). 또 지역성을 강조할 때 주민들은 운동과정을 통하여 서로의 의견을 '우리의 의견'으로 통합함으로써 공동체의식을 함양하는데 기여할 수 있게 된다.

둘째, 지역공동체 형성운동은 지역주민들의 실질적 참여의 확대를 통하여 추진되어야 한다. 현재 다양한 분야에서 추진되고 있는 지역공동체 형성운동이 직면한 한계 중의 하나는 지역주민들이 제대로 참여하지 않은 채 이루어지고 있다는 점이다. 지역공동체 형성운동은 일반주민들의 참여가 저조한 채 일부 중산층 중심으로 이루어지고 있을 뿐만 아니라 참여자체도 대개 상황적이고 지속적이지 못한 실정이다. 이러한 주민참여의 미흡은 심각한 두 가지 문제를 가져올 수 있다.

그 하나는 지역공동체 형성운동이 중산층 위주로 이루어질 때 이 운동은 자연스럽게 계급적 성격을 띠게 된다는 것이다. 중산층이나 일부 지식계층이 주도하게 되면 공동체운동은 그들의 사회적 배경을 반영하는 방식으로 이끌어가게 되면서 결국 자본의 논리와 계급의 논리로 규정되는 지배문화의 질서 속으로 흡수될 가능성이 커지게 된다. 그렇게 된다면 이는 공동체운동이 지향하는 목적과 의도에 정면으로 배치되는 결과가 되는 것이다.

또 하나의 문제는 주민들의 참여가 배제되는 지역공동체 형성운동은 시민의 정당성을 바탕으로 정부의 정책을 감시하고 비판하면서 지역사회를 시민권력이 실현되는 공간으로 바꾸어가는 것을 불가능하게 함으로써 공동체운동이 지향하는 목적과 의도에 배치되는 운동결과가 되고 만다는 것이다(한국도시연구소, 2003: 110-111). 그런 점에서 지역공동체 형성운동의 성공적 추진은 지역 내 각계각층의 주민들이 주체성을 갖고 자발적이고 적극적 참여를 통하여 지역사회의 문제에 공동으로 대처하고 해결해 나가는 공동노력을 할 때라야 가능해진다고 하겠다.

셋째, 지역공동체 형성운동의 주제는 다원주의에 바탕을 두어 선정되어야 한다. 지역공동체 형성운동은 우리 사회가 처한 후기산업사회의 이념적 정향과 일치시킬 필요가 있다는 점에서 다원주의에 바탕을 두어 주제를 선정하는 것이 바람직하다. 현대사회는 그 구성원의 배경적 다양성, 그들 욕구의 고도화와 다양성, 역사적 맥락의 특수성, 자연조건의 이질성, 사회문화적 다양성을 갖고 있기 때문에 일원론적 기준 아래 동일한 운동주제를 선정한다면 다수의 구성원들로부터 외면을 받는 결과를 낳게 되기 쉽다. 특히 우리 사회는 거대한 도시문화적 획일성이 큰 문제가 되고 있기 때문에 운동의 주제를 선정하는 기준에 있어서는 다양성, 창의성, 자기정체성을 바탕으로 다원주의를 추구해야 할 것이다(이미나, 1994: 26).

넷째, 지역공동체 형성운동은 효과적 주민학습의 바탕 위에서 추진되어야 한다. 진정한 의미의 지역공동체 형성은 지역주민들의 일상적 학습을 통해 개개인의 지역정체성 확립과 공동체의식 배양 등 의식의 변화를 통해 이루어진다. 따라서 지역주민들은 지역의 현안이나 당면과제에 대해 상호학습을 통하여 정보를 공유하고 공동체에 대한 지식·경험과 논리들을 체득하는 자기주도적 학습과정을 통해 공동체형성에 필요한 역량을 키워 나가야 한다.

지역공동체의 학습과정은 주민 개개인의 개별적 학습이 아니라 공동체 구성원들이 조직으로서 역량을 강화시키는 조직학습의 특징을 가지고 있다. 이러한 주민학습은 공동체의식의 형성과 주민자치능력의 계발을 위한 유용한 수단이 된다. 즉 주민학습은 주민들에게 지역에 필요한 지식과 기술을 습득시킴으로써 지역의 문제를 해결하는데 기여한다. 또 주민학습은 주민들에게 성숙한 시민의식과 합리적인 대화와 토론, 갈등해소 등의 의사결정기법을 습득시킴으로써 지역의 문제를 공동으로 해결하기 위한 민주적 의사결정능력을 향상시키는데 기여한다.

뿐만 아니라 주민학습은 참여자 간의 긴밀한 상호작용을 통해 공동체의식 함양과 네트워크 형성에 기여한다(오혁진, 2014: 171-172). 이같이 지역공동체 형성을 위해서는 주민학습이 매우 중요하므로 지방정부는 주민들이 공동체학습을 통하여 공동체의식과 지역공동체 형성에 필요로 하는 지식과 기술을 습득하는데 필요한 것들을 적극 지원해 주어야 할 것이다.

4. 지역공동체 형성을 위한 시민사회의 역할

1) 지역주민들의 적극 참여

지역공동체 형성의 궁극적 목적은 지역구성원들이 자기가 살고 있는 지역의 문제를 공동으로 해결하여 생존을 위한 욕구를 충족하고 자아를 실현할 수 있는 '좋은 지역'으로 만드는데 있다. 이러한 '좋은 지역'은 지역문제를 자신들의 문제로 인식하는 역량 있는 주민들을 통해 형성되어야 한다. 따라서 주민들은 지역공동체 형성을 위해 자기지역의 문제에 관심을 갖고 공동체적 삶이 만들어지는 과정에 주체적·적극적으로 참여해야 한다.

다시 말해서 지역주민들은 연대의식에 기초해서 개인의 문제를 넘어서는 지역의 공동문제를 인식하여 공동선을 추구하고, 그것의 해결에 함께 참여하는 적극적 시민으로서의 역할을 해야 한다. Schachter(1995)는 적극적 시민은 공익에 대한 관심을 가지고 공공분야의 의사결정에 적극 참여하는 사람이며, 이러한 적극적 시민이야말로 지역의 문제를 담론(discursive)을 통해 해결하는데 필수적 요소라고 강조하고 있다(김용동, 2001: 174 재인용).

적극적 시민으로서 주민들의 지역문제에 대한 참여는 공동체의식을 함양하는데 기여한다. 주민들은 참여를 통해 다른 사람들과 함께 공동의 목표를 추구하는 과정에서 상대방의 입장을 이해하고 관용(tolerance)하며 사적 이익의 일부를 희생해야 한다는 것을 학습하게 된다. 이런 이타적인 태도가 확산되면 구성원들 간의 결속과 협력이 촉진되고 상호이익이 되는 공동선의 발견이 쉬워지며, 이렇게 발견된 공동선을 추구하는 과정에서 공동체의 유대가 강화된다(김찬동, 2012: 17).

이같이 주민참여(citizen participation)는 행정이 산출하는 정책내용에 이해관계를 갖고 있는 주민들이 참여하여 대화와 토론을 통해 그들의 요구를 반영하여 이해관계를 조정하고 공익에 도달하게 함으로써 주민들 간의 협력증진에 기여하게 된다. 뿐만 아니라 주민참여는 관련 정책에 대해 정당성을 부여하여 주민들의 헌신을 유도함으로써 주민들의 잠재적 역량을 이끌어 낼 수 있는 계기로 작용한다.

이러한 주민참여가 활성화되기 위해서는 첫째, 정보의 공개가 제대로 이루어져야 한다. 주민들이 정책과정에 실질적으로 참여하여 자신들의 견해를 제대로 반영할 수 있기 위해서는 정부가 주민들에게 정책결정에 필요로 하는 정확하고 충분한 정보를 적시에 제공함으로써 행정과 주민들이 정보를 공유할 수 있어야 한다.

둘째, 주민들의 의식 및 행태가 개선되어 참여지향적 시민상이 정립되어야 한다. 이를 위해서는 주민들이야말로 지역사회의 주체로서 권한과 책임을 공유하고 있다는 지치의식을 가져야 한다. 또 주민들은 자신들의 이해관계를 주장함에 있어서 독선에 빠지지 않는 자기억제의 자세와 함께 자기가 살고 있는 지역사회를 아끼고 구성원들이 서로 협력하면서 바람직한 방향으로 발전시켜야 한다는 지역정향의식을 가져야 한다.

셋째, 공무원들의 의식 및 행태가 개선되어야 한다. 주민참여가 실효를 거두기 위해서는 공무원들이 주민참여가 정책과정에 필수적 요소라는 인식과 함께 주민들을 정책과정의 주체의 하나로 인식하고 동반자로 인정하는 민주적 행정관을 가져야 한다. 넷째, 주민참여의 내용과 방법에 대한 제도들이 개선되어야 한다. 주민참여를 확대할 수 있는 조례의 제정, 각종 법정계획 수립과정에서 주민참여의 제도화, 참여적 의사결정방법의 활용 등이 이루어져야 하며 지역시민단체와 다양한 자생적 주민조직에 대한 지원방안도 마련되어야 한다.

2) 자발적 결사체의 활성화

(1) 자발적 결사체의 개념과 유형

자발적 결사체(자원결사체)는 구성원들의 공통된 이해와 관심을 증진시키기 위하여 시민사회에서 가치와 신념 등을 공유하는 사람들이 자발적으로 조직한 비정부·비영리 민간단체를 말한다. Rose(1957)와 Sills(1964)는 자발적 결사체는 사적인 조직이며 개인의 자유의사에 의해 가입여부가 결정되고 비영리·비보수적이며 생계유지와 무관한 사회조직체라고 하고 있다(류태건, 2014: 172 재인용).

이같이 자발적 결사체(voluntary association)는 가입과 탈퇴가 자유롭고 구성원들이 조직목표에 대한 뚜렷한 신념을 가지고 있으며 유연하고 융통성 있는 조직운영을 할 수 있다는 특징을 갖는다. 사람들은 공동의 가치나 신념 등을 실현하기 위하여 또는 유대감을 형성하기 위하여 결사체 활동을 하게 되며, 활동의 결과로서 소속감을 갖게 되고 정체성을 형성하며 친밀감을 느끼게 된다. 또 상호부조와 협력 등의 호혜성(reciprocity)을 작동시켜 정서적이고 물질적인 욕구를 해소하는데 기여할 수 있다.

현대사회에는 수많은 자발적 결사체들이 존재하는데 이들은 그 기능, 설립목적, 활동영역 등에 따라 다양한 유형으로 구분할 수 있다. Salamon과 Anheier(1997)는 결사체를 그 기능에 따라 문화와 오락, 교육과 연구, 건강, 환경, 자원봉사, 종교단체 등 12개 유형으로 구분하고 있으며(류태건, 2015: 28 재인용), 노일래(1998)는 중심역할조직, 주변역할조직, 취미조직, 직능조직, 기타 문제별 주민조직 등 5개 유형으로 구분하고 있다.

그리고 유재원(2000)은 설립목적에 따라 구성원들의 특정이익을 실현하기 위한 이익단체, 사회문제 해결을 통해 공익을 추구하기 위한 사회운동단체, 봉사활동을 통해 공익을 추구하기 위한 봉사단체, 구성원들이 취미나 여가를 공유하고 유대감을 목적으로 하는 친목단체 등 네 가지 유형으로 구분하고 있다. 또 류태건(2015)은 구성원들의 결속관계에 따라 지지적 연결체인 일차적 결사체와 목적지향적 결사체인 이차적 결사체로 구분하고 있다.

한편 Gordon과 Babchuk(1959)는 활동영역에 따라 표출적 결사체, 도구적 결사체, 도구-표출적 결사체라는 세 유형으로 구분하고 있다(류태건, 2015: 53 재인용). 표출적 결사체란 자기만족적인 활동을 통해 구성원들의 직접적인 흥미나 만족감을 추구하는 결사체로서 그 활동은 조직 자체 내에 한정되고 독립적이다. 이 결사체의 예로는 취미단체와 친목단체를 들 수 있다. 도구적 결사체는 조직활동을 통해 조직외부의 어떤 대상 또는 상황을 유지시키거나 변화시킴으로써 조직이 추구하는 이익 또는 가치를 달성하고자 하는 결사체로서 이익집단이나 전문가집단을 그 예로 들 수 있다. 한편 도구-표출적 결사체는 도구적 기능과 표출적 기능을 함께 가진 결사체로서 재향군인회 등을 그 예로 들 수 있다.

이들 세 가지 유형 중에서 상호작용의 특성상 도구적 결사체는 보다 많은 정보를 획득하는데 더 효과적일 수 있는 반면에 강한 유대의 표출적 결사체는 구성원들의 신뢰성을 개발하는데 더 효과적일 수 있다(류태건 b, 2015: 173). 이상에서 자발적 결사체의 유형을 살펴보았는데, 이들 결사체에 대한 가장 일반적인 분류방식은 설립목적에 따라 이익단체, 사회운동단체, 봉사단체, 친목단체로 구분하는 것이라고 할 수 있다.

(2) 자발적 결사체의 기능

자발적 결사체의 기능에 대하여 Newton(2002)은 자발적 결사체가 이질적인 사람들을 협동하도록 하기 위한 상호이해와 신뢰, 공감 등을 이끌어 낸다고 하였으며, Putnam(1993a)은 시민들 간의 상호작용을 통하여 네트워크를 형성시킴으로써 의사소통이 원활해져 호혜성의 규범을 발생시키고 신뢰가 확산된다고 한다(김준기, 2006: 325 재인용).

그리고 Toqueville(1997)은 자발적 결사체가 고립되고 원자화된 개인들에게 소속감과 연대감을 느끼게 해 준다고 하였으며, Granovetter(1973)는 가족이나 친구와 같은 1차집단에서의 강한 유대보다 자발적 결사체와 같은 2차집단에서의 약한 유대가 공동체의 응집력을 유지하고 호혜성의 규범을 조장하는데 훨씬 중요하다고 한다(류태건a, 2015: 56 재인용). 이같이 자발적 결사체는 지역주민들과의 상호작용을 통해 신뢰를 발생시키고 네트워크의 형성을 통해 정보를 교류하며, 특정문화 또는 규범을 형성시켜 협동과 연대를 발생시킨다(김정욱, 2010: 35). 자발적 결사체의 구체적 기능은 다음과 같다.

첫째, 자발적 결사체 활동은 주민들로 하여금 사적 관심을 넘어 공동체적 문제에 관심을 갖도록 하고, 협동을 통해서 그것을 해결하고 공동의 가치와 규범을 습득하게 한다(이재열, 2006: 44). 둘째, 자발적 결사체는 지역주민들과의 빈번한 상호작용을 통해 지역주민들에게 신뢰를 갖도록 한다. 이러한 자발적 결사체와 지역주민들 간의 신뢰관계는 지역주민들에게 결사체의 활동에 대한 참여를 이끌어낼 수 있게 한다. 셋째, 자발적 결사체와 지역주민들 간의 상호작용과 협력활동은 지역사회 내에 상대방의 의견을 존중하고 상호 설득하는 문화와 호혜성의 규범을 형성시킨다.

이러한 자발적 결사체의 기능은 대내적 측면과 대외적 측면으로 구분하여 살펴볼 수도 있다. 대내적으로 자발적 결사체는 참여자들의 잦은 만남을 통하여 서로의 관심영역을 확장시키고 다양한 정치적·사회적 문제에 대한 이해를 높여주며 정서적 만족감과 소속감을 갖도록 함으로써 자아실현의 기회를 제공한다. 또 결사체에 의해 주관되는 각종 행사를 조직화하고 집행하는 과정에서 참여자 상호간의 의사소통과 의사결정기술을 연마하게 됨으로써 결과적으로 주민참여를 촉진하는데 기여한다.

한편 대외적으로 자발적 결사체는 지역의 공동문제에 대한 주민들의 의사와 요구를 조정·결집·표출하고 주민들의 이익갈등을 조정하여 사회적 안정에 기여한다. 이와 함께 지역주민들과의 상호작용으로 정보의 교류 등 활발한 의사소통을 통해 사회자본인 신뢰를 증진시키고 호혜성의 규범을 형성시켜 이질적인 주민들 간의 연대를 가능하게 한다. 또 지방정부와 이익단체 등 지역사회 권력에 대한 감시와 비판을 통하여 지역의 중요한 결정을 소수가 독점하는 것을 막는데 기여한다.

이같이 자발적 결사체의 활동은 지역공동체 형성에 중요한 역할을 한다. 그런데 자발적 결사체에의 참여가 항상 긍정적인 것만은 아니다. 자발적 결사체가 구성원들이나 내집단만의 이익을 추구하고 결사체의 참여조건이 지연·학연 등과 같은 연고주의적 폐쇄성을 갖는다면 오히려 역효과를 초래할 수도 있다. 그런 점에서 지역공동체 형성에 기여하는 결사체는 집단이익과 폐쇄성을 극복한 개방성과 공동선을 추구하는 결사체라고 하겠다.

(3) 자발적 결사체로서의 지역시민단체의 활성화

자발적 결사체 중에서 지역공동체 형성에 가장 크게 영향을 미치는 조직은 바로 지역시민단체라고 할 수 있다. 비정부조직인 지역시민단체는 시민의 자발적 참여에 의해 결성되고 자원주의(voluntarism)와 상호연대에 기초하여 지역을 기반으로 시민사회의 다양한 집합적 가치증진을 목적으로 활동하는 사회운동단체로서 다음과 같은 역할을 수행한다(김용동, 2001: 174-175).

첫째, 지역시민단체는 주민과 정치·행정체제의 중간에서 양자 간의 의사소통을 원활하게 한다. 둘째, 주민참여를 확대시킨다. 지역시민단체는 시민운동을 비롯한 여러 활동을 통해 주민들을 편협한 이기주의에서 벗어나게 하고 공공의 이익을 추구하는 토론과 행동의 장으로 유도함으로써 주민참여를 확대시킨다(김대환, 1997: 22).

셋째, 자원봉사활동을 강화시킨다. 지역시민단체의 활동은 개인의 자발적 참여와 자원주의에 기초하고 있다. 따라서 자원봉사를 통한 시민단체의 활동은 지역사회에 대한 인식을 넓히고 구성원들의 상호연대를 강화시킴으로써 결과적으로 공동체의식을 제고시킨다. 넷째, 지역시민단체는 주민들에게 지역현안에 대한 정보를 제공하는 한편 지역사회 문제에 대한 교육을 담당한다. 다섯째, 지역시민단체는 자치단체의 집행기관, 지방의회와 더불어 지역의제를 발굴하는 역할을 한다.

이러한 역할을 하는 시민단체에 대한 주민들의 참여는 정치참여와 사회참여의 성격을 동시에 갖고 있다. 따라서 시민단체에 참여하는 주민들은 정부기관에 대한 요구와 압력을 비롯한 정치과정에 영향력을 행사하기 위한 활동을 하기도 하고 자원봉사, 지역사회개발, 환경보전 등 지역공동체를 위한 다양한 활동을 수행하기도 한다. 주민들은 이러한 참여활동을 통해 절제·합의·호혜성과 같은 시민적 덕목과 협동능력 그리고 집단적 행위에 대한 공유된 책임성을 인식하게 된다. 또 공익적 가치를 학습하고 구성원들과 상호작용하면서 민주적 토론과 설득 그리고 협상의 경험을 통하여 공공선(public good)을 추구하는 계기를 갖게 된다.

지역시민단체가 위와 같은 역할을 효과적으로 수행하기 위해서는 단체의 자체능력이 강화되어야 하는데, 그 내용으로는 대중성 확보, 전문성 및 도덕성 확보, 재정력 확보를 들 수 있다. 첫째, 대중성의 확보이다. 지역시민단체의 대중성 확보는 단체의 존립과 활동에 가장 주요한 요소인데도, 현재 대부분의 지역시민단체들은 소수의 명망가 중심으로 구성되고 조직운영이 관료화되고 있으며, 일반주민들의 참여가 저조하여 '시민 없는 시민단체'라는 비판을 받기도 하는 등 대중성을 제대로 확보하지 못하고 있는 실정이다.

따라서 지역시민단체는 보다 많은 주민들이 관심을 가지고 참여할 수 있도록 대중성을 확보해야 할 것이다. 지역시민단체가 명망가나 활동가만의 단체가 아니라 시민사회에 깊숙이 뿌리내려 주민들에 의해 굳건하게 받쳐져 있는 단체가 되고, 그를 통해 실질적 영향력을 발휘할 수 있기 위해서는 다수 주민들의 가입과 참여를 바탕으로 활동하는 단체가 되어야 할 것이다. 그러려면 지역시민단체들이 유연한 사고와 개방적이고 포용적 자세를 가지고 주민들과 함께 하는 프로그램을 활발하게 추진해야 할 것이다.

둘째, 전문성과 도덕성의 강화이다. 우리나라 지역시민단체들의 전문성은 그다지 높다고 할 수 없는데, 그 근본적 이유는 단체의 활동이 특화된 활동분야나 전문적 분업을 토대로 하는 것이라기보다는 주로 지역문제의 모든 분야에 관여하는 '백화점식 운용방식'을 취함으로써 지역의 주요 현안에 적절하게 대처하지 못하고 있기 때문이라고 할 수 있다. 따라서 지역시민단체가 지역의 주요 현안에 적극 대응하여 주민들의 기대욕구에 부응하고 활성화되기 위해서는 단순한 지방정치와 행정의 감시자·비판자의 역할에서 벗어나 전문성을 바탕으로 지역현안에 대한 구체적 대안을 제시할 수 있어야 한다. 이와 함께 그 운영의 투명성과 활동에 도덕성을 가져야 일반주민들의 높은 신뢰를 받을 수 있을 것이다.

셋째, 의사소통체제의 민주화를 지향해야 한다. 이를 위해서는 관료제적 위계제 요소를 완화하고 업무를 중심으로 한 수평적 조직체계를 지향하는 것이 바람직하다. 또 상근운동가, 비상근운동가, 회원 간 수평적 협력에 기반한 거버넌스가 이루어지도록 해야 하며 시민단체 간 협력적 네트워크의 활성화도 필요하다(이승종 외, 2018: 298).

넷째, 재정력의 확보이다. 대부분의 지역시민단체는 재정력이 빈약하여 지역주민들의 다양한 욕구수렴과 정책대안을 제시하는 활동에 어려움을 겪고 있다. 지역시민단체가 활성화되기 위해서는 회원들의 회비 또는 건전한 수익사업을 통해 재정적 자생력을 확보할 수 있어야 하는데, 대부분의 단체는 회원 수가 적은데다 이렇다 할 수익사업도 하지 못해 활동을 어렵게 만드는 요인이 되고 있다.

그러므로 지역시민단체가 활발하게 활동할 수 있게 하기 위해서는 지방정부가 필요한 재정의 일부를 지원해 줄 필요가 있다. 그러나 이러한 지원은 시민단체의 자주성을 약화시킬 우려가 있는데다 지방정부의 정책에 대하여 냉철한 비판을 어렵게 만드는 요인이 될 수도 있다. 그러므로 재정지원은 직접적 지원보다는 시민단체가 추진하는 공익적 사업을 지원하는 간접지원 방식이 바람직하다고 본다.

3) 자원봉사활동의 활성화

(1) 자원봉사의 중요성과 참여 동기

자원봉사(volunteer work)의 개념은 그 접근방법이나 범위에 따라 다양하게 정의되고 있으나, 일반적 관점에서 "어떤 개인, 기관, 단체가 자발적 의지에 따라 경제적 대가를 바라지 않고 시간과 노력을 제공하는 이타적 행위"라고 할 수 있다. 자원봉사는 무보수성·자발성·이타성·공익성·지속성을 그 특징으로 한다.

여기에서 자발성은 자원봉사가 타인의 요구나 강제에 의해서가 아니라 자신의 판단과 결정에 따라 이루어지는 활동이며, 무보수성은 대가를 바라지 않고 봉사 자체에 순수한 의미를 둔 활동이라는 의미이다. 그리고 공익성은 자원봉사가 개인을 위한 이기적인 활동이 아니라 타인과 사회의 공동번영을 위한 활동이며, 지속성은 일회적인 것이 아니라 계속하여 꾸준하게 이루어지는 활동이라는 의미이다.

이러한 자원봉사는 경제적 가치를 생산하는 한편 연대의식과 공동체의식을 배양하는 등 지역공동체의 형성·발전에 기여하는데, 그 필요성을 구체적으로 설명하면 다음과 같다. 첫째, 참여자 측면에서 자원봉사는 참여자들에게 정서적 만족감을 주며, 봉사활동을 통해 느끼는 사회구성원으로서의 소속감과 인정감은 삶에 활력을 제공한다. 또 참여자들에게 자아발전과 성숙의 기반이 되는 가치관의 형성과 사회성을 함양할 수 있게 한다. 둘째, 경제적 측면에서 자원봉사는 경제적 생산에 기여할 뿐만 아니라 정부지출의 부담을 감소시켜 준다.

셋째, 사회적 측면에서 자원봉사는 공동체의식과 연대의식을 고취시켜 준다. 자본주의적 삶에 따른 개인주의와 물질만능의식, 인간소외 등 다양한 문제를 안고 있는 현대사회에서 자원봉사활동은 사회구성원들의 연대의식을 고취함으로써 사회문제 해결을 위해 서로 협력하게 하며, 그 활동과정을 통하여 공동체의식을 제고시킴으로써 사회적 통합력이 제고된다. 또 자원봉사는 참여자들의 자치역량과 지역정체성을 강화시켜 시민사회의 활성화에 도움을 주며, 사회적 신뢰 및 네트워크와 호혜성의 규범(norm of reciprocity)을 강화하여 사회자본을 증진시킴으로써 건강한 시민문화 형성에 기여한다(주성수, 2005: 49).

넷째, 사회복지적 측면에서 자원봉사는 공공복지의 한계를 보완해 줌으로써 불완전한 우리 사회의 복지시스템을 강화하는데 기여한다. 우리나라의 경우 사회복지수요가 계속 증가하고 있는데도 정부는 그 수요충족을 위한 인적·물적 자원을 제대로 확보하지 못하고 있는 실정이다. 이러한 상황에서 자원봉사활동은 공공복지를 위한 재원과 인력의 한계를 보충해 줌으로써 사회복지를 보완해 주는 역할을 한다(표갑수, 2010: 26).

이상에서 자원봉사의 필요성에 대하여 살펴보았는데, 그러면 사람들은 어떠한 가치지향에 의하여 자발적으로 봉사활동에 참여하는가. 그 이유는 첫째, 이타주의적 가치이다. 자원봉사는 타인의 복지를 위한 이타적인 관심과 배려로서, 이는 자기 자신이나 특정한 대상을 위한 것이 아니라 사회구성원 모두를 위해 가치 있는 행위를 해야 한다는 인식에 토대를 두고 있다. 둘째, 연대의 가치이다. 자원봉사는 더불어 살아가는 공동체에 대한 일체감과 정체의식의 표출인 동시에 함께 연대하여 구성원들의 복리에 공헌해야 한다는 사회적 책임감의 표현이다. 셋째, 상호성의 가치이다. 자원봉사활동에는 내가 남을 위해 봉사하면 언젠가는 내가 필요할 때 남의 도움을 기대할 수 있다는 호혜성(reciprocity)의 인식이 깔려있다. 넷째, 공정성과 사회정의의 가치이다. 자원봉사는 공존을 필요로 하는 공동체에서 사회경제적 불평등은 도덕적으로나 사회적으로 잘못된 것이므로 이를 해소해야 된다는 신념에 기초하고 있다고 할 수 있다(김경동 외, 2011: 19).

(2) 자원봉사활동의 활성화 방안

자원봉사활동의 영역 및 분야는 활동장소와 활동대상에 따라 매우 다양하다. 분야별로는 사회복지, 문화, 체육, 교통질서, 환경보호, 보건·의료, 국제관계, 공공활동, 재난·재해구호, 교육활동, 소비자보호분야 등으로 구분되며, 그 대상에 따라 활동내용과 활동장소가 다르다. 예컨대, 사회복지분야의 경우 주된 활동장소는 영아원, 양로원, 보육원 등 사회복지 생활시설이 될 수 있으며, 활동내용은 노력봉사, 상담, 미용, 사무보조, 가정방문, 나들이 지원, 심리치료 등이 될 수 있다. 이러한 자원봉사활동이 활성화되기 위해서는 자원봉사에 대한 민간역량의 강화와 함께 정부의 제도적·정책적 지원이 이루어져야 한다.

가. 자원봉사활동에 대한 민간역량 강화

자원봉사활동에 대한 민간역량을 강화하는 방안으로는 첫째, 민간차원에서 사회지도층이 노블레스 오블리주(noblesse oblige) 정신에 입각하여 자원봉사에 자발적·적극적으로 참여해야 한다. 사회지도층의 적극적 참여는 사회적 소외계층을 비롯한 지역주민들과 직접적 만남의 기회를 확대하여 계층 간에 소통하고 협력할 수 있는 사회적 통로를 만듦으로써 상생적 공동체를 형성하는데 중요한 역할을 한다.

사회지도층의 필수덕목은 절제와 관용, 소외계층에 대한 배려, 사회적 책무와 소임을 몸소 실천하는 것이라고 할 수 있다(김경동 외, 2011: 134). 그러나 우리 국민들 상당수가 갖고 있는 사회지도층에 대한 인식은 신분상승에 따른 사회적 책임을 실천하지 않고 있다고 여기고 있어서 그들에 대한 신뢰수준이 낮은 실정이다. 이런 현실에서 사회지도층의 자원봉사활동에 솔선수범하는 것은 일반주민들로부터 신뢰를 확보할 수 있는 길이며 우리 사회의 나눔문화 정착에도 기여할 수 있게 한다.

둘째, 기업의 사회봉사활동 프로그램을 시민단체와 공동으로 운영할 필요가 있다. 미국과 영국을 비롯한 선진국의 기업들은 주로 시민단체와의 파트너십을 통해 보다 체계적이고 효과적인 사회봉사 프로그램을 수행하고 있는데(이동수 외, 2011: 124) 비해 우리나라의 대부분 기업들은 주로 기업의 브랜드 가치나 이미지 제고 등 경영전략을 우선시하여 사회봉사 프로그램을 직접 수행함으로써 자원봉사의 공익성 실현과 효과성을 약화시키는 경우가 적지 않다.

그런 점에서 사회봉사 프로그램은 기업이 독자적으로 수행하기보다는 시민단체와 공동으로 추진하는 것이 바람직하다. 시민단체들은 전문성을 갖춘 시민들의 참여로 다양한 프로그램을 수행하고 있기 때문에 여기에 기업이 참여하게 되면 다양한 봉사활동과 네트워킹(networking)이 가능하여 활동의 효과성을 제고시킬 수 있을 것이다.

나. 자원봉사활동에 대한 정부의 제도적·정책적 지원

정부는 자원봉사의 활성화를 위해 민간부문의 자원봉사가 활성화되는데 필요한 제도적·정책적 지원을 강구함과 함께 봉사활동에 필요한 인프라를 구축하는 촉매자로서의 역할에 충실해야 한다. 그 방안으로는 첫째, 자원봉사단체의 활성화를 지원해야 한다. 자원봉사단체는 자원봉사 활성화의 핵심적 요인으로서, 자원봉사에 대한 참여기회를 확대하고 체계적인 자원봉사자 관리를 위해서는 자원봉사단체가 활성화되어야 한다. 자원봉사단체의 활성화는 잠재적 자원봉사자의 효과적 활용, 자원봉사의 동기와 적성에 적합한 봉사교육의 실시, 자원봉사 활동 내용의 정확한 파악을 통한 적절한 배치와 관리 등 자원봉사자의 효율적 관리차원에서도 필요하다(김대건, 2009: 124).

둘째, 자원봉사활동에 대한 보상체계를 강화해야 한다. 자원봉사는 무보수성을 원칙으로 하고 있지만 봉사자들이 만족감을 느끼면서 지속적으로 봉사활동을 할 수 있도록 동기부여를 위한 경제적·사회심리적 보상 방안이 강구되어야 한다. 그러한 방안으로는 봉사활동에 관련된 합리적 비용지출의 보상, 지속적 봉사활동의 경력인정, 자원봉사자의 활동 중 사고에 대한 보험 적용, 자원봉사자 실적의 사회적 인정 등을 지적할 수 있다.

셋째, 자원봉사활동 거버넌스를 구축해야 한다. 우리 사회에서는 아직 자원봉사 활동에 관련된 주체들인 자원봉사자, 자원봉사단체, 자원봉사센터, 자원봉사자 활용기관 간에 자원봉사활동과 관련한 네트워크가 제대로 확립되지 못하고 있다. 따라서 자원봉사활동 거버넌스를 구축하여 관련기관과 자원봉사자들의 정보교류가 가능하도록 합리적 의사소통체계가 형성되어야 한다.

넷째, 자원봉사센터 운영을 합리화해야 한다. 현재 지방자치단체마다 설치되어 있는 자원봉사센터가 자원봉사활동의 중추적 역할을 담당하기 위해서는 센터운영의 민주성과 자율성 확보, 전문성을 바탕으로 한 역할 강화, 지역실정에 적합한 자원봉사 매뉴얼 개발, 다양한 분야에 대한 활동프로그램 개발 등이 이루어져야 한다.

이와 함께 자원봉사센터의 민영화를 검토할 필요가 있다. 자원봉사는 민간부문에서 이루어지는 활동이므로 정부는 시민사회의 자율적인 봉사활동에 지나치게 개입하기보다는 주로 지원역할을 하는 것이 바람직하다. 그런 차원에서 자원봉사활동기본법에 의해 설치되어 현재 행정주도적으로 운영되고 있는 지방자치단체의 자원봉사센터를 민영화하는 것이 바람직하다고 본다(이동수 외, 2012: 124). 다섯째, 자원봉사자에 대한 교육훈련 강화와 함께 전문직 은퇴자의 재능을 활용하기 위한 자원봉사 프로그램 등을 확충해야 할 것이다.

4) 지역주민들의 평생교육 강화

(1) 평생교육의 개념과 목적

평생교육의 주창자인 Lengrand(1970)은 평생교육(lifelong education)을 "개인의 출생에서부터 사망할 때까지 전 생애에 걸친 교육의 통합"으로 보았으며, Dave(1973)는 "삶의 질을 향상시키기 위하여 평생토록 이루어지는 모든 형태의 형식적·비형식적 학습활동"이라고 하고 있다. 한편 유네스코(UNESCO, 1965)는 "평생교육이란 문자 그대로 평생을 통한 계속적인 교육을 의미하며, 급변하는 현대사회에 있어서 일정 연령층을 대상으로 하는 학교교육과 그 외의 제반 교육자원을 효율화함으로써 교육역량의 극대화를 지향하는 총체적 노력"이라고 하고 있다(홍기형 외, 2001: 23 재인용).

이같이 평생교육의 개념에 대해서는 연구자들의 관점에 따라 다양한 견해가 제시되고 있으나, 일반적 입장에서 평생교육은 "학교의 정규교육과정을 제외한 모든 형태의 조직적인 교육활동으로서, 집단 및 개인의 질을 향상시키기 위하여 개인적·사회적·직업적 발달을 도모하는 과정"이라고 정의할 수 있다.

이러한 평생교육은 몇 가지 특성을 가지고 있다. 첫째, 평생교육은 융통성이 있어서 다양한 형태의 교육이 가능하고, 둘째, 누구든지 참여할 수 있는 교육의 보편적 원칙에 근거하고 있으며, 셋째, 학교교육에서는 제공할 수 없는 사회적·직업적 능력을 개발할 수 있는 기회를 제공한다. 넷째, 평생교육은 개인·조직·사회·국가의 변화에 대처할 수 있는 능력을 길러주며 혁신할 수 있는 다양한 기회를 제공하고, 다섯째, 학습자들을 자기주도적으로 참여하게 하며, 여섯째, 학습자들의 삶의 질 향상과 자아실현을 추구하게 한다(김미정, 2020: 14).

현대사회에서 평생교육이 추구하는 목적은 다음과 같다(오혁진, 2014: 177-181). 첫째, 평생교육의 일차적 목적은 지역주민들의 학습욕구를 효과적으로 충족시키는데 있다. 둘째, 평생교육은 지역주민들의 공동체성 회복을 목적으로 한다. 평생교육은 지역을 단지 거주공간으로서가 아니라 정체성을 확립시켜 주는 공동체의 장으로 발전할 수 있게 함을 목적으로 한다. 셋째, 평생교육은 그 지역의 독특하고 다양한 문화와 환경 등의 공동자산을 보전·발전시키는 것을 목적으로 한다. 넷째, 평생교육은 주체적인 주민자치능력의 강화를 목적으로 한다.

(2) 평생교육의 필요성

위와 같은 목적을 가진 평생교육의 필요성은 다음과 같다(오혁진, 2014: 171-172). 첫째, 평생교육은 지역주민들이 지역문제를 공동으로 해결하기 위한 민주적 의사결정능력을 향상시키는데 기여한다. 평생교육은 학습자들에게 지역의 공동문제를 원활하게 해결해 나가는데 필요한 성숙한 민주시민의식과 함께 합리적인 대화와 토론, 갈등해소 등의 의사결정기법을 숙지시킴으로써 민주적 의사결정 능력을 향상시킨다.

둘째, 평생교육은 지역공동체의 특정한 문제를 해결하는데 기여한다. 지역공동체 문제의 해결을 위해서는 전문적인 지식과 기술이 요구되는데, 평생교육은 전문가의 도움을 통해 이러한 지식과 기술의 습득에 이바지할 수 있다. 셋째, 평생교육은 지역주민들의 자치의식 강화에 기여한다. 진정한 지역의 발전과 공동체 구축을 위해서는 지역주민들이 자발적이고 평등한 입장에서 역량을 하나로 모아 활용할 수 있는 자치의식이 전제되어야 하는데, 평생교육은 학습자들에게 이러한 자치의식을 함양해 준다. 넷째, 평생교육은 학습자들 간의 긴밀한 상호작용을 통해 공동체의식을 함양하고 네트워크를 구축함으로써 지역공동체 형성에 기여한다. 다섯째, 평생교육은 사회적 자본 형성의 기반을 구축하는데 기여한다.

이러한 평생교육의 필요성은 교육체제의 외적 배경요인과 내적 요인으로 구분하여 설명할 수도 있다. 외적 배경요인으로는 지식 및 기술의 발달에 따라 주민들이 이에 뒤처지지 않기 위해 새로운 지식과 기술을 부단히 습득해야 한다는 점을 지적할 수 있다, 그리고 주민들의 여가에 대한 관심, 고령화 추세와 여성의 사회진출 확대 등으로 전 생애를 통한 학습의욕 증대에 따른 교육적 욕구의 수용을 위해서도 평생교육의 필요성이 확대되고 있다고 할 수 있다.

또 복잡하고 급격한 사회변화에 적응하기 위해서 올바른 가치관과 성숙된 공동체의식의 함양을 위해서도 계속적으로 교육을 받아야 한다는 것이다(심기태, 2014: 348). 한편 교육체제의 내적 요인으로는 학교교육 기회의 제한성, 시대적 변화를 제대로 수용하지 못하는 학교교육의 한계성 등으로 인하여 현대사회의 다양한 학습욕구의 수용이 어렵기 때문에 현존의 교육체제를 보완하고 새로운 발전대안을 모색해야 한다는 측면에서 평생교육이 필요하다고 하겠다.

(3) 지역공동체 형성을 위한 평생교육 강화방안

지역공동체가 형성·발전되기 위해서는 평생교육이 강화되어야 한다. 그 방안으로는 첫째, 주민들의 자발적·적극적 교육참여를 유도해야 한다. 주민들로 하여금 평생학습은 궁극적으로 자신을 계발하고 학습결과가 삶의 질 향상뿐만 아니라 지역사회의 경쟁력을 높이는 공적인 영역임을 인식할 수 있도록 하는 한편 다수 주민들의 참여를 유발할 수 있는 다양한 교육아이템과 교수기법을 개발해 나가야 한다. 또 주민들의 관심을 불러일으킬 수 있는 지역적 쟁점이라든지 실생활과 밀접한 주제를 교육내용으로 삼을 필요가 있으며 현장체험이나 토론식 수업의 비중을 높여 강의위주의 한계를 보완할 수 있어야 한다.

둘째, 지역공동체와 관련한 교육프로그램을 강화해야 한다. 현재 지역 내의 평생교육기관이나 단체가 운영하는 강좌의 내용은 직업교육, 취미교육, 어학교육, 재테크나 건강보건 관련교육이 주를 이루고 있고 지역공동체 형성과 직접 관련된 프로그램은 소홀하게 다루어지고 있다. 그러므로 교육내용에 공동체의식, 연대와 협력 등 공동체형성과 직접 관련된 강좌를 비중 있게 개설·운영할 필요가 있다.

셋째, 지역 내 평생학습기관 간의 연계·협력관계가 구축되어야 한다. 현재 지역사회에는 학습조직으로서 각종 스터디모임, 토론회, 연구회 등 소집단 차원의 학습동아리(learning circle)들과 함께 조직차원의 학습조직이라고 할 수 있는 지방정부와 대학의 평생교육기관 및 사회단체들이 설립한 조직들이 존재하고 있다.

이들 학습조직들은 다양한 종류의 평생학습 프로그램을 운영하고 있으나, 각기 특색 있는 프로그램보다는 주로 비슷한 내용의 일시적이거나 단발적인 인기위주 프로그램을 운영하고 있는 실정이다. 따라서 평생교육이 바람직하게 이루어지기 위해서는 이들 학습조직들의 효율적 운영과 함께 통합적인 지역평생학습 추진체계를 구축하여 지역의 학습기관들이 연계 협력하여 서로의 특성을 반영하는 특색 있는 프로그램을 운영하도록 하며, 기관들 간의 협의체를 구성하여 학습의 활성화를 위해 꾸준히 협의할 수 있도록 해야 한다(이경아 외, 2006: 154-156).

지역사회를 학습공동체로 변화시키는 효율적인 방안은 지역사회 내의 학습조직들이 개별적·산발적으로 운영되는 것이 아니라 각 차원별로 학습조직들이 수평적으로 서로 연대함과 동시에 동일 지역 내에 존재하는 각 차원의 학습공동체들을 수직적으로 연계함으로써 지역사회의 내부 전체를 통합된 지역학습공동체로 변화시켜 나가는 것이라고 할 수 있다(오혁진, 2014: 213-214).

5. 지역공동체 형성을 위한 지방정부의 역할

1) 주민참여의 활성화 지원

지역공동체 형성은 지역정체성과 공동체의식을 가진 지역주민들이 외부의 지원 없이 자체적으로 추진해 나가는 것이 이상적이지만, 지역주민들의 역량은 아직 그 단계에 까지는 이르지 못하고 있다. 따라서 정부는 측면지원을 통해 지역주민들의 부족한 역량을 보완해 주면서 주민들이 자율성을 가지고 지역공동체를 형성해 나갈 수 있도록 촉진자·촉매자로서의 역할을 해야 한다.

즉 지방정부는 지역공동체 형성에 있어서 행정의 계층성과 전문성에서 파생되는 하향적 논리를 강요함이 없이 지역의 자율성을 존중하며 협력자의 역할을 하는 것이 바람직하다. 그러한 역할로는 주민참여 활성화 지원, 자발적 결사체의 육성지원, 공동생산의 활성화, 지역사회 리더의 발굴·육성 등을 들 수 있다.

먼저, 주민참여 활성화를 위한 행정적 지원에 대해 살펴보자. 주민참여는 지역공동체의 형성과 발전에 결정적인 역할을 한다. 주민들은 참여를 통해 다른 사람들과 함께 공동의 목표를 추구하는 과정에서 개인주의적이고 자기중심적 존재가 아니라 집단구성원으로서의 소속감·연대감·책임감을 함양하게 되며, 지역에 공동이익이 되는 공동선을 위해서는 사적 이익의 일부를 희생해도 된다는 것을 인식함으로써 공동체의 형성과 발전에 기여하게 된다.

이러한 주민참여가 활성화되기 위해서는 지방정부가 주민참여의 통로 및 정보공개의 내용을 개선하는 한편 주민자치센터의 운영을 활성화시켜야 한다. 첫째, 지방정부는 주민참여의 통로로 설치된 각종 위원회의 위원을 사회지도층 중심으로 구성하는 것을 지양하고 여러 계층을 망라해 구성하여 주민대표성을 가질 수 있도록 해야 하며 위원회의 결정사항을 정책에 적극 반영함으로써 참여의 영향력을 제고시켜야 한다.

둘째, 행정정보 공개의 형태와 내용은 주민참여 활성화 여부를 결정짓는 중요한 요건이 된다. 그러므로 정보공개의 범위를 확대하는 한편 주민들이 지역상황을 제대로 파악하고 정책과정에 참여하는데 필요한 정보, 행정서비스의 실효성을 높이는데 필요한 기본정보는 지방정부가 의무적으로 주민들에게 공개함으로써 행정과 주민들 간에 정보공유가 이루어져야 한다.

셋째, 주민자치센터를 활성화해야 한다. 현재 우리나라의 읍·면·동에는 행정자치부의 '주민자치센터 설치 및 운영조례준칙'에 근거하여 주민자치센터가 설치·운영되고 있는데, 다만 제주특별자치도 내의 읍·면·동에는 '제주특별자치도설치 및 국제자유도시조성을위한특별법'에 따라 설치·운영되고 있다. 주민자치센터란 주민의 복리 및 편의증진을 도모하고 주민자치기능 강화 및 지역공동체 형성에 기여하기 위하여 설치된 각종 문화·복지·편익시설과 프로그램 및 주민자치위원회 운영 등을 총칭하는 개념이다.

주민자치센터는 지역복지기능, 문화여가기능, 시민교육기능, 주민자치기능, 지역진흥기능에 관한 업무를 수행하고 있는데, 그 안에 주민자치위원회를 두어 주민자치센터시설 등의 설치 및 운영에 관한 사항, 주민의 문화·복지·편익증진에 관한 사항, 주민의 자치활동 강화에 관한 사항 및 지역공동체 형성에 관한 사항 등을 심의하도록 하고 있다. 그런데 주민자치센터는 제도와 운영 측면에서 여러 가지 문제를 안고 있어 본래의 기능을 제대로 수행하지 못하는 실정이어서 그 활성화를 위한 개선방안 마련이 요청되고 있다.

그 방안으로는 첫째, 주민자치 관련 프로그램이 강화되어야 한다. 현재의 주민자치센터는 주민들의 참여가 저조한데다 마치 문화센터처럼 문화·교양과 오락을 위주로 하는 프로그램에 치중하고 있어 공동체의식과 협동의식을 함양하는 프로그램은 소홀하게 다루어지고 있다, 그러므로 주민과 주민조직이 지역문제에 적극 참여하고 더불어 살아가는데 필요한 공동체의식 등에 관한 프로그램의 비중을 크게 높여야 한다. 그리고 지역마다 인문적·자연적 특성이 다른 점을 고려하여 주민자치센터별로 지역실정에 부합되도록 프로그램을 특화시킬 필요가 있다.

둘째, 주민자치위원회 구성과 운영이 합리화되어야 한다. 현재 주민자치센터의 주민자치위원 선임은 지역 내 사회단체장들이 추천한 자와 공개모집한 자 중에서 주민자치센터의 장인 읍·면·동장이 위촉하도록 되어 있으나, 실제로는 관변단체의 임원중심으로 구성되어지는 경우가 많은 실정이다. 그리고 위원회의 권한도 주민자치센터 운영에 관한 심의권과 읍·면·동장에 대한 자문권만 있고 의결권은 없기 때문에 권한과 책임성이 약할 수밖에 없다.

이러한 문제점을 개선하기 위해서는 시민단체와 지역 내의 여러 자생적 주민조직에서 위원들이 선정되어야 하며 지역 내 각 분야의 전문가를 다수 참여시켜 전문성을 강화해야 하는데, 전문성의 기준으로는 주민자치 활동과 주민조직 활동 경험 등을 중시할 필요가 있다. 또 주민자치위원회의 업무 중에서 문화, 주민복지, 공동체의식 계발 등 실질적 생활자치 관련분야에 대해서는 의결권을 부여함으로써 자치위원들이 자기권한 아래 책임감을 가지고 지역실정에 적합한 프로그램 등을 기획하고 실행하는 실질적 역할을 할 수 있도록 해야 할 것이다.

셋째, 자원봉사자를 다수 확보할 수 있어야 한다. 현재 주민자치센터의 실무 운영은 자원봉사자 중심으로 이루어지고 있으나 자원봉사자들의 자치센터 참여가 매우 저조한 실정이다. 따라서 자원봉사자의 확보가 필수적인데 이를 위해서는 개인단위의 참여보다는 시민단체, 직능조직 등 조직단위의 참여를 유도하는 것이 바람직하다. 아울러 지역 내의 대학생이나 직업을 갖지 않은 고학력 여성들을 자원봉사자나 전문강사로 적극 활용하되 활동비의 실비보상, 봉사점수 부여, 우수봉사자의 주민자치위원회 위원위촉 등 정책적 배려를 통해 참여동기를 강화시킬 필요가 있다.

넷째, 주민자치센터 운영에 대한 예산지원을 강화하되, 자치센터별로 프로그램의 지역특성 반영정도, 주민들의 적극적 참여정도, 수혜주민의 만족도 등을 종합적으로 평가하여 예산을 차등지원할 필요가 있다. 주민자치센터의 활성화를 위해서는 이 밖에도 주민자치센터 업무를 전담하는 전문성을 가진 실무자의 양성과 함께 주민자치센터에 마을도

서관을 설치하여 주민들과 학습조직이 활용할 수 있게 하는 방안도 검토할 필요가 있다.

2) 자발적 결사체의 육성 지원

사회적 자본을 통해 지역의 정치·경제발전을 설명하고 있는 Putnam (1993a)은 주민조직과 같은 자발적 결사체를 사회적 자본을 형성시키는 중요한 도구로 보았으며, 특히 신뢰와 호혜성의 규범 등 인지적 차원의 사회적 자본의 형성에 기여한다고 하였다(노병찬, 2016: 67). 이같이 지역에서 활동하는 자발적 결사체(voluntary association)는 사회적 자본을 통해 지역공동체의 형성·발전에 중심적 역할을 하는 조직이기 때문에 행정이 이들 결사체의 활성화를 적극 지원해야 한다.

그 방안으로는 첫째, 지방정부는 자발적 결사체가 수행하는 활동에 관련한 정보 및 필요한 지원을 제공하는 민관협력체를 구성·운영함으로써 이들 결사체가 지역공동체 형성에 적극적으로 참여할 수 있게 해야 한다. 그리고 이 협력체의 운영은 지방정부가 일방적으로 주도해서는 안 되고 지역의 필요와 욕구를 듣고 정책화할 수 있는 범위에서 자발적 결사체가 이해당사자의 하나로 참여하는 수준이어야 할 것이다(채은경 외, 2013: 110-112).

둘째, 지방정부는 주민들의 조직화과정에서 자율성을 존중해야 하며 행정의 지나친 개입을 지양해야 한다. 셋째, 자발적 결사체들은 재정상의 어려움을 겪는 경우가 많기 때문에 지역문제의 해결과 관련한 공모사업에 대한 지원 등 조직의 자주성을 약화시키지 않는 범위에서 재정적 지원을 해 줄 필요가 있다. 넷째, 지방정부는 각종 위원회의 민간위원을 위촉할 때 지역시민단체뿐만 아니라 공신력과 전문성을 갖춘 봉사단체 등에도 추천권을 부여할 필요가 있다. 다섯째, 지방정부는 주민들의 조직화를 위해서 지역의 욕구를 조정하고 문제를 제기하며 그에 대한 해결을 위해 헌신할 수 있는 능력 있는 주민들을 찾아내어 지역사회 지도자로 양성하기 위한 교육훈련에 노력해야 한다.

3) 민관 공동생산의 활성화

(1) 공동생산의 개념과 유형

공동생산(co-production)은 시민의식을 제고시키는 등 지역공동체의 형성·발전에 기여한다. 공동생산은 일반적 의미에서 "공공서비스의 전달 및 공급과정에 서비스의 수혜자인 시민이 능동적으로 참여함으로써 행정기관과 주민이 서비스 생산에 함께 기여하는 협력적 활동"으로 정의할 수 있다. 공동생산은 주민들의 생활이 다원화되면서 지역에서 분출되는 각종 행정수요가 양적으로 대규모화되고 질적으로 다양해지고 있으나 이에 대응해야 할 지방정부의 공급역량이 부족하기 때문에 이를 보완하기 위한 방안의 하나로 공공서비스 소비자인 지역주민들이 공급책임을 분담한다는 배경에서 등장하였다.

우리나라의 경우에 공동생산은 주로 도시지역의 공공서비스 공급과정에서 민간참여 활성화를 위한 방안을 모색하는 과정에서 발전하여 왔으나 최근에는 사회복지, 환경, 문화분야에서 공동생산이 활발하게 이루어지고 있다. 이러한 공동생산은 공공서비스의 능률성 제고 등 경제적 효과뿐만 아니라 시민의식을 제고시켜 주는 등 지역공동체의 형성·발전에도 크게 기여하는 효과를 갖고 있다.

공동생산의 유형은 참여의 주체에 따라 개인적 공동생산, 집단적 공동생산, 집합적 공동생산의 세 가지로 구분된다. 개인적 공동생산은 주민들이 개인적으로 공동생산에 참여하는 형태이다. 개인적 공동생산은 서비스의 편익이 개인적이고 생산자영역과 소비자영역 간의 혼합정도가 적은 기초적인 공동생산으로서 지역전체에 미치는 총량적 편익은 크지 않다고 할 수 있다. 이 공동생산의 예로는 주민들이 행정기관이 제공하는 서비스를 수용하거나 단순히 이에 응함으로써 선택의 여지가 없는 의무적인 활동(예: 쓰레기를 아무데나 버리지 않는 행위), 범죄신고, 자발적인 쓰레기 분리수거 등을 들 수 있다.

집단적 공동생산은 행정기관과 주민집단 간에 공식적 조정과 협력체계를 통하여 서비스를 공동으로 생산하는 유형으로서 서비스의 편익이 집단적이다. 집단적 공동생산의 예로는 주민자치방범대 및 소비되는 서비스의 질과 양의 개선을 위해 공동으로 노력하는 주민결사체를 들 수 있는데, 주민결사체는 주민요구의 수렴·표출과 자원을 동원하는 역할을 하게 된다.

그리고 집합적 공동생산은 공공부문과는 별도로 주민들이 독자적으로 공공서비스를 생산하는 유형으로서 서비스의 편익이 사회전체에 귀속된다. 이 공동생산은 지방정부의 재원절감 뿐만 아니라 주민들의 활동으로부터 나오는 편익을 재분배한다는 의미도 가지고 있다. 집합적 공동생산의 예로는 자치단체가 수행하고 있는 치안·소방·도서관·공원업무 등에 대한 자원봉사 프로그램을 들 수 있는데, 이러한 프로그램들은 지역에 대한 주민들의 기부 또는 자원봉사자들의 활동에 기초하고 있다.

(2) 공동생산의 효과 및 한계

Ferris(1984)는 공동생산의 형태로 시민이 자신의 시간을 투자하여 공공기관을 돕는 시민활동, 공공재 및 공공서비스를 대신해 개인적인 재물과 서비스를 제공하는 시민활동, 공공기관으로부터 협조를 요청받는 시민활동, 고객(client)으로서 공공서비스 프로그램에 참여하는 시민활동, 개인의 기대수준을 변경하기 위해 대행자와 상호 관계를 맺는 시민활동, 정책입안에 영향을 주는 시민활동 등 여섯 가지를 들고 있다(조남호, 2005: 23 재인용).

이러한 공동생산은 다음과 같은 효과를 가져 온다. 첫째, 공동생산은 서비스의 생산과정에 주민들이 참여하여 시간·금품이나 노력의 제공을 통해 공공부문의 투입물을 대체하거나 보완함으로써 능률성을 제고시켜 양질의 공공서비스를 생산·공급할 수 있게 한다(이수장, 1992: 49). 둘째, 공동생산은 민간부문의 인력과 재원을 활용할 수 있어서 공공부문의 인력팽창과 지출확대를 억제할 수 있다. 셋째, 공동생산은 사회적 형평성을 제고하는데 기여한다.

넷째, 공동생산은 시민의식을 제고시켜 주며 지역공동체의 형성·발전에 기여한다. 공동생산자로서의 주민은 서비스의 일방적 수혜자가 아니라 서비스의 생산과 전달에 대한 책임과 권위를 행정과 공유하게 된다. 이같이 공동생산을 통하여 주민들은 직접 행정과 협력하여 지역에 필요로 하는 서비스 생산에 기여할 기회를 가짐으로써 지역공동체에 대한 관심이 제고되어 공동체의식을 함양할 수 있다. 또 주민들이 공동생산에 참여하는 것은 자아실현을 위한 기회가 되며, 참여를 통한 자신들의 부담과 노력이 사회적 평가를 받게 될 경우에 인정감과 정서적 만족감을 얻게 됨으로써 다른 형태의 참여를 자극하는 계기가 될 수 있다.

이 밖에도 공동생산은 시민들의 행정에 대한 이해를 높여주며, 민간부문도 공공서비스에 대한 책임감을 공유하게 함으로써 행정에 대한 불신감을 감소시킬 수 있게 한다. 이같이 공동생산은 시민들이 참여해서 행정서비스의 품목과 양, 서비스 수혜대상, 서비스 전달시기 및 전달방식 등을 설계하고 집행하기 때문에 행정의 민주성과 반응성 그리고 정책집행의 수용성과 효과성도 기대할 수 있다(김 구, 2019: 329).

그러나 공동생산은 다음과 같은 몇 가지 한계도 가지고 있다. 공동생산과정에서 책임의 한계가 불명확할 경우에 정부와 시민들 간에 책임소재의 문제가 발생할 수 있으며, 특정집단이 중심이 되어 참여할 경우에 이익집단화하거나 소수의 이익이 강조될 수 있어서 공익이 저해될 우려도 있다(장손득, 2017: 18). 그리고 공무원들이 전문지식이 없는 일반주민들의 공동생산 참여를 시간과 예산의 낭비로 인식하여 반감을 가질 수 있으며, 서비스의 생산 및 전달과 관련된 책임을 주민들에게 전가시키거나 행정편의를 위해 악용할 우려도 있다. 이러한 한계에도 불구하고 공동생산은 지역공동체의 형성·발전에 매우 긍정적인 역할을 한다고 할 수 있다.

(3) 공동생산의 활성화 방안

주민들의 행정수요가 날로 증가하고 있는데 비해 지방정부의 행·재정 능력은 그를 따르지 못하고 있는 현실에서 지방정부가 주민들의 욕구와 기대에 효율적으로 대응하기 위해서는 공동생산이 활성화되어야 한다. 뿐만 아니라 공동생산은 참여주민들에게 자아실현의 기회를 제공하며 지역공동체의 형성과 발전에 기여한다는 측면에서도 활성화가 이루어져야 한다.

공동생산의 활성화 방안으로는 먼저, 지방정부와 주민 간에 협력의식이 강화되어야 한다. 지방정부가 공동생산에 참여하는 주민들을 단순한 행정수행의 보조인력 또는 행정편의를 위한 동원수단으로 인식할 경우에는 그 실효성이 반감될 수밖에 없다. 따라서 공동생산의 실효성을 제고하기 위해서는 지방정부와 주민 간에 협력의식이 강화되어야 하며, 지방정부는 주민들의 공동체의식, 봉사의식, 공동선 추구의식 등이 제대로 활용될 수 있도록 다양한 프로그램을 개발해 나가야 한다.

또 공공서비스의 전달체계가 개선되어야 한다. 지방정부가 주민들의 행정수요에 대응할만한 재량권이 적고 주민과 행정 간에 의사소통이 어려운 서비스 전달체계에서는 주민들이 공동생산에 참여할 가능성이 적어진다. 그러므로 지방정부는 공동생산을 촉진하기 위하여 행정수요에 대한 대응성을 강화하고 분권화된 서비스 전달체계를 합리적으로 구축해 나가야 한다. 이와 함께 지방정부는 공동생산에 대한 주민참여의 정도가 낮을 때에는 지역사회의 욕구를 개발하는데 노력하는 한편 주민들에게 공동생산에 필요한 지식과 기술을 제공해 주어야 한다. 그리고 공동생산에 참여하는 주민들에게 적절한 인정과 보상을 해줌으로써 그들이 지속적으로 참여할 수 있도록 동기를 부여할 필요가 있다.

4) 지역사회 지도자의 육성

바람직한 지역공동체를 형성하기 위해서는 그 형성의 행위주체인 지역주민들의 역량강화와 함께 그들의 관계를 잘 이끌어 갈 수 있는 지역사회 지도자를 발굴·육성하는 것이 중요하다. 최창호(1996)는 지역사회 지도자의 일반적인 역할로 상황의 파악, 문제의 제기, 사업의 조정, 사업계획의 수립, 사업의 실시, 주민의욕 개발, 외부지원의 확보, 사업실시의 평가 및 보호를 제시하였으며, 정지웅·이상봉(1999)은 욕구의 창출과 조정, 참여동기 유발, 해결방안의 강구 및 실천, 자원의 동원과 활용, 유리한 개발여건과 환경의 조성을 들고 있다(노병찬, 2016: 69 재인용).

지역공동체 형성에서 추구해야 할 지역사회 지도자의 역할은 내부적 결속 및 외부적 협력관계의 강화로 요약할 수 있는데, 이를 구체적으로 살펴보면 다음과 같다. 첫째, 지역사회 지도자는 지역사회 성원들이 공감할 수 있는 비전을 제시함으로써 다양한 이해관계를 조정하고 성원들을 조직화하는 조직관리자의 역할을 해야 한다. 둘째, 지역발전에 필요한 실천적 발전계획을 구상하고 성원들을 설득할 수 있는 지역계획가의 역할을 해야 한다. 셋째, 구성원들 간에 공통의 사업과 관심사에 대한 정보를 공유하고 의사소통을 원활하게 하는 의사소통 촉진자의 역할을 해야 한다.

넷째, 지역에 존재하는 인적·물적·상징적 자원의 가치를 발굴하고 이를 효율적으로 활용해 나가는 지역자원 발굴자의 역할을 해야 한다. 다섯째, 지역 내의 유관기관은 물론 출향인사와 지역 외의 유관기관 등을 효과적으로 연계하는 네트워킹 구축자의 역할을 해야 한다. 여섯째, 공통의 비전 제시를 통해 지역의 에너지를 하나로 묶고 구성원들을 조직화하는 비전제시자의 역할을 해야 한다.

이와 같은 역할을 해야 하는 지역사회 지도자가 지역성원들의 지지와 협력을 받게 되는 원천은 보상이나 제재가 아니라 지도자가 스스로 지역을 위해 헌신하고 봉사하며 성원들과 소통하는 자세에서 나오는 것이다. 지역에서 신뢰를 받는 리더십은 주민들의 참여를 활성화하고 갈등을 완화시키며 자발적 협력을 유도함으로써 사회규범 및 네트워크와 같은 지역의 사회적 자본을 증진시키는 역할을 하게 되는데, 이 사회적 자본은 협력적 지역거버넌스의 구축을 통해 지역공동체 발전에 기여하게 된다.

지역사회 지도자가 이러한 역할을 제대로 수행하기 위해서는 전문성, 의사결정능력을 비롯한 지역공동체 형성에 필요한 역량, 진정성, 헌신성 그리고 민주적이고 봉사적인 자세를 가져야 하며, 이와 함께 섬김의 리더십(servant leadership)을 발휘할 수 있어야 한다.

Spears(1998)에 의하면 섬김의 리더십은 인간의 존엄과 가치를 믿으며, 리더의 권한은 구성원에게서 나온다는 민주적 원리에 입각한 리더십으로서, 타인들에 대한 봉사 및 전체론적 시각에서의 업무처리, 공동체의식의 형성, 의사결정권의 공유를 강조한다(김용학, 2010: 8-11 재인용). 그리고 Greenleaf(1977)는 섬김의 리더십의 구성요소로 존중, 봉사, 정의, 정직, 공동체윤리 등을 들고 있다(노병찬, 2016: 34 재인용).

그런데 우리 사회에는 그동안 정부주도로 추진되어 온 지역개발의 영향으로 이러한 역량과 헌신성 등을 가진 민주적인 지역사회 지도자가 많지 않을 뿐 아니라 리더십에 대한 체계적인 교육훈련도 미흡한 실정이다. 따라서 지방정부는 바람직한 지역공동체 형성을 위해서 자신의 시간과 노력, 그리고 열정을 투입할 수 있는 능력 있는 지역사회 지도자들을 발굴해야 하며, 그들의 전문성과 리더십을 강화하기 위한 교육훈련을 체계적으로 실시할 필요가 있다.

제4절 지역공동체로서의 마을만들기

1. 마을만들기의 개념

생태적 관점에서 보면 마을은 구체적인 물리적·상징적 경계를 지닌 지리적 장소이지만, 사람들이 거주하고 상호작용을 하는 장소라는 사회적 의미도 내포하고 있다. 이러한 특성을 고려할 때, 마을은 "비공식적이고 대면적인 일련의 상호작용인 이웃과의 교류에 사람들이 관여하는 거주지 주변의 장소"라고 정의할 수 있다(곽현근, 2008: 136).

마을은 사람들이 한 지역에 모여 서로 돕고 살아가는 삶의 터전이자 지역단위의 기초적 공동체이다. 우리나라에서 예전의 마을은 전통적인 농업경제를 기반으로 하였기 때문에 물리적 경계를 가지고 마을사람 모두가 공동체적 삶을 영위할 수밖에 없었다. 그러나 현대사회, 특히 도시에서 마을은 물리적 경계가 분명하지 않다. 그럼에도 불구하고 현대 도시에서 마을은 경제·문화·복지·환경 등의 공동체 활동을 토대로 연결된 사람들의 관계망(network)으로서, 행정구역상 최소단위인 읍·면·동보다 작은 규모를 가지며 주민들이 서로 얼굴을 알 수 있거나 소통이 가능한 범위에서 형성되는 공동체라고 할 수 있다(김현호, 2013: 9).

이러한 마을과 유사한 개념으로 '동네'가 있다. 동네(neighborhood)는 일반적으로 "자기가 사는 집을 중심으로 사람들이 모여 사는 일정한 공간"이라고 할 수 있다. 이러한 동네와 마을의 차이를 보면 동네는 비교적 가치중립적이고 장소적 성격이 강한 개념인데 비하여 마을은 규범적으로 공동체적 의미를 함축한 다분히 가치지향적 개념으로 볼 수 있다. 그런 점에서 동네단위에서 주민들 간의 공동체적 삶이 강화되었을 때에 동네를 마을로 부를 수 있다고 본다(곽현근, 2013: 127). 그러나 본 연구에서는 마을과 동네가 모두 '사람들이 모여 사는' 지역성을 토대로 한 지역사회의 최소 공간단위라는 점에서 같은 의미로 사용하고자 한다.

현재 우리나라에서는 마을만들기사업이 활발하게 추진되고 있는데, '마을만들기'라는 용어는 일본의 마을만들기운동인 '마치츠쿠리(まちづくり)'를 직역한 것으로서 학술용어가 아니라 정책적 용어라고 할 수 있다. 마을만들기는 2000년대 초까지만 해도 동네가꾸기, 마을가꾸기, 지역만들기, 도시가꾸기 등과 혼용되어 오다가 지금은 마을만들기로 거의 통일적으로 사용되고 있다(황익주 외, 2017: 271).

마을만들기의 개념에 대해 최정한(2006)은 "주민들이 함께 살아가는 장소와 공간에서 새로운 공동체적 질서와 규범을 만들고 공간적으로 표현하는 운동"으로 정의하고 있으며, 임경수(2004)는 "지역공간을 중심으로 지역에 사는 주민들이 공동체성을 바탕으로 스스로 수행하는 다양한 활동"이라고 하고 있다. 그리고 일본의 田村明(2008)은 "일정한 지역에 살고 있는 사람들이 자신들의 생활을 지탱하며 편리하고 보다 인간답게 생활할 수 있도록 공동의 장을 이루어 가는 방법 및 과정"이라고 정의하고 있다.

본 연구에서는 이러한 정의들을 토대로 하여 마을만들기를 "마을주민들의 참여를 기반으로 마을의 물리적·사회적·경제적 여건과 환경을 개선함으로써 지속가능한 마을공동체를 형성하기 위한 활동"으로 정의하고자 한다. 이같이 마을만들기는 마을에 존재하는 자원(resources)을 토대로 주민들 스스로가 주체가 되어 연대·협력을 통하여 환경을 개선하고 마을의 매력과 활력을 증진하여 더불어 살아가는 공동체를 형성하기 위한 활동이라고 할 수 있다.

이러한 마을만들기는 도시화·산업화로 삭막해진 현대사회에 대한 처방으로서 주거지를 중심으로 주민들 간에 공동체적 성격을 형성하고 강화하려는 사회운동적 성격을 띠고 있다(김현호, 2013: 10). 마을만들기에서 '만들기'의 의미는 하드웨어(hardware)적 부분과 소프트웨어

(software)적 부분을 포괄하고 있다. 도로·상하수도와 같은 기반시설의 정비에서부터 작은 화단을 만드는 일까지 물리적 변화를 일으키는 요소를 하드웨어적 요소라고 한다면, 주민들의 삶을 풍요롭게 해 줄 수 있는 각종 프로그램, 주민의식의 개선, 주민모임과 같은 조직을 만드는 등의 일들은 소프트웨어적 요소라고 볼 수 있다(국토연구원 도시재생사업단, 2013: 21).

2. 마을만들기의 추진배경과 전개과정

우리나라에서 마을만들기에 대한 관심이 높아지게 된 이유는 크게 시민운동 양상의 변화, 지방자치의 실시, 주민의식의 변화 등 세 가지를 지적할 수 있다. 첫째, 시민운동 양상의 변화이다. 1970-1980년대에 정치·사회적 투쟁을 위주로 하던 시민운동이 1990년대에 들어와 환경·복지·문화적 분야로 그 영역이 확대됨에 따라 지역공동체 형성과 삶의 질 향상을 위한 생활운동이 추진되면서 일상적이고 가장 기본적인 생활공간에서 이루어지는 마을만들기에 대한 관심이 높아지게 되었다.

둘째, 지방자치제의 실시이다. 1990년대부터 지방자치가 실시되면서 지역주민들이 삶의 질 향상을 위해 추상적이고 거시적인 지역정책보다는 생활에 토대를 둔 지역현안의 해결을 적극적으로 요구하게 되었다. 이에 따라 정부가 주민들과 함께 그 개선방향을 찾으려는 움직임이 활발해지면서 주민자치의 기반이 되는 마을만들기에 대한 관심이 높아지기 시작하였다.

셋째, 주민의식의 변화이다. 1990년대 들어와 지역주민들은 시민으로서의 자각과 함께 지역의 사회경제적 여건에 대한 비판적 인식을 갖게 되었다. 그리하여 그동안 수동적 인식에 머물렀던 지역문제를 자신의 문제로 받아들이게 되면서 환경과 주거쾌적성 등 생활의 질 향상을 위한 방향으로 주민의식이 변화되면서 마을만들기에 대한 관심이 높아지게 되었다(국토연구원 도사재생사업단, 2013: 21).

그런데 우리나라에서는 지방자치제 실시 이전에도 마을을 토대로 한 사업으로 1970년대부터 정부주도의 새마을사업이 실시되었으며, 1980년대 후반부터는 주민과 민간단체들이 주축이 된 도시빈민운동과 아파트공동체운동 등도 부분적으로 추진되었다. 그러다가 일본의 마을만들기운동(まちづくり)이 소개되고 1990년대에 들어와 지방자치가 실시되면서 마을을 단위로 하여 주거지 재생, 기초생활 기반확충, 지역역량 강화사업 등 중앙정부의 부처별 특성에 근거한 사업들이 실시되기 시작하였다.

그러나 이들 사업은 지역공동체의 삶의 방식과 지역주민들의 생활상의 욕구가 적절하게 반영되지 못한 행정주도적인 것이었기 때문에 마을자원의 효율적 활용과 주민의 자발적 참여가 기대에 미치지 못하였다. 그러다가 2000년대에 들어와 주민자치 이념이 확산되고 마을만들기의 중요성이 커지게 되면서 정부가 정보화마을 육성, 문화마을 조성 등 주민들의 공동체생활과 관련된 마을단위의 사업들을 지원하게 되었다.

이러한 일련의 변화는 지방화라는 시대적 추세에 대응하려면 주민참여 활성화를 통해 지역정체성 확립, 마을공동체 형성, 풀뿌리 민주주의의 확산 등을 도모해 나가야 하는데, 그러기 위해서는 마을만들기사업의 적극적 추진과 공공지원이 필요하다는 점을 정부가 인식한 결과라고 할 수 있다(남원석 외, 2012: 10). 현재 중앙정부가 추진하고 있는 마을만들기사업으로는 국토해양부, 행정안전부, 환경부, 문화체육관광부, 농림수산부 등 여러 부처에 의해 녹색마을, 희망마을, 문화마을, 전원마을, 정보화마을, 농촌체험마을, 어촌체험마을만들기 등 다양한 사업들이 실시되고 있다. 그리고 지방정부차원에서도 관내의 마을들을 대상으로 여러 형태의 마을만들기사업이 실시되고 있다.

3. 마을만들기의 목적과 중요성

1) 마을만들기의 목적

마을만들기는 마을문제 해결과정에 주민들이 적극 참여하여 마을공동체를 형성하고 지속가능한 생활환경 개선을 통해 주민들의 삶의 질을 제고하는 것을 궁극적인 목적으로 한다. 도시화·산업화된 현대사회에서는 사람들이 물리적으로 인접해 산다고 해서 마을이 자연적으로 공동체가 되는 것은 아니다. 마을공동체가 형성되기 위해서는 그 구성원인 마을주민들이 목적과 가치를 공유할 수 있는 여건을 만들고, 그러한 목적을 달성할 수 있는 사회적 역량을 구축해 나가는 일련의 조직화된 활동을 필요로 한다.

마을만들기는 이러한 조직화된 의도적 활동을 통하여 마을주민들간의 상호신뢰와 규범을 형성하여 사회자본을 구축하고 집합적 역량을 강화함으로써 마을공동체를 회복하고 주민들의 삶의 질을 제고시키기 위한 것이다(김필두·윤준희, 2010: 2). 이러한 마을만들기가 추구하는 공동체는 경제공동체, 문화공동체, 자치공동체를 아우르는 성격의 공동체라고 할 수 있다(여관현, 2012: 87).

여기에서 경제공동체는 신뢰와 협동을 기초로 한 삶의 안정적인 토대를 형성하고 지속가능성을 실현해 주는 공동체를 의미하며, 문화공동체는 다양성을 기반으로 한 통합과 개개인에 내재한 창조적 능력을 계발하고 구현하는 공동체를 말한다. 그리고 자치공동체는 자신이 살고 있는 지역과 삶의 문제에 대해 자기결정권을 비롯한 자치권을 확보하는 공동체이다. 이러한 공동체의 지향은 신자유주의적 세계화와 지역화의 영향으로 파괴되고 있는 현대사회의 공동체적 기반을 구축하려는 것이다.

2) 마을만들기의 중요성

마을만들기는 마을중심의 공동체를 형성하는 것이다. 마을중심의 공동체 형성이 필요한 이유는 마을이라는 공간의 특성과 규모에 기인하는데, 그 구체적 내용은 다음과 같다. 첫째, 마을은 소규모 지역이어서 주민들의 일상생활에서 근접성이 높기 때문에 마을문제를 중심으로 한 자발적 주민참여를 실천할 수 있는 유리한 공간이다. 마을은 근접성과 접근가능성에서 볼 때 일상생활에서 자신의 삶에 영향을 미치는 정책결정과 서비스 전달에 영향을 미치기 위한 주민들의 참여가 가장 유용하게 실현될 수 있는 장소라고 할 수 있다(안성호 외, 2004: 305).

둘째, 마을은 공공서비스들 간의 조정 및 통합을 통해 종합적 서비스를 실현할 수 있는 기본적인 공간단위이다. 셋째, 마을은 제한된 지리적 영역에서 다양한 자원들이 집합적으로 활용됨으로써 시너지효과를 가져다 줄 수 있는 적절한 규모의 지역이다. 넷째, 마을은 지역사회의 문제해결과 관련된 정보에의 접근을 상대적으로 용이하게 하며, 환경변화에 따른 새로운 정책 또는 제도적 개입의 효과를 평가하기에 용이한 규모라고 할 수 있다(곽현근, 2008: 139-140).

마을만들기는 그동안 계획 및 정책의 수혜대상이자 객체로 인식되어 왔던 주민들이 자기가 살고 있는 마을의 특성 있는 자원을 활용하여 문제를 해결하는 주체가 되는데다, 주민들의 참여와 상호작용을 통해 창출되는 공동체적 가치를 중시한다는 점에서 공동체주의적 정의론을 실현하는 중요한 장이 된다고 할 수 있다. 이러한 마을만들기의 중요성은 구체적으로 다음과 같다.

첫째, 마을만들기는 마을이 갖고 있는 인적·물적·상징적 자원을 동원하여 내생적 발전(endogenous development)을 실현하는 것이다. 내생적 발전은 발전의 주체와 동인을 지역 내부에서 찾고 발전성과도 지역에 귀속되는 상향적 발전방식이기 때문에 마을만들기는 마을에 주어져 있는 자원과 역량을 통하여 추진하게 된다.

마을만들기를 위해 동원되는 자원은 단지 마을에 산재한 물리적 자원만이 아니라 다양한 유형의 사회적 자본을 포함한다. 특히 주민들 간의 상호이익의 증진을 위한 조정과 합의를 이끌어내는 기본적 동력으로서 신뢰와 규범 등은 중요한 사회적 자본이 된다. 마을만들기는 이러한 내생적 자원동원체계의 구축과 함께 주민을 비롯한 다양한 주체들 간의 동반자적 관계를 통해 추진됨으로써 물질적 풍요뿐만 아니라 사회적 유대강화를 통한 생활의 안정감을 높여 준다.

둘째, 마을만들기는 주민자치의 대상이자 과정이 된다. 마을만들기는 그동안 정부의 계획 및 정책의 수혜대상이자 객체로 인식되었던 주민들이 주체가 되어 주민자치와 지역활성화라는 궁극적 목적을 현장에서 실천하는 구체적 사업인 동시에 주민들 스스로 참여와 소통을 실천하는 교육의 장으로서 역할을 한다. 이같이 주민들은 마을이라는 생활공간에서 마을만들기 참여를 통해 생활과 관련된 문제를 스스로 해결해 나가고, 그 과정을 통해 상호 간의 공감대 형성과 자치역량을 키우게 된다(민현정 외, 2012: 2). 셋째, 마을만들기는 지역공동체 형성과 활성화의 수단이 된다. 마을만들기는 동일한 생활권에 살고 있는 주민들이 마을이라는 공동의 터전을 둘러싼 다양한 생활문제의 해결과 역사·문화·자연자원을 발굴하고 공유하여 관계성과 참여성을 증진시킴으로써 지역공동체 활성화에 기여한다.

4. 마을만들기의 내용과 유형

1) 마을만들기의 내용

마을만들기는 주민들의 생활환경을 개선하고 삶의 질을 향상시키기 위한 삶터가꾸기, 마을주민들이 이웃과의 관계를 회복하고 의사소통 경로와 활동체계를 만들어 가는 공동체이루기, 책임감 있고 건전한 마을주민들을 기르는 사람만들기 등 세 가지를 그 내용으로 하고 있다(정 석, 1999: 5; 김선기 외, 2006: 14).

삶터가꾸기는 생활기반을 조성하는 일로서, 주민들에게 불편을 주는 생활환경을 스스로 개선하여 편익을 제고하고 삶의 질을 향상시키는데 필요한 공간이나 시설·장소를 만들어 가는 일이다. 이러한 삶터가꾸기에는 기반시설 정비, 환경가꾸기 등 물리적 요소뿐만 아니라 주민들의 삶의 질과 관련되는 교육·문화프로그램, 일자리 창출 등 비물리적 요소의 확충도 포함된다. 공동체이루기는 주민조직을 통해 마을공동체를 형성하는 일로서, 마을이라는 공유공간에서 공동의 문제를 함께 해결하거나 새롭게 만들어가는 과정을 통해 단절된 이웃과의 관계를 회복하고 의사소통의 경로와 활동체계를 구축하여 주민활동의 조직화를 통한 공동체를 이루어 나가는 일이다.

한편 사람만들기는 공유공간에서 각자의 책임과 역할을 다하는 마을주민들을 육성하는 일로서, 개인공간에 집착하던 개개인들이 마을의 공동문제에 관심을 갖고 참여하여 상호학습과 체험을 통해 이웃과 더불어 스스로 문제를 해결해 나가는 공동체 구성원으로 변화시켜 나가는 일이다. 이와 같이 마을만들기의 내용은 마을의 물리적 환경의 개선뿐만 아니라 마을공동체 이루기와 마을공동체 역량키우기라는 소프트웨어적 의미까지 포괄하고 있다.

2) 마을만들기의 유형

마을만들기의 유형은 마을만들기의 추진주체, 사업내용, 사업주제, 공간적 특성 등에 따라 다양하게 분류할 수 있다(김진아, 2013: 27-29). 첫째, 마을만들기는 그 추진주체에 따라 주민주도형, 행정주도형, 파트너십형, 거버넌스형으로 구분할 수 있다. 주민주도형은 주민들이 주축이 되어 행정의 도움 없이 이루어지는 마을만들기로서 주민들이 자발적으로 참여하여 자체능력을 가지고 추진된다. 이런 유형의 마을만들기는 주거환경 파괴에 대한 대처, 생활환경의 질에 대한 인식제고, 여가 및 문화에 대한 적극적 관심, 사회적 서비스에 대한 공동대처 노력 등에 의하여 시작된다.

행정주도형은 행정기관이 마을만들기를 주도적으로 추진하는 유형으로서 주민들의 참여는 동원형의 성격을 가진다. 파트너십(partnership)형은 지역주민들이 주체가 되지만 시민단체와 전문가들도 함께 참여하여 마을을 만들어 나가는 유형으로서 시민단체나 전문가는 마을만들기의 방향과 기술적 문제에 대한 지원과 지역주민들의 교육훈련 등을 담당한다. 거버넌스(governance)형은 지역주민, 정부, 시민단체, 전문가들이 함께 참여하여 상호 협력적 관계와 협의를 통해 마을만들기를 추진하는 유형이다.

둘째, 마을만들기는 사업내용에 따라 지역사회개발형, 사회서비스형, 커뮤니티 비즈니스형, 지역공동체 조성형(종합형)으로 구분할 수 있다(김동례, 2018: 15). 지역사회개발형은 물리적·공간적 요소를 중심으로 주민생활의 질을 개선하기 위한 마을만들기이다. 이 유형의 주요 주제는 마을의 자연환경 보전, 문화공간 및 가로경관 조성, 순환형 주택공간 확보 등 주민들의 삶과 직결된 물리적 요소가 중심이 된다. 사회서비스형은 물리적 요소보다는 보육·의료 및 문화서비스 등 비물리적 요소를 중심으로 한 서비스를 공급함으로써 주민들의 삶의 질을 향상시키기 위한 마을만들기이다. 이 유형의 주요 주제는 마을주민들의 욕구충족 및 문제해결 등 다양한 생활영역과 관련된 대안서비스가 중심이 된다.

커뮤니티 비즈니스(community business)형은 협의의 커뮤니티 비즈니스를 포함한 고용증진, 소득보장 등과 관련되는 마을만들기이다. 따라서 이 유형의 마을만들기는 지역 내 자원의 활용을 통한 고용창출, 경제적 효과의 지역 내 순환, 주민소득 증진, 공공서비스의 효율화 등이 주요 주제가 된다. 한편 지역공동체 조성형은 특정영역에 국한됨이 없이 마을공동체 자체의 발전을 목적으로 다양한 사업을 결합시켜 종합적으로 추진하는 형태의 마을만들기이다.

셋째, 마을만들기는 공간적 특성에 따라 일터중심 마을만들기. 삶터중심 마을만들기, 쉼터중심 마을만들기로 구분할 수 있다. 일터중심 마을만들기는 지역경제 활성화와 관련된 활동이 중심이 되며, 삶터중심 마을만들기는 생활환경 개선을 위한 활동들이 중심이 된다. 그리고 쉼터중심 마을만들기는 환경 및 문화활동을 중심으로 하여 추진되는 마을만들기이다.

넷째, 마을만들기는 사업의 주제에 따라 공동체문화 조성, 쾌적한 생태환경 조성, 생활환경 정비 및 개선, 지역활성화 도모 등으로 구분할 수 있다. 공동체문화 조성은 주민자치조직이나 주민 소모임 등을 통하여 문화행사를 추진하거나 지역정체성과 공동체의식 함양을 위한 프로그램 및 주민강좌의 운영 등 공동체마을을 형성하는 것을 내용으로 한다.

쾌적한 생태환경 조성은 쓰레기 줄이기, 자원재활용운동 등을 통해 쾌적한 환경을 조성하고 자연과 더불어 생활하는 생태마을을 조성하는 것을 내용으로 하며, 생활환경 정비 및 개선은 공공공간의 정비와 함께 불편하고 안전하지 못한 생활관련 주변 환경을 편리하고 안전하게 개선하는 것이다. 한편 지역활성화 도모는 지역주민의 생활권 향상과 복지의 증진을 도모하고 지역가치의 재발견을 통하여 지역경제의 활성화로 주민소득을 증대시키는 것을 내용으로 한다.

5. 마을만들기를 통한 마을공동체 성장단계

1) 마을공동체 성장의 목적

마을만들기를 통한 마을공동체의 성장은 단순히 마을을 가꾸고 만든다는 수동적이고 인위적 측면에서 벗어나 마을이라는 공간에서 주민들의 자발적·주도적 참여를 통해 주민자치를 실현하는 한편 주민들 간의 공동체적 관계망과 호혜적 인간관계를 형성하여 삶의 질을 향상시키는 것을 의미한다(여관현, 2013: 87). 따라서 마을공동체 성장의 목적은 마을주민들이 사회적 협력과정 속에서 형성한 공동체의식을 바탕으로 공동의 목표인 삶의 질 제고에 합의하고 지역의 인적·물적 자원을 활용하여 생산적 변화를 만들어가는 데에 있다.

이러한 삶의 질 제고는 공동체적 성과와 경제적 성과를 균형적으로 창출해 냄으로써 실현될 수 있다. 마을만들기 활동의 공동체적 성과는 연대의식, 친밀감, 충족감, 신뢰, 소속감 등으로 구성되는 공동체의식과 정주의식 등의 가치들이 복합적으로 증대되는 것이라고 할 수 있다(박종관, 2012: 25). 이러한 공동체적 성과는 마을에서 함께 생활하는 주민들의 참여와 협력적 상호작용을 통해 공동체성이 증대되고 신뢰와 호혜성을 비롯한 사회적 자본이 구축되는 일련의 과정들이 지속적으로 일어나면서 달성될 수 있다(차진영, 2017: 39).

그런데 공동체적 성과가 지속성을 유지하기 위해서는 경제적 성과가 보장되어야 한다. 마을공동체는 지역기반의 인적·물적 자원을 활용하여 지역경제의 활성화와 지속가능성을 제고하고 실제적 소득을 창출하기 위한 다양한 활동을 수행한다. 이는 지역경제의 자생적 순환체계를 구축하고 고용촉진 등을 이루어내어 주민의 삶의 질을 제고시키는 한편 주민들 간의 협력관계를 강화하고 공동체성의 형성 및 발전에 기여한다(여관현, 2013: 24). 이처럼 마을공동체의 경제적 성과는 실제적 소득, 고용의 창출 등 지역경제의 선순환구조를 구축하고 공동체적 성과와 유기적으로 연계된다.

마을만들기를 통한 공동체의 성장은 다음과 같은 효과를 가진다(여관현, 203: 87). 첫째, 마을주민 상호 간에 배움의 공동체 형성을 통해 경험을 공유하고 개별사례들을 통합하여 공동체회복의 기초를 마련할 수 있다. 둘째, 마을과 관련한 여러 행위주체들이 참여하여 다양한 경험을 되살리고 조율함으로써 마을의 문제를 주민들의 자력으로 해결할 수 있는 삶의 방식을 터득할 수 있다. 셋째, 단순한 실적과 수치를 통해 가시적으로 드러나는 효율성 위주의 성과가 아니라 마을에서 구성원들 간의 호혜성 강화, 마을의 활력과 시너지 증대, 그리고 새로운 민관협력의 기틀이 마련될 수 있다.

2) 마을공동체의 성장단계

마을공동체 성장에 대한 단계구분은 마을공동체의 연구목적과 배경에 따라 다각적 관점에서 제시되고 있다. 그 때문에 성장단계를 3단계로 구분하기도 하고 4단계, 심지어는 6단계나 7단계로 구분하는 경우도 있다. 이처럼 마을공동체의 성장단계가 쉽게 일반화되지 못하는 이유는 각각의 마을이 가지는 고유자원 및 환경적 특성, 문제상황, 추진사업 등이 서로 다르기 때문이다(김현호, 2013: 12).

그러나 다수의 연구에서는 마을공동체의 성장단계를 공동체의 형성과정과 사업의 수행과정을 중심으로 하여 형성단계-발전단계-정착단계 또는 신생기-성장기-성숙기라는 3단계로 구분하고 있다. 이는 조직성장단계의 연구에서 대표적으로 제시되고 있는 탄생-성장-성숙의 3단계 과정과 유사한 형태로서 거시적 관점에서 마을공동체의 성장단계를 구분하는 것이다(차진영, 2017: 33). 따라서 본 연구에서는 마을공동체의 성장단계를 형성단계-발전단계-정착단계라는 3단계로 구분하고 각각의 단계별 특성을 물리적 자원, 계획 및 목표, 사업의 수행, 공동체성 및 네트워크의 측면에서 살펴보고자 한다.

첫째, 형성단계이다. 마을공동체 성장의 첫 단계인 형성단계는 마을의 공동체 역량과 지역자원을 파악하고 지역문제의 해결을 위한 공동체 활동기반이 구축되기 시작하는 단계이다(김수영 외, 2014). 이 단계에서는 주민들이 마을이 가지는 문제의식을 공유하게 되면서 주민조직화가 나타나게 되는데, 이러한 주민조직은 모임과 토론을 통하여 지역현안에 대한 공론의 장을 만들고 사업수행을 위한 기초역량을 확보함으로써 마을의제 및 사업계획을 탐색하기 시작한다.

그리고 정부는 주민들의 사업추진에 필요한 역량을 강화시키기 위해 주민들을 대상으로 한 역량강화교육, 마을활동가 양성, 선진마을에 대한 벤치마킹 등을 지원하게 된다. 이러한 형성단계에서는 아이디어 공모, 환경개선 등 소규모 단위사업들도 추진되기는 하지만 주민들의 참여의지, 공동체성 및 신뢰 그리고 제도적 인프라 등 기반요인이 제대로 구축되지 못했기 때문에, 이들 사업들은 주민참여중심이 아니라 주로 추진조직과 정부의 제도적 지원 아래 이루어지게 된다(김현호, 2013: 25).

둘째, 발전단계이다. 마을공동체 성장의 두 번째 단계인 발전단계는 형성단계에서 파악·구축된 지역의 고유자원과 기반 인프라 및 주민조직을 토대로 하여 중·장기적인 마을만들기사업을 위한 구체적이고 체계적인 마을의제와 계획을 수립하고 실행하는 단계이다. 따라서 형성단계에 비하여 구성원 간의 연대 및 상호작용이 증가하고 활동내용, 사업유형, 조직체계 등 공동체의 내·외적 특성들이 명확하게 결정된다(여관현, 2013: 68).

이 단계에서 지역주민들은 마을만들기사업에 적극적으로 참여하게 되고, 그들의 다양한 욕구와 필요가 마을의제 및 계획의 실행에 반영되어지는 등 마을공동체의 의사결정구조가 점차 주민주도적 방향으로 변화되어 간다(차진영, 2017: 35). 이처럼 발전단계는 주민들의 적극적 참여를 바탕으로 한 마을만들기사업의 본격적 시행과 확장의 단계로서 합의된 목표, 비전과 마을계획에 따라 다양한 형태의 사업들이 추진될 수 있게 된다(김현호, 2013: 28).

또한 이 단계에서는 주민조직이 체계화되고 확대되면서 주민 상호간, 주민과 정부 간의 네트워크가 강화되며 중간지원조직 등 외부참여자들과의 협력적 연계구조와 네트워크도 강화된다(한국지역진흥재단, 2016: 56). 이러한 발전단계에서 정부는 마을만들기 의제의 발굴을 지원하는 한편 주민들이 마을의 현황을 진단하고 개선방안을 도출하여 마을발전계획을 합리적으로 수립할 수 있도록 지원한다. 이같이 발전단계는 주민들이 자발적·적극적 참여를 통해 마을만들기의 기반을 구축하고 정부와 중간지원조직은 주민들의 활동을 지원하는데 중점을 둠으로써 세 주체 간의 선순환체계가 구축된다(이재민, 2019: 65).

셋째, 정착단계이다. 마을공동체 성장의 세 번째 단계인 정착단계는 발전단계에서 다져진 신뢰와 공동체성을 비롯한 주민조직의 역량을 바탕으로 물적·재정적 기반을 구축하고 마을공동체의 자율적이고 독립적인 운영역량을 확보하여 기존의 마을만들기사업을 자율적·주도적으로 계속 추진하는 한편 향후의 상황변화에 대응하기 위해 마을의 발전목표와 사업을 재설정해 나가는 단계이다.

정착단계에서 마을공동체는 내부의 운영동력을 확보하기 위한 주민간의 네트워크를 확대하고 공동체성을 강화하기 위해 노력하며, 주민주도적 활동 및 사업을 자립적으로 이어가기 위해 지역의 가치 및 사업의 재탐색, 마을자원의 개발, 환경 및 시설개선을 위한 투자 등을 수행하면서 마을경제 활성화와 주민소득 증대를 위해 노력한다. 또 사업 및 활동의 효과적 수행을 위해 각종 주민교육을 실시하여 공동체 역량을 지속적으로 유지하고 강화하기 위한 노력도 이루어진다.

뿐만 아니라 이 단계에서는 마을만들기의 지속가능한 운영과 확장을 위해 주민조직, 전문가, 시민단체, 행정, 중간지원조직들의 협력적 상호작용과 거버넌스가 적극적으로 이루어진다. 이같이 정착단계는 마을주민들 간에 신뢰와 공동체성을 공고히 하여 주민들이 자율적·주도적으로 마을문제를 해결하고 상황적 변화를 극복해 나가는 단계이며, 이를 위해 목표 재설정, 지역산업 및 사업의 재탐색, 주민들의 역량강화, 네트워크 강화 및 확장 등이 일어나는 과정으로 이해할 수 있다(차진영, 2017: 36). 이러한 마을만들기를 통한 마을공동체 성장단계별 특성을 집약하면 〈표. 5〉와 같다.

〈표. 5〉 마을공동체 성장단계별 특성

구분	성장단계별 특성			
	물리적 자원	계획 및 목표	사업수행	공동체성 및 네트워크
형성 단계	활용 가능한 지역자원 탐색	지역현안 및 문제의식 공유, 마을의제·비전 등 공동체계획 논의 및 합의	소규모 단위사업 및 아이디어 공모, 주민대표 및 추진 조직과 행정주도의 활동 수행	주민조직화 및 주민참여 유도, 공동체성 형성과정
발전 단계	지역자원의 실제적 활용, 외부재정 지원 및 통제로부터 독립성 추구	중·장기적 마을발전계획 등의 협의 및 실행	지역현안 해결 및 경제적 편익창출을 위한 적극적 사업 수행, 소규모에서 중·대규모 사업까지 다양한 사업수행	공동체 내·외적 특성 구축, 활동과 사업에 주민욕구와 의견 반영, 독립적·주민주도적 공동체 지향
정착 단계	지역고유 자원의 탐색 및 개발, 시설개선을 위한 재투자	공동체 공동의 목표 및 사업계획의 재탐색, 주민자치·주민주도적 자생방안 모색	지역환경 및 시설개선을 위한 투자, 신규 공모사업 지원 및 수행	주민자치·주민 주도적 운영 확보, 공동체성 및 구성원 역량강화 강조, 다양한 이해관계자들과 상호작용 및 거버넌스 관계 확장

** 자료: 차진영(2017), 성장단계에 따른 차별적 마을공동체 활성화 영향요인 연구, 한국정책학회, 전자자료, p.34.

6. 마을만들기의 추진단계

마을만들기는 관련 사업을 통해 추진되는데, 사업의 준비에서부터 실행까지는 몇 단계를 거치게 된다. 이러한 단계에 대해서는 연구자들에 따라 4단계(준비단계-계획수립단계-사업추진단계-운영관리단계)로 구분하기도 하고(박정은 외, 2019: 122-147), 5단계(지역문제 인식-문제

해결책 제시-비전과 목표수립-프로젝트 확정-실행)로 구분하기도 한다(김선기·이소영, 2007: 28). 또 7단계로 구분하는 견해도 있다(최길수, 2013: 13-14; 초의수 외, 2010: 135-136).

본 연구에서는 마을만들기에 대한 분석을 보다 구체적으로 하기 위해서는 추진단계를 세분하는 하는 것이 바람직하다는 판단아래 7단계로 구분하고 그 내용을 살펴보고자 한다. 1단계는 파트너십 구축이다. 이 단계는 마을의 다양한 이해관계자들의 마을만들기에 대한 관심을 규명하고 상호이익의 틀을 설정하는 등 마을만들기 활동을 위한 상호작용의 관계를 맺는 단계이다. 마을만들기는 마을주민들의 상호작용이 없이는 불가능하기 때문에 주민들과 관계를 형성하는 것이 가장 기초적인 과정이고 출발점이라고 할 수 있다.

2단계는 마을에 대한 분석이다. 이 단계에서는 마을만들기 활동의 주제를 도출하기 위해 마을이 처한 객관적 환경, 마을주민들이 당면한 주요 문제, 마을이 갖고 있는 중요한 자원, 마을과 관계된 중요한 관계망과 자원 등을 과학적이고 경험적으로 수집·분석한다. 3단계는 마을의 미래를 담은 비전의 설정이다. 비전은 마을이 처한 문제를 해소하고 주민들의 욕구를 충족시켜 주는 한편 마을의 이상적 미래를 제시하는 내용의 것이라야 한다.

4단계는 과제의 선정이다. 이 단계에서는 설정된 비전 및 마을의 환경·욕구·자산에 대한 분석 내용을 토대로 복수의 과제들을 열거하여 시계열적 단계에 따라 단기·중기·장기로 구분하고 중요성, 투입대비 효과성, 비용 및 난이도 등에 따라 과제에 대한 우선순위를 정하게 된다. 5단계는 실행전략의 수립이다. 마을의 비전과 과제, 목표를 실현하기 위한 성과중심의 계획을 수립하는 단계로서, 계획은 각 주체별 임무와 역할, 투입자원, 산출목표, 예상되는 마을 내의 변화 등을 연계하여 측정이 가능하도록 수립해야 한다. 수립되는 계획에는 실행예산과 자원운용계획이 수반된다.

6단계는 구체적 실행이다. 이 단계에서는 재원을 비롯한 각종 자원을 투입·배분하게 되고, 그 과정에서 다시 자원이 조성되고 재배분되는 과정을 거치게 되는데, 항상 비전과 성과목표를 염두에 두어야 하며 그 내용은 성과중심적이어야 한다. 마지막 단계인 7단계는 결과평가와 환류이다. 이 단계에서는 마을만들기의 목표가 달성되었는지, 어느 정도 성과를 거두었는지를 모니터링하여 변화를 평가하고 그 결과에 따라 마을만들기계획의 수정여부를 결정하거나 향후 다른 계획에 그 내용을 반영하게 된다.

7. 마을만들기에 영향을 주는 요인

1) 물리적 요인

마을만들기 활성화에 영향을 미치는 요인은 매우 다양한데, 여기에서는 물리적 요인, 커뮤니티 요인, 제도적 요인, 네트워크 요인 등 네 가지로 구분하여 중요한 내용들을 고찰하고자 한다. 마을만들기에 영향을 주는 물리적 요인은 여러 가지를 들 수 있으나, 그 중에서도 중요한 요인으로는 재정적 독립성과 마을고유자원의 활용을 지적할 수 있다.

첫째, 재정적 독립성이다. 마을만들기에서 재정적 독립성을 확보하고 지역 내의 자원을 활용해 나가는 것은 사업의 초기단계에서부터 지속가능한 발전에 이르는 모든 과정에 중요한 영향을 미친다. 마을만들기를 추진하는 과정에서는 사업의 수행, 거점시설의 이용 등에 많은 비용이 발생하게 되는데, 마을공동체가 재정적 독립성을 확보하지 못하면 사업의 기능이 약화되고 정부지원금 등 외부환경에 의해 의존적으로 수행될 가능성이 크다.

이러한 대외적 의존성의 증가는 사업의 추진과정에서 주민의 주도권 상실을 의미하며, 이는 의사결정과정에서 주민들의 소외와 수동적 참여로 이어질 수 있다(김수영 외, 2014: 361). 따라서 지역의 특성과 자원, 주민욕구 등을 토대로 하여 수행되는 마을만들기는 재정적 독립성 아래 주민주도로 수행되어야 그 지역의 개성과 문화 등이 온전히 반영되고 지역을 위한 편익이 효과적으로 창출될 수 있다. 그러므로 마을만들기가 주민주도로 이루어지기 위해서는 재정적 독립성을 어떻게 확보하느냐가 관건이 된다고 할 수 있다.

둘째, 마을 고유자원의 활용이다. 마을공동체가 가지는 고유자원을 탐색·활용하는 것은 마을만들기사업을 수행하는데 요구되는 핵심적 과정이다. 마을자원의 형태는 마을이 가지는 자연, 시설, 역사, 이미지, 인적자원 등 유·무형의 모든 자원을 포함하는데, 이러한 자원의 탐색과 활용은 그 자체만으로도 마을주민들의 유대감과 신뢰를 형성하는 원천이 된다. 또한 이러한 자산의 탐색과 활용은 마을특성에 부합되는 차별화된 사업을 이끌어 낼 수 있으며, 기존의 보유자원을 활용하는 것이기 때문에 사업수행을 위한 비용도 절감할 수 있어서 사업의 경쟁력이 제고되고 경제적 성과를 높일 수 있다(박종관, 2012: 188). 따라서 마을의 고유자원을 제대로 탐색하고 효율적으로 활용할 때 마을만들기의 성공 가능성은 그만큼 높아지게 된다.

2) 커뮤니티 요인

마을만들기 활성화에 영향을 미치는 중요한 커뮤니티 요인으로는 주민의 참여, 주민조직의 역량, 마을지도자의 리더십 등 세 가지를 들 수 있다. 첫째, 마을주민의 참여이다. 마을만들기는 마을주민들의 소속감과 유대감 등을 바탕으로 이루어지는 활동이기 때문에 그 과정에 공동체의식과 지역정체성을 가진 다수 주민들의 적극적 참여는 사업의 능률성을 높이고 경제적 효과를 증대시킬 수 있는 바탕이 된다. 주민들의 자발적·적극적 참여를 통해 상호 이해관계를 조정하고 신뢰와 협력을 토대로 하여 사업을 수행할 때 사업의 성공가능성은 그만큼 높아지게 된다.

둘째, 주민조직의 역량이다. 주민조직은 지역에서 해결해야 할 문제를 공유하거나 관심사나 가치·신념 등을 공유하는 사람들에 의해 결성된 조직으로서 주민들의 요구를 결집·조정하고 이를 행정에 반영하기 위한 매개역할을 하는 등 마을만들기에 큰 영향을 미친다. 마을만들기는 공동체성을 기반으로 조직화된 주민들을 중심으로 수행되기 때문에 주민들 간의 관계구축, 마을비전 및 계획, 사업의 실행 등은 주로 이들 조직의 주도로 이루어진다. 이런 점에서 주민조직이 갖고 있는 마을문제에 대한 지식과 기술 그리고 교섭능력을 비롯한 역량의 정도는 마을만들기의 활성화 여부에 큰 영향을 미친다.

셋째, 마을지도자의 리더십(leadership)이다. 마을지도자의 리더십은 주민들이 공동의 목표를 공유하여 사업에 직접 참여하고 행동하도록 하는 중요한 구심점이 된다. 마을지도자는 마을만들기의 추진과정에서 마을에 대한 다양한 정보를 획득하여 활용하며, 서로 다른 이해관계를 가진 주민들의 집합적 행동을 하나의 상호작용으로 결집하고 중재하는 역할을 한다. 또 마을의 실태 파악, 신규 사업의 구상 및 공모, 외부기관과의 협력, 재원의 유치 등에 적극적으로 관여한다(차진영, 2017: 46). 따라서 마을지도자의 리더십은 마을만들기에서 사업계획의 수립, 주민들의 참여, 사업수행을 위한 상호협력의 정도에 큰 영향을 미친다.

3) 제도적 특성

마을만들기 활성화에 영향을 미치는 중요한 제도적 특성으로는 공무원들의 참여와 지원, 공동체 지원조직의 역량 등을 지적할 수 있다.
첫째, 공무원들의 참여와 지원이다. 지역에서 추진되고 있는 대다수의 마을만들기사업은 초기단계에서는 주민주도가 아니라 정부의 행정적·

재정적 지원을 중심으로 수행되고 있다. 이에 따라 공무원들은 공모사업, 교육프로그램 등 다양한 지원정책들에 대한 정보를 제공하는 한편 이들 사업이 수행되는 전반적 과정을 관리하는 등 중심적 역할을 하고 있다. 이와 같은 공무원들의 적극적 참여와 지원은 결과적으로 주민참여를 제고시키는 등 마을만들기사업에 긍정적 영향을 미친다. 그러나 이러한 지원과정에서 공무원들의 지나친 규제와 간섭은 지역주민들의 자율성을 침해함으로써 오히려 사업의 추진에 부정적 영향을 미친다고 할 수 있다.

둘째, 지원조직의 역량이다. 마을만들기사업을 수행하는 과정에서는 관련 분야의 전문지식과 기술이 요구되는데 일반주민들이 이러한 요건을 갖추는 것은 한계가 있다. 따라서 시민단체, 전문가, 중간지원조직 등 다양한 지원조직들의 지원과 연계는 사업의 활성화를 촉진하는 중요한 요인으로 작용한다. 이들 지원조직들은 사업경영에 대한 컨설팅, 정보의 제공, 전문가 및 시민단체 등과의 가교역할 등 다양한 기능을 수행함으로써 마을만들기사업의 경제적 성과를 창출하는데 기여한다 (김현호: 2013: 29). 또 경우에 따라서는 사업추진과 관련한 갈등을 조정하는 중재역할도 함으로써 주민들의 결속과 유대를 강화하는 데에 기여한다. 이런 점에서 지원조직이 가지고 있는 역량 역시 마을만들기의 성과에 큰 영향을 미다.

4) 네트워크의 특성

마을만들기의 추진에 영향을 미치는 네트워크(network) 요인으로는 주민조직 네트워크, 정부네트워크, 지원조직 네트워크를 들 수 있다. 첫째, 주민조직 네트워크이다. 다양한 주민조직 간의 활발한 네트워크는 상호 간의 신뢰를 높이고 이기적 행동에 대한 거래비용을 감소시켜 호혜적 행동이 지속될 수 있도록 함으로써 주민들과 주민조직의 적극적 참여와 협력을 강화시켜 사업의 공동체적 성과를 증진시킨다. 또 이러한 네트워크는 마을만들기의 효율적 추진을 지원함으로써 사업의 경제적 성과를 높일 수 있다.

둘째, 정부네트워크이다. 마을만들기의 추진과정에서 정부와 주민들 간의 네트워크가 활발할수록 정부는 주민들의 필요를 반영한 프로그램을 적실성 있게 제공하고 주민참여를 활성화시킬 수 있다. 또 복잡한 행정절차나 공모사업의 수행에 있어서도 주민들이 필요한 정보를 시의적절하게 제공해 줌으로써 사업을 수행하는데 필요한 비용을 감소시켜 준다.

셋째, 지원조직 네트워크이다. 마을만들기를 추진하는 과정에서 지원조직과 주민들 간의 활발한 네트워크는 전문가집단으로 하여금 주민들에게 교육프로그램 또는 사업상의 경험이나 사업관련 정보를 적시에 충분히 제공할 수 있게 함으로써 주민들의 역량을 증진시키고 사업의 효율적 수행에 기여한다. 또 지원조직 네트워크는 지원조직으로 하여금 마을의 내·외부에 걸쳐 중재자·갈등조정자의 역할을 수행할 수 있도록 하며, 전문가들의 사업에 대한 아이디어를 현실화하는 과정을 지원함으로써 주민들이 사업을 추진하는데 긍정적 영향을 준다.

8. 마을만들기의 추진방향

1) 바람직한 마을만들기의 전제조건

(1) 마을의 규모를 고려한 접근

마을만들기를 성공적으로 추진하기 위해서는 그 추진을 위한 전제조건들이 충족되어야 한다. 본 연구에서는 바람직한 마을만들기의 전제조건으로 마을의 규모를 고려한 접근, 사회적 자본을 고려한 접근, 지속가능성을 위한 종합적 접근, 역량 있고 현실적인 마을지도자의 존재 등 네 가지를 제시하고 그 내용을 구체적으로 살펴보고자 한다.

먼저, 바람직한 마을을 만들기 위해서는 마을의 규모를 고려해야 한다. 마을만들기 대상지역의 공간적 범위는 지역사회 공동의 관심사와 이해관계, 사업추진의 지역밀착성 등을 이끌어낼 수 있는 정도의 인구 및 환경적 동질성을 갖는 규모로서 지역주민들의 주요 생활권과 일치시키는 것이 바람직하다. 주민의 생활권은 주민들의 지역애착과 지역정체성(local identity)을 결정하는 지리적 경계임과 동시에 심리적 경계이기도 하다. 따라서 마을만들기 대상지역의 경계가 주민의 생활권이라고 생각하는 심리적 경계와 부합되지 않고 규모가 더 큰 경우에는 대상지역 주민들의 참여가 저조하게 나타나거나 참여하는 주민들의 이해관계를 조정 또는 중재하는데 어려움이 발생할 수 있다.

반대로 마을만들기 대상지역이 주민들의 심리적 경계보다 작은 경우에는 생활권을 공유하는 같은 공동체 구성원들의 참여를 제한함으로써 오히려 마을공동체를 분절시키는 역효과가 발생할 수 있다(김필두·윤준희, 2016: 17). 이런 점에서 주민들 간의 상호신뢰와 호혜성의 규범(norm of reciprocity)을 조성하는 대면적인 상호작용이 쉽게 작동할 수 있는 생활권으로서의 마을의 범위는 현재의 읍·면·동보다 작은 규모여야 할 것이다.

우리나라의 동이나 읍·면은 인구가 많고 면적이 넓기 때문에, 그 안에 다른 조건과 환경을 가진 다양한 마을들이 존재하고 있어서 이들 구역을 단위로 마을만들기를 추진할 경우에는 마을들 간의 특성과 차이를 간과할 수가 있다(곽현근, 2008: 154). 그러므로 마을만들기의 공간적 단위는 읍·면·동보다는 작은 규모로 하되 주민들이 정체성을 가지고 자발적 참여와 관심 속에 자연스럽게 받아들일 수 있는 규모에 기초하여 유연하게 결정할 필요가 있다.

그런데 소규모 공간적 단위의 마을만들기를 추진하다 보면 폐쇄성이나 지역이기주의가 초래될 우려도 있기 때문에 읍·면·동 단위에서는 기존의 주민자치위원회와 같은 제도적 장치를 활용하여 이러한 폐쇄성이나 지역이기주의를 완화하고 개방적 입장에서 마을들을 서로 연결하는 네트워크도 형성될 수 있어야 할 것이다.

(2) 사회자본을 고려한 접근

마을만들기를 추진하는 데에는 사업의 물리적 성과도 중요하지만 추진과정에서 주민들 간의 관계형성이 최우선으로 고려되어야 한다. 마을만들기가 지나치게 가시적인 사업위주로 추진되고 물리적 성과에만 초점을 두게 되면 사회자본으로서의 주민들 간의 관계형성은 소홀해질 수밖에 없게 된다.

퍼트남(Putnam, 1993a)을 비롯한 여러 연구자들은 사회자본을 형성하는 데에는 국가 또는 광역단위보다는 작은 지리적 단위가 접근이 용이하고 실용적임을 주장하고 있는데(곽현근, 2013: 126 재인용). 그러한 차원에서 공간단위로 주목받고 있는 것이 바로 마을이라고 할 수 있다. 그 이유는 주민들이 마을문제와 같이 구체적이고 직접적인 의제에 관심을 가지고 적극적으로 참여하게 될 때 상호신뢰를 토대로 한 협력관계가 보다 크게 형성하게 됨으로써 문제해결 가능성이 높아지기 때문이다.

도시화, 산업화된 현대사회에서 지역공동체인 마을을 만들기 위해서 무엇보다 중요한 것은 주민들의 조직화 및 연대형성을 위한 의식적 노력을 통해 사회적 자본을 증진하고 집합적 역량을 강화하는 것이라고 할 수 있다. 그런 점에서 사회적 자본인 주민들 간의 신뢰와 호혜성(reciprocity)은 마을만들기가 추구하는 핵심적 가치이자 마을발전의 지속성을 담보해 주는 요소라고 할 수 있다.

마을의 경우에 내부의 각종 사회집단이 가지고 있는 사회적 자본은 결속형 사회적 자본(bonding social capital)으로 파악할 수 있고, 외부지역과의 협력과 신뢰를 바탕으로 하는 사회적 자본은 교량형 사회적 자본(bridging social capital)으로 파악할 수 있다. 그 중 결속형 사회적 자본은 집단구성원 간의 신뢰, 협동, 경쟁 및 갈등해소 메커니즘을 통하여 마을주민들의 사회적 관계를 강화시키고 마을의 생산성과 효율을 증진시키는 기능을 수행한다.

따라서 마을만들기가 성공적으로 추진되기 위해서는 일차적으로 마을의 결속형 사회적 자본을 증진시킴으로써 주민 및 주민조직의 유대감과 신뢰를 강화하여 참여의욕을 제고시키고 발전을 위한 동기를 부여할 필요가 있다. 그러나 결속형 사회적 자본은 폐쇄성을 띠고 있어서 집단 외부에 대해서는 배타성을 가지기 때문에 외부사회와의 관계형성에 한계가 있다. 그러므로 다른 지역사회 및 정부와의 관계형성과 교류에도 지속적인 관심과 노력을 기울여 이들과의 신뢰와 협력 등 교량형 사회적 자본을 증진시킴으로써(곽현근, 2013: 131) 마을만들기에 필요한 외부의 인적·물적 자원과 정보를 동원할 수 있어야 한다.

(3) 지속가능성을 위한 종합적 접근

마을만들기는 전략적 차원에서 초기에는 특정사업에 목표를 두고 추진하되, 궁극적으로는 지속가능한 마을공동체 형성이라는 목표 아래 종합적 접근이 이루어져야 한다. 여기에서 '지속가능한 마을공동체 형성'이란 마을을 현재 살고 있는 주민들과 미래에 생활하게 될 주민들의 다양한 욕구가 충족되고 환경변화에 적절하게 대처함으로써 주민들의 삶의 질이 높아지는 공동체로 만드는 것이라고 할 수 있다.

영국의 ODPM(Office of the Deputy Prime Minister, 2006)은 지속가능한 마을만들기를 "마을을 지역주민이 현재와 미래에 지속적으로 생활하고 일하는 장소로서 현재 살고 있는 지역주민들과 미래세대에 생활하게 될 주민들의 다양한 욕구를 충족할 수 있으며, 지역의 환경변화에 민감하게 대처하여 주민들의 삶의 질을 높이는 것"으로 정의하면서, 지속가능한 마을만들기의 실천사항으로 다음의 여덟 가지를 제시하고 있다(여관현, 2013: 25 재인용).

그 내용은 ① 주민 상호간에 공동체 활동이 공유되고 응집되어 강력한 지역문화를 이룰 수 있도록 활동적이고 포괄적이어야 한다. ②지역 내에서 주민들이 적극적, 효과적으로 참여하고 지역을 대표하여 리더십을 발휘할 수 있도록 운영하여야 한다. ③마을환경을 배려하는 생활환경을 제공할 수 있도록 환경적으로 민감하게 대응하여야 한다. ④주거환경과 자연환경의 조화로움이 잘 표현될 수 있도록 디자인되고 건축되어져야 한다.

⑤직장이나 학교 등을 비롯한 생활편의시설이나 공공서비스 등이 지역주민과 밀접하게 연결되어져야 한다. ⑥다양한 지역경제가 활성화될 수 있어야 한다. ⑦지역주민들의 욕구충족과 접근이 가능할 수 있도록 공공 또는 개인서비스 등이 원활하게 제공될 수 있어야 한다. ⑧현재 거주하고 있는 지역주민들과 앞으로 거주하게 될 미래세대 모두에게 공평한 서비스가 제공되어야 한다는 것이다.

마을만들기에서 주민들의 관심과 결속을 이끌어내기 위해서는 한두 가지 가시적이고 구체적인 성과를 보여줄 수 있는 사업을 먼저 실시함으로써 참여주민들에게 자신감을 심어주는 것은 매우 중요한 일이다. 그러나 그러한 사업을 통해 형성된 주민들의 신뢰와 네트워크 등의 사회적 자본은 후속사업이 이어지지 못할 경우에는 소멸될 수 있다.

그런 점에서 마을만들기를 특정사업에 국한시키지 말고 장기적 관점에서 지역사회의 지속가능성과 연계하여 추진하는 전략이 필요하다. 전략적 차원에서 경제적, 환경적, 사회적 지속가능성 중에서 어느 한 분야에 초점을 두고 시작하더라도 다른 분야의 지속가능성에 대해서도 균형 잡힌 시각을 가져 의제를 발굴하고 사업영역을 확장해 나가는 것이 바람직하다고 본다(곽현근, 2013: .130).

(4) 역량 있고 헌신적인 마을지도자의 존재

마을만들기의 성공적 추진을 위한 중요한 조건의 하나는 마을주민 및 주민조직을 이끌어 나가는 마을지도자의 존재와 역할이다. 마을만들기에서 마을지도자의 역할은 내부적 결속 및 외부적 협력강화를 들 수 있는데, 이를 구체적으로 살펴보면 다음과 같다. 첫째, 마을지도자는 마을주민들의 다양한 이해관계를 조정하고 마을의 에너지를 하나로 모아 주민들을 조직화하는 관리자의 역할을 해야 한다.

둘째, 마을발전에 필요한 실천적 발전계획을 구상하고 주민들을 설득할 수 있는 계획가의 역할을 해야 한다. 셋째, 마을의 관심과 필요로 하는 사업에 대한 의사소통을 원활히 하는 촉진자의 역할을 해야 한다. 넷째, 마을에 존재하는 인적·물적·상징적 자원의 가치를 발굴하고 이를 효율적으로 활용해 나가는 동원자의 역할을 해야 한다. 다섯째, 마을만들기의 유관기관과 마을을 효과적으로 연계하는 네트워크 구축자의 역할을 해야 한다.

이러한 역할을 해야 하는 마을지도자가 마을주민들의 지지와 협력을 받게 되는 원천은 보상이나 제재가 아니라 지도자가 스스로 마을을 위해 헌신하고 봉사하며 주민들과 소통하는 자세에서 나오는 것이다. 마을에서 신뢰를 받는 리더십은 주민들의 참여를 활성화하고 갈등을 완화시키며 자발적 협력을 유도함으로써 사회규범 및 네트워크와 같은 마을의 사회적 자본을 증진시킨다.

마을지도자들이 그 역할을 제대로 수행하기 위해서는 전문성을 비롯한 마을만들기에 필요한 역량, 진정성, 헌신성과 함께 민주적이고 봉사적인 자세를 가져야 한다. 이와 함께 섬김의 리더십(Servant leadership)을 발휘할 수 있어야 한다. Spears(1998)에 의하면 섬김의 리더십은 인간의 존엄과 가치를 믿으며, 리더의 권한은 구성원에게서 나온다는 민주적 원리에 입각한 리더십으로써, 타인들에 대한 봉사 및 전체론적 시각에서의 업무처리, 공동체의식의 형성, 의사결정권의 공유를 강조한다(김용학, 2010: 8-11 재인용). Greenleaf(1977)는 이러한 리더십의 구성요소로 존중, 봉사, 정의, 정직, 공동체윤리 등을 들고 있다(노병찬, 2016: 34 재인용).

그러나 우리 사회에는 그동안 행정주도적으로 추진되어 온 지역사회개발사업 등의 영향으로 이러한 역량과 헌신성 등을 가진 민주적인 마을지도자가 적을 뿐만 아니라 리더십에 대한 체계적 교육훈련도 미흡한 실정이다. 따라서 바람직한 마을만들기를 위해서는 마을지도자의 체계적인 리더십 육성과 전문화가 필수적이므로 지방정부는 마을을 위해 헌신할 수 있는 사명감과 능력을 갖춘 주민들을 발굴하고 그들을 마을지도자로 육성하는 교육훈련 등 필요한 지원을 강화해야 할 것이다.

2) 마을만들기의 추진방향

(1) 지역주민 공동의 관심사를 토대로 추진

마을만들기는 그 기본원칙을 주민들 상호간의 긴밀한 관계형성을 통한 공동체성 회복, 주민들의 자발적 참여, 마을의 개성과 문화다양성 존중, 주민과 행정의 상호신뢰와 협력, 지속가능성을 통한 차세대와의 공영을 지향하는데 두어야 한다. 이러한 기본원칙아래 마을만들기는 지역주민 공동의 관심사를 토대로 하여 사업의 결과보다 과정을 중시하고 참여주체간 거버넌스를 형성하는 방향으로 추진하는 것이 바람직하다고 본다. 이를 구체적으로 설명하면 다음과 같다.

먼저, 마을만들기는 마을주민들의 공동관심사를 토대로 하여 추진하는 것이 바람직하다. 마을만들기를 추진하는 데에는 주민들에게 절실하고 특성화된 사업을 선정하는 것이 매우 중요한데, 마을마다 지역적 특성이나 경제·사회적 여건이 다를 수 있기 때문에 주민들의 관심사는 물리적 환경정비나 소득창출 등의 경제활동일 수도 있으며 때로는 교육·문화의 향상일 수도 있다. 그러므로 마을만들기는 마을의 여건과 주민들의 관심사를 고려하여 다양한 내용과 형식으로 추진할 필요가 있다.

(2) 외형적 결과보다 과정의 중시

마을만들기는 사업의 외형적 결과보다는 과정중심의 접근방식을 통해 추진할 필요가 있다. 마을만들기는 가치 있는 물리적 시설을 조성하거나 환경을 개선하는 것도 중요하지만, 그 핵심은 주민들에게 자신의 욕구를 표출하고 실현시킬 수 있는 계기 및 기회를 많이 제공함으로써 주민들 스스로가 공동의 연대, 참여와 협력의 상호작용을 통하여 마을의 실정에 적합한 사업을 추진하도록 하는데 있다.

그런 점에서 마을만들기에 있어서는 실제로 추진하는 사업의 외형적 결과도 중요하지만 사업추진과정에서 주민들 간의 관계형성이 최우선 목표가 되어야 할 것이다. 마을만들기가 지나치게 사업위주로 추진되고 물리적 결과에만 초점을 두게 되면 주민들 간의 관계형성은 소홀해질 수밖에 없게 된다. 그러므로 마을만들기는 단기적 결과보다는 장기적 안목에서 그 과정을 중시하면서 추진할 필요가 있다.

그리고 주민참여에 바탕을 둔 마을만들기는 환경의 물리적 정비에만 그치는 것이 아니라 주민들의 손으로 마을을 가꾸어 가면서 지속적으로 새로운 매력을 조성해 나가는 것이기 때문에 그 성과가 단기간에 나타나지 않으며 주민들이 지속적 참여, 상호학습과 협력, 시행착오 등을 경험하면서 문제해결을 위한 역량을 축적하기까지는 장기간이 소요된다(남원석 외, 2012: 24). 그러므로 정부가 마을만들기를 지원할 때에는 사업선정단계부터 평가단계까지 사업의 초점이 주민들 간의 관계맺기와 지역사회의 역량결집에 맞추어지도록 분명한 목표를 세우고 주민들의 참여를 유도하는 것이 바람직하다.

(3) 참여주체 간 거버넌스 형성을 통한 추진

마을만들기는 마을주민, 정부, 전문가 집단 등 참여주체 간에 거버넌스를 형성하여 추진할 필요가 있다. 주민자치의 입장에서 볼 때 마을만들기는 마을주민들이 주도하여 자율적으로 추진하는 것이 바람직하지만, 현실적으로 대부분의 마을은 사업추진을 위한 인적·물적 자원이 부족한 실정이어서 마을주민들의 참여 및 자체 역량만으로는 마을만들기가 성공하기 어렵다. 때문에 이를 보완하기 위해서 마을만들기에는 마을주민 외에도 정부·전문가·시민사회단체, 중간지원조직 등이 주체의 하나로 참여하여 사업을 추진하고 있다.

그런 점에서 마을만들기의 성공은 참여주체들 간에 거버넌스를 형성하고 적절한 역할분담 아래 서로 협력하면서 시너지효과를 발휘할 때에 가능해진다고 할 수 있다. 마을만들기 추진과정에서 참여주체들 간에 거버넌스 형성이 중요한 이유는 다음과 같다(여관현, 2017: 4).

첫째, 마을만들기는 핵심주체인 마을주민을 비롯하여 다양한 주체들이 참여하여 성과를 창출하는 것이기 때문에 이들 간의 거버넌스가 중요하다. 그런데 마을만들기 참여자들 간에는 입장과 이해관계가 서로 다를 수 있기 때문에 지역의 자원과 역량을 결집하여 마을만들기를 협력적으로 수행하기 위해서는 주체들 간에 거버넌스가 형성되어 서로의 역할과 이해관계를 조정할 수 있어야 한다.

둘째, 거버넌스는 마을만들기 추진과정에서 발생하는 마을주민들 간의 갈등을 조정하면서 원활한 사업을 수행하기 위해서 중요하다. 마을만들기를 위한 사업계획 수립 및 사업시행과정에서는 마을 내의 기득권층과 소외계층, 노인세대와 청년세대, 토지소유자와 임차인, 주택소유자와 세입자 등 주민들 간의 입장차이로 인하여 심각한 갈등이 야기될 가능성이 크다. 그래서 이들 간의 이해관계를 둘러싼 입장 차이를 논의와 협상을 통해서 원만히 조정하기 위해서는 거버넌스가 형성되어야 한다.

셋째, 거버넌스는 마을만들기 추진과정에서 공동체를 형성하는 핵심요인으로 작용하기 때문에 중요하다. 마을만들기의 궁극적 목표의 하나는 그 추진과정에서 공동체를 형성하는 것이다. 마을만들기 추진과정에서 거버넌스는 다양한 참여주체들 간의 관계형성을 유도하며 공동체가 형성되도록 작용하게 된다. 이와 같이 마을만들기에서 참여주체 간에 거버번스 형성의 정도는 사업의 성패에 큰 영향을 미치게 되므로, 협력적 거버넌스가 구축되어 각 주체들이 가진 자원을 효율적으로 결합시키면서 적절한 역할분담과 협력을 통해 사업이 추진될 수 있도록 제도적 장치가 강구되어야 한다.

9. 마을만들기를 위한 참여주체들의 역할

1) 주민 및 주민조직의 역할

(1) 마을주민의 역할

마을만들기의 주체란 마을만들기에 있어서 주도적인 역할을 추진해 나가는 사람이나 조직을 말한다. 마을만들기의 참여주체는 그 특징과 역할에 따라 크게 마을주민과 주민조직, 정부(지방정부와 중앙정부), 전문가, 중간지원집단으로 구분되는데, 그 중 가장 중요한 참여자는 그 마을에 살고 있는 주민과 주민조직이라고 할 수 있다.

마을주민들은 마을만들기에 참여하여 상호간의 공통된 인식과 합의를 통해 마을문제의 해결뿐만 아니라 마을공동체 발전이라는 근본적 목적을 실현하기 위하여 활동한다. 마을만들기에 마을주민들의 참여가 필요한 이유는 매우 다양하다. 먼저 이념적으로 볼 때 주민은 주권자이자 생활의 주체로서 자신이 살고 있는 마을의 발전방향과 사업추진 등에 대한 선택권을 가진다는 점에서 참여는 마을주민들의 기본적 권리라고 할 수 있다.

마을만들기에서 주민참여는 이러한 이념적 이유에서 뿐만 아니라 실질적으로도 매우 중요한 의미를 가진다. 첫째, 주민참여에 의해 수립되고 시행되는 마을만들기계획은 특정집단에 의해 수립된 계획보다 마을주민들의 실질적 욕구가 더 적절하게 반영될 가능성이 높다. 이는 계획에 따라 추진되는 마을사업과 활동에 정당성을 부여하여 주민들의 헌신을 이끌어내고 그 활동의 지속성을 보장할 수 있도록 한다. 둘째, 주민들이 참여를 통해 제시하는 의견들은 마을만들기과정에서 다양한 가능성을 검토할 수 있게 함으로써 보다 합리적인 목표와 사업선정을 가능하게 한다.

셋째, 마을 내의 구성원들의 고른 참여는 사회·경제·정치적 계파 간의 상호교류를 촉진시킨다. 넷째, 주민들은 자기가 참여하여 추진한 사업에 대해서 강한 주인의식과 책임감을 가짐으로써 사업의 사후관리에 보다 많은 관심을 가지게 한다. 다섯째, 주민들은 마을만들기 참여를 통해 자신들의 살고 있는 마을을 살고 싶은 곳으로 인식하여 지역의 이미지를 유지하기 위해 노력하게 된다.

마을만들기는 마을주민들의 상호신뢰와 유대감 등의 공동체성을 바탕으로 이루어지는 활동이기 때문에 주민들의 참여는 사업의 성과를 위한 기본적 바탕이 된다고 할 수 있다(이종수 편, 2008: 130). 참여를 통해 주민들은 마을의 문제를 해결하고 만족감과 책임감을 느끼게 되며, 참여자들 간의 상호소통과 협력의 과정에서 공동체성이 증진되고 삶의 질이 제고될 수 있다.

또 주민들의 마을만들기에 적극적인 참여는 사업의 효율성을 높이고 경제적 효과 역시 증대시킬 수 있다. 마을만들기의 사업들은 마을의 성장단계에 따라 상이한 성격을 가지지만 주민들의 참여는 사회적 자본인 신뢰, 유대감, 공동체성 등을 형성하는 근본적 요인으로서 사업이 이루어지는 모든 과정에 중요한 영향을 미친다(차진영, 2017: 46). 그러므로 마을만들기의 성공적 추진을 위해서는 무엇보다도 지역주체인 마을주민들의 자발적·적극적 참여가 필요하다.

(2) 주민조직의 역할

마을만들기에서 마을주민들의 역량은 개별적으로 발휘된다기보다는 주민들의 에너지를 결속시킬 수 있는 주민조직을 통하여 집합적 역량으로 발현된다. 주민조직은 특정한 지역의 거주자들로 구성되어 지역에 근거하여 자발적·자율적으로 활동하면서 공동의 목적을 추구하는 어느 정도 이타성을 띠는 공식적인 비영리집단을 의미한다. 이러한 주민조직에는 지역의 봉사단체, 종교단체, 학부모모임, 주민동아리를 비롯한 자생적 주민조직은 물론이고 마을청년회, 새마을지도자 및 부녀협의회, 주민자치위원회를 비롯한 법적·공식적 주민조직도 포함된다.

마을만들기는 공동체성을 기반으로 조직화된 주민들을 중심으로 수행되기 때문에 주민들 간의 관계구축, 마을비전 및 계획, 지역문제 해결 등 마을의 주요 현안들은 주로 주민조직이 주도하여 이루어진다. 따라서 주민조직은 마을문제와 그 해결에 대한 주민들의 인식을 제고시키는 한편 마을공동체의 요구를 파악하고 이를 반영하여 전체적 관점에서 마을발전의 목표를 설정하도록 하며 마을주민들의 참여를 고취시키는 구심점 역할을 한다.

이와 함께 주민조직은 다른 주민조직들과 네트워크(network)를 형성함으로써 상호신뢰를 증진시키고 이기적 행동에 대한 거래비용을 감소시켜 호혜적 행동이 지속될 수 있는 관계를 강화시킨다. 이같이 주민조직은 다양한 지역주민들의 가치와 여망을 구체적으로 표출하게 하여 이를 마을공동체 전체의 가치와 목표로 조정하고 통합하는 역할을 하며 마을에 필요한 사업의 시행에 자발적으로 참여함으로써 마을만들기에 매우 중요한 역할을 한다.

그런데, 현재 우리 사회에는 마을별로 많은 주민조직들이 있으나 주민들의 자발적 의사에 따라 결성된 자생적·자주적 조직은 그다지 많지 않고 대부분은 법령이나 행정지시에 의해 타율적·하향적으로 조직된 것들이다. 그래서 마을주민들의 여망을 결집하여 마을만들기사업을 제안하고 그 시행에 자발적으로 참여하기보다는 행정이 주도적으로 결정한 사업에 수동적으로 참여하는 경우가 대부분인 실정이다. 따라서 마을만들기를 통해 마을공동체를 활성화시키기 위해서는 마을문제의 해결을 위해 자발적으로 참여하는 자치형 주민조직을 적극 육성하고 그 활동을 강화시켜 나가야 할 것이다.

이를 위해서는 주민조직화가 바람직하게 이루어져야 하는데, 그 방안으로는 첫째, 주민조직의 중요한 목표가 마을공동체의 형성과 지속가능한 발전에 있기 때문에 주민조직화는 주민들이 마을공동체 발전에 대한 가치를 공유하도록 하고 이를 함께 실천하기 위한 방향으로 이루어져야 한다. 둘째, 주민조직화의 과정에서 주민들의 자율성이 존중되어야 하며 행정의 지나친 간섭은 지양되어야 한다.

셋째, 주민조직화를 위해서는 마을의 욕구를 조정하고 문제를 제기하며 그에 대한 해결을 위해 노력할 수 있는 주민들을 찾아내고 교육하는 것이 필요하다. 이러한 주민조직화 과정에서의 교육은 주민들의 공동체의식 향상 및 조직의 리더를 육성하는 토대가 되며, 조직의 정착단계에서의 교육은 조직 내실의 공고화와 함께 마을공동체 형성사업을 위한 실천적 역량을 가질 수 있게 해 준다. 넷째, 주민조직이 수행하는 마을만들기 활동에 필요한 구체적 정보를 적시에 제공하고 필요한 지원을 할 수 있는 민관협력체제가 구축되어야 할 것이다.

2) 정부의 역할

마을만들기에서 정부는 마을주민들이 관련 사업을 효율적으로 추진할 수 있도록 체제를 구축하는 한편 마을공동체가 형성될 수 있는 환경을 제공해 주는 촉진자·촉매자로서의 역할을 해야 한다. 마을만들기는 마을주민들에 의해 자율적으로 추진되는 것이 이상적이지만, 우리 사회와 같이 주민들이 지역문제에 대한 참여수준과 역량이 그다지 높지 못한 시민문화 속에서는 정부의 이러한 역할이 매우 중요하다. 현재 중앙정부는 마을만들기사업의 초기단계에서 관련 부처별 수준에서 정책을 개발·관리하고 사업대상 마을에 재정적, 세제적 지원과 함께 규제완화 조치 등을 통해 민간기업의 참여확대를 유도하고 있다.

한편 지방정부는 중앙정부의 마을만들기 관련 정책들을 실질적으로 추진하는 한편 마을만들기기본계획의 수립 지원, 주민역량 강화교육, 보조금 지원을 비롯한 마을공동체 활성화를 위한 다양한 자체사업들을 추진하고 있다. 또 마을만들기 공모사업 등 지원정책들에 대한 정보를 제공하고 이들 사업 및 프로그램이 수행되는 전반적 과정을 관리하고 있다. 뿐만 아니라 마을과 외부 간에 다양한 협력체제가 구축될 수 있도록 외부지원을 중개해 주며 중간지원조직인 마을만들기지원센터와 함께 협력적 마을공동체 지원체계를 구축하여 운영하고 있다.

그런데 마을만들기를 위한 중앙정부의 지원은 부처단위로 수행되고 있어서 적지 않은 한계를 보이고 있다. 부처단위의 단편적 성과를 위주로 하는 지원은 마을주민들의 삶의 질 향상에 부분적이고 한시적으로 기여할 뿐이고 주민들 간의 관계형성을 통해 마을공동체를 활성화시킨다는 마을만들기의 근본적 목적과는 달리 마을의 자생력 및 회복력을 제고시키지 못하는 문제를 안고 있다.

또 정부부처 간에 별로 차별성이 없는 유사한 사업들이 경쟁적으로 추진됨으로써 부처를 아우르는 효과적이고 일관된 지원이 이루어지지 못하는 문제가 발생하고 있다. 그러므로 중앙정부가 마을만들기사업을 실효성 있게 지원하기 위해서는 부처단위의 산발적인 지원을 통합하여 안정적으로 지원하는 방안이 강구되어야 하며, 마을의 자율성을 존중하여 촉진자·협력자로서의 역할을 견지해야 한다(곽현근, 2013: 129).

그리고 마을만들기사업의 지원에 대한 중앙정부와 지방정부의 역할분담이 제대로 이루어져 지방정부 책임아래 지역의 특성 및 다양성을 고려한 마을만들기 활성화 지원, 사업계획 및 사업주체의 융합을 통한 마을만들기 추진과 함께 지속가능한 마을만들기를 위한 체계적 인프라 구축이 이루어져야 할 것이다. 이와 함께 광역자치단체 단위에서는 통합관리시스템을 구축하거나 총괄조정기구 등을 설치할 필요가 있으며, 기초자치단체 단위에서는 지역공동체 활성화를 위한 통합관리 행정체계를 구축할 필요가 있다.

3) 전문가집단의 역할

마을만들기사업을 수행하는 과정에서는 관련 분야의 전문적 지식과 기술이 요구되는데, 마을의 일반주민들이 이러한 요건을 갖추는 것은 한계가 있기 때문에 사업이 성공적으로 수행되기 위해서는 전문가집단의 협력을 필요로 하게 된다. 이에 따라 전문가집단은 참여의 한 주체가 되어 중립적 시각에서 마을만들기사업의 추진을 전문적·체계적으로 구체화하는 지원역할을 하고 있다.

즉 전문가집단은 마을만들기에 관련한 위원회 등의 활동을 통하여 이론과 실제의 양면에서 마을만들기계획의 수립지원, 주민욕구의 우선순위 결정 지원, 주민참여방법의 제시, 마을의제의 발굴 및 지속적인 의제 실천에 대한 자문, 사업결과에 대한 평가 및 대안제시 등 전문성을 통한 조력자로서의 역할을 하고 있다. 또 마을만들기 참여자 간의 갈등관리를 중재하는 한편 주민들에게 마을만들기사업의 필요성을 인식시키고 사업에 필요한 지식과 기술을 습득시키는 교육적 역할도 담당하고 있다.

이러한 전문가집단의 역할 중에서도 마을만들기계획의 수립을 지원하는 것은 매우 중요하다. 그 이유는 마을만들기계획은 마을의 비전과 발전목표, 사업내용 등을 제시하는 등 마을의 장래와 주민들에게 중요한 영향을 미치는 계획이어서, 그 수립과정에서 주민들의 참여의욕이 커지는데다 마을비전과 사업목표에 대한 주민들의 합의는 연대감과 상호신뢰를 강화시키는 계기가 되기 때문이다. 그러므로 전문가집단이 마을만들기계획의 수립을 지원할 때에는 마을의 여건과 특성, 주민들의 역량과 여망 그리고 지속가능성을 객관적으로 판단하고 그에 따른 지원이 이루어져야 할 것이다.

4) 중간지원조직의 역할

중간지원조직은 조직과 조직의 중간에 위치하여 인적자원과 물적자원, 기술·정보 등을 필요한 조직에 제공하고 네트워크를 형성하며 조직구성원, 이해관계자 및 조직 간의 조정자 역할을 수행하는 매개조직이다(이기태, 2015: 47). 중간지원조직이 마을만들기에 참여하는 이유는 주민들의 마을만들기에 필요한 지식과 기술 그리고 경제적 역량이 제한적인 상황에서 정부의 능력만으로는 마을만들기를 효율적으로 지원하여 마을의 다양한 문제를 해결하는 데에 한계가 있기 때문에 이를 보완하기 위해서이다.

중간지원조직은 현재 각 지방정부의 조례에 근거하여 대부분은 마을만들기지원센터라는 이름으로 설치되어 있는데, 공공기관이 직접 설립하여 운영하거나 또는 법인·단체 등에 위탁하여 운영되고 있다. 중간지원조직에 대한 민간위탁의 잇점으로는 조직의 자율성 담보로 일관성 있는 사업수행이 가능하고 복잡하고 다양한 마을만들기 업무에 외부전문가의 참여로 대응이 용이하며, 지역시민단체를 비롯한 주민조직과 연계한 원활한 활동이 가능하다는 점이다(이영환, 2014).

중간지원조직은 지역적 활동범위, 지원대상, 설립·운영 주체 등에 따라 그 유형이 다양하다. 지역적 활동범위에 따라 중앙중간지원조직, 광역중간지원조직, 기초중간지원조직으로 구분되며, 지원대상에 따라서는 마을기업, 협동조합, 사회적 기업으로 유형화할 수 있다. 그리고 설립·운영주체에 따라서는 정부 또는 지방정부가 설립하고 직접 운영하는 공설공영조직, 정부 또는 지방정부가 설립하고 민간에 위탁하여 운영하는 공설민영조직으로 구분된다.

중간지원조직은 마을만들기사업의 추진과정에서 지방정부와 마을과의 가교역할과 함께 사업의 현장을 상시적·체계적으로 지원하는 역할을 하는데, 이를 구체적으로 설명하면 다음과 같다(이기태, 2015: 48-49). 첫째, 중간지원조직은 마을 내·외부의 네트워크(network)를 촉진시킨다. 중간지원조직은 마을 내부의 네트워크를 활성화시키고 공고히 하는 동시에 민간단체, 전문가집단, 공공기관 등 다양한 외부조직들과의 네트워크를 형성하고 결속시키는 역할을 한다. 중간지원조직은 이렇게 마을 내·외부의 새로운 관계를 형성하여 네트워크 구성원들과의 유대를 강화하고 신뢰를 제고시킴으로써 마을만들기사업에 대한 주민들의 역량과 활동을 증진시킨다.

둘째, 외부의 자원과 기술을 조달하고 중개하는 역할을 한다. 중간지원조직은 마을공동체가 스스로 생산하기 어려운 자원과 전문적 기술을 외부에서 조달하여 필요한 곳에 중개하는 역할을 한다. 이러한 자원과 기술이 도입되면 마을공동체의 사업수행에 불확실성을 감소시키며, 이를 통해 마을주민들은 다양한 사업에 대한 벤치마킹을 시도하거나 전문성을 제고할 수 있다(행정안전부, 2017: 26).

셋째, 정보의 수신과 발신 역할을 수행한다. 중간지원조직은 마을만들기에 필요한 외부의 정보를 수신하여 마을에 제공함으로써 주민들이 사업추진에 활용할 수 있도록 한다. 또 마을에서 이루어지는 다양한 활동들에 관련된 정보를 외부로 발신함으로써 마을을 홍보하는데 도움을 준다. 넷째, 마을만들기에 대한 컨설팅을 담당한다. 중간지원조직은 마을주민들이 마을만들기사업이나 활동을 구상할 때 사업이 성공적으로 수행될 수 있도록 그 추진방향, 사업아이템의 특정화, 사업방식 등에 대한 컨설팅과 사업 전반에 걸친 구조설계를 지원한다(이기태, 2015: 48).

다섯째, 마을주민들의 교육활동을 지원한다. 중간지원조직은 마을주민들이 역량강화를 통해 마을만들기에 필요한 일정한 지식과 기술을 가질 수 있도록 하는 교육활동을 지원한다. 이러한 교육은 주민들이 공동체성을 강화하고 사업의 계획 및 추진, 운영의 과정을 자체적으로 감당할 수 있는 능력을 배양하는데 기여한다.

여섯째, 마을공동체의 운영을 지원한다. 중간지원조직은 마을공동체의 실질적 운영과정에서 발생하는 법률적·행정적·회계적 문제들에 대한 실무를 지원하기도 한다. 이러한 문제들은 마을주민들의 자체적 역량만으로는 처리하기에 복잡하거나 단기적으로 해결하지 못하는 경우가 많은데, 중간지원조직이 실제적 경험과 전문성을 바탕으로 이를 지원하게 되면 마을공동체의 시간적·재정적 낭비와 불확실성을 감소시킬 수 있다.

중간지원조직이 위와 같은 역할을 제대로 발휘할 수 있기 위해서는 정부나 마을공동체로부터 자율성을 지녀야 하고 지원에 대한 지속성을 보유해야 하며 지원이 특정한 영역에 머무르지 않는 통합성을 가져야 한다. 그런데 중간지원조직은 현재 중앙정부에 부처별로 설치되어 있고, 각 지방정부에서도 분야별로 유사한 조직들이 다수 설치되어 있어서 행정의 비효율을 초래하는 등 본연의 역할을 제대로 수행하지 못하고 있는 실정이다.

따라서 중간지원조직이 마을과 정부부문 간의 연계와 지원을 종합적으로 매개하고 조율하는 역할을 효과적으로 수행하려면 중간지원조직을 통합적으로 설립하고 운영할 필요가 있다. 그 방안으로서 중앙부처의 경우에는 단기적으로는 부처 간에 업무협약을 통해 협업적 차원에서 마을만들기사업을 공동으로 지원하되, 장기적으로는 현재 난립된 중간지원조직을 통폐합하는 것이 바람직하다. 그리고 지방정부 단위에서도 관련 유사조직들을 폐합하여 통합적인 중간지원조직을 설치할 필요가 있다(김현호 외, 2013: 132).

제 2 장

지역공동체의 형성을 위한 사회적 자본

제2장 지역공동체의 형성을 위한 사회적 자본

제1절 사회적 자본에 관한 이론

1. 서론

사회적 자본의 개념은 연구의 영역과 대상에 따라 매우 다양하게 정의되고 있으나, 일반적 의미에서 사회적 자본은 "일정한 집단을 형성하는 사회구성원들 간의 공동의 이익을 위한 참여와 협력을 창출하는 무형자산"이라고 할 수 있다.

사회적 자본에 대한 연구는 1990년대를 전후하여 사회학, 정치학, 경제학 등 다양한 사회과학분야에서 활발하게 이루어지기 시작하였다. 이렇게 사회적 자본(social capital)이 부각하게 된 것은 세계적으로 사회적 갈등과 양극화의 심화 등에 따른 사회적 위기의식이 고조됨에 따라 사회적 자본이 민주주의의 발전, 교육, 복지, 지역사회 발전과 같은 다양한 현안에 대응할 수 있는 핵심적 요인이 된다고 보았기 때문이다(한국교육개발원, 2006: 30). 사회적 자본에 대한 관심이 크게 높아진 일반적 이유로는 다음의 세 가지를 들 수 있다.

첫째, 현대사회에서 많은 영역의 일상적 관계가 급속하게 붕괴되고 있다는 인식이다. 현대사회에서 개인주의의 심화, 익명성, 피상적 인간관계, 다원화 등에 따른 일상적 사회관계의 급격한 변화는 사람들 간의 '관계적 측면'에 다시 주의를 기울여야 한다는 인식을 낳게 되었는데, 사회적 자본은 그러한 관계를 형성할 수 있는 핵심 변수로 여겨지게 되었다.

둘째, 지식기반경제의 출현이다. 지식기반경제 아래서는 지식이 핵심적 생산요소가 되고 혁신이 생산전략이 되기 때문에 정보와 지식을 공유해야 할 필요성이 커지게 되었으며, 혁신의 잠재력을 키우기 위해서는 지식공유를 위한 사회적 맥락으로서 사회적 자본을 육성할 필요가 있게 되었다. 또 세계화와 정보화로 인해 물적 자본과 인적 자본은 국가 간 이동이 용이하게 이루어지지만 '사람들 간의 관계'에 토대를 둔 사회적 자본은 이동과 모방이 어렵기 때문에 지역사회 및 국가경쟁력의 원천으로서의 중요성이 더욱 커지게 되었다(양승실·박덕제, 2007: 45).

셋째, 세계화와 정보화가 진행됨에 따라 사회경제적 불평등과 이로 인한 갈등이 심화될 것이라는 우려이다. 사회경제적 불평등은 높은 사회적 비용을 유발함으로써 지속가능한 성장을 어렵게 만들 수 있다. 이러한 불평등의 심화 및 새로운 형태의 사회적 배제 등에 대한 우려와 함께 사회적 통합(social cohesion)에 대한 관심이 고조되면서 이를 가능하게 할 것으로 기대되는 사회적 자본에 대해 큰 관심을 갖게 되었다(양승실·박덕제, 2007: 46).

우리나라에서 1990년대 이후 사회적 자본에 관한 관심과 논의가 증대된 것은 위와 같은 현대사회가 당면한 일반적 요인 외에도 우리 사회의 정치·경제·사회 등 여러 부문에서 많은 변화가 초래되고 있기 때문이다. 그 내용으로는 첫째, 우리 사회에서 권위주의적 정치체제가 붕괴된 이후 정치적 민주화와 개인들의 참여의식 증대를 들 수 있다. 정치적 민주화가 이루어지면서 사회구성원들이 사회문제 해결과정에 효율적으로 참여하고 합리적으로 합의를 도출해 나가기 위해서는 신뢰와 규범과 같은 사회적 자본을 필요로 하게 되었다. 사회적 자본이 생산성 향상과 사회갈등을 완화시키고 사회적 여건에 부합되는 최적의 의사결정과 자원배분을 가능하게 해 주기 때문이다.

둘째, 우리 사회에서 분권화와 시장기능의 확대, 사회기능의 전문화에 따라 정부의 일방적 통제 및 문제해결능력이 상대적으로 약화되면서 사회구성원들의 직접적 참여와 자발적 협력의 필요성이 커지게 되었다. 사회가 다원화·전문화되면서 중앙정부의 능력만으로는 복합적인 사회·경제적 문제해결이 어려워짐에 따라 적지 않은 국가권한이 지방정부로 이양되고 그것이 민간부문으로까지 확대되게 되었다.

이렇게 민간부문의 역할이 커지면서 특정 사회가 공동목적을 실현하고 발전하는 데에 사회적 자본의 중요성이 커지게 되었다. 특히 최근에 분권화와 세계화의 진전으로 지역이 새로운 경제단위로서 중요성이 커지고 있어 지역 스스로의 발전역량 구축이 어느 때보다도 중요하게 되었다. 이에 따라 지역성원들의 자율적 역량과 책임 아래 지역발전이 이루어지기 위해서는 지역공동체(local community)의 복원과 그 구성원들의 상호신뢰 및 협력을 증진시킬 수 있는 사회적 자본 형성이 필요하게 되었다(김용웅, 2009: 8).

셋째, 우리 사회에서 기술혁신과 정보화의 진전에 따라 대량생산 위주의 생산양식이 변화되면서 기업들의 연계와 협력의 필요성이 높아짐에 따라 기업 상호간에 신뢰와 호혜적 상거래 관행의 정착 등 사회적 자본에 대한 적용이 중요성을 갖게 되었다.

사회적 자본은 행위자들이 개별적으로 소유하고 있는 개인적 자원(personal resources)이 아니라 개인들 간의 관계를 통해서 접근할 수 있는 사회적 자원(social resources)으로서 이익이 공유되는 자본이며 사용하면 할수록 총량이 증가되는 자본이다. 또 사회적 자본의 교환은 동시성을 전제로 하지 않으며, 장소적 이전이 불가능하고 자기강화적이며 축적적인 성격을 갖는 자본이다.

이러한 사회적 자본의 기본적 구성요소로는 구성원들의 공통 기반을 확인할 수 있는 신뢰(trust). 이웃과 공동체를 유지할 수 있는 사회적 네트워크(social network). 자원을 동원하고 안전망을 확보하기 위한 규범(norm). 그리고 공동의 목표를 확인하기 위한 참여(participation)

의 네 가지를 들 수 있는데, 이들 구성요소는 각각 독립적으로 존재하는 것이 아니라 밀접한 관련성을 가져 상호 영향을 미치고 있다(안태숙, 2011: 24-25).

사회적 자본은 구성원들의 협력적 노력을 촉진시켜 지역사회발전에 기여하며, 거래비용(transaction cost)의 감소를 통해 지역의 생산성을 향상시키는 한편 사회적 갈등을 완화시키는 역할을 한다. 또 사회적 자본은 지역사회의 여건에 부합되는 최적의 의사결정과 자원배분을 가능하게 하며, 이를 통해 궁극적으로 주민들의 삶의 질을 향상시킨다. 이러한 관점에서 높은 수준의 사회적 자본은 지역공동체의 정치·경제·사회적 발전을 도모하는 선행조건으로 간주되고 있다. 따라서 지역공동체를 형성하고 발전시키기 위해서는 사회적 자본을 증진시켜야 한다.

2. 사회적 자본의 개념과 접근방법

1) 사회적 자본의 개념

사회적 자본(social capital)은 연구의 영역과 대상에 따라 매우 다양하게 정의되고 있는데, 그 이유는 사회적 자본이 가지고 있는 개념의 다차원성 때문이라고 할 수 있다. 1990년대에 사회적 자본의 중요성이 강조된 이후 많은 연구자들이 사회적 자본을 정의하기 위해 노력해 왔지만 객관적으로 통용되는 사회적 자본의 개념은 아직 존재하지 않는다. 이처럼 사회적 자본을 개념화하고 정의하는 것이 어렵다는 것은 사회적 자본의 다면적이고 복잡한 성격을 반증하는 것이라고 할 수 있다.

이러한 사회적 자본에 대한 연구자들의 개념정의를 보면 사회적 자본의 연구를 선도한 Bourdieu(1986)는 자본의 유형으로 경제자본, 문화자본, 사회적 자본을 제시하고, 그 중 사회적 자본을 "지속적으로 존재하는 관계의 연결망을 통해 얻을 수 있는 실제적인 또는 잠재적인 자원의 총합"으로 정의하고 있다. 이러한 정의는 사회적 자본이 참여를 통해 개인이 얻을 수 있는 편익과 사회적 자본을 형성하기 위해 의도적으로 사회성을 구축하는데 초점을 맞추고 있는 도구적 접근이라고 할 수 있다(박희봉, 2009: 31).

그리고 사회적 자본의 개념화 작업을 체계적으로 수행한 Coleman (1990: 98)은 사회적 자본을 "개인이 사회구조에 참여함으로써 특정한 목적을 달성하도록 해 주는 사회적 관계의 측면"으로 정의하면서, 개별 행위자들이 이용할 수 있는 특수한 형태의 자원이 사회적 자본이라고 하고 있다. 이는 사회적 자본을 효용의 극대화를 목적으로 하는 행위 및 관계의 생산성에 주목하는 합리적 선택이론의 맥락에서 정의한 것이다(최종덕, 2007).

한편 사회적 자본 연구의 보편화에 앞장선 Putnam(1993a: 19)은 사회적 자본을 제도주의적이고 공동체주의적 관점에서 접근하여 "신뢰, 규범 및 네트워크와 같은 조정된 행위를 가능하게 함으로써 사회적 협력과 협동을 촉진시킬 수 있는 사회조직의 특성"이라고 정의하면서, 특히 수평적인 사회적 관계를 통해 형성되는 사람들 간의 의사소통과 교환관계의 네트워크를 사회적 자본의 기본적 요소로 강조하고 있다.

또 린(Lin, 2001: 25)은 사회적 자본을 "특별한 행동을 위해 행위자가 사용하는 사회네트워크 내에 배태된 자원"이라고 하고 있으며, Fukuyama (1995)는 "특정사회 또는 사회의 특정한 부문에서 신뢰관계를 통해 나타나는 능력으로서, 구성원들 간의 협력을 이끌어 내며 조직이 추구하는 공동목표를 달성하기 위한 구성원들의 역량"으로 정의하고 있다(황명주, 2020: 7 재인용).

이와 같이 사회적 자본의 개념을 정의하는 연구자들의 관점의 차이에도 불구하고 이들의 합의되고 있는 공통점은 '사회적 자본은 관계적(relational)'이라는 것이다. 즉 사회적 자본은 사람들 간의 관계가 중심이 되는 자원이라는 점이다(홍영란, 2006: 20). 본 연구에서는 위와 같은 선행연구들의 다양한 정의들을 토대로 하여 사회적 자본을 "일정한 집단을 형성하는 사회구성원 간의 공동의 이익을 위한 참여와 협력을 창출하는 무형자산"으로 정의하고자 한다.

2) 사회적 자본 연구의 접근방법

그동안 이루어져 온 사회적 자본의 연구에 대한 학문분야별 접근방법의 특성을 보면, 문화인류학에서는 사회적 자본을 인간 본연의 욕구인 연대와 결합이라는 차원에서 설명하고, 사회질서를 위한 생물학적 근거라는 차원에서 접근하는 경향이 있으며, 사회학에서는 사회적 자본을 사회규범과 동기화의 근원으로 보고, 신뢰와 상호 호혜의 규범, 시민참여와 같은 사회조직의 특성을 강조하고 있다. 한편 경제학에서는 합리적 개인이 효용의 극대화를 위해 사회관계에 투자한다는 관점에서 사회적 자본에 접근하고 있으며, 정치학에서는 인간행위를 구성하는 제도와 법에 중점을 두어 접근하고 있다(신경희, 2002: 17).

Bourdieu(1986)와 Coleman(1990)등에 의해 시작된 사회적 자본에 대한 연구는 그 이후 다양한 방향으로 전개되어 왔다. 그 중 가장 지배적인 경향은 두 가지로 구분할 수 있는데, 하나는 공동체나 집합체 전체의 특성에 대해 거시적으로 접근하는 방법이고, 다른 하나는 개인간 또는 집단 내 관계의 패턴에 대해 미시적으로 접근하는 방법이다(류석춘·장미혜, 2002).

그 내용을 보면 첫째, 사회적 자본의 소유에 대해 거시적 접근은 사회적 자본을 개인뿐만 아니라 기업, 조직 내지 전체사회에 소유되는 공공재로 보는 반면에 미시적 접근은 개인에게 귀속되는 자원으로 보고 있다. 둘째, 사회적 자본의 내용에 대해 거시적 접근은 사회적 자본이 신뢰, 규범 및 사회적 네트워크 등 다양한 내용을 포함한다고 보는 반면에 미시적 접근은 사회적 네트워크와 관련된 것으로 보고 있다.

셋째, 사회적 자본의 형성에 대해 거시적 접근은 사회·경제적 배경, 시민단체 참여, 지역특성 등을 사회적 자본의 형성을 위한 중요한 영향 요인으로 보는 반면에 미시적 접근은 개인의 사회경제적 배경, 개인의 사회구조 및 사회적 네트워크상의 위치 등이 사회적 자본 형성에 영향을 미친다고 본다. 넷째, 사회적 자본의 효과에 대해 거시적 접근은 주로 경제발전, 민주주의 발전에 기여하는 반면에 미시적 접근은 부, 권력, 명예 등의 획득에 기여하는 것으로 본다(종효명, 2008, 15-16).

그런데 이러한 사회적 자본의 미시적 접근과 거시적 접근방법은 대안적이라기 보다는 상보적이라고 할 수 있다. 그 이유는 미시적 수준과 거시적 수준의 사회적 자본이 사회에 실제 공존하고 있으며, 상호 영향을 미치고 있기 때문이다. 즉 미시적 수준의 사회적 자본이 거시적 수준의 제도발전을 이끌어 내는 한편 제도가 미시적 수준의 사회적 자본이 번성할 수 있는 환경을 제공해 주기 때문이다(신경희, 2002: 18). 따라서 사회적 자본의 연구는 미시적 수준에서의 연구와 거시적 수준에서의 연구가 상호 보완성을 지닐 수 있도록 적절히 조화시킬 필요가 있다(정기환 외, 2006: 28).

3. 사회적 자본의 특성

1) 사회적 자본의 자본적 측면

사회적 자본이 자본으로서의 가치를 인정받기 위해서는 자본적 속성을 가지고 있어야 한다. 사회적 자본은 개인과 공동체의 협력을 통해서 창출되고 그 활용과 통제도 사회적 특성을 갖는다는 점에서 다른 자본과 구별된다. 즉 사회적 자본은 개인이 소유할 수 있는 기계나 도구와 같은 물리적 형태로 존재하는 물적 자본, 지식과 기술의 형태로 존재하는 인적 자본과 달리 '사람들 간의 관계' 형태로 존재한다. 따라서 인적 자본과 물적 자본이 '개인'의 속성을 가진다면 사회적 자본은 '개인과의 관계'의 속성을 갖는다고 하겠다.

그러나 사회적 자본 역시 다른 유형의 자본과 마찬가지로 전용 및 개조가 가능하고 다른 자본의 대체물 또는 보완물이 될 수 있으며, 소유자에게 일정한 혜택 또는 보상을 제공하는 등 생산성을 증대시킨다는 점에서 다른 자본과 공통점을 가지고 있다. 또 그 형성에 시간과 노력이라는 투자가 필요하기 때문에 사회적 자본의 구조적이고 인지적인 형태가 자본으로서의 요건을 충족한다고 할 수 있다. 이런 점에서 다른 자본들과는 달리 사회적 자본은 인간관계 내에 존재하는 특수한 자본이라고 할 수 있다. 그래서 오늘날 사회적 자본은 여러 학문분야에서 특수한 형태의 자본으로 평가되고 있다.

Coleman(1990)은 사회적 자본을 가시적 실체는 없지만 행위자 간의 관계구조 내에 포함되어 다른 형태의 자본과 같이 생산적이라는 점, 특히 사회적 자본이 없을 때 획득하지 못하는 특정한 목적 성취를 가능하게 한다는 점에서 특정한 유형의 자본으로 분류하고 있다. 그리고 세계은행사회자본연구(SCI, 1998)도 사회적 자본이 영속적이거나 오래 유지되고 심지어는 반복되어 사용되거나 유지·향상·파괴될 수 있는 정체성을 유지하기 때문에 자본이라고 결론짓고 있다(박희봉, 2009: 39 재인용).

그러나 사회적 자본이 다른 유형의 자본과 근본적으로 다른 점이면서 사회적 자본만의 특징이라고 할 수 있는 것은 특정 개인이 배타적으로 소유하는 것이 아니라 다른 행위자와의 관계에 자리 잡고 있는 공유재(public goods)의 성격을 갖고 있다는 점이다. 즉 사회적 자본은 인간관계에서 발생하는 자본이기 때문에 속해 있는 집단 다수가 공유하는 자산의 특징을 갖는다(박희봉, 2009: 38). 사회적 자본이 인적 자본 등 다른 자본과 다른 점을 정리하면 〈표. 6〉과 같다.

〈표. 6〉 사회적 자본과 다른 자본과의 차이

구 분	경제자본	인적자본	문화자본	사회적 자본
자본의 성격	화폐가 아닌 생산수단의 형태로 존재하는 자본	기술이나 지식의 형태로 존재하는 자본	문화적 취향이나 성향의 형태로 존재하는 자본	개인이 아닌 사회적 관계 속에서 파생하는 자본
자본의 소유자	개인(자본가)	개인(노동자)	가족 전체 또는 가족의 개별구성원	집단(사회집단)
자본 소유자에게 주는 이익	타인의 노동력에 대한 착취를 통한 경제적 이익	노동시장에서 협상력 증대 및 높은 임금	다른 계급과의 구별 짓기와 계급의 문화적 재생산	정보의 취득, 사회적 연대와 결속의 창출
자본의 존재형태	물질적 대상(토지·기계와 같은 생산수단)	교육 및 직무 훈련을 통해 개별 노동자에게 체화된 기술과 지식	가족구성원들에 의해 공유되는 문화적 취향	사회적 관계 속에서 존재하는 신뢰와 결속관계
분석 단위	구조(계급)	개인	가족	개인/집단

* 자료: 류석춘·장미혜(2002), 사회적 자본과 한국사회, 사회발전연구, 제8집, 연세대학교 사회발전연구소, p.98.

2) 사회적 자본의 특성

사회적 자본은 다른 형태의 자본과 비교하여 다음과 같은 특성을 가지고 있다. 첫째, 사회적 자본은 행위자들이 개별적으로 소유하고 있는 '개인적 자원(personal resources)'이 아니라 개인들 간의 관계를 통해서 접근할 수 있는 '사회적 자원(social resources)'이다(Lin, 2001: 21). 인적 자본이나 물적 자본은 개인이 소유하고 있는 자원이지만 사회적 자본은 개인이 독점할 수 없는 사회적 자원이다. 이같이 사회적 자본은 개인이 맺고 있는 사회적 관계의 구조 속에 존재하기 때문에 사람들 간의 사회적 상호작용이 없으면 형성되지 않는다. 이는 사회적 자본이 다른 유형의 자본과 구별되는 가장 기본적인 특징이라고 할 수 있다.

둘째, 사회적 자본은 이익이 공유되는 자본이다. 사회적 자본은 이익이 자본의 소유자에게 배타적으로 돌아가는 경제자본이나 물적 자본과는 달리 구성원 간에 이익의 공유가 이루어진다. 이익의 공유는 두 가지 형태로 나타난다. 하나는 공동체 구성원들 중 상호관계를 맺고 있는 구성원에게만 이익이 배타적으로 공유되는 경우이고, 다른 하나는 사회적 자본의 혜택이 구성원 간의 관계에 포함되지 않은 다른 사람들에게도 돌아가는 경우이다. 후자의 예로는 특정지역 주민들이 신뢰를 통해 밤거리의 치안을 확보하고 있는 경우에 그 혜택은 그 지역의 주민뿐만 아니라 그 지역을 통행하는 모든 사람에게 돌아가는 것을 들 수 있다.

이같이 사회적 자본은 미시적 관점에서 보면 그 이익이 개별적인 결사체나 조직구성원에게만 배타적 배분이 이루어지지만 지역이나 국가 등 거시적 관점에서 보면 모든 사회성원에게 이익이 공유된다(김용웅, 2009: 6). 그래서 사회적 자본은 다른 자본들과 달리 공공재로서의 성격을 가지게 되고, 사회적 자본을 통한 결과는 모든 사람이 같이 혜택을 누리게 되기 때문에 어떤 구성원도 배타적 소유를 주장할 수가 없다.

셋째, 사회적 자본을 매개로 한 사회적 교환관계는 다른 경제적 거래와 같은 동일한 가치를 지닌 등가교환을 전제로 하지 않는다. 일반적으로 시장에서의 거래는 받은 것만큼 주는 상황을 전제로 한다. 그러나 사회적 자본을 매개로 한 거래에서는 예컨대 신뢰를 주고받았다고 해서 거래당사자 간에 존재하는 신뢰가 준 것만큼 감소되고 받은 것만큼 증가하는 영합(zero-sum) 관계로 나타나지 않는다. 오히려 사회적 자본은 거래당사자 모두가 사용하면 할수록 더욱 축적되고 증가하는 정합(positive-sum)관계로 나타난다(신석근, 2010: 32). 그런 의미에서 사회적 자본은 사용하면 할수록 총량이 증가하는 독특한 특성을 지닌 자본이다(Putnam, 1993a).

넷째, 경제자본의 교환은 동시적으로 이루어지는 반면에 사회적 자본의 교환은 동시성을 전제로 하지 않는다. 이는 경제자본이 교환되는 시장에서의 경제적 교환과 비영리영역에서의 사회적 교환에 적용되는 개인 동기가 서로 다르기 때문이다(Lin, 2001). 사회적 교환은 서로가 주고받는 도움에 대해 언젠가는 보상을 받으리라는 신뢰가 있어야 하고, 이러한 신뢰가 형성되기 위해서는 교환관계가 반복해서 발생되어야 한다.

그 이유는 단 한번의 거래만으로 내가 받은 도움을 되갚아야 한다는 '마음의 부채'는 쉽게 생기지 않기 때문이다(류석춘·장미혜, 2002: 67). 그리고 설사 거래가 반복된다 하더라도 사람들 간에 존재하는 신뢰와 이에 기초한 거래의 안전성은 언제든지 배반될 수 있다. 이러한 맥락에서 사회적 자본은 일반화된 호혜성(generalized reciprocity)에 바탕을 둔 자원의 특성을 가지고 있으며(조일현, 2020: 22), 그 호혜성은 원천적으로 불안정한 성격을 지니고 있다.

다섯째, 사회적 자본은 매우 유동적이어서 그 유지를 위해 지속적인 노력을 필요로 하는 자본이다. 다른 자본의 경우는 특정한 소유자가 일단 보유하게 되면 소비하거나 처분하지 않는 이상 그대로 존속하지만 사회적 자본은 행위자들 간의 관계에 내재해 있기 때문에 관계의 변화에 따라 유지되고 발전하며 소원해지거나 단절되기도 한다.

이런 점에서 Bourdieu(1986)는 사회적 자본은 집단구성원들 간에 서로의 관계를 끊임없이 재확인함으로써 인정을 받는 일련의 지속적인 교환과정을 거쳐야만 유지되고 재생산될 수 있다고 한다. 따라서 사회적 자본이 자본으로서 기능하기 위해서는 이를 유지하고 재생산될 수 있도록 집단구성원 간에 지속적으로 상호 호혜적 관계를 확인하고 이를 강화해 나가는 지속적 노력이 필요하다.

여섯째, 사회적 자본은 특정한 사회구조에 배태되어 있기 때문에 장소적 이전이 불가능하다. 경제자본과 물적 자본은 공간적 이동이 가능한 데 비하여 사회적 자본은 불가능하기 때문에 수입하거나 외생적 형성이 어렵다. 따라서 사회적 자본은 집단구성원들의 주체적 노력 없이는 그 형성과 촉진이 불가능한 특성을 가진다.

일곱째, 사회적 자본은 자기강화적(self-reinforcing)이고 축적적이다. 사회적 자본은 경제자본과 달리 사용할수록 관계 속에 내재되고 축적되며 강화되는 반면에 사용하지 않으면 고갈된다. 사회적 자본은 사용을 통해 선순환을 하게 되면 높은 수준의 협력, 신뢰, 호혜성(reciprocity), 시민적 참여와 집단적 복지의 증진을 가져오는 반면에 악순환을 하게 되면 불신, 착취, 고립, 무질서, 침체의 증폭현상이 나타나게 된다.

4. 사회적 자본의 관점

Woolcock과 Narayan(2000)은 사회적 자본에 대한 관점을 공동체주의적 관점, 네트워크관점, 제도적 관점, 상승관점 등 네 가지로 유형화하고 있는데 그 구체적 내용은 다음과 같다(지은구·김민주, 2014: 150-153; 최승인, 2016: 21-22).

첫째, 사회적 자본에 대한 공동체주의관점(communitarian view)은 사회적 자본을 집합적 수준이나 거시적 수준으로 보는 것에 연장선 위에 있다고 할 수 있다. 이 관점은 지역사회 내에 있는 클럽이나 결사체와 같은 집단의 밀도와 수를 중시하며, 기본적으로 사회적 자본이 강화되면 될수록 지역사회를 위해 더 좋은 것이라고 본다. 공동체주의관점에서는 지역사회가 동질적인 실체로 간주되며, 사회적 자본은 정치·경제·사회·문화적 관계에서 윤활유 역할을 하면서 거래비용을 감소시키거나 갈등을 최소화시키면서 공동체를 유지·발전시켜 나가는 역할을 한다고 본다.

둘째, 사회적 자본에 대한 네트워크관점(network's view)은 수평적 결사체와 수직적 결사체의 중요성을 모두 강조하는 입장이다. 즉 조직구조가 사회적 자본의 형성에 영향을 미친다고 보아 사람들 간의 수직적·수평적 연관 그리고 지역사회 내에 존재하는 집단이나 조직 간의 관계의 중요성을 강조한다. 이 관점에 따르면 지역사회를 묶는 가장 강력한 힘은 동질감, 공통의 목적, 공유된 가치라고 할 수 있는데 이들은 조직과 조직 간에, 그리고 사람과 사람 간에 밀접하고 강력한 관계를 갖도록 한다.

셋째, 사회적 자본에 대한 제도적 관점(institutional view)은 성숙한 시민사회와 역동적 지역사회의 네트워크는 정치적·법적·제도적 환경의 산물이라고 본다. 따라서 법을 비롯한 사회제도는 주어진 신뢰상황에서 사회집단의 행동에 영향을 주며, 이를 통한 사회집단의 행동 강화는 곧 사회적 자본의 증진에 기여한다고 본다. 공동체주의관점과 네트워크관점이 사회적 자본을 독립변수로 보는데 비해 제도적 관점은 사회적 자본이 종속변수로 작동한다고 본다.

넷째, 사회적 자본에 대한 상승관점(synergy view)은 정부 등 공공관료체제와 시민사회의 행위자들 간의 관계가 국가발전에 시너지효과를 가져다준다는 것을 강조하는데, 특히 정부와 시민행동 간의 시너지가 보완과 포용에 기초되어 있다고 본다. 보완은 공공과 민간행위자들 간의 상호지원적 관계를 의미하며, 포용은 공공과 민간을 연결하는 연대의 정도나 성격을 의미한다. 상승관점에 따르면 국가, 민간기업 그리고 시민사회가 함께 공동의 목적을 달성하기 위해 노력하면 국가나 지역사회 발전이 성공적으로 실현될 수 있다. 이런 점에서 상승관점에서 보는 사회적 자본은 민간과 공공을 연계하도록 하는 중개자의 역할을 수행한다고 할 수 있다.

5. 사회적 자본의 차원과 수준

1) 사회적 자본의 차원

Tsai와 Ghoshal(1998)은 사회적 자본을 구성원 간의 네트워크를 의미하는 구조적 차원, 상호 연결망의 질에 대한 관계적 차원 그리고 조직의 문화 및 비전의 공유에 관련되는 인지적 차원 등 세 차원으로 구분하고 있다(오금주, 2017: 30 재인용). 이들 각 차원은 독립적이라기보다는 매우 긴밀한 상호작용관계를 이루고 있는데 차원별 내용은 다음과 같다.

첫째, 사회적 자본의 구조적 차원(structural dimension)은 조직구성원 간에 형성된 네트워크의 형태 또는 특성을 말한다. 구조적 차원은 네트워크가 핵심으로서 네트워크가 존재하지 않으면 사회적 자본은 발생하지 않는다. 상호작용을 통한 네트워크가 형성되고, 이 네트워크의 형태와 양이 사회구조를 설명하고 개인의 행동을 조장하거나 제한하는 특성을 지니는 것이다. Tsai와 Ghoshal은 구성원들 간의 사회적 상호작용의 결속정도가 구조적 차원을 의미한다고 하였으며, Nahapiet과 Ghoshal(1998)은 구조적 차원의 세 가지 특성으로 네트워크에 실존하는 위계성, 연결성, 연계의 밀도를 제시하고 있다(이정민, 2010: 39 재인용).

위계성(hierarchy)은 네트워크의 권한이 한 곳으로 집중된 정도와 구성원들 간의 구조적 수평성의 정도를 말하며, 연결성(connectivity)은 사회적 구조 내에 관계망이 구축된 정도를 의미한다. 그리고 연계의 밀도(network density)는 네트워크의 강도가 미치는 영향정도와 구조의 분절성을 말한다(노병찬, 2016: 46). 연계의 밀도가 높다는 것은 구성원들 간의 연결관계가 많다는 것을 의미하는데 네트워크의 밀도가 높을수록 구성원 간에 정보소통이 원활하게 이루어진다. 그리고 네트워크에서 구성원들 간에 긴밀한 유대를 맺고 있는 사람은 상대적으로 더 많은 정보와 지식을 공유하게 됨으로써 조직 내에서 경쟁우위를 갖게 된다. 이러한 구조적 차원의 사회적 자본은 정보의 공유, 집합행동, 그리고 의사결정 등을 원활하게 해준다.

둘째, 사회적 자본의 관계적 차원(relational dimension)은 네트워크를 구성하는 개인들이 상호작용을 통해 형성되는 구성원들 간의 대인관계를 의미한다(조일현, 2020: 32). 관계적 차원은 조직구성원들 간의 관계 특성이 조직의 성과나 가치창출에 기여할 수 있는가에 초점을 두기 때문에 관심, 조직구성원들 간의 협력의 규범, 그리고 정체성 등 세 가지가 핵심요인이 된다.

여기에서 관심은 상호간의 신뢰, 공감, 도움, 판단에서의 관대함 등으로 나타난다. 관심은 곧 신뢰로 연결되는데, 이러한 신뢰는 사회적 자본의 관계적 차원을 설명하는 가장 핵심적인 개념으로서 신뢰가 높은 상태의 관계에서는 구성원들의 적극적이고 협력적인 상호작용이 보다 용이하게 이루어진다(오금주, 2017: 32). 사회적 자본의 관계적 차원은 조직에서의 협력수준을 향상시켜 준다. 구성원들의 행동을 예측할 수 있고 신뢰할 수 있으며, 구성원들이 자신의 이익보다 조직의 이익을 우선하는 행동을 할 것이라고 확신할 수 있을 때 조직구성원들의 상호협력은 보다 활발하게 이루어진다.

셋째, 사회적 자본의 인지적 차원(cognitive dimension)은 서로 유대관계를 가지고 있는 조직구성원들의 자원에 대한 공유된 가치, 인식, 규범, 태도, 이타심, 사회적 태도 등을 말한다. 인지적 차원이 사회적 자본의 한 측면으로 고려될 수 있는 이유는 집단구성원들이 상황과 의미를 공유함으로써 집단이 필요로 하는 핵심가치와 역량이 무엇인지를 인지하고 공동목표 달성을 위한 중심역할을 하게 하는 등 집단 내부의 인지적 특성에 따라 가치창출의 정도가 다르게 나타날 수 있기 때문이다(오금주, 2017: 34).

인지적 차원은 사람들로 하여금 서로 협동하게 만드는 문화, 가치 및 태도, 신념에 의하여 강화되는 정신적인 과정과 관련되는데, 다른 사람들의 행동을 예측하는 능력을 높여주며 구성원들의 투입, 활동의 조정, 변화하는 조건에 대한 적응성을 촉진시켜 준다(서혜숙, 2006: 27-28). 조직에 있어서 인지적 차원의 핵심변수로는 비전(vision)과 가치의 공유를 들 수 있다. 집단에서 비전 및 가치의 공유는 구성원들이 하나의 공동체로서 공동의 목적의식과 가치관을 형성하고 단합할 수 있는 응집력을 키울 수 있도록 하며 구성원들의 열망을 제고시키고 집단에 활기를 불어넣을 수 있다(오금주, 2017: 33).

이러한 인지적 차원은 주관적이고 관찰이나 접촉이 불가능한 성질을 지니는데, 지역사회에 대한 인식과 그에 따른 사회행동이 어떻게 영향을 받는가에 대한 패턴을 파악하는 것으로 측정된다. 사회적 자본이 인지적 측면을 고려해야 한다고 지적하는 연구자들은 집단 내 구성원들이 서로 다른 인식을 할 때 행위가 달라진다는 점을 지적한다(최경욱, 2015: 40). 관계적 차원의 사회적 자본이 개인적 측면을 강조하고 있다면 인지적 차원의 사회적 자본은 집단적 측면을 강조하는 경향이 있다.

2) 사회적 자본의 수준

(1) 존재속성에 따른 구분

사회적 자본의 수준은 자본의 존재 속성과 집단의 크기에 따라 구분된다. 먼저 사회적 자본은 자본의 존재 속성에 따라 개인적 수준의 사회적 자본과 집합적 수준의 사회적 자본으로 구분되는데, 그 구체적 내용은 다음과 같다(지은구·김민주, 2014: 143-146). 첫째, 개인적 수준의 사회적 자본은 사회적 자본이 개인적 속성을 가져 개인 그리고 행위자 중심으로 존재한다고 본다. Bourdieu(1986)와 Lin(2001) 등은 사회적 자본을 개인적 수준으로 파악하고 있다.

사회적 자본을 개인적 수준으로 보는 관점의 기본전제는 사회적 자본으로부터 기본적으로 이익을 얻고 그것을 유지하는 것은 바로 개인으로서, 사회적 네트워크를 효과적으로 동원하고 활동적으로 작동하도록 하는 개인의 능력이 자본의 창출에 영향을 준다고 강조한다. 이러한 관점에서 사회적 자본은 개인이 자신의 목표성취를 위해 사용하고 축적할 수 있는 활용 가능한 추가적인 자원군(resours pool)을 의미한다. 개인적 수준의 사회적 자본은 사회적 관계나 네트워크로부터의 관여 및 사회참여의 정도로 측정이 가능하다.

둘째, 집합적 수준의 사회적 자본은 사회적 자본이 개인적 속성이라기보다는 사회구조적 요소로 이루어진 집합적 속성을 지닌다고 본다. Coleman(1990)과 Putnam(1993a) 등은 사회적 자본을 개인적 수준이 아니라 집합적 수준에서 보아야 한다고 주장한다. 집합적 사회적 자본은 사회전체에 혜택이 되는 집합적으로 생산되고 집합적으로 소유되는 공동선(public good)이나 가치 또는 이익을 의미한다. 따라서 집합적 사회적 자본은 개인보다는 사회전체에 대한 혜택이 보다 강조된다.

집합적 수준의 사회적 자본의 기본전제는 바람직한 사회관계가 실현되기 위해서는 개인적 수준이 아니라 복수의 행위자들의 상호작용을 통해 모든 행위자들에게 혜택을 가져다주고 그것이 궁극적으로 개인과 집단 모두에게 혜택이 돌아가야 한다는 것이다. 따라서 이러한 사회적 자본은 네트워크 안에서 상호작용하는 구성원들의 자원의 합을 나타내는 것으로서 높은 수준의 생산성과 효율성을 촉진시키는 공공의 이익이라는 속성을 가진다(지은주·김민주, 2014: 146-147). 집합적 수준의 사회적 자본은 개인들 간의 신뢰 및 공유된 가치나 규범 등으로 측정된다.

현실적으로 사회적 자본은 개인적 수준과 집합적 수준이 모두 중요하지만, 특정 개인의 노력만으로는 구축되는 것이 어렵다는 측면은 결국 사회적 자본의 집합적 속성의 강조를 나타내는 것이라고 할 수 있다. 따라서 최근의 연구동향은 사회적 자본의 집합적 속성이 강조되고 있다(지은구·김민주, 2014: 143).

(2) 집단의 크기에 따른 구분

사회적 자본은 집단의 크기에 따라 미시적 수준의 사회적 자본과 거시적 수준의 사회적 자본으로 구분되는데, 그 구체적 내용은 다음과 같다(지은구·김민주, 2014: 148-149; 안장훈, 2018: 33). 미시적 수준(micro level)의 사회적 자본은 개인, 공동체 단위의 사회적 자본을 말한다. 미시적 관점의 핵심은 사회적 자본이란 궁극적으로 개인이 만들어 나가고 개인이 활용한다는 점에서 개별 구성원 수준에서의 활동과 네트워크에 초점을 맞추어 접근해야 한다는 것이다.

이같이 미시적 관점에서는 개인적 수준의 자원확보 능력에 관심을 가지고 개인의 협력적 행동의 유형이나 본성을 강조하는데, 개인이 동원할 수 있는 네트워크의 수나 다양성, 네트워크에서 개인이 차지하고 있는 중심성(centrality)이나 자율성 등이 사회적 자본의 양과 질을 결정한다고 본다(장용성 외, 2009: 50). 한편 거시적 수준(macro level)의 사회적 자본은 국가와 사회단위의 자본으로서 사회 전체가 공유하는 공공재적인 측면에서 파악한다. 그래서 사회적 자본에 대한 접근에서는 정치나 시민사회, 정부나 법규정 등을 지배하는 제도적 관계나 가치를 비롯한 지역간 또는 국가간의 관계를 강조한다.

Putnam(1993a)은 사회적 자본을 거시적 수준에서 보아 네트워크, 규범, 신뢰 등을 그 내용으로 제시하고 있는데, 이러한 사회적 자본은 시민사회의 성숙과 민주화를 촉진하는 원동력이며 공동체 형성을 위한 핵심요소로 간주되고 있다. 따라서 거시적 수준의 사회적 자본 논의에서는 개인주의의 만연과 무분별한 시장주의의 확산을 사회문제의 근원으로 파악하고 사회적 자본축적이 공동체 복원에 반드시 필요한 전제조건으로 간주되는 경향이 있다(장용성 외, 2009: 50).

이상에서 집단의 크기에 따른 사회적 자본의 수준을 살펴보았는데, 미시적 수준과 거시적 수준의 사회적 자본에 대한 구별은 보다 정확하게 말하면 미시적 수준은 개인의 인지적 측면을, 거시적 수준의 사회적 자본은 제도적 측면을 강조하는 것이라고 할 수 있다(지은구·김민주, 2014: 148).

6. 사회적 자본의 유형

사회적 자본은 다면적 성격을 가지고 있기 때문에 그 유형 역시 다양하게 구분되고 있다. Putnam(1993a)은 사회적 자본을 지역적 사회자본과 일반적 사회자본으로 구분하였으며, Woolcock(1998)과 Narayan(2000)은 네트워크의 발생장소에 따라 결속형 사회적 자본, 교량형 사회적 자본, 연결형 사회적 자본의 세 가지로 구분하고 있다.

그리고 DeGraaf(2003)는 사회적 자본의 유형을 공식화 여부에 따라 공식적 사회적 자본과 비공식적 사회적 자본, 강도에 따라 짙은 사회적 자본과 옅은 사회적 자본, 지향성에 따라 내부지향적 사회적 자본과 외부지향적 사회적 자본, 성격에 따라 교량형 사회적 자본과 결속형 사회적 자본으로 구분하고 있다(노병찬, 2016: 47-48 재인용). 이같이 사회적 자본은 여러 가지 기준에 따라 그 유형을 분류할 수 있는데, 여기에서는 네트워크의 발생장소, 지향성, 발생 영역, 위계성 여부 등 네 가지 기준에 따라 유형을 고찰하고자 한다.

첫째, 사회적 자본은 네트워크의 발생장소에 따라 결속형 사회적 자본, 교량형 사회적 자본, 연계형 사회적 자본으로 구분된다. 결속형 사회적 자본(bonding social capital)은 가족, 이웃, 친구, 문중 등과 같이 경제적·사회적·문화적·생물학적으로 사회적 정체성이 유사하거나 동질성이 강한 특성을 지니는 사람들끼리 집단을 이루면서 사회적 관계를 지니게 될 때 형성되는 자본을 말한다.

결속형 사회적 자본은 '두터운 신뢰(thick trust)'를 기반으로 하여 사회집단의 내부에 형성되므로 강한 연대를 이루면서 의사소통을 증진시키며 구성원 간의 신뢰와 협동, 갈등해소 메커니즘을 형성하게 된다. 또 자조집단과 같은 주민조직을 형성하고 육성하는데 영향을 준다(지은구·김민주, 2014: 142). 그러나 결속형 사회적 자본이 지니는 구성원 간의 강한 연대는 폐쇄성 때문에 외부적으로는 배타성을 띠게 되어 분파주의, 편협성, 불평등성을 나타내는 경우가 많다.

교량형 사회적 자본(bridging social capital)은 직장동료나 거리가 있는 친구들과 같이 아주 가깝지는 않지만 비슷한 지위와 입장을 가진 사람들을 '얕은 신뢰(thin trust)'를 통해서 묶어주는 자본으로서 구성원들 간의 거리를 좁혀주어 집단연대감을 강화하거나 공동의 목적을 추구하는데 기여한다. 교량형 사회적 자본은 아는 사람을 돕는 것을 통해서 상호 호혜성을 높여 지역공동체의 문제를 해결하고 관계를 형성하며, 정보를 공유하고 지역자원을 동원하는데 매우 중요한 역할을 한다(지은구·김민주, 2014: 142).

이같이 교량형 사회적 자본은 결속형 사회적 자본에 비해 더 많은 긍정적 역할을 하는데, 그 이유는 서로 다른 환경에 있는 개인들의 긍정적인 경험은 특성, 태도 또는 행동의 관점에서 자신과 유사한 환경에 있는 사람들과의 관계보다 일반화된 신뢰를 형성하는데 더 큰 영향을 미치기 때문이다. 이러한 교량형 사회적 자본이 광범위한 정체성과 호혜성을 갖는 포용적인 사회적 자본의 형태라면, 결속형 사회적 자본은 배타적 정체성을 갖는 동질적 집단의 사회적 자본 형태이다.

한편 연계형 사회적 자본(linking social capital)은 서로 잘 모르거나 입장이 다른 개인 또는 집단을 묶어주는 자본으로서 지역공동체를 변화시키고 긍정적 발전성과를 가져오는데 중요한 역할을 한다. 연계형 사회적 자본은 하나의 지역공동체가 외부의 지원기관 또는 이들의 사업계획과 연결된 지도자, 중계기관 등과 개방적 입장에서 네트워크를 구축함으로써 지역공동체의 발전을 촉진하는 데 기여할 수 있다.

이러한 연계형 사회적 자본과 교량형 사회적 자본의 가장 큰 차이점은 연계형이 서로 다른 공식적·제도적 권위를 갖는 조직에 속한 사람들 간의 관계에서 형성되는 반면에 교량형은 수평적 관계에서 형성된다는 점이라고 할 수 있다(김정훈, 2014: 13). 이상에서 네트워크의 발생장소를 기준으로 하는 사회적 자본의 유형을 살펴보았는데, 단순하게 결속형은 부정적 사회적 자본, 교량형은 긍정적 사회적 자본으로 분류할 수는 없을 것이다. 왜냐하면 사회를 구성하는 다양한 요소, 공동체의 성격, 커뮤니케이션의 다양성 등에 따라 이 두 유형의 사회적 자본의 성격과 중요도가 달라질 수 있기 때문이다.

둘째, 사회적 자본은 지향성에 따라 내부지향적 사회적 자본과 외부지향적 사회적 자본으로 구분된다. 내부지향적 사회적 자본은 공동체 내부의 개인이 다른 개인이나 집단과의 관계 속에서 자생적으로 발생하는 자본으로서 협력, 조언, 친밀도, 공동체 내부의 연결망 등을 말한다. 한편 외부지향적 사회적 자본은 공동체에 이미 형성되어 개인이나 집단에 영향을 주는 자본으로서 신뢰, 규범, 가치, 공동체 외부와의 연결망 등을 말한다. 내부지향적 사회적 자본은 구성원들의 물질적, 사회적 또는 정치적 이해를 증진시키는 경향이 있는 반면에 외부지향적 사회적 자본은 공동선과 같은 공공재를 추구하는 경향이 있다(최영출 외, 2006: 102).

셋째, 사회적 자본은 그 발생영역에 따라 지역사회 사회적 자본과 일반사회적 자본으로 구분된다. 지역사회 사회적 자본은 가족이나 지역공동체 구성원들이 일상에서 비공식적인 사회적 상호작용을 하는 가운데 형성되는 자본으로서 자본의 구축단위가 지역사회 수준이고 자본의 여러 특징 중 지원적 성격이 강조되며 자본구축의 궁극적 목표는 지역사회 문제해결 능력에 있다(정용복, 2014: 42). 반면에 일반사회적 자본은 서로 다른 공동체와 조직들을 연결하는 사회적 자본을 말하는데, 이 개념을 보다 명확히 한 것이 교량형 사회적 자본이라고 할 수 있다(노병찬, 2016: 47).

넷째, 사회적 자본은 위계성 여부에 따라 수평적 사회적 자본과 수직적 사회적 자본으로 구분할 수 있다. 수평적 사회적 자본은 비슷한 지위나 권력을 가진 구성원들 간에 형성되는 사회적 자본이며, 수직적 사회적 자본은 상이한 직위나 위계질서에 있는 구성원 또는 권력이 다른 사람들 간에 형성되는 사회적 자본이다.

7. 사회적 자본의 기능

1) 긍정적 기능

사회적 자본의 기능이란 사회적 자본의 구성요소들인 신뢰, 네트워크, 규범, 참여 등에 의하여 이루어지는 역할을 말한다. 사회적 자본은 그 구성요소들을 통하여 다양한 긍정적 기능을 수행하지만, 동시에 부정적 기능도 가지고 있다. 사회적 자본의 기능은 사회적 자본에 대한 관점 및 주제에 따라 다양하게 논의될 수 있는데, 여기에서는 긍정적 기능과 부정적 기능으로 구분하여 이를 구체적으로 살펴보고자 한다.

사회적 자본의 긍정적 기능으로는 첫째, 구성원들이 사회활동을 하는데 필요한 거래비용(transaction cost)을 감소시켜 준다. 사회적 신뢰와 상호존중의 규범이 보편화되면 일방적이거나 돌발적인 계약파기의 불안이 감소되고 계약의 유지와 준수를 위해 들어가는 감시비용 및 계약파기로 야기되는 분쟁에 따른 비용을 줄일 수 있다. 결과적으로 사회적 자본은 금전과 시간 등 거래비용의 감소를 통해 경제적 효율성을 높일 수 있다(노병찬, 2016: 44).

둘째, 사회적 자본은 구성원들 간의 상호작용을 통해 자신에게 필요한 정보에 대한 접근성을 용이하게 하고 정확한 정보를 공유할 수 있도록 한다. 상호간의 신뢰에 기초한 네트워크는 정보소통의 통로로 기능함으로써 적절성과 적시성이 있는 좋은 정보를 쉽게 얻을 수 있도록 하며, 이를 통해 또 다른 관계망(network)을 형성함으로써 자원을 창출하는 도구로서의 역할을 한다.

셋째, 지역의 생산성 향상에 기여한다. 지역이나 조직에 사회적 자본이 축적되면 구성원들의 활동이 원활해짐으로서 역동성이 증가하고 문제해결능력이 강화되어 생산성 향상에 기여한다. 특히 신뢰를 바탕으로 하는 문화가 형성되면 될수록 생산성이 향상되고 효과적인 생산단위를 이끄는 원동력으로 작용하게 되며, 더 나아가 구성원들의 정보공유, 학습 등을 통해 역동적인 사회시스템이 구축될 수 있다.

넷째, 사회적 자본은 사회갈등(social conflict)을 완화시킨다. 사회적 자본은 사회구성원들 간의 신뢰 및 이를 보장하고 지원할 수 있는 제도와 규범 등을 통해 상호협력과 조정을 강화함으로써 집단간의 갈등을 완화시키고 사회적 안정과 통합을 유지하기 위한 기제로 작용한다. 즉 사회적 자본의 축적은 행위자들 간의 의사소통, 상호존중 및 신뢰, 상호의존을 증대시키기 때문에 갈등을 미연에 방지하거나 이미 발생한 갈등을 격화하지 않도록 하며(장용석 외, 2009: 47), 집단구성원들이 공동이익을 위해 자발적으로 협력하도록 한다.

다섯째, 사회적 자본은 정부의 성과향상에 기여한다. 사회적 자본은 사회성원들의 행동규칙 또는 효과적인 제재수단으로 작용하기 때문에 사회적 자본이 풍부한 사회에서는 정부가 각종 규제 및 제도를 고안하고 유지하는데 필요한 비용과 노력을 절감할 수 있어서 정부의 효율성을 높여 성과를 향상시킨다(주성수, 2005: 31).

여섯째, 사회적 자본은 지역사회의 여건에 부합하는 최적의 자원배분과 의사결정을 가능케 하며, 이를 통해 궁극적으로 주민들의 삶의 질(quality of life)을 향상시킨다.

이상에서 사회적 자본의 긍정적 기능을 일반적 관점에서 살펴보았는데, 이를 분야별로 제시하면 다음과 같다(류태건, 2015: 105). 첫째, 경제적 측면에서 볼 때 사회적 자본은 거시적 입장에서 네트워크와 신뢰, 호혜성(reciprocity)을 바탕으로 한 정보유통의 확산, 거래비용의 감소, 계약의 자발적 이행 내지 협력의 증대 등을 통해 경제발전에 기여한다. 한편 미시적 입장에서는 개인의 사회적 네트워크를 통한 폭 넓은 접촉이나 정보획득이 취업이나 승진 또는 소득에 긍정적 영향을 미친다.

둘째, 정치적 측면에서 볼 때 사회적 자본인 시민참여 네트워크는 시민적 품성을 배우는 기회를 제공하며 이익의 집약과 표출을 향상시켜 정부의 책임성을 환기시키고 정부의 반응성, 효과성과 혁신성을 높여준다. 그리고 시민들의 상호신뢰와 호혜성의 분위기는 공동체 지향적인 시민덕성을 함양시키고, 이는 관료들에게도 전파되어 관료들 간에 협력하는 분위기가 조성된다.

셋째, 사회적 측면에서 볼 때 참여나 신뢰 등 사회적 자본 수준이 높은 지역에서는 어린이들의 행복지수나 학업성취도가 높고 청소년들의 폭력성향이 낮은 것으로 나타나고 있다. 또 신뢰수준이 높은 지역은 낮은 지역에 비해 자살, 강도나 절도의 발생비율이 상대적으로 낮은 것으로 나타나고 있다.

넷째, 개인적 측면에서 볼 때 개인의 사회적 네트워크의 크기와 질은 육체적·정신적 건강수준의 향상, 삶의 만족감, 양질의 아동보육 등과 밀접한 연관성이 있는 것으로 나타나고 있다. 사회적으로 덜 고립되고 사회적 활동에 더 활발하게 참여하는 사람들일수록 더욱 건강하고 친밀하며 신뢰적인 인간관계를 형성하게 되어 개인의 행복감이 증진되고 우울증의 개연성도 낮은 것으로 나타나고 있다.

2) 부정적 기능

사회적 자본은 집단에서 집합적 차원의 문제해결에 긍정적 영향을 미치는 동시에 부정적 측면도 가지고 있다. 사회적 자본은 어떤 상황에서는 긍정적으로 작용하는 반면에 다른 상황에서는 부정적으로 작용할 수 있으며, 또 어떤 집단에는 유용한 반면에 다른 집단에는 해롭게 작용할 수도 있다. Portes(1998)는 사회적 자본의 부정적 기능으로 외부인에 대한 배타성, 집단사고, 구성원에 대한 과잉요구, 규범의 하향평준화 등 네 가지를 제시하고 있는데(류태건, 2015: 60 재인용), 이 견해에 따라 부정적 기능을 구체적으로 살펴보자.

첫째, 배타성(exclusion)이다. 집단구성원들의 강력한 유대관계와 폐쇄적 네트워크는 내집단 구성원들에게는 편익을 주는 반면에 외집단 구성원에 대해서는 접근을 차단하여 배제시킬 가능성이 커진다. 이러한 내집단과 외집단의 구분을 통한 강력한 집단결속은 내집단 구성원들에게는 높은 신뢰와 유대를 보여주지만 외집단에 대해서는 지극히 낮은 신뢰와 협력을 나타낸다. 이러한 배타적 결속행위는 사회적 분열을 가져와 사회통합과 개인의 발전에 장애가 될 수 있는데, 배타성은 사회적 자본의 대표적인 부정적 기능이라고 할 수 있다(김영옥, 2011: 44).

둘째, 집단 내에 존재하는 사회적 자본은 집단사고(group thinking)의 원인이 되어 집단의 혁신을 방해할 수 있다. 집단에서 동일한 목표와 규범을 가진 사람들은 일정한 네트워크를 구성하기 때문에 집단사고가 강력하게 작용하게 된다. 그 결과 구성원의 다양한 의견이나 전문지식이 무시될 수 있으며, 집단이 네트워크에 내재한 가치, 규범, 문화 등에 과도하게 몰입됨으로써 집단적 자기오류에 빠져 집단의 혁신을 방해하는 요인으로 작용할 수 있다(서승재, 2015: 28).

셋째, 집단구성원에 대한 과잉요구(overdemand)를 유발한다. 집단 내 사회적 자본의 강력한 결속력은 그 구성원에 대한 과잉요구를 유발함으로써 구성원의 성공을 차단할 가능성이 존재한다. 사회집단에서 강력한 결속력의 집단규범을 토대로 한 인간관계는 나태한 구성원들이 성공적인 구성원들에게 의존하여 무리한 요구를 하는 무임승차(free riding) 문제를 야기하게 되고, 이는 기업가적 성공을 가로막는 요인이 될 수 있다(박충우, 2013: 19).

예를 들어 성공한 사업가들은 그의 친지들로부터 물질적 도움이나 고용청탁을 받는 경우가 많은데, 강한 연대로 이루어진 사회적 네트워크 속에서 사업가들은 그러한 압력을 물리치기 힘들기 때문에 사회적 자본을 지속적으로 축적하려는 시도가 억제되게 된다. 이는 성공적인 구성원들의 자본축적과 더 큰 성공의 기회를 방해함으로써 사회전체의 효용감소와 함께 구성원들을 하향 평준화시키는 원인이 될 수 있다.

넷째, 집단구성원들 간의 강력한 결속과 이에 따른 참여는 필연적으로 집단규범에 대한 순응(adaptation)을 요구한다. 구성원들 간의 집단규범은 그 자체로 강력한 사회적 통제의 기제로 작동하게 되며, 이에 대한 순응의 요구는 결과적으로 개인의 자유와 자율성의 제약으로 나타날 수 있다. 즉 구성원들을 결속하는 통일된 규범과 이의 맹목적 실천은 구성원들의 자율성을 저해하는 요인이 될 수 있다는 것이다.

이상에서 살펴본 바와 같이 사회적 자본은 긍정적 기능과 부정적 기능을 동시에 가지고 있다. 사회구성원들 간의 협력이 더욱 중요시되는 현대사회에서 사회적 자본은 필수적이다. 그러나 모든 사회적 자본이 전체사회에 긍정적이지만은 않다는 점에서 사회적 자본의 장·단점을 논의할 때는 그 자본이 형성된 구조와 목적을 이해해야 할 필요가 있다

8. 사회적 자본의 구성요소

사회적 자본의 구성요소는 사회적 자본의 내용에 어떠한 것들이 포함되고 있는가 하는 것이다. 사회적 자본의 구성요소는 연구의 목적과 관점에 따라 여러가지 내용이 제시되고 있는데, 이는 사회적 자본의 개념적 다양성과 그로 인한 한계를 보여줌과 동시에 여러 분석단위로 접근이 가능하다는 것을 의미하는 것이기도 하다.

사회적 자본의 구성요소에 대한 선행연구를 보면 Coleman(1998)은 신뢰, 사회적 네트워크, 사회적 규범을 들고 있으며, Putnam(1993a)은 신뢰, 네트워크, 규범을 제시하고 있다. 그리고 Fukuyama(1995)는 신뢰, 규범, 참여와 네트워크 등 네 가지를 들고 있으며, Rohe(2004)는 사회적 신뢰, 제도적 규범, 네트워크, 집단적 협력, 사회적 포용력을 제시하고 있다(지은구·김민주, 2-14: 137 재인용). 한편 박희봉(2009)과 김명환(2000)은 사회적 자본의 구성요소로 신뢰, 규범, 네트워크를 들고 있으며, 최영출(2004)은 신뢰, 네트워크, 집단적 협력, 사회적 포용력,

제도적 규범을 제시하고 있다.

이 밖에도 여러 연구자들이 구성요소들을 제시하고 있으나 가장 많이 인용되고 있는 기본적 구성요소로는 구성원들의 공통기반을 확인할 수 있는 신뢰(trust), 이웃과 공동체를 유지할 수 있는 사회적 네트워크(network), 자원을 동원하고 안전망을 확보하기 위한 규범(norm), 그리고 공동의 목표를 확인하기 위한 참여(participation) 등 네 가지를 들 수 있다. 이들 구성요소의 구체적 내용은 다음과 같다.

1) 신뢰

신뢰(trust)는 사회적 자본을 구성하는 가장 핵심적인 요소이다. Uslaner(1999)는 사회적 자본은 가치체계, 특히 사회적 신뢰를 반영하고 있다고 강조하여 신뢰가 사회적 자본의 핵심적 요소임을 밝히고 있다(이경아, 2006: 28 재인용). 일반적 의미에서 신뢰란 "상대방이 나에게 해가 되는 행위를 할 가능성이 있음에도 불구하고 그러한 행위를 하지 않을 것이라는 기대를 가지고 위험을 자발적으로 감수하는 태도"를 말한다. 이같이 신뢰는 신뢰대상에 대한 신뢰자의 긍정적 기대를 내포함과 동시에 신뢰자가 위험을 감수한 상태에서 신뢰대상의 행위에 의존하는 주관적 작용을 의미한다.

신뢰는 여러 기준에 따라 유형화할 수 있으나 가장 일반적인 구분방법은 신뢰대상과 신뢰형성의 토대에 따른 구분이라고 할 수 있다. Newton(2000)은 신뢰를 그 대상을 기준으로 대인신뢰와 제도신뢰로 구분한다. 대인신뢰(trust in people)는 구성원 상호간의 대인적 관계에서 발생하는 사적 신뢰로서 사회적 자본으로서의 의미를 가지는 가장 기본적 형태의 신뢰이다. 그리고 제도신뢰(confidence in institutions)는 집단, 절차나 규범 또는 체제에 대해서 발생하는 공적 신뢰로서 한 사회가 유지되고 발전되는데 필수적인 요소이다.

이러한 대인신뢰와 제도신뢰 간에는 긴밀한 역동적 관계가 있으며, 대인신뢰가 제도신뢰의 필요조건이 되고, 제도신뢰의 정도는 대인신뢰 축적의 양상에 의해 결정된다(임우석, 2009: 28). 신뢰수준이 높은 사회는 이러한 높은 대인신뢰와 높은 제도적 신뢰가 공존하는 사회라고 할 수 있다.

한편 Zucker(1986)는 신뢰를 그 형성의 토대를 기준으로 특성의존적 신뢰, 과정의존적 신뢰, 제도의존적 신뢰로 구분한다(손호중, 2005: 42 재인용). 특성의존적 (characterisric-based)신뢰는 한 개인이 속하는 인종·성별·가족 등과 같은 귀속적 특성을 바탕으로 형성되는 신뢰이며, 과정의존적(process-based) 신뢰는 당사자 간의 지속적 상호작용과정에서 상대방의 신뢰성에 대한 경험이나 평판에 근거하여 형성되는 신뢰이다. 그리고 제도의존적(institutionally-based) 신뢰는 공식적 제도에 근거하여 개인 또는 집단을 대상으로 형성되는 신뢰이다. 제도의존적 신뢰는 한 사회가 유지되고 발전하는데 기본적인 요소가 된다고 할 수 있다.

신뢰는 다차원으로 구성된 심리상태 또는 행위의 정향이라고 할 수 있다. Barber(1983)는 신뢰가 단순한 심리적 현상이 아니라 사회적 관계에서 형성된다는 점에서 인지와 감정 그리고 행동의 세 차원으로 이루어진다고 한다(손호중, 2005: 48 재인용). 즉 신뢰는 신뢰주체의 인지와 감정을 기반으로 이루어지는 신뢰대상의 행위에 대한 긍정적 평가나 기대뿐만 아니라, 이러한 평가를 바탕으로 하여 신뢰하는 행동을 하고자 하는 의지까지를 포함하고 있다는 것이다.

이러한 세 차원은 상호 밀접한 관계를 갖고 있다. 신뢰의 행동적 차원은 인지적 차원과 감정적 차원을 통해 형성된 신뢰대상에 대한 낙관적 기대에 의해 나타난다. 그리고 신뢰에 입각한 실제적 행동은 그 자체로 감정적 유대감을 강화시킴과 동시에 그 결과는 인지적 차원에 영향을 주므로 신뢰의 세 차원은 동태적으로 연결된다(유종호, 2003: 18).

물질이 물리적 세계의 기본요소이듯이 신뢰는 인간 상호작용의 기본요소로서 긍정적 기능과 부정적 기능을 함께 가지고 있다. 먼저, 긍정적 기능을 보면 신뢰는 정치·경제·사회적 상호작용에 있어서 신뢰대상자의 배신에 따르는 위험을 방지하기 위한 수단을 강구하는 통제나 감시와 같은 거래비용을 감소시키고 안전한 거래환경을 조성함으로써 사회안정에 기여하며 투자 및 생산적 경제활동을 활성화한다.

또 신뢰는 다양한 사회적 네트워크의 형성을 촉진시켜 상호간의 유대강화와 협력을 가능하게 하고 공동의 목표를 달성하기 위한 자발적 노력을 유도한다. 뿐만 아니라 신뢰는 상호간의 적대감과 갈등을 해소해 주며 위기가 발생할 경우에 효과적으로 대처할 수 있게 한다. 이러한 긍정적 기능을 하는 신뢰는 일반화된 신뢰, 수평적 신뢰, 개방형 신뢰라고 할 수 있다(배일섭, 2010: 27-28). 이같이 신뢰는 사회적 자본의 한 요소이면서 동시에 사회적 자본의 다른 요소들을 형성하기 위한 일종의 '메타' 사회적 자본이라고 할 수 있다(김태선·김혜영, 2008: 959-960).

한편 신뢰의 부정적 기능을 보면, 신뢰관계로 형성된 집단구성원 간의 강한 유대는 폐쇄성과 제한된 결속력 등으로 나타나 외부인을 배제하는 작용을 하기도 하며 집단구성원 간의 무조건적 협력을 강요하기도 한다. 또 신뢰에 대한 집단 내부의 결속은 집단동조성을 초래하여 규범을 하향평준화시킴으로써 집단의 발전을 저해할 수도 있다(김태율, 2010: 516-520).

이러한 부정적 기능을 하는 신뢰는 특정화된 신뢰, 사적 신뢰, 폐쇄형 신뢰라고 할 수 있다. 이같이 신뢰는 긍정적 기능과 부정적 기능의 양면성을 갖고 있기 때문에 신뢰가 사회적 자본으로서 제대로 기능하기 위해서는 부정적 기능을 최소화하고 긍정적 기능을 최대화하기 위한 노력이 필요하다고 하겠다.

다음은 신뢰의 형성근거와 발전단계를 살펴보자. 신뢰성이 형성되는 근거에 대해 Hardin(1996)은 개인의 성격이나 도덕성에 바탕을 둔 신뢰성의 성향, 비공식적 관습이나 공식적인 법과 여타 제도에 의한 사회적 통제, 개인의 행위를 유인하거나 제재하는 사회적 규범 등 세 가지를 들고 있으며, Sztompka(1999)는 신뢰대상의 신뢰성에 대한 지식, 개인의 신뢰성향, 그리고 문화적 신뢰규범 등 세 가지를 지적하고 있다(류태건, 2018: 34 재인용). 그러나 신뢰가 오직 이들 근거에 의해서만 형성되는 것은 아니며 당시의 정치·경제·사회적 환경요인들도 그 형성에 영향을 미친다고 할 수 있다.

한편 신뢰의 발전단계에 대해 Lewicki와 Bunker(1996)는 신뢰의 발전을 하나의 연속적 과정으로 파악하여 어떻게 신뢰가 낮은 단계에서 높은 단계로 발전하는가를 설명하고 있다. 이들은 신뢰가 그 깊이에 따라 이해관계에 기초한 신뢰, 지식에 기초한 신뢰, 동일감에 기초한 신뢰의 세 유형으로 구분되는데, 신뢰자와 신뢰대상자 간의 관계가 지속됨에 따라 순차적으로 이들 유형을 거치면서 발전한다고 한다(안우환, 2005: 37 재인용).

즉 신뢰자의 신뢰대상자에 대한 신뢰는 초기에는 이해관계에 기초하여 출발하지만 관계가 지속되면서 신뢰대상자의 행동을 예측할 수 있게 되면 감시를 완화할 수 있게 되어 지식에 기초한 신뢰로 발전하게 되며, 더 나아가 신뢰자와 신뢰대상자가 서로의 가치를 내재화하여 관계에 대한 감정적 몰입을 이루게 되면 동일화에 기초한 신뢰로까지 발전하게 된다. 이러한 동일화의 단계를 통해 신뢰는 집단에 긍정적으로 작용하는 사회적 자본으로 발전하게 되는데, 동일화의 신뢰단계에서는 사회구성원들의 연대를 통한 상호협력과 효율성을 향상시킬 수 있게 된다.

2) 네트워크

네트워크(network)는 사람들 간의 유대를 토대로 개인과 개인간, 개인과 집단간, 집단과 집단간의 상호작용을 전제로 한다. 상호작용은 사람들로 하여금 네트워크를 형성하고 공동체를 유지하며 사회구조를 구성하게 해 주는데, 여기에서 규범과 정보의 흐름은 네트워크가 가능하도록 해 준다(구혜정, 2002 : 67).

사회적 자본의 구성요소로서의 네트워크는 인적 네트워크인 사회적 네트워크(social network)를 말한다. 일반적 의미에서 사회적 네트워크는 "사회라는 공간에서 개인이 그가 속한 집단 내외의 다른 구성원들과 맺고 있는 연결고리"를 의미한다. 개인들은 사회적 네트워크를 이용하여 상호작용을 하게 되는데, 네트워크 구축과정에서 다양한 형태의 집단이나 조직에 가입하여 멤버십을 획득하고 참여활동을 한다(도수관, 2015: 45). 네트워크가 존재하지 않으면 사회적 자본은 형성되지 않는다. 그런 점에서 네트워크는 사회적 자본의 기본적 구성요소의 하나이며, 동시에 사회적 자본 형성의 원천이 된다고 할 수 있다.

네트워크의 핵심적 구성요소로는 행위자, 행위자 간의 상호작용, 관계구조를 들 수 있다(윤병철, 2011: 27). 첫째, 행위자이다. 행위자는 의사결정과정의 참여자로서 자신이 속한 집단의 네트워크에 의해 영향을 받는 관계적 인간을 말하며 네트워크 구성의 가장 중요한 요소이다. 행위자들은 의사결정과정에서 자신의 주장이나 이해관계를 최대한 반영시키기 위해 노력하는데, 행위자들이 지향하는 목표와 이를 달성하기 위해 구사하는 전략에 따라 결정되는 정책의 성격이나 내용이 달라지게 된다.

둘째, 행위자 간의 상호작용이다. 사람들은 네트워크를 통하여 의사소통을 하고 가치와 정보를 공유하는 상호작용을 하게 된다. 네트워크에 참여하는 다양한 행위자들은 상호작용을 통하여 신념·욕구·자원 및 전략을 교환함으로써 서로의 이해관계와 관심에 대해 알게 되고 신뢰와 상호이해의 정도를 넓히게 된다(강동완, 2008: 39).

셋째, 관계구조이다. 관계구조는 행위자들 간의 상호작용의 결과로 나타나는 관계의 유형으로서 네트워크가 어떠한 구조로 구성되는가 하는 것이다. 네트워크에 참여하는 행위자들이 가진 영향력은 동일하지 않으며 그것을 행사하는 방식도 각각 다르기 때문에 행위자들 간에 상호작용을 통해 형성되는 네트워크 구조는 다양한 형태로 나타나게 된다. 이러한 관계구조는 네트워크에 참여할 수 있는 진입구조의 개방성 여부, 행위자들의 보유자원의 차이 등에 따라 그 내용이 달라지게 된다.

네트워크는 연구의 목적과 관점에 따라 여러 가지 유형으로 구분되지만 사회적 자본의 연구에서 가장 많이 인용되는 유형으로는 네트워크의 속성과 개방성 여부를 기준으로 한 구분이라고 할 수 있다. 네트워크는 그 속성에 따라 결속형 네트워크, 연계형 네트워크, 교량형 네트워크로 구분된다. 결속형 네트워크는 귀속적 성격을 갖고 있는데 비해 교량형 네트워크와 연계형 네트워크는 다양한 수준과 규모의 집단에 소속된 사람들을 연결시켜 광범위한 정체성과 호혜성을 갖게 한다는 점에서 공식적 네트워크라고 할 수 있다.

또 네트워크는 그 개방성 여부에 따라 폐쇄적 네트워크와 개방적 네트워크로 구분된다. 폐쇄적 네트워크는 구성원 간의 유대관계가 강한 집단에서 나타나는 네트워크로서 구성원 간에 유대감과 신뢰를 높여주지만 집단 외부에 대해서는 배타성을 띠게 된다. 반면에 개방적 네트워크는 구성원 간의 유대관계가 약한 2차집단이나 더 넓은 사회에서 나타나는 네트워크로서 귀속적 관계보다는 일반적인 이해관계에 의해 구성된다. 이 네트워크는 구성원들 간의 내부적 결속력은 약하지만 이질적인 사람이나 집단과 폭넓은 연계관계를 형성하도록 하여 정보나 여타 자원(resources)의 획득을 용이하게 한다.

네트워크는 상호작용적 특성, 구조적 특성, 기능적 특성 등 세 차원의 특성을 갖고 있다. 상호작용적 특성은 네트워크를 구성하는 행위자들 간의 상호작용의 패턴으로서 정서적 상태를 의미한다. 상호작용적 특성을 분석하는 변수로는 네트워크의 지속성, 지리적 근접성, 접촉 빈도(frequency of contact), 친밀도(intimacy), 방향성, 중첩성(multiplexity) 등을 들 수 있다. 구조적 특성은 네트워크를 구성하는 행위자들 간의 관계와 이들 관계간의 연계로 나타나는 전체적 네트워크의 양상이 어떠한가 하는 것이다. 이를 분석하는 변수로는 네트워크의 밀도(network density), 중심성(centrality), 구조적 공백(structural hole) 등을 들 수 있다.

한편 기능적 특성은 네트워크가 행위자들에게 어떠한 역할을 하는가에 관한 것이다. 네트워크는 여러 가지 기능을 수행하는 의사소통의 통로로 작용하는데, 이러한 기능은 행위자들의 필요, 의도, 자원전략에 의존하게 된다. 네트워크의 기능적 특성은 정서적 지원, 수단적 지원, 정보제공 및 조언과 같은 인지적 지원정도와 사회적 일체감의 유지, 사회적 접촉과 사회적 역할에의 정도를 얼마나 인식하는가에 대한 것으로 나타난다(최영광, 2011: 38).

네트워크는 지역공동체에서 다양한 역할을 수행한다. 공식적 채널을 통해서는 알 수 없는 정보를 획득할 수 있도록 하며 법률의 제재와 같은 강제적 규범에서 벗어나 호혜성(reciprocity)에 기초한 사회규범을 촉진하고 사회협력을 증진시킨다(박노동, 2014: 16). 또 네트워크는 지역공동체에서 다양한 정책제안을 하고 지역주민들 간에 다양한 의견을 교환할 수 있는 소통의 통로 역할을 하며 자발적 결사체들을 활성화시킴으로써 수평적 인간관계를 촉진하여 사회적 신뢰의 수준을 높여준다.

이러한 역할을 하는 네트워크의 효과로는 크게 정보획득효과와 상호지원효과를 들 수 있다. 정보획득효과란 네트워크라는 관계망에 속하게 됨에 따라 이전에 가질 수 없었던 다양한 정보를 얻게 되는 효과를 말한다. 이 효과에는 정보를 탐색하는데 필요한 비용의 절감과 함께 정보의 질적 수준이 개인이 독자적으로 수집하는 것보다 높아지는 두 가지 측면이 존재한다. 한편 상호지원효과란 네트워크를 통해 맺어진 다른 구성원들로부터 정서적 지원, 물질적 지원, 조언 및 충고 등을 얻는 효과를 말한다.

이러한 상호지원효과는 행위자가 어떤 특별한 이익에 대한 반응이 아니라 사회적 관계 그 자체로 인해 다른 행위자를 도우려고 하는 호혜성(reciprocity)으로 나타날 수 있는데, 한 네트워크에 속한 사람들과 긴밀한 관계를 맺고 있으면 그 효과가 더 커질 수 있다(홍혜승, 2016: 52). 그런데 네트워크의 효과는 네트워크의 특성에 따라 달라질 수 있다.

3) 규범

일반적 의미에서 규범(norm)이란 "특정한 집단이나 조직에서 그 구성원이 판단하거나 행동할 때에 마땅히 따라야 하며, 그 일탈에 대해서는 제재가 가해지는 사회적 기준"을 말한다. 규범은 어느 사회에나 존재하는 사회질서의 토대로서 사회체제를 유지하기 위한 행위와 틀을 가지고 있으며 사회의 일정성을 유지하기 위한 성격을 갖는다. 또 규범은 사회구성원들의 가치판단의 기준을 제공하며 절대적, 고정적인 것이 아니라 시공간에 따라 가변적이고 상대적이라는 성격을 갖고 있다(김구, 2019: 70-71; 양창삼, 1988: 49-52).

규범은 크게 사회규범(social norm)과 호혜성의 규범(norm of reciprocity)으로 구분할 수 있다. 그 중 사회규범은 특정행동에 대한 사회적 기대이며 그 일탈에 대해서 사회적 제재가 가해지는 기준으로서 법과 도덕, 관습을 그 내용으로 한다. 사회규범의 기능에 대해서는 다양한 견해가 제시되고 있는데, 이를 Mondal(2017)과 Farooq(2012)의 견해를 중심으로 살펴보면 다음과 같다(김구, 2019: 73-76 재인용).

사회규범은 개인이 사회에서 다른 구성원들과 함께 생활할 수 있도록 한다는 점에서 사회시스템 작동의 동인이 된다. 사회규범이 없다면 원활한 사회시스템 작동이 불가능하여 인간사회는 존재할 수 없다. 사회규범은 사회적 요구에 필요한 행동을 수행하는 방식으로서 구성원들의 행동의 기준 및 지침을 제공하고 행동을 규제함으로써 사회질서를 유지하는데 중요한 역할을 한다. 또 사회규범은 구성원들의 상호협력을 증진시켜 사회적 결속을 강화하며, 규범이 부과하는 규제는 구성원들로 하여금 규범에 순응하여 자신의 행위를 선택하고 관리할 수 있도록 한다.

다음은 호혜성의 규범에 대해 살펴보자. 인간행위를 규율하는 가장 영향력이 있는 규범은 명시적 규범인 법이라고 할 수 있으나 사회자본론의 일반적 접근방법은 국가나 시장(market)영역이 아니라 시민사회 영역의 분석에 초점을 두고 있기 때문에 국가영역인 법적·정치적 규범이 아니라 시민사회 내의 자율적 행위규범에 관심을 두게 된다.

그리고 법적·정치적 규범에 관심을 둔다고 하더라도 그 내용이 아니라 준법정신 등 시민사회의 행태적 특성에 관심을 두게 된다. 그런 점에서 사회적 자본에서 말하는 가장 기본적인 행위규범은 비공식적 규범인 호혜성의 규범이라고 할 수 있다. 호혜성(reciprocity)은 사회적 교환관계의 기초이고, 사회적 교환관계는 사회적 유대의 기초가 되기 때문이다(류태건, 2015: 42). 이러한 호혜성의 규범은 호혜성을 전제한 규범이며, 앞에서 설명한 일반적 사회규범은 호혜성의 전제가 없이도 기능하는 규범이다.

Gouldner(1960)에 의하면 호혜성은 "다른 사람과 상호작용을 할 때 자신이 다른 사람에게 제공한 것만큼 되돌려 받기를 원하며, 또 받은 만큼 되돌려주어야 한다는 내면의 심리적 교환"이다(김지영·정명호, 2012: 92 재인용). 호혜성을 이렇게 정의할 때 호혜성의 규범(norm of reciprocity)은 "다른 사람에게 무언가를 받으면 그것을 준 사람에게 그만큼 되돌려 주어야 한다는 규범"이라고 할 수 있다.

Mauss(1990)는 호혜성은 자기가 받은 자원의 가치를 즉각적이든 나중이든 상대방에게 되돌려주어야 한다는 도덕적 의무를 수반한다고 한다(이명현, 2010: 441 재인용). 호혜성의 규범에서는 교환의 각 당사자가 상대방으로부터 얻은 것을 되갚아야 할 '의무'와 함께 자신이 베푼 것을 되돌려 받아야 할 '권리'를 모두 가지고 있다. 따라서 주고받는 교환의 성공여부는 상대방의 호혜적인 행위에 달려 있다고 할 수 있다. 호혜성이 실제로 작동하기 위해서는 나의 '권리'를 상대방이 자신의 '의무'로 받아들여 그 의무를 수행할 것이라는 '기대'가 있어야 하며, 상대방도 마찬가지로 그러한 기대가 있어야 한다(최종렬, 2004: 108-109).

이러한 호혜성의 유형을 살펴보면, Keohane(1986)은 호혜성의 핵심을 조건성(contingency)과 등가성(equivalence)으로 보고 이를 기준으로 구체적 호혜성과 포괄적 호혜성으로 구분하였으며, Putnam(1993a)은 균형적 호혜성과 일반화된 호혜성으로 구분하고, 그 중에서 일반화된 호혜성을 매우 생산적인 사회적 자본의 요소로 보았다. 한편 Sahlins(1972)는 도덕적 의무감을 호혜성의 핵심으로 보아 일반화된 호혜성, 균형잡힌 호혜성, 부정적 호혜성으로 구분하였는데 그 내용은 다음과 같다(최종렬, 2008: 30; 정병은·장미혜, 2008: 204).

일반화된 호혜성(generalized reciprocity)은 자원의 교환에 있어서 상대방에게 기대하는 보답이 시기적으로 정해지지 않고 등가성에 있어서는 가치가 동일하거나 더 좋은 것을 돌려주려는 호혜성이다. 균형잡힌 호혜성(balanced reciprocity)은 직접적인 교환으로서 예상된 보답의 즉각성은 중간 수준이나 등가성이 높고 이해관계에 있어서 서로를 공평하게 고려하는 호혜성이다.

그리고 부정적 호혜성(negative reciprocity)은 자기의 이해관계를 최고로 고려하는 호혜성으로서 자원을 등가적으로 교환하기보다는 자신에게 최대한 유리한 방향으로 무언가를 상대방으로부터 얻고자 하는 것을 말한다. 이들 호혜성 중에서 일반화된 호혜성은 장기적으로 지속되면서 두터운 상호신뢰가 공유된 공동체적 집단에서 나타나는 긍정적 호혜성으로서 사회적 자본을 형성하는 핵심이 된다.

이러한 호혜성의 규범의 기능으로는 사회적 교환을 비롯한 상호작용을 강화시키고 구성원의 행동을 인도하거나 규제하며 사회적 유대와 결속의 강화, 일반신뢰의 증진, 구성원들의 협력 증진과 자아성취감 제고에 기여한다. 또 사회체제의 안정성 제고와 함께 구성원들의 기회주의를 보다 효율적으로 억제하여 집합행동의 딜레마를 해소하는데 기여한다(박충우, 2013: 27).

그런데 사회구성원들이 규범에 순응하고 그것을 준수하는 이유는 규범 자체를 정당하다고 믿는데다가 규범이 보상과 제재의 체제를 갖추고 있기 때문이다. 그리고 규범의 내재화도 규범에 순응하는 원인이 된다. 규범의 내재화란 사회를 구성하는 개인이 행동의 표준에 따르려는 선호의 습득과정이며, 타인이 그의 잘못을 알든 모르든 규범에 따르지 않으면 심리적 부담을 느끼는 과정이다. McAdams(1995)는 규범이 초기에는 제재 등 외부의 압력에 의해 순응을 유지할지라도 개인에 의해 점차적으로 내재화된다고 한다(박의철, 2004: 218 재인용).

4) 주민참여

일반적 의미에서 주민참여는 "공식적 권한을 가지지 아니한 주민들이 지방정부 또는 그 기관의 정책을 비롯한 활동에 직·간접적으로 영향력을 행사하기 위하여 행하는 일련의 행동"을 말한다. 주민참여의 범주에 대해서는 연구의 관점과 내용에 따라 최협의, 협의, 광의, 최광위의 네 가지가 제시되고 있다.

초기의 주민참여에 대한 연구에서는 참여의 범주를 좁게 한정하는 경향이 있었으나 최근에는 그 범위를 넓게 잡아 청원이나 시위 등 비공식인 행위도 참여에 포함시키는 경향이 나타나는 등(이승종·김혜정, 2018: 53-59) 참여의 범주를 광의로 잡는 추세가 두드러지고 있다. 광의의 주민참여는 정치·행정시스템의 다양한 수준에서 발생하는 정치적·행정적 선택에 직·간접적으로 영향을 미치기 위한 주민들의 자발적 활동으로서, 여기에는 시민불복종운동과 비합법적 행위도 포함된다.

한편 주민들이 어디에 참여하는가 하는 참여의 영역으로는 지역사회참여, 행정참여, 정치참여를 들 수 있다. 지역사회참여는 해당지역 주민들이 지역의 공공문제에 관심을 가지고 이를 해결하기 위해 지역현안을 다루는 공청회, 토론회나 지역운동 등 각종 지역사회활동에 참여하는 행위이며, 행정참여는 지방정부에서 이루어지고 있는 정책의 결정 및 집행과정에 참여하여 의견을 반영하는 등 영향력을 행사하는 활동을 말한다. 그리고 정치참여는 투표행위, 선거운동, 정치적 찬반 시위, 온라인을 통한 정치적 이슈 등에 참여하는 것을 말한다.

이같이 주민들이 자신에게 영향을 미치는 지방정부의 정책결정을 비롯한 지역문제에 직·간접적으로 참여하는 이유는 참여동기가 작용하기 때문이다. 참여동기로는 선별적 보상(selective gratification)동기와 집합적 보상(collective outcome)동기를 들 수 있는데(오영안, 2017: 108), 전자는 개인이 참여를 통해 사적으로 편익이라는 배타적 보상을 얻기 위해 작용하는 동기이며, 후자는 참여하지 않은 사람들까지도 비배타적으로 편익을 향유하도록 하기 위해 작용하는 동기이다. 그런데 주민들은 참여를 통해 개인적으로 심리적 만족감을 얻는 한편 결과적으로 사회전체적인 집합적 이익에도 기여한다는 점에서 참여는 참여자들에 따라 정도의 차이는 있으나 선별적 보상동기와 집합적 보상동기가 모두 작용한다고 할 수 있다(오영안, 2017: 112).

주민참여는 주민들의 선호에 대한 지방정부의 대응성을 제고하는 수단일 뿐 아니라 민주주의의 유지에 필요한 주민들의 자질과 태도를 함양하며 자기실현의 가치를 제고하는데 기여한다. 이러한 주민참여의 기능을 구체적으로 설명하면, 정치·행정적 측면에서 주민참여는 주민들이 직접 지방행정에 참여하여 이해관계가 걸려 있는 지역문제를 타협을 통해 처리함으로써 대의제도의 미비점을 보완해 주는 한편 행정에 대한 감시와 통제를 통해 행정의 민주성 제고에 기여한다.

또 주민참여는 전문가인 관료들의 지배를 거부하고 지방행정에 있어서 다수의 이익을 대표하는 정책결정에 정당성을 부여하며 주민과 행정간의 협력을 증진시킨다. 이와 함께 주민참여는 소외계층의 참여를 통해 형평성을 제고시키며 참여주민들이 행정에 대한 이해를 통해 과격한 요구를 지양함으로서 사회적 안정에 기여한다.

한편 사회적 측면에서 주민참여는 지역주민들에게 지역사회에 대한 책임의식을 제고시키며 주민들의 공동체의식을 배양하게 한다. 또 주민참여는 참여주민들로 하여금 인간으로서의 자아성취감을 얻도록 하며 참여를 통해 지역사회와 행정의 내용을 더 잘 알게 되는 교육적 효과를 가져다 준다. 뿐만 아니라 주민들의 다양한 참여는 지속적인 상호작용을 통해 공공문제에 대한 가치와 규범을 공유하도록 하여 사회적 자본인 신뢰와 호혜성의 규범을 형성하는 데에도 기여한다.

이같이 주민참여는 다양한 기능적 편익과 효과를 갖고 있지만 동시에 부정적 기능에 따르는 한계도 가지고 있다. 그 내용으로 주민참여는 참여주민들의 참여대상에 대한 지식·정보·기술 등 역량이 부족할 경우에는 합리적 의사결정을 어렵게 하며, 참여과정에서 많은 시간과 비용이 소요되기 때문에 정책의 결정과 집행을 지연시키고 자원을 낭비할 가능성이 있다. 또 비전문가인 주민들의 정책과정 참여는 전문가인 관료들의 행정능력을 저하시키고 특정계층 위주의 참여는 주민대표성을 훼손할 우려가 있다. 이와 함께 주민참여는 주민들이 행정권력에 흡수·포섭되거나 행정기관의 책임회피 수단으로 이용될 우려도 있다.

그런데 주민참여에 대한 이러한 비판은 참여 그 자체가 가지고 있는 원리나 가치에 대한 비판이라기보다는 방법과 운영상의 문제 그리고 참여환경에 대한 지적이라고 볼 수 있다. 예를 들어 능률면에서 볼 때 단기적·기계적 관점에서는 주민참여가 비능률과 낭비를 초래하는 것으로 여겨질 수도 있다. 그러나 주민참여 없이 결정된 정책이 경비와 시간 등의 비용을 감소시켰다고 하더라도 정책의 결과가 행정수요나 주민들의 욕구를 제대로 반영하지 못했다면 기계적 능률은 높다고 해도 바람직한 정책이라고 할 수는 없다.

이런 점에서 주민참여는 단기적 입장과 기계적 능률관에서 보면 비능률로 보이지만 장기적 관점에서 보면 주민들의 관심과 이해 및 협력이 가져오는 승수효과를 통하여 결국 능률을 가져오게 되는 것이다(최호준, 1987: 113-114). 그리고 주민들의 역량부족 문제도 최근 들어 주민들의 지적 수준과 참여의식이 계속 높아지고 있으며 행정정보의 공개를 비롯한 참여환경도 점차 나아지고 있어 주민참여의 한계가 어느 정도 극복이 가능하다고 여겨진다.

5) 구성요소 간의 상호관계

위에서 사회적 자본의 구성요소인 신뢰, 네트워크, 규범, 주민참여에 대해 살펴보았다. 그런데 이들 구성요소들은 각각 독립적으로 존재하는 것이 아니라 밀접한 관련성을 가져 상호 영향을 미치고 있다(안태숙, 2011: 24-25). 신뢰의 축적은 네트워크의 결속을 강화하고 상호작용을 통해 참여를 활성화시키는 한편 장기적으로 공동체 구성원들을 전체의 이익에 헌신하게 하는 규범을 내면화하도록 한다.

그리고 네트워크는 내부 구성원들 간의 신뢰가 축적되는 장으로서 네트워크 안에서 누적적인 상호작용을 통해 신뢰가 형성되고 안정화된다. 네트워크가 신뢰를 창출하는 데에 영향을 미치는 요인은 다음과 같다(김용학, 2003: 126-127). 첫째는 네트워크의 지속성(duration)과 상호작용의 빈도(frequency)로서 네트워크가 장기간 지속되고 빈번하게 상호작용을 할수록 신뢰는 높아진다.

둘째는 연결망의 중첩성(multiplexity)으로서, 개인이나 집단이 여러 종류의 네트워크에 의해 중첩될수록 신뢰는 더욱 높아진다. 셋째는 상징의 공유로서, 네트워크에 속한 구성원들은 다양한 의례(예를 들어 동창회나 체육대회)를 통하여 상징적 정체감을 형성함으로써 구성원들 간의 상호신뢰가 높아진다. 넷째는 네트워크의 동질성으로서, 수직적 네트워크보다 네트워크 구성원 모두가 서로 연결된 수평적 네트워크가 신뢰를 형성하는데 더 유리하다.

한편 규범은 반복적인 상호작용의 네트워크 안에서 빠르게 생성되는데 일탈행위를 억제함으로서 네트워크의 결속을 다져 생산성을 증가시키며(안태숙, 2011: 24), 개인에게 내재화된 규범은 네트워크에서 신뢰와 협동을 유도한다. 그리고 참여는 규범을 학습하게 하며, 규범에 대한 순응은 신뢰를 기반으로 한다. 이와 같이 사회적 자본의 구성요소인 신뢰, 규범, 네트워크, 참여는 서로 인과관계가 복잡하게 얽혀져 상호보완적으로 존재한다.

9. 사회적 자본의 형성 기반

사회적 자본(social capital)은 구성원들 간의 연결을 통해 이루어지는 '관계' 속에 존재하며 사회적 교환을 통해 형성된다. 사회적 자본은 다양한 층위의 사회적 집단, 가정, 학교, 시민사회를 통하여 형성된다. 또 지역특성과 사회변화에 의해서도 형성되며 사회적 관습과 제도 역시 사회적 자본의 형성과 유지·발전에 영향을 미친다(박희봉a, 2009: 93). 이를 구체적으로 살펴보자.

첫째, 사회적 자본은 가정을 통해 형성된다.

사회적 자본은 기본적으로 인간관계에서 발생한다는 점에서 가정은 한 사람이 태어나 자라면서 사회화되는 과정에서 가장 빈번한 접촉을 하는 공간으로서 사회적 자본 형성의 가장 중요한 원천이 된다. 가족은 규범과 사회적 연결고리를 만들고 구성원들에게 이익을 주는 사회적 네트워크를 제공한다. 상호작용에 기초한 가족 간의 관계나 아동의 정서적·신체적 욕구를 해결해 주는 가족의 능력은 가족 간의 협력과 신뢰의 발달을 촉진시켜 준다(홍영란, 2006: 21).

또 이렇게 가족구성원 간에 공유하는 물질적·정서적 지원과 호혜성은 가정 밖에서도 그러한 지원을 서로 주고받을 수 있는 기대를 조성해 주기 때문에 다른 사람들이나 사회집단과도 신뢰와 협력을 할 수 있게 한다. 이같이 가정은 학습의 주요 원천으로서 가정교육은 사회적 자본의 형성에 강력한 영향을 준다.

그런데 개인이 가정에서 형성된 사회적 자본은 전체 사회적 입장에서는 부정적 효과를 가져 올 수도 있다. 네트워크가 가족 및 이웃으로만 연결되어 있고 전체사회로 연결되기 어려울 경우에 각 개인은 주로 가족 및 이웃공동체 중심의 닫힌 네트워크를 통해서 인간관계가 형성됨으로써 열린사회로서의 거시적인 인간관계를 형성하기 어려울 수도 있는 것이다(박희봉a, 2009: 86).

둘째, 사회적 자본은 교육기관을 통해 형성된다.

학교를 비롯한 각종 교육기관은 다양한 사회적 네트워크가 이루어지는 장소로서 사회적 협력의 가치를 형성한다. 특히 학교는 교직원, 학생, 학부모, 지역주민들에게 다양한 사회적 관계가 교차될 수 있는 접점들을 제공할 뿐만 아니라 협력의 가치를 고양시킨다(신석근, 2010: 15). 또 교수방법과 학습조직이 새로운 아이디어와 문화적 다양성, 개방성뿐만 아니라 학습과 팀워크를 공유하는 데에도 유용하다는 점에서 학교는 사회의 다른 집단들을 연결하는 사회적 자본의 형성을 지원한다(홍영란, 2006: 21). 이같이 학교교육을 통한 사회적 자본의 형성은 직접적이고 계획적이며 의도적이라는 점에서 다른 2차기관보다도 그 영향이 크다고 할 것이다.

셋째, 사회적 자본은 단체가입 및 참여를 통해 형성된다.

사회적 자본은 취미클럽, 협동조합, 시민단체 등 사회단체에 가입하고 활동하면서 형성된다. 개인은 성장 후 사회생활을 하게 되면서 다양한 성격의 2차집단에 자발적으로 참여하고 지속적인 상호작용을 함으로써 사회적 자본이 형성된다(윤지희, 2013: 20). 사람들이 다양한 단체에 참여를 통해 보편적이고 개방적인 관계를 맺고 상호작용을 할 때 사회적 자본 형성의 일차적 조건이 충족되었다고 할 수 있다.

단체에의 참여를 통한 구성원들의 상호작용은 보다 많은 사람의 개인행위에 대한 정보를 알 수 있게 해줌으로써 상호신뢰를 형성하게 해

주며 개인이 사회적 협력과정에서 이탈하거나 기회주의적으로 행동하는 것을 억제시켜 상호협력의 가능성을 높여준다. 또 보다 장기적 관점에서 이해타산을 하도록 함으로써 상호 호혜성을 형성시켜 상호작용에 관련된 사람들로 하여금 서로 신뢰를 갖도록 한다.

더 나아가 사회단체에 가입하여 활동하게 되면 사회의 보편적인 가치가 사회단체에 전파되어 사회 전체적인 신뢰와 규범, 협력능력이 향상될 수 있다. 따라서 사회적 자본 형성과정의 메커니즘과 관련하여 중요한 것은 어느 정도 많은 사회구성원들이 단체·모임·협회를 횡단하여 다른 조직에 참여하고 있는가이다(박희봉a, 2009: 88).

넷째, 사회적 자본은 국가제도를 통해서도 형성된다. 사회적 자본의 형성을 제도적 측면에서 접근한 연구들은 국가가 법과 계약 등 공적 제도를 효율적으로 집행함으로써 사회적 자본 형성에 긍정적 영향을 미친다고 본다. 예를 들면 법질서 등 공적 제도가 잘 준수되는 사회에서는 남을 신뢰하는데 드는 위험비용이 감소하기 때문에 서로 신뢰하기가 쉽다. 반대로 공적 제도가 제대로 작동되지 못해서 부정부패가 심한 사회일수록 신뢰는 감소된다는 것이다(이동원 외, 2009: 49).

10. 사회적 자본의 측정

1) 사회적 자본의 측정 영역

사회적 자본의 측정은 이 자본의 다면적이고 추상적인 성격으로 인하여 매우 어렵다고 할 수 있다. Woolcock과 Narayan(2000)은 사회적 자본 측정이 어려운 가장 중요한 이유는 사회적 자본 개념의 다면성에 기인한 측정영역 및 측정수준의 다양성 때문이라고 하고 있다(지은구·김민주, 2014: 160 재인용).

이러한 한계 속에서도 사회적 자본에 대한 측정영역과 지표선정에 대한 연구가 계속 이루어져 왔으나 일관되고 합의된 측정지표는 아직 개발되지 못하고 있다. 그 때문에 대부분의 연구에서는 사회적 자본을 종합적으로 측정하기보다는 구성요소별로 개별적인 측정을 한 후 그 결과를 토대로 자본의 수준을 설명하고 있다(안태숙, 2011: 29).

사회적 자본의 측정지표로는 설문조사나 인터뷰를 통한 정성적(주관적) 지표와 통계자료를 활용한 정량적(객관적) 지표가 사용되고 있다. 그런데 사회적 자본은 '소유'의 관점이 아닌 사람들과의 '관계'의 관점에서 접근해야 하므로 측정을 객관화하여 정량화하기가 쉽지 않다. 그 때문에 정성적 지표에 의해 측정되는 경향이 많으며 정량적 지표는 보완적으로 사용되고 있다(윤두섭·오승은, 2007: 107).

사회적 자본을 측정하기 위해서는 먼저 측정영역을 정해야 하는데, 이는 사회적 자본의 구성요소와 직접 관련된다. 그 이유는 사회적 자본의 측정은 곧 사회자본 구성요소의 내용들을 측정하는 것이기 때문이다. 이러한 측정영역에 대한 선행연구를 보면 Rohe(2004)는 사회적 자본의 구성요소를 시민관여, 사회적 네트워크, 신뢰, 조직인프라의 넷으로 보고 요소별로 측정지표를 제시하고 있다(최영출 외, 2006: 104 재인용).

그리고 사회적 자본의 수준을 국제적으로 비교 연구하여 제시하고 있는 세계은행(World Bank, 2004)은 그 구성요소를 집단과 네트워크, 신뢰와 단결성, 집단적 활동과 협력, 정보와 의사전달, 사회적 응집성과 포용력, 권한과 정치활동 등 6개 차원으로 보아 요소별로 지표를 제시하고 있다(최영출 외, 2006: 105 재인용). 또 지은구와 김민주(2014: 161-165)는 신뢰, 공유된 규범과 가치, 네트워크, 안전 그리고 사회참여로 보아 요소별로 측정지표를 제시하고 있다.

이상에서 사회적 자본의 측정영역에 대한 일부 연구자들의 선행연구를 살펴보았는데, 사회적 자본은 비록 다면적 속성을 가지고 있지만 개인적 수준의 사회적 자본과 집단적 수준의 사회적 자본을 모두 포함하는 개념이므로 측정 역시 두 영역을 모두 포함시켜 이루어져야 한다

(지은구·김민주, 2014: 161). 개인적 수준의 사회적 자본을 측정하기 위해서는 네트워크와 사회적 관계가 측정되어야 하며 집합적 수준의 사회적 자본이 측정되기 위해서는 신뢰나 동질성, 연대의식이나 사회참여 등이 측정되어야 할 것이다. 이런 점에서 사회적 자본 측정의 핵심적 대상영역으로는 사회적 자본의 핵심적 구성요소인 신뢰, 네트워크, 규범, 참여의 네 가지를 들 수 있다.

2) 사회적 자본의 측정지표

사회적 자본의 측정은 연구자들에 따라 상이한 입장과 분석수준에서 접근하고 있어서 아직까지 일반적으로 인정되는 포괄적인 지표는 존재하지 않는다(이동원, 2009: 126). 때문에 사회적 자본을 측정할 때에는 측정자들이 측정의 수준과 요인을 명확히 할 필요가 있으며, 특히 연구목적에 적합한 개념화와 대상의 특성을 반영한 지표를 선정하는 것이 중요하다(강용배, 2003: 194). 측정지표에는 측정하고자 하는 목표가 담겨 있어야 하며 측정하고자 하는 그 사회의 특성이 주민들의 단체활동, 가치체계, 신념체계 등과 관련이 있어야 한다(홍영란, 2007: 71).

사회적 자본은 사회구조화과정에서 발생하기 때문에 제도, 관습 및 경제, 사회, 교육, 문화적 특성과 관련되어 있어서 지역 또는 국가의 문화적 차이에 따라 그 내용이 다를 수 있다. 따라서 외국의 연구자나 국제기관이 제시하고 있는 측정지표를 그대로 우리 사회에 적용하는 것은 비현실적인 수도 있기 때문에 그 측정에 있어서는 우리의 사회·문화적 여건과 상황을 고려하여 타당성 있고 실질적인 지표를 개발할 필요가 있다. 또 사회적 자본의 측정지표는 사회적 자본의 모든 존재양식, 유형을 포함한 구조를 나타내는 것이어야 한다(홍영란, 2007: 74).

그런 점에서 우리 사회에서 적용이 바람직한 기본적인 측정지표들을 영역별로 살펴보면 다음과 같다. 첫째, 신뢰에 대한 측정지표이다.

신뢰는 직접적으로 측정할 수 있는 항목이 아니기 때문에 간접적 질문 방식을 통하여 측정된다. 주요 측정지표로는 다른 주민들에 대한 신뢰, 지방정부에 대한 신뢰, 비영리조직에 대한 신뢰, 지역사회기관에 대한 신뢰 등을 들 수 있다. 둘째, 네트워크에 대한 주요 측정지표로는 네트워크의 규모, 네트워크 참여 및 활동의 정도, 네트워크의 동질성 및 다양성, 네트워크의 위치, 유대관계의 친밀성 등을 들 수 있다.

셋째, 규범도 신뢰와 마찬가지로 직접적으로 측정하는 지표가 존재하지 않기 때문에 간접적 항목을 통하여 측정된다. 주요 측정지표로는 공중도덕 준수수준, 주차질서 준수수준, 법규준수 수준, 범법행위 신고 여부, 사회적 이타심, 공정성 등을 들 수 있다. 넷째, 참여의 주요 측정지표로는 이웃과의 상호작용, 사회단체 참여활동, 지역사회조직 참여, 지역사회시설 이용, 자원봉사 활동 등을 들 수 있다.

11. 사회적 자본과 지역공동체 발전의 관계

1) 사회적 자본과 지역공동체 발전의 관계

일반적으로 사회적 자본이 풍부한 사회는 지역공동체 발전의 정도가 높고, 구성원들 간에 신뢰와 네트워크 기능이 원활할수록 지방정부의 대응성이 촉진되며, 사회적 자본과 지방정부의 대응성이 높을수록 지역공동체 발전이 보다 가속화된다는 사실이 연구결과 밝혀지고 있다. 사회적 자본의 축적은 지역공동체의 질적 수준을 향상시킬 뿐만 아니라 경쟁력을 제고시키고 지속가능한 발전을 위한 토대를 형성한다. 이런 점에서 사회적 자본의 축적은 지역공동체 문제해결의 선행조건이 된다고 할 수 있다.

Putnam(1993a: 27)은 사회적 자본이 축적된 지역에서는 참여네트워크가 구성원 상호간의 신뢰를 증진시키고 호혜성의 규범(norm of recipeocity)을 강화시켜 의사소통을 활성화하며, 나아가 지역의 문제해결을 용이하게 함으로써 결과적으로 지역발전에 기여한다고 한다. 그리고 박희봉(2002: 222)도 사회적 자본은 지역의 개인과 집단 및 조직 간의 협동적인 집단행동을 장려하기 때문에 지역 및 조직의 문제해결을 위한 능력을 제고하는데 직접적인 관계가 있다고 한다.

이들을 비롯한 여러 연구자들의 실증적 연구결과를 종합하면 사회적 자본이 축적되면 지역공동체 구성원들의 연대의 범위와 깊이가 증대되고 교환행위가 효율화되며 구성원들의 자발적 참여가 확대됨으로써 지역공동체 발전과 공공재의 생산에 기여하게 된다(최종덕, 2007: 152). 사회적 자본의 지역공동체 발전과의 관계를 구체적으로 설명하면 다음과 같다.

첫째, 사회적 자본은 구성원들의 협력적 노력을 촉진시켜 지역공동체 발전에 기여한다. 사회적 자본은 상호신뢰를 바탕으로 갈등관계를 협력관계로 전환시켜 주며 사회적 의무감 또는 사회의식이 없이 사익을 추구하는 이기적이고 자기중심적인 개인을 공동의 이익과 공동선(public good)을 지향하는 시민공동체의 일원으로 탈바꿈시킴으로써 사회를 하나로 묶어주는 접착제의 역할을 수행한다. 따라서 사회적 자본이 발달한 사회에서는 공동체의식이 높아져 공동체형성이 촉진된다(곽현근·서윤정, 2012: 18).

공동체의식이 높은 사회에서 사람들은 자신의 사익만을 추구하는 개인주의적이고 자기중심적인 존재가 아니라 집단구성원으로서의 소속감, 연대감, 그리고 책임감이 제고되어 공통의 문제를 함께 해결하려는 집단주의성향이 강해진다. 이러한 사회에서는 공동체의 문제를 자신의 문제로 인식하기 때문에 공공의 문제에 적극적으로 참여하게 되며 공동노력에 불참하려는 무임승차(free riding)의 욕구가 자리 잡기 어렵다. 그리고 무임승차 욕구가 감소되다보니 구성원들 간의 협력적 노력이 촉진되며 사익 축적의 동기에서 유발되는 집단행동의 딜레마가 사라지고 공공재의 원활한 공급이 가능해짐으로써(유재원, 2003: 106-116) 공동체발전에 기여하게 된다.

둘째, 사회적 자본은 거래비용의 감소를 통해 경제적 효율성을 제고시킨다. 사회적 자본은 거시적 입장에서 상호존중의 규범과 신뢰를 보편화시켜 거래비용(transaction cost)을 절감하고 경제활동에 수반되는 각종 위험요소를 최소화함으로써 지역공동체 경제의 성장과 안정에 기여한다.

셋째, 사회적 자본은 지역공동체의 생산성 향상에 기여한다. 지역공동체에 사회적 자본이 축적되면 구성원들의 활동이 원활해짐으로써 역동성이 증가하고 문제해결능력이 강화되어 생산성 향상에 기여한다.

넷째, 사회적 자본은 지역공동체의 사회적 갈등을 완화하는데 기여한다. 사회적 자본은 공동체성원들 간의 신뢰 및 이를 보장하고 지원할 수 있는 규범과 제도 등을 통해 상호협력과 조정을 강화함으로써 개인과 집단간, 집단과 집단간의 갈등을 완화시키고 사회적 안정과 통합을 유지하기 위한 기제로 작용한다. 즉 사회적 자본의 축적은 갈등당사자 간의 의사소통, 신뢰 및 상호존중, 상호의존을 증대시키기 때문에 갈등의 예방뿐만 아니라 이미 발생한 갈등을 격화되지 않도록 하며(장용석 외, 2009: 47), 집단구성원의 공공이익을 위해 자발적으로 협력하도록 한다.

다섯째, 사회적 자본은 주민들의 삶의 질 향상에 기여한다. 사회적 자본은 지역공동체의 여건에 부합되는 최적의 자원배분과 의사결정을 가능하게 함으로써 궁극적으로 주민들의 삶의 질을 향상시키는데 기여한다. 또 사회적 자본이 축적되면 양질의 아동보육, 취업 등 사회의 여러 영역에서 기회가 확대되고 사회적으로 자율성을 제고하고 상호부조의 복지연결망을 구성할 수 있다.

이런 점에서 사회적 자본은 지방자치와 지역발전을 매개하는 변수이자 지역주민들의 삶의 질 향상, 지속가능한 발전 등 지역발전의 과제를 해결해 줄 수 있는 수단이 되어(소진광, 2004: 87) 지역공동체발전에 긍정적 역할을 한다. 그런데 사회적 자본은 언제나 긍정적 역할만을 하는 것은 아니어서 사회적 자본이 개인의 사적 이익을 도모하고 폐쇄적일 경우에는 사회적으로 배타성과 부정부패를 야기하는 등 사회발전에 부정적으로 작용하기도 한다.

이상에서 사회적 자본이 지역공동체 발전에 미치는 영향을 살펴보았는데, 이러한 영향을 사회적 자본의 구성요소별로 제시하면 다음과 같다. 첫째, 신뢰는 공동체구성원들 간의 교류를 증진시키고 다양한 형태의 결사체 참여를 조장하며 소통의 확대를 촉진시킨다. 신뢰는 구성원 상호간의 협력을 가능하게 하고 공동의 목표를 달성하기 위한 자발적 노력을 유도한다.

신뢰는 관용(tolerance)의식을 제고시켜 문화적·정치적인 '다름'에 대한 수용성을 높이며 집단간의 적대감과 혐오감을 억제하여 집합적 연대를 강화시켜 준다. 또 신뢰는 정치·경제·사회적 상호작용에 있어서 신뢰대상자의 배신에 따르는 위험을 방지하기 위한 수단을 강구하는 통제나 감시와 같은 거래비용(transaction cost)을 감소시키고 안전한 거래환경을 조성함으로써 투자 및 생산적 경제활동을 활성화하는데 기여한다(류태건, 205: 49-50).

둘째, 네트워크는 법률의 제재와 같은 강제적 규범에서 벗어나 호혜성(reciprocity)에 기초한 사회규범을 촉진하고 남을 속이거나 배신하는 행위를 억제하도록 하여 사회적 협력을 증진시킨다(박노동, 2014: 16). 또 네트워크는 집단이나 조직에서 다양한 정책적 제언을 하고 구성원들 간의 의견을 교환할 수 있는 소통의 장을 마련해 준다(최길수·김동신, 2013: 74). 사회적 네트워크가 활발한 사회에서는 개인으로 하여금 단기적 관점에서 개인이익을 추구하기보다는 장기적 관점에서 이익을 추구하도록 만들어준다. 왜냐하면 개인들이 원자화되어 있는 것이 아니라 네트워크로 연결되어 있음으로 해서 보다 장기적 안목을 가지고 대인관계를 가질 필요성이 발생하기 때문이다.

셋째, 규범은 사회구성원들의 기회주의를 보다 효율적으로 억제하고 집합행동의 딜레마를 해소하는데 기여한다. 집단 내의 공유된 호혜성의 규범(norm of reciprocity)은 개인의 이기심을 억제하고 개인보다는 집단전체의 목표를 추구하게 함으로써 구성원들의 기회주의적 행동을 억제하고 공동체에 반하는 일탈행위를 감소시켜 상호협력을 가져올 수 있게 한다(박충우, 2013: 27). 이러한 규범은 사회체제의 안정과 함께 사회적 유대와 결속의 강화에 기여한다. 사람들의 집단적이고 협동적인 삶은 사회규범 때문에 가능하며 규범적 체계는 공동체성원들의 유대와 결속력을 강화하는 토대가 된다.

넷째, 참여는 사회적 형평성을 제고시키고(유승우, 2006: 13-14), 주민상호간의 협력의식을 높여주며 사회적 안정에 기여한다. 주민들이 능동적으로 정책과정에 참여하게 되면 서로 다른 이해관계에 대한 타협의 가능성이 높아지는데다 정책과정에서의 고충과 현실을 이해하게 되어 행정기관에 과격하고 급진적인 요구나 행위를 자제함으로써 사회적 안정에 기여한다. 또 각종 시민조직에 참여하게 되면 협동능력 뿐 아니라 집단적 행위를 위한 공유된 책임감을 갖게 됨으로써 정치적 사고, 사회적 믿음, 정치참여 그리고 실제적 시민의 경쟁력을 보다 잘 발휘할 수 있게 한다.

2) 사회적 자본과 지역공동체 경제발전의 관계

위에서 사회적 자본과 지역공동체 발전과의 관계에 관해 고찰했는데 여기에서는 지역공동체 발전 중에서도 특히 경제발전과 사회적 자본과의 관계를 구체적으로 살펴보고자 한다. 그 이유는 사회적 자본이 지역공동체 발전에 미치는 영향 가운데서도 경제발전에 미치는 영향이 매우 크고 중요하기 때문이다.

사회적 자본은 어느 지역이나 국가이든지 경제발전을 위한 필수적 요소로 받아들여지고 있다. 사회적 자본이 많이 축적되어 있는 지역이나 국가는 그렇지 않은 곳보다 경제의 발전 속도가 빠르고 그 구성원의 삶의 질이 높아진다는 사실이 많은 경험적 연구를 통해 입증되고 있다. Coleman(1988)은 사회적 자본은 다른 사람의 행태에 대한 정보전달을 용이하게 하여 기회주의를 감소시키고 기술과 시장에 대한 정보전달을 쉽게 하여 정보시장에서의 실패현상을 줄일 수 있으며 집단행동을 통해 무임승차(free riding)문제를 감소시킴으로써 경제발전에 기여한다고 한다.

그리고 Knack과 Keefer(1997)는 신뢰수준이 높은 사회일수록 안전한 거래환경이 조성되어 거래비용(transaction cost)을 감소시킴으로써 투자와 생산적 경제활동이 촉진된다고 하였으며(이도원 외, 2009: 65-68 재인용), Bridge, Murtagh과 O'Neill(2009)은 사회적 자본은 거래비용을 감소시켜 경제적 관계의 효율성을 높여줌으로써 사람들의 소득과 저축을 증대시키고 자원을 공동으로 사용하고 관리할 때 무임승차의 문제를 해결해 주며 지식이나 기술의 혁신을 촉진시켜 경제발전에 기여한다고 한다(황익주 외, 2017: 157 재인용).

한편 Grootaert와 Bastelaer(2002)는 사회적 자본이 경제발전에 미치는 긍정적 영향을 다음과 같이 밝히고 있다. 첫째, 사회적 자본은 지역 내의 개인, 가정, 집단들 간에 거래관계를 용이하게 해줌으로써 지역경제 발전에 영향을 미치며, 둘째, 네트워크에의 참여 및 상호신뢰는 지역 내의 조직이나 집단이 집단적 결정에 도달하거나 집단활동을 이행하는 것을 용이하게 해 주며, 셋째, 네트워크 활동은 지역구성원들의 기회주의적 행태를 감소시켜 준다는 것이다.

이와 같이 사회적 자본은 사회구성원들 간의 상호 책임성에 기초한 협력을 가능하게 하여 긍정적 외부효과를 발생시키고 제도적 응집력과 경쟁력 제고 등 조직적 역량을 높임으로써 지역경제의 성장에 기여하게 되는데, 그 구체적 내용은 다음과 같다.

첫째, 사회적 자본은 거래비용(transaction cost)을 감소시킴으로써 자원의 효율적 배분을 가능하게 하여 경제성장에 기여한다. 모든 거래는 공식적 또는 비공식적 계약을 통해 이루어지는데, 이 계약은 상호존중의 규범과 신뢰가 보편화된 사회일수록 파기의 위험이 감소하게 되며, 그에 따라 계약에 수반되는 거래비용(계약체결을 위한 정보수집비용, 계약준수를 위한 감시비용, 계약파기에 따른 분쟁비용 등) 역시 크게 줄일 수 있다. 이처럼 사회적 자본의 거래비용 감소는 공식적 제도에 대한 위험부담을 줄이는 효과를 가져 온다(송태수, 2011: 30-31). 따라서 사회적 자본이 풍부한 사회일수록 경제적 효율성이 높아지기 때문에 사회적 자본은 지역공동체의 경제성장에 기여한다. 이러한 거래비용의 감소는 사회적 자본이 주는 경제발전 영향요인 중에서도 가장 중요한 것이라고 할 수 있다.

둘째, 사회적 자본은 생산성을 증대시킴으로써 경제성장에 기여한다. 사회신뢰는 네트워크를 통해 집단간에 정보의 흐름을 촉진시켜 생산과정에 사용되는 자원의 활용에 대한 효율성을 높이고 산업부문 간에 협력관계의 형성을 유도함으로써 생산성을 향상시키는데 기여한다(김정훈 외, 2017: 20). 따라서 신뢰가 축적되면 될수록 효과적인 생산단위를 이끄는 원동력으로 작용하게 되며, 더 나아가 구성원들의 정보공유, 학습 등을 통해 역동적인 사회시스템이 구축되어 지역공동체의 생산성에 큰 영향을 미치게 된다.

셋째, 사회신뢰와 네트워크의 확장은 사회적 리스크를 분산시키거나 완화시킴으로써 투자와 소비의 촉진에 기여하고 지역공동체 경제를 성장시키는 역할을 한다(김정훈 외, 2017: 20). 넷째, 사회적 자본인 신뢰는 소득불평등의 완화에 기여함으로써 경제성장률을 높이는 역할을 한다. 신뢰에 기초하여 거래자들이 위험을 공유하고 비공식적 신용거래가 촉진되는 경우, 빈곤층의 소득을 개선할 기회가 확대되어 소득불평등이 완화됨으로써 경제성장에 긍정적 영향을 미치게 된다.

다섯째, 사회적 자본은 지역공동체 경제의 안정에 기여한다. 사회적 자본은 사회적 경제조직의 원활한 운영을 위한 토대를 제공함으로써 지역의 경제안정에 기여하며, 제도적 신뢰가 높으면 사회적 갈등과 소요 등 정치적 불안이 적게 발생하기 때문에 경제적 안정으로 연결된다. 또 일반신뢰가 높은 사회일수록 제도가 제대로 갖추어져 있고 적절한 경제관리가 가능하기 때문에 경제안정에 도움이 된다. 한편 사회적 자본으로서의 네트워크는 구직자와 구인자가 정보를 용이하게 취득하여 고용의 기회를 넓히도록 하며, 기업 내부의 신뢰와 호혜성의 규범(norm of reciprocity)은 경제의 불황시에 해고보다는 고통분담을 선택할 가능성을 높여 고용의 안정성에 기여한다(김정훈, 2017: 25).

12. 사회적 자본의 증진 방안

1) 제도적 신뢰의 강화

(1) 낮은 제도적 신뢰수준

제도적 신뢰는 사회적 자본의 형성을 위한 필수적 요소이다. Pagden (1988)은 신뢰를 조직구성원 상호간의 신뢰인 사적 신뢰와 구성원들이 갖고 있는 조직에 대한 신뢰인 공적 신뢰로 구분하고 있는데, 사적 신뢰가 대인관계에서의 신뢰를 의미한다면 공적 신뢰는 사회의 제도나 규준에 대한 신뢰를 말한다. 이런 점에서 제도적 신뢰는 사회적 실체로서 수용된 공적 제도를 통하여 형성되는 신뢰이다.

제도적 신뢰는 공공조직에 법과 규제 등의 메커니즘을 통하여 구축되는데, 제도에 근거한 신뢰형성이 가능한 이유는 공식적 사회제도 및 조직이 개인에게 신뢰의 근거를 제공하기 때문이며 신뢰자인 개인도 그 제도와 공식적 조직 자체를 신뢰하기 때문이다(박찬웅, 1999: 15). 타인에 대한 정서적 친밀감이 결여되고 정보가 부족한 현대사회에서 조직을 유지하기 위해서는 사람들의 '관계'를 기반으로 하는 대인신뢰도 필요하지만 조직의 약속인 법과 같은 제도에 대한 신뢰가 중요하다. Zucker(1986)는 복잡해진 현대사회에서는 과거에 비해 대인신뢰를 보장했던 동질성이 약화되었기 때문에 각종 제도적 안전장치에 기반을 둔 신뢰가 대인신뢰를 담보하는 중요한 역할을 하게 된다고 한다.

제도는 조직구성원이 앞으로의 상황을 미리 예측하여 안정적으로 행동할 수 있게 해주는 필수적인 구조적 기반으로 기능한다. 제도에 대한 신뢰는 특정상황에서 특정한 행동을 해야 한다는 규정성을 갖기 때문에 제도에 대한 신뢰가 있을 경우에는 어떤 상황에서 어떤 일이 전개될지 예측이 가능하여 미래에 대한 불확실성과 선택에 대한 위험부담을 감소시킬 수 있다. 이런 점에서 제도가 잘 정비되어 있는 사회에서는 신뢰형성이 보다 용이하며, 제도에 대한 높은 신뢰는 행위자에 대한 신뢰를 높여 상호 연계망에 포함되지 않은 행위자들에 대한 신뢰도 가능하게 한다(김준태, 2016: 29).

제도신뢰는 한 조직 내에서 그 구성원들이 조직의 규범에 따라 정직하게 지속적으로 협력적인 행동을 할 것이라는 기대이다. 따라서 법을 비롯한 제도가 공정하여 개인의 이익을 보호해 줄 것이라고 믿을 경우에 구성원들의 공적 영역에 대한 신뢰는 높아질 것이다. 그러나 제도가 불완전하여 개인들을 보호해주지 못한다고 인식할 때 구성원들은 자신을 보호하기 위해 자신이 동원할 수 있는 연고관계에 기초한 사적 영역을 추구하게 된다(박희봉, 2009a: 460).

우리 사회는 공적 영역에 대한 신뢰가 낮고 사적 영역에 대한 신뢰는 높다고 평가되고 있는데, 연고관계에 근거한 긴밀한 사적 신뢰는 공적 영역에 부정적 영향을 다양하게 미치고 있다. 특정화된 강한 사적 신뢰는 연고관계에 따라 행위를 하도록 함으로써 사회질서를 왜곡시키고 법률적용의 변형을 가져오며, 그 결과 공직자들의 청렴성을 떨어뜨리고 사회전체에 부정부패를 심화시키는 한편 사회분열을 조장하고 공동선을 위한 협력을 어렵게 한다(박종민 외, 2006: 152-153).

(2) 낮은 준법의식

사회의 일반적 규범으로서의 법은 국가 및 공공기관에 의해 제정된 법률, 명령, 규칙, 조례 등을 총칭한다. 이러한 법은 국민들이 어떤 행위를 하도록 또는 하지 못하도록 국가에 의해 강제되는 제도화된 행위규범이다. 다원화되고 복잡한 현대의 사회적 관계 속에서 법은 사회구성원들이 장래의 상황을 미리 예측하여 행동할 수 있게 해주는 필수적인 구조적 기반으로서 법이 잘 정비된 사회에서는 대인관계에서 예측가능성이 높아진다.

또한 법은 정형적 상호작용인 약속이나 계약, 규제 등이 제도적으로 이행되는 것을 구조적으로 보장해 줌으로써 위험에 대한 안전의 담보를 통해 사회적 신뢰가 보다 수월하게 형성되게 한다. 이러한 법은 사회적 자본의 구성요소인 사회규범의 한 형태인데, 사회자본론의 입장에서 법규범에 대한 관심은 법의 내용이 아니라 준법의식 등 시민사회의 행태적 특성이라고 할 수 있다.

우리 사회는 법질서가 잘 지켜지지 않고 있다는 평가를 받고 있는데 그 이유로는 국민들의 낮은 준법의식을 들 수 있다. 준법의식이 낮은 이유를 구체적으로 설명하면 다음과 같다. 첫째, 법제도와 현실과의 괴리이다. 법제도와 현실 간의 괴리현상은 법질서의 준수를 저해하는 가장 중요한 요인으로 작용한다. 우리나라에서는 지나치게 비현실적이고 고도의 형식적 내용을 띤 법령들이 양산되고 있는데, 이러한 법령은 국민들로 하여금 그것을 제대로 지키기 어렵게 만드는 경우가 많다. 이러다 보니 국민들은 서로의 탈법을 용인하게 되고 법을 따르는 것보다는 오히려 편법을 동원하여 목적을 달성하는 것이 더 수월하다고 인식하는 성향을 갖게 되었다고 할 수 있다.

둘째, 법집행의 공정성 결여이다. 법은 모든 사람에게 예외 없이 공정하게 적용할 때 그 정당성과 엄정성을 인정받을 수 있다. 그러나 법집행이 공정하지 못할 경우에는 법에 대한 신뢰가 약화되고 법을 지키는 사람들만 손해를 본다는 인식 때문에 국민들의 준법의식이 약화되어 법의 규정을 통해서 보다는 편법을 동원하여 이해관계를 실현하려는 성향이 강해지게 된다.

셋째, 집단행동과 연고주의를 통한 법의 무력화이다. 우리 사회에서는 과거 개발독재시대에 정부가 공권력을 정권연장과 민주화운동에 대한 억압수단으로 활용하는 과정에서 국민반발이 두려워 체제유지에 관계가 크지 않은 불법행위는 어느 정도 묵인하는 등 예외를 적용함으로써 국민들로 하여금 법을 어겨도 예외가 허용될 것이라는 기대심리를 갖도록 만들었다.

이 때문에 국민들은 법이 자신의 이익을 지켜주지 못한다고 인식할 경우에는 불법적인 집단행동을 통해서 자신의 이해관계를 실현하려고 하는 경향이 생기게 되었다. 이와 함께 우리사회의 강한 연고주의는 국민들로 하여금 공식적인 법규가 아닌 비공식적인 연고관계를 통해 이해관계를 실현하려는 성향을 갖도록 만들었다. 이러한 현상들은 국민들의 준법의식의 약화에서 연유하는 것이라고 할 수 있다.

(3) 준법의식 제고를 통한 사회적 신뢰 강화

위에서 우리 사회의 준법의식이 약한 이유와 낮은 제도적 신뢰에 대해 살펴보았는데, 제도적 신뢰의 강화를 통해 사회적 자본을 증진시키기 위해서는 우선 사회구성원들의 준법의식이 제고되어야 한다. 그 방안으로는 첫째, 법의 내용이 가급적 사회의 도덕과 관습 등 비공식적 규범과 조화되어야 하며 사회의 다양한 이해관계를 수용할 수 있어야 한다. 이렇게 될 때 법에 대한 신뢰감이 높아지고 법을 준수하는 것이 모두에게 이익이 된다는 인식을 심어주게 된다.

둘째, 공정하고 일관성 있는 법집행체계를 구축해야 한다. 그리하여 사회구성원들에게 법은 모든 사람에게 예외가 없이 공정하고 일관되게 적용되는 것으로서, 법을 지키면 이익이 되고 법을 어기면 손해를 보고 처벌을 받는다는 확실한 인식을 심어주어야 한다. 그리고 불법적 행위로 인해 피해를 받을 경우에는 적절한 배상을 받을 수 있도록 해 주어야 한다

셋째, 비현실적인 법의 내용과 규제를 정비해야 한다. 국민들의 실제 생활과 심한 괴리를 빚고 있는 법규를 현실에 맞게 정비해야 하며 사회생활을 크게 제약하는 과도한 규제도 대폭 완화해야 한다. 또 입법과정에 이해관계 계층의 의사를 합리적으로 반영시켜 현실적이고 타당성 있는 법, 특수이익이 아니라 국민전체의 보편적 이익을 위한 실체적 공정성이 담보되는 법을 만들어 국민들의 법에 대한 수용성을 제고시켜야 한다.

넷째, 사회적 특권층에 대한 법적용을 엄격하게 해야 한다. 우리 사회는 정치인, 고위공직자, 재벌 등 사회특권층의 법질서 위반에 대해서는 일반국민들보다 훨씬 관대한 처벌을 하고 있다는 인식 때문에 법의 공정한 적용에 대한 신뢰성이 약하다고 평가되고 있다. 이를 시정하기 위해서는 사회특권층의 법질서 위반행위에 대해서는 처벌을 보다 엄정하게 함으로써 국민들에게 법이 모든 사람에게 공정하게 적용되고 있다는 신뢰감을 심어주어야 한다.

다섯째, 법률서비스제도를 강화해야 한다. 법률서비스는 지역주민들의 준법의식과 삶의 질에 큰 영향을 미치기 때문에 지방정부는 주민들이 손쉽게 접근 가능한 생활공간에서 법률서비스를 받을 수 있는 구조를 갖추는데 노력해야 한다. 그래서 지방정부의 민원실에 생활법률상담소를 개설하여 주민들의 법률상담에 응할 수 있는 시스템을 구축할 필요가 있다. 아울러 사법부를 위시한 법률관련 기관에서도 무료 법률상담 서비스의 역량을 대폭 확충할 필요가 있다.

2) 개방적 네트워크를 통한 연고주의의 극복

사회적 자본은 개인간, 개인과 집단간 또는 집단과 집단간의 상호작

용을 전제로 하기 때문에 네트워크가 존재하지 않으면 발생하지 않는다(구혜정, 2006: 44). 이런 점에서 네트워크는 사회적 자본의 핵심적 구성요소의 하나인 동시에 사회적 자본형성의 원천이 된다고 할 수 있다. 네트워크는 그 개방성 여부에 따라 폐쇄적 네트워크와 개방적 네트워크로 구분된다. 폐쇄적 네트워크는 구성원들 간의 유대관계가 강한 집단에서 나타나는 네트워크로서, 구성원들 간의 신뢰를 증진시키며 협력과 규범을 강요하기가 용이하지만 강한 내부적 결속성과 외부에 대한 배타성으로 인해 사회전체적 입장에서는 부정적 효과를 초래할 수 있다.

반면에 개방적 네트워크는 구성원들 간의 유대관계가 약한 2차집단을 중심으로 귀속적 관계보다는 일반적인 이해관계에 기초하여 형성되는 네트워크이다. 이 네트워크는 구성원들 간의 내부적 결속성은 약하지만 이질적인 사람이나 집단과의 폭넓은 연계관계의 형성을 통해 정보나 여타 자원을 획득하는데 유리하며 사회전체의 연대와 협력을 강화시키는 역할을 한다.

한편 사회적 자본은 네트워크의 발생장소에 따라 결속형 사회적 자본, 교량형 사회적 자본, 연계형 사회적 자본으로 유형화할 수 있다. 결속형 사회적 자본(bonding social capital)은 가족, 문중, 같은 고향 등 사회·경제·문화적으로 유사한 특성을 지니는 사람들끼리 집단을 이루면서 사회적 관계를 가지게 될 때 형성되는 자본이다. 이 자본은 강한 연대를 이루면서 의사소통을 증진시키며 구성원 간의 신뢰와 협동관계를 갖게 되지만, 이러한 강한 연대는 그 폐쇄성 때문에 외부적으로는 배타성을 띠게 되는 경우가 많다.

교량형 사회적 자본(bridging social capital)은 비슷한 지위와 입장을 가진 구성원들을 묶어주는 자본으로서 구성원들 간의 거리를 좁혀준다든지 집단간의 차이를 좁히는 역할을 수행하기 때문에 집단간의 연대감 강화나 공동의 목적을 추구하는데 중요한 자본이 된다(지은구·김미주, 2014: 142). 그리고 연계형 사회적 자본(linking social capital)

은 서로 잘 모르거나 입장이 다른 개인 또는 집단 간에 형성되는 자본으로서 지역사회를 변화시키고 긍정적 발전성과를 가져오는데 중요한 역할을 한다. 이러한 세 유형의 사회적 자본 가운데 지역발전에 긍정적 기여를 할 수 있는 자본은 교량형 자본과 연계형 자본으로서, 이들은 개방적 네트워크를 통해서 형성되는데 반해 결속형 사회적 자본은 폐쇄적 네트워크에서 형성된다.

그동안 한국인의 사회적 인간관계는 혈연·지연·학연 등으로 맺어진 연고를 매개로 공동의 가치와 행동양식을 생산하는 연고주의에 기초하여 형성되고 유지되어 왔다고 할 수 있다. 즉 연줄사회가 시민사회 영역을 대체해 왔다고 할 수 있다. 이러한 연고주의는 현재 우리 국민들의 정서적 영역뿐만 아니라 정치·경제·사회·문화 등 현실적인 생활영역에서 결속력과 친화력을 발휘하면서 정신적·물질적 연고관계를 구축하는 가운데 집단성원들의 이해관계를 좌우하는 관계로까지 발전하고 있다.

폐쇄적 네트워크는 바로 이러한 연고주의에 토대를 둔 네트워크로서, 연고로 맺어진 자기집단 구성원들에게는 집단정체성과 함께 강한 애착을 가지며 이해관계를 공유하는 반면에 외집단 구성원들에게는 배타적 태도를 보이기 때문에 집단경계에서 벗어나면 관계가 형성되지 않는다는 특징이 있다. 따라서 폐쇄적 네트워크에서는 사회전체에 필요로 하는 신뢰나 호혜성 그리고 협력은 기대하기 어렵다.

이런 점에서 사회구성원들이 네트워크 참여를 통해 지역사회 발전에 긍정적 역할을 할 수 있는 교량형 사회적 자본과 연계형 사회적 자본을 형성하고 증진시키기 위해서는 폐쇄적 네트워크가 개방적 네트워크로 전환되어야 하며, 그렇게 되기 위해서는 폐쇄적 네트워크의 토대가 되고 있는 연고주의가 완화 내지 극복되어야 한다.

그 방안으로는 첫째, 법치주의를 확립하여 정부가 법과 제도의 형성과 운영과정에 일관성, 공정성, 투명성을 제고하는 한편 공직자들이 높은 도덕성을 가져야 한다. 이렇게 될 때 사회구성원들은 일차적인 연고관계를 넘어서서 법과 제도에 따라 생활하는 것이 상호 이익이 된다고 인식하여 이를 신뢰하고 그에 따라 행동함으로써 사적 연고를 동원하는 행위가 줄어들게 될 것이다.

둘째, 사회구성원들의 시민의식이 제고되어야 한다. 시민의식은 민주사회 구성원으로서 사회적 가치와 제도를 신뢰하고 구성원으로서의 의무와 책임을 다하려는 의식과 태도를 의미하는데 연고주의의 완화와 관련한 시민의식으로는 준법의식, 책임의식, 공동체의식, 개방의식 등을 들 수 있다. 사회구성원들이 이러한 시민의식을 내면화하고 실천해 나갈 때 공익, 협력, 관용, 상호성에 대한 인식이 강화됨으로써 사적 연고에 대한 의존을 감소시킬 수 있다.

셋째, 개방적 네트워크를 구축하기 위한 정부의 노력이 필요하다. 지역 및 이해집단 간에 단절된 네트워크를 국가차원에서 통합함으로써 지역단위의 네트워크 활동을 지역간, 집단간의 활동으로 연결될 수 있도록 할 필요가 있으며 공공기관의 의사소통기술을 향상시키고 인터넷을 통해 국민들과 정보를 공유하는 등 합리적 소통수단을 강화시킬 필요가 있다(이동원 외, 2009: 21).

3) 자발적 결사체의 활성화

자발적 결사체(자원결사체)란 구성원들의 공통된 이해와 관심을 증진시키기 위하여 가치와 신념 등을 공유하는 사람들이 자발적으로 조직한 비정부·비영리 민간단체를 말한다. 자발적 결사체(voluntaly association)는 수평적 조직으로서 가입과 탈퇴가 자유롭고 구성원들이 조직목표에 대한 뚜렷한 신념을 가지고 있으며 유연하고 융통성 있는 조직운영을 할 수 있다는 특징을 갖는다. 우리 지역사회에는 많은 자발적 결사체들이 존재하는데 이들 단체들은 설립목적에 따라 이익단체, 사회운동단체, 봉사단체, 친목단체로 유형화할 수 있다.

주민들의 자발적 결사체에 대한 참여활동은 지속적인 상호작용을 통하여 사회적 자본의 형성에 크게 기여한다. 그 이유는 사회적 자본은 물적 자본이나 인적 자본과 달리 '사람들 간의 관계' 속에 존재하는 특성을 갖고 있기 때문이다(박희봉, 2009: 100). Putnam(1995)은 주민들의 결사체 참여가 주민들 간에 규범 및 네트워크를 형성하고 신뢰감을 제고하여 사회적 자본을 형성하기 때문에, 주민들의 각종 사회단체에의 가입은 성공적인 사회적 자본을 측정하는 잣대 역할을 한다고 한다.

그리고 Forrest와 Kerns(2001)는 지역수준에서 주민들의 다양한 유대와 조직에의 참여를 통해 상호신뢰 및 자조(self-help)의 규범을 조장할 수 있으며, 이러한 규범들은 지역문제 해결에 없어서는 안 될 중요한 자원이라고 하고 있다(김장학, 2010: 41 재인용). 한편 Almond와 Verba(1963) 역시 사회단체 구성원들은 결사체에 참여로 인해 협력의 능력뿐만 아니라 집단적 행위를 위한 공유된 책임감을 터득하게 됨으로써 사회적 신뢰의 형성과 정치참여를 증진시키고 시민들의 실제적 경쟁력을 보다 잘 발휘하게 된다고 한다.

주민들은 결사체에 참여를 통해 다양한 배경의 사람들과 상호작용을 하면서 공동의 목표를 추구하는 과정에서 기회주의적 행동을 억제하게 되고 일방주의는 서로에게 도움이 되지 못한다는 것을 알게 되며 문화적·물질적 이해관계를 달리하는 타자에 대한 관용(tolerance)과 배려, 상호협동과 신뢰를 증진시킬 수 있다. 또 참여자들이 정치행정과 지역현안에 대한 보다 많은 정보와 지식을 가질 수 있게 되는 한편 지역의 공공문제를 공론화하고 민주적으로 토론하는 과정을 통해 의사소통 및 협상에 대한 기술을 습득할 수 있게 한다.

이같이 자발적 결사체는 사회적 자본을 형성하는데 기여하기 때문에 그 활동이 활성화되어야 한다. 그 방안으로는 자발적 결사체의 자체 노력과 함께 지방정부의 지원이 필요하다고 본다. 자발적 결사체들은 수직적 네트워크를 수평적 네트워크로 전환하여 구성원들의 의사소통

능력을 제고해야 하며 결사체들 간의 연대네트워크를 구성하여 운영할 필요가 있다. 이러한 연대네트워크는 시민단체 중심에서 벗어나 자발적 결사체의 활동목적에 따라 관련 영역별 선도단체를 중심으로 특성화하는 것이 바람직하다.

한편 지방정부는 자발적 결사체들에게 지역현안에 관련한 정보를 계속 제공하며 이들 단체들이 공공부문과 교류하면서 상호작용을 할 수 있도록 제도적 기회를 지속적으로 부여할 필요가 있다. 또 결사체의 사이버공간 등 정보인프라 구축을 지원하여 공공부문과 정보 및 자원을 공유할 수 있게 해야 하며 결사체가 다른 결사체와 협력하여 지역문제 해결에 필요한 사업을 추진하는 경우에는 재정적 지원을 해줄 필요가 있다.

4) 지역주민들의 평생교육 강화

(1) 평생교육의 개념과 필요성

평생교육의 주창자인 Lengrand(1970)은 평생교육(lifelong education)을 "개인의 출생에서부터 사망할 때까지 전 생애에 걸친 교육의 통합"으로 보았으며, Dave(1973)는 "삶의 질을 향상시키기 위하여 평생토록 이루어지는 모든 형태의 형식적·비형식적 학습활동"이라고 하고 있다. 한편 유네스코(UNESCO, 1965)는 "평생교육이란 문자 그대로 평생을 통한 계속적인 교육을 의미하며, 급변하는 현대사회에 있어서 일정 연령층을 대상으로 하는 학교교육과 그 외의 제반 교육자원을 효율화함으로써 교육역량의 극대화를 지향하는 총체적 노력"이라고 하고 있다(홍기형 외, 2001: 23).

이같이 평생교육의 개념에 대해서는 연구자들의 관점에 따라 여러 가지 견해가 제시되고 있으나 일반적 입장에서 평생교육은 "학교의 정규 교육과정을 제외한 모든 형태의 조직적인 교육활동으로서, 집단 및 개인의 질을 향상시키기 위하여 개인적·사회적·직업적 발달을 도모하는 과정"이라고 정의할 수 있다.

현대사회에서 평생교육은 지역주민들의 공동체성 회복과 자치능력 계발 등을 위한 유용한 수단으로 활용될 수 있는데, 그 필요성을 구체적으로 설명하면 다음과 같다(오혁진, 2014: 171-173). 첫째, 평생교육은 지역주민들이 지역문제를 공동으로 해결하기 위한 의사결정능력을 향상시키는데 기여한다. 평생교육은 학습자들에게 지역의 공동문제를 원활하게 해결해 나가는데 필요한 성숙한 민주시민의식과 함께 합리적인 대화와 토론, 갈등해소 등의 의사결정기법을 숙지시킴으로써 민주적 의사결정능력을 향상시킨다.

둘째, 평생교육은 주민들의 자치의식 강화에 기여한다. 진정한 지역의 발전과 공동체 구축을 위해서는 지역주민들의 자발적이고 평등한 입장에서 역량을 모아 활용할 수 있는 자치의식이 전제되어야 하는데, 평생교육은 학습자들에게 이러한 의식을 길러준다. 셋째, 평생교육은 지역공동체의 특정한 문제를 해결하는데 기여한다. 평생교육은 학습자들에게 지역의 특정문제 해결에 필요한 전문적인 지식과 기술을 습득시킨다. 넷째, 평생교육은 학습자들 간의 긴밀한 상호작용을 통해 공동체의식을 함양하고 네트워크를 구축함으로써 지역공동체 형성에 기여한다. 다섯째, 평생교육은 사회적 자본 형성의 기반을 구축하는데 기여한다.

이러한 평생교육의 필요성은 교육체제 외적 배경요인과 내적 요인으로 구분하여 설명할 수도 있다. 교육체제 외적 배경요인으로는 우선, 지식 및 기술의 발달에 따라 주민들이 이에 뒤처지지 않기 위해 새로운 지식과 기술을 부단히 습득해야 한다는 점을 지적할 수 있다. 그리고 주민들의 여가에 대한 관심의 증대와 함께 고령화 추세와 여성의 사회진출 확대 등으로 전 생애를 통한 학습의욕 증대에 따른 교육적 욕구의 수용을 위해서도 평생교육의 필요성이 확대되고 있다고 할 수 있다.

또 복잡하고 급격한 사회변화에 적응하기 위해서 올바른 가치관과 성숙된 공동체의식의 함양을 위해서도 계속적으로 교육을 받아야 한다

(심기태, 2014: 348). 한편 교육 내적 요인으로는 학교교육 기회의 제한성, 시대적 변화를 수용하지 못하는 학교교육의 한계성 등으로 인하여 학교교육만으로는 현대사회의 다양한 학습욕구의 수용이 어렵기 때문에 현존의 교육체제를 보완하고 새로운 발전대안을 모색해야 한다는 측면에서 평생교육이 필요하다고 할 수 있다.

(2) 사회적 자본 증진을 위한 평생교육 강화 방안

평생교육은 사회적 자본 형성의 기반을 구축하는데 중요한 역할을 한다. 평생교육은 학습자들에게 포괄적 호혜성(diffuse reciprocity)에 대한 신뢰와 민주주의적 가치, 공동체의 운영에 필요한 기법과 협력의 기술을 가르쳐 주며(류석춘 외, 2003: 190), 교육과정에서 일상적 만남을 통하여 사회적 네트워크 형성에 기여한다. 이러한 맥락에서 지역공동체 평생교육이 사회적 자본 형성에 미치는 역할을 살펴보면 다음과 같다(오혁진, 2014: 238-239).

첫째, 평생교육은 사회적 자본의 중요성을 인식시키는데 기여한다. 평생교육은 공동체적 가치, 사회적 신뢰, 호혜성 등의 가치를 교육내용에 포함시킴으로써 사회적 자본의 중요성을 인식시키는 역할을 한다. 둘째, 평생교육은 공동체적 관계 속에서 사회적 자본의 가치를 직접 경험할 수 있는 기회를 제공한다. 평생교육은 구성원들 간의 공동체적 만남을 중시하는데, 이러한 만남을 통해 구성원들은 공동체의 가치를 체득하게 된다.

셋째, 평생교육은 시민적 네트워크의 형성을 통해 지역적 차원에서 사회적 자본의 형성에 기여한다. 평생교육은 지역사회 내의 다양한 개인·조직·기관의 복합적 연대를 통해 지역사회의 변화를 도모하는데, 이러한 다양한 형태의 연대는 그 자체로 사회적 자본의 형성에 기여한다. 그러한 의미에서 평생교육은 이중의 가치를 가진다고 볼 수 있다.

즉 평생교육은 지역사회를 지역주민들을 위한 학습의 장으로 만들뿐만 아니라 지역주민들을 민주적 공동체로 변화시킨다. 더 나아가 평생교육은 지역발전을 위한 사회적 자본의 축적에도 기여한다. 평생교육을 통해 습득한 사회규범, 민주주의 등에 대한 지식은 사회적 자본이 형성되는 지적 기초가 된다. 또한 지역을 기반으로 성립되는 협력적 인간관계는 그 자체로 학습의 효율성을 높임과 동시에 사회적 자본의 토대가 된다.

이상에서 평생교육과 사회적 자본의 관계를 살펴보았는데, 사회적 자본이 증진되기 위해서는 평생교육이 강화되어야 한다. 그 방안으로는 첫째, 주민들의 자발적·적극적인 교육참여를 유도해야 한다. 주민들로 하여금 평생학습은 궁극적으로 자신을 계발하고 학습결과가 삶의 질 향상뿐만 아니라 지역사회의 경쟁력을 높이는 공적인 영역임을 인식할 수 있게 하는 한편 다수 주민들이 참여를 유발할 수 있는 다양한 교육 아이템과 교수기법을 개발해 나가야 한다. 또 주민들의 관심을 불러일으킬 수 있는 지역적 쟁점이라든지 실생활과 밀접한 주제를 교육내용으로 삼을 필요가 있으며 현장체험이나 토론식 수업의 비중을 높여 강의위주의 한계를 보완할 수 있어야 한다.

둘째, 사회적 자본과 관련한 교육프로그램을 강화해야 한다. 현재 지역 내의 평생교육기관이나 단체가 운영하는 강좌의 내용은 직업교육, 취미교육, 어학교육, 재테크 및 건강보건 관련교육이 주를 이루고 있고 사회적 자본의 형성과 직접 관련된 프로그램은 소홀하게 다루어지고 있다. 그러므로 교육내용에 사회적 신뢰, 행정참여, 연대와 협력 등 사회적 자본 형성과 직접 관련된 강좌를 비중 있게 개설·운영할 필요가 있다.

셋째, 지역사회 내 학습조직들 간의 협력관계가 구축되어야 한다. 지역사회에는 학습조직으로서 각종 스터디모임, 토론회, 연구회 등 소집단 차원의 학습동아리(learning circle)들과 함께 조직차원의 학습조직이라고 할 수 있는 지방정부와 대학의 평생교육기관 및 사회단체들이 설립한 조직들이 존재하고 있다.

이들 학습조직들은 다양한 종류의 평생학습 프로그램을 운영하고 있으나, 각기 특색 있는 프로그램보다는 주로 비슷한 내용의 일시적이거나 단발적인 인기위주 프로그램을 운영하고 있는 실정이다. 따라서 평생교육이 바람직하게 이루어지기 위해서는 통합적인 지역평생학습 추진체계를 구축하여 지역의 모든 학습기관들이 연계 협력하여 서로의 특성을 반영하는 특색 있는 프로그램을 운영하도록 하고, 기관들 간의 협의체를 구성하여 학습의 활성화를 위해 지속적으로 협의할 수 있어야 한다(이경아 외, 2006: 154-156).

지역을 학습공동체로 변화시키는 효율적인 방안은 지역 내의 학습조직들이 개별적·산발적으로 운영되는 것이 아니라 각 차원별로 학습조직들이 수평적으로 서로 연대함과 동시에 동일 지역에 존재하는 각 차원의 학습공동체들을 수직적으로 연계시킴으로써 지역의 내부 전체를 통합된 지역학습공동체로 변화시켜 나가는 것이라고 할 수 있다(오혁진, 2014: 213-214).

제❷절 사회적 자본으로서의 신뢰

1. 신뢰의 개념과 구조

1) 신뢰의 개념

신뢰(trust)는 사회적 자본을 구성하는 가장 중요한 요소로서 사회 내 집단행동의 딜레마를 극복해 주는 자원이다(박희봉, 2003). Uslaner (1999)는 "사회적 자본은 가치체계, 특히 사회적 신뢰를 주로 반영하고 있다"고 주장하여 신뢰가 사회적 자본의 핵심임을 밝히고 있다(이경아, 2006: 28 재인용). 신뢰의 개념은 학문적 관점과 배경에 따라 다양하게 정의되고 있어서 개념적 합의가 아직 이루어지지 못하고 있다.

사회과학분야에서 신뢰의 개념에 대한 논의를 살펴보면, 심리학적 관점에서는 신뢰를 손실이 예상되는 상황에서도 상대방에 대해 갖는 낙관적 기대로 정의된다. 이처럼 신뢰는 심리적 차원인 인지상태의 일종으로서 타인이 자신의 기대에 맞게 행동할 것이라는 믿음이며, 특히 위험을 감수하더라도 타인을 믿으려는 태도이다.

경제학적 관점에서는 신뢰를 믿음에 대한 이득과 배반에 따른 손실을 비교하는 효용이라는 관점에서 정의된다. 즉 신뢰는 개인들의 상호관계 속에서 더 많은 이득이 발생하기 때문에 상대를 계속 믿는다는 것이다. 그리고 사회학적 관점에서는 신뢰를 사회 속에 본래 내재된 규범이나 의무에 바탕을 두고 나타나는 사회적 속성으로 정의된다. 즉 신뢰는 일상생활에서 당연하다고 생각하는 일련의 기대로서, 여기에는 사회구성원이 정당하다고 인식하는 절차나 규범이 포함된다(김왕배 외, 2002: 57).

이상의 세 가지 관점을 정리하면 심리학적 관점에서는 신뢰가 형성되는 기반을 개인에 맞추고 있고, 경제학적 관점에서는 타산적 이득에 맞추고 있으며, 사회학적 관점에서는 전체사회 구성원들의 태도나 행위를 규율하는 규범이나 제도라는 거시적이고 종합적인 것에 초점을 맞추고 있다(조명래, 2013: 187).

한편 신뢰의 개념에 대한 연구자들의 정의를 살펴보면 Mayer와 Davis 외(1995)는 "상대방이 신뢰자에게 중요한 행동을 할 것이라고 예견되는 상황에서 그를 감독 또는 통제할 수 있느냐의 여부에 관계없이 상대방의 행동에 대한 자신의 취약성을 기꺼이 수용하는 것"으로 정의하고 있으며(김중수, 2007: 7 재인용), Albrecht 외(2003)는 "불확실한 상황에서 다른 사람의 행동이나 결정을 믿고 그에 기초하여 자신의 행동을 결정하고자 하는 태도"라고 하고 있다.

그리고 Cummings 외(1993)는 "피신뢰자의 바람직한 행동을 획득할 가능성에 대한 신념 또는 기대"라고 하고 있으며(배일섭, 2010: 23 재인용), Yamagishi 외(1994)는 "사회적 불평등이 존재함에도 불구하고 상대에 대한 믿음 때문에 상대가 자신에게 선한 행동을 하리라는 기대"로 정의하고 있다. 이러한 신뢰의 개념에 대한 여러 연구자들의 정의를 정리해 보면 신뢰는 다음과 같은 공통적 요소로 구성된다고 할 수 있다.

첫째, 신뢰는 상대방에 대한 신뢰자의 주관적 평가와 기대를 바탕으로 한다. 둘째, 신뢰는 신뢰대상이 기대대로 행위를 하지 않을 수도 있다는 위험의 가능성을 항상 전제한다. 셋째, 신뢰는 자신을 취약한 상태에 두는 것을 자발적으로 수용한다는 것이다(박찬웅, 1999: 37). 여기에서 '취약성'이란 자신에게 중요한 그 어떤 것을 잃을 수도 있음을 의미한다(이승종 외, 2018: 202).

이상의 신뢰개념에 포함된 공통적 속성은 '상대방의 행동에 대한 자신의 취약성을 기꺼이 받아들이는 것'과 '확신에 찬 기대'라고 할 수 있다. 따라서 신뢰는 신뢰대상에 대한 신뢰자의 긍정적 기대를 내포함과 동시에 신뢰자가 위험을 감수한 상태에서 신뢰대상의 행위에 의존하는 주관적 작용을 의미하게 된다. 이러한 견해를 토대로 하여 본 연구에서는 신뢰를 "상대방이 나에게 해가 되는 행위를 할 가능성이 있음에도 불구하고 그러한 행위를 하지 않을 것이라는 기대를 가지고 위험을 자발적으로 감수하는 태도"라고 정의하고자 한다.

2) 신뢰의 구조

신뢰는 상대방의 존재를 전제로 하는 관계적(상호의존적) 개념으로서 신뢰의 구조는 신뢰주체, 신뢰주체의 심리상태, 신뢰대상 및 신뢰대상의 신뢰성의 관계로 이루어진다. 신뢰주체는 인간 개인이나 집단이다. 신뢰는 인간의 심리적 현상이기 때문에 신뢰주체는 일단 인간 개개인이라고 할 수 있다. 다만 집단차원에서 어느 정도 보편적으로 공유하는 집단심리에 의해 어떤 신뢰대상에 대한 신뢰가 형성될 수도 있는데 이 경우에는 집단이 신뢰주체가 될 수 있다.

그리고 신뢰는 신뢰주체가 신뢰대상에 대한 인지 및 감정에 토대를 둔 평가를 통하여 형성되는 긍정적 기대심리이다(김우택·김지희, 2002: 34). 그런데 신뢰주체는 현실적으로 신뢰대상에 대한 완벽한 인지적 정보를 가질 수 없고 또한 신뢰대상을 완전하게 감시하거나 통제할 수 없기 때문에 신뢰대상은 신뢰주체의 이러한 긍정적 평가에 부응하지 않을 수도 있다(류태건·차재권, 2014: 175). 이런 점에서 신뢰주체의 긍정적 평가는 신뢰대상의 의도적 또는 비의도적인 배신의 위험에 취약한 상태로 놓여있는 주관적 기대라고 할 수 있다.

또 신뢰는 인간의 심리현상이기 때문에 신뢰주체는 인간 개인이나 집단에 국한되지만 신뢰대상은 개인이나 집단, 제도나 규범 또는 물건이나 자연현상일 수도 있다. 예를 들어 사람들은 국회의원, 국회라는 집단, 대의제도, 다수결의 규범을 신뢰하거나 또는 신뢰하지 않을 수도 있다. 이러한 신뢰대상의 특성은 신뢰성을 좌우하는 요인으로서 신뢰주체가 신뢰대상에 대한 신뢰를 형성하게 하는 영향요인으로 작용한다. 한편 신뢰근거는 신뢰주체가 신뢰대상을 평가하는 근거로서 이는 신뢰대상인 인간의 속성이나 상태, 제도나 규범 또는 자연현상일 수도 있다.

2. 신뢰의 유형

1) 신뢰의 대상에 따른 구분

다양한 신뢰현상을 보다 체계적으로 이해하기 위해서는 신뢰를 유형별로 구분할 필요가 있다. 신뢰의 유형은 신뢰의 대상, 신뢰형성의 근거, 신뢰의 범위, 신뢰의 계층 등 여러 가지 기준으로 분류된다. Newton(2000)은 신뢰를 그 대상을 기준으로 대인신뢰와 제도신뢰로 구분한다. 대인신뢰(trust in people)는 사람들에 대한 신뢰이며 제도신뢰(confidence in institution)는 집단, 절차나 규범 또는 체제에 대한 신뢰를 말한다. 대인신뢰는 사적 신뢰, 제도신뢰는 공적 신뢰라고도 한다. Pagden(1988)은 집단 내에는 이러한 대인신뢰와 제도신뢰가 공존한다고 한다(김장학, 2010: 16 재인용).

대인신뢰는 구성원들 상호간의 대인적 관계에서 발생하는 사람에 대한 신뢰로서 사회적 자본으로서의 의미를 가지는 가장 기본적 형태의 신뢰이다. 대인신뢰는 신뢰대상에 따라 개인의 능력에 대한 신뢰와 의도에 의한 신뢰로 구분하기도 하고, 일반신뢰와 특수신뢰로 구분하기도 한다. 능력에 대한 신뢰는 신뢰대상이 특정한 직업이나 역할을 얼마나 잘 수행하고 있는가에 대한 신뢰이며, 의도에 의한 신뢰는 신뢰대상이 자신의 기대대로 행동해 줄 것이라는 기대에 따른 신뢰이다(김용학·손재석, 2002: 6). 의도에 의한 신뢰는 가장 안정적 형태의 신뢰라고 할 수 있다.

한편 일반신뢰는 '얕은 신뢰(thin trust)'라고도 하며, 불특정 다수인 일반사람들에 대한 신뢰로서 구체적 정보가 없어 아무것도 모르는 상대에 대한 신뢰이다. 일반신뢰는 현재 자신이 베푸는 호의에 대해 즉각적인 반대급부가 생기지는 않더라도 언젠가는 보답을 받을 것이라는 기대감에서 발생하는 신뢰로서 수평적이고 대면적인 상호작용을 통해 생성된다. 이러한 일반신뢰의 수준은 사회에 따라 많은 차이가 난다. 사회규모와 지리적 유동성이 크고 복합적이며 다문화적인 현대사회에서는 잘 모르는 이질적 사람들과의 교류와 협력이 필요하기 때문에 일반신뢰의 중요성이 강조된다.

이에 비해 특수신뢰는 '두터운 신뢰(thick trust)'라고도 하며, 친구나 이웃과 같이 친밀도가 높은 개인이나 집단에 한정된 신뢰를 의미한다. 특수신뢰는 특정집단에 속한 구성원에게는 끈끈한 신뢰를 보여주지만 그 집단 외의 사람들에게는 배타적 태도를 취하게 된다. 따라서 특수신뢰는 사회전체의 입장에서 볼 때는 공동체의 분열을 조장하고 공익을 위한 협력을 어렵게 만들기 때문에 사회통합과 발전의 저해요소가 된다고 할 수 있다(박종민 외, 2006: 152-153). 이처럼 신뢰를 일반신뢰와 특수신뢰로 구분하는 이유는 정치·경제를 비롯한 사회의 발전에 긍정적 역할을 하는 것은 낯선 사람들에 대한 일반화된 신뢰이기 때문이다.

가족이나 집단구성원 간의 수직적 네트워크에서 형성되는 특수신뢰 아래서는 사회적 공공문제의 해결을 위한 자발적 협력이 이루어지기 어렵다. 반면에 평등한 개인들 간의 수평적 사회관계에서 규범에 근거하여 형성되는 일반신뢰는 공공문제의 해결 및 사회발전에 긍정적인 영향을 준다. 일반신뢰는 신뢰주체가 신뢰대상에 대한 정보와 지식이 전혀 없는 상태에서 신뢰성을 판단하기 때문에 각 개인들이 자기의 사익을 추구하기 위해 서로 기만하지 않거나 나에게 위해를 가하지 않을 것이라는 믿음과 기대를 반영하는 것이다(김덕형, 2012: 19).

한편 제도신뢰는 본질적으로 사적일 수밖에 없는 신뢰가 공적인 형태로 확대된 것으로서(신석근, 2010: 22), 공식제도 즉 공적기구의 공공성에 대한 신뢰를 말한다.

제도신뢰는 한 사회 내에서 그 사회에 속한 다른 구성원들이 사회규범에 따라 정직하게 규칙적으로 협력적인 행동을 할 것이라는 기대인데, 정치공동체신뢰, 체제신뢰, 집단(기관)신뢰, 절차(규범)신뢰, 역할신뢰의 5가지 유형으로 세분할 수 있다.

정치공동체신뢰는 국가와 지방자치단체에 대한 신뢰를 말하며, 체제신뢰는 정치·경제·사회·기술체제 등에 대한 신뢰를 의미한다. 그리고 집단신뢰는 가정과 마을 등 1차집단과 입법부·행정부·기업을 비롯한 2차집단에 대한 신뢰이고, 절차신뢰는 행정절차, 선거제도, 소송절차를 비롯한 절차적 규범에 대한 신뢰이며, 역할신뢰는 제도화된 신뢰대상의 역할에 대한 신뢰를 의미한다(〈표. 7〉 참조).

〈표. 7〉 신뢰대상에 따른 신뢰의 유형

<table>
<tr><th>영역</th><th>유 형</th><th>신뢰 대상</th></tr>
<tr><td rowspan="2">대인 신뢰</td><td>특수신뢰</td><td>잘 아는 사람(가족구성원, 친구, 이웃 등)</td></tr>
<tr><td>일반신뢰</td><td>잘 모르는 사람(일반적 타자)</td></tr>
<tr><td rowspan="5">제도 신뢰</td><td>정치공동체 신뢰</td><td>국가, 지방자치단체</td></tr>
<tr><td>체제신뢰</td><td>정치체제(민주주의 등), 경제체제(자본주의 등),
기술체계(금융·통신·교통체계 등)</td></tr>
<tr><td>집단(기관)신뢰</td><td>마을·가정 등 일차집단, 입법부·행정부·기업·언론
기관 등 이차집단</td></tr>
<tr><td>절차(규범)신뢰</td><td>선거제도, 다수결제도, 소송절차, 혼인제도 등</td></tr>
<tr><td>역할신뢰</td><td>대통령, 국회의원, 경찰, 기업인, 의사 등 전문가</td></tr>
</table>

제도는 특정상황에서 특정한 행위가 있어야 한다는 규정성을 갖고 있기 때문에 제도가 잘 정비된 사회에서는 초기 단계에서 신뢰를 형성하는 것이 보다 수월하다. 예측가능성이 높고 위험에 대한 담보가 보장되기 때문이다. 또한 제도는 전형적인 상호작용인 계약이나 규제 등이 제대로 이행되는 것을 구조적으로 보장해 주어 위험에 대한 안전보장을 통해 신뢰를 제고할 수 있게 한다. 따라서 제도가 잘 정비되어 있는 사회에서는 신뢰형성이 보다 용이하다고 할 수 있다(김은영, 2016: 21).

이러한 제도신뢰는 행위자에 대한 신뢰를 높이고, 연결망 안에 있지 아니한 행위자들에 대한 신뢰도 가능하게 하는 등 한 사회가 유지되고 발전하는데 필수적 요소이다(임우석, 2009: 27). 그런데 대인신뢰와 제도신뢰는 별개의 것처럼 보이지만, 양자는 긴밀한 역동적 관계를 갖고 있어서 대인신뢰가 제도신뢰의 필요조건이 되고, 제도신뢰의 정도는 대인신뢰의 축적 양상에 의해 결정된다(김남선·김만희, 2000: 24).

이상에서 대인신뢰와 제도신뢰에 대해 살펴보았는데, 정서적 친밀감이 결여되고 이기적인 현대사회에서는 과거에 비해 대인간의 신뢰를 보장하였던 동질성이 약화된 대신 각종 제도적 안전장치에 기반을 둔 신뢰가 대인간의 신뢰를 담보하는 중요한 역할을 하게 되었다(김은영, 2016: 21). 그러므로 현대사회에서 사회적 신뢰가 증진되기 위해서는 '관계'를 기반으로 하는 대인신뢰도 필요하지만 공동체의 약속인 법과 같은 제도에 대한 신뢰가 매우 중요하다고 할 수 있다.

2) 신뢰의 형성근거에 따른 구분

Zucker(1986)는 신뢰를 그 형성의 근거를 기준으로 특성근거적 신뢰, 과정근거적 신뢰, 제도근거적 신뢰로 구분한다(최은숙, 2012: 53 재인용). 특성근거적(characteristic-based) 신뢰는 한 개인이 속하는 인종·성별·가족 등과 같이 개인이 속한 집단의 사회적 특성에 근거하여 형성되는 신뢰이다. 이 유형의 신뢰는 신뢰자와 신뢰대상 간에 귀속적 특성을 공유함으로서 신뢰가 높은 수준에 도달하게 되는 것으로 본다.

과정근거적(process-based) 신뢰는 당사자 간의 지속적 상호작용과정에서 상대방의 신뢰성에 대한 경험이나 평판에 근거하여 형성되는 신뢰이다. 이 신뢰는 일회적이 아니라 반복적으로 이루어지는 교환관계의 경험에 따라 신뢰대상이 신뢰주체의 기대에 부응하는 행동을 보임으로써 획득하게 되는 평판에 근거한다. 특성근거적 신뢰가 집단의 특성을 설명하는데 적합한 신뢰인데 비해 과정근거적 신뢰는 주로 개인들 간의 신뢰를 설명하는데 적절하다고 할 수 있다(손호중, 2005: 41-42).

한편 제도근거적(institutionally-based) 신뢰는 공식적인 제도, 예를 들어 자격증, 법적 제도, 학력 등에 근거하여 개인 또는 집단을 대상으로 형성되는 신뢰이다. 이 신뢰는 특정상황에서 특정행동을 해야 한다는 규정성을 갖고 있기 때문에 미래에 대한 불확실성과 선택에 대한 위험부담을 줄여 상황을 예측가능하고 안정적으로 대처할 수 있게 해 준다. 이렇게 제도에 근거한 신뢰형성이 가능한 이유는 공식적 사회제도 및 조직이 개인에게 신뢰의 근거를 제공하고 신뢰자가 그 제도와 공식적 조직자체를 신뢰하기 때문이다(박찬웅, 1999: 15). 이러한 제도근거적 신뢰는 타인에 대한 일반신뢰를 만들어내는 반면에 특성근거적 신뢰와 과정근거적 신뢰는 일반신뢰를 만들어내지 못한다고 할 수 있다(류석춘 외, 2008: 212).

특성근거적 신뢰나 과정근거적 신뢰는 개인의 사회적·지리적 이동이 적고 개인들 간의 상호관계가 상대적으로 오래 지속되는 전통사회에서 매우 큰 영향력을 가졌는데 비하여, 제도근거적 신뢰는 활발한 사회적·지리적 이동과 함께 개인들 간의 직접적 상호작용이 줄어들고 익명성이 높아지는 현대사회에서 그 비중이 계속 커지고 있다. 형성근거에 따른 신뢰의 유형과 내용을 요약하면 〈표. 8〉과 같다.

〈표. 8〉 형성근거에 따른 신뢰의 유형

	근 거	근거의 예	신뢰구축 방안
과정근거적 신뢰	반복되는 교환	평판	신뢰에 대한 투자(타인에게 양도할 수 없으므로 신뢰에 대한 시장부재)
특성근거적 신뢰	개인이나 집단의 귀속적 특성	혈연, 인종, 성	신뢰는 주어지는 것
제도근거적 신뢰	공식적 사회제도	신뢰를 제공하거나 보증하는 제도나 조직	신뢰에 대한 투자 및 구매

* 자료: 김용학(2003), 사회연결망이론, 박영사. p.115

3) 신뢰의 범위에 따른 구분

신뢰는 그 범위를 기준으로 일반신뢰와 정부신뢰로 구분할 수 있다. 일반신뢰는 대인신뢰의 한 유형이고 정부신뢰는 제도신뢰의 한 유형이다. 일반신뢰는 개인이 속한 사회전반에 대한 신뢰를 의미하는데 미시적 수준에서 경험을 통해 형성되는 특정개인과 제도에 대한 신뢰보다 추상적 성격을 갖는다. 높은 일반신뢰의 수준은 개인들의 사회적 관계 속에서 정보를 공유하도록 하며 시민활동을 유인하여 정치참여를 촉진시키고 참여과정에서 발생하는 문제를 상호 타협하여 해결하도록 함으로써 사회관계의 안정성을 유지하고 사회체제의 잠재력을 증진시키는 역할을 한다.

한편 정부신뢰는 일반적 의미에서 "정부가 자신에게 중요한 행동을 할 것이라고 예견되는 상황에서 정부를 감독 또는 통제할 수 있느냐의 여부에 관계없이 정부의 행동에 대한 자신의 취약성을 기꺼이 수용하는 것"을 말한다(송하중, 2001: 3).

정부신뢰는 정부의 능력과 윤리성이라는 두 가지 차원의 기대로 이루어진다. 능력에 대한 기대는 정부가 일관성 있게 정책을 효율적으로 수행하여 국민들이 요구하는 성과를 거둘 수 있을 것이라는 기대이고, 윤리성에 대한 기대는 정부가 국민의 이익을 우선하고 정직하게 업무를 수행하는 등 국민의 성실한 대리인으로서 의무와 책임을 다할 것이라는 기대이다.

이러한 정부신뢰는 정부기관과 시민을 연결하는 협력적 가치의 증진을 통하여 정부의 효과성과 정책수용성을 제고시키고 정책과정에서 거래비용 절감 등 중요한 역할을 할 뿐만 아니라 정부가 사회제도의 형성과 유지 또는 변화에 중심적 역할을 하고 있다는 점에서 제도신뢰의 핵심적 대상이 된다고 하겠다(류태건, 2018: 107-108).

4) 신뢰의 계층에 따른 구분

신뢰는 그 계층을 기준으로 자기신뢰, 대인신뢰, 조직신뢰, 시장신뢰, 사회신뢰 등 다섯 가지로 구분된다. 자기신뢰는 자기 자신에 대한 신뢰와 다른 사람의 신뢰를 고취할 수 있는 능력을 의미한다. 이 신뢰는 모든 신뢰의 근본이 되는 신뢰로서, 사회를 구성하고 있는 각 개인의 신뢰적 행동이 없이는 그 외의 다른 차원의 신뢰는 형성되기가 어렵다.

대인신뢰는 다른 사람들과의 관계에서 나타나는 신뢰로서 사회적 자본으로서의 의미를 가지는 기초적 차원의 신뢰이다. 대인신뢰는 리더와 구성원들 간의 관계 및 대등한 지위의 구성원들 간의 관계에서도 나타날 수 있으며 공식적 조직의 대인관계뿐만 아니라 비공식조직의 대인관계에서도 나타날 수 있다(배일섭, 2010: 24-25). 이러한 대인신뢰의 형성에 영향을 미치는 요인으로는 호혜성(reciprocity)과 의사소통 등을 들 수 있다.

조직신뢰는 기업, 비영리단체, 정부기관, 교육기관, 소조직 등 모든 종류의 조직이 만들어내는 신뢰로서 그 형성에 영향을 미치는 요인으로는 소통 채널, 자율성, 권위, 공유가치, 공정성 등을 들 수 있다. 시장신뢰는 시장에서 일반투자자나 고객 또는 일반시민들이 만들어내는 신뢰로서 그 형성에 영향을 미치는 요인으로는 공정거래, 법, 질서 등을 들 수 있다.

한편 사회신뢰는 사회전체의 신뢰를 말한다. 사회신뢰가 높을수록 사회에 대한 의심·냉소·불만 등이 낮아지며 사회구성원들의 상호협력이 촉진되는데 사회전반에 걸쳐 이러한 신뢰가 형성될 때 신뢰가 진정한 사회적 자본으로서의 역할을 하게 된다(배일섭, 2010: 26). 사회신뢰는 대인신뢰를 바탕으로 형성되기도 하고 사회의 다양한 구성요소에 의해 형성되기도 하는데 그 형성에 영향을 미치는 요인으로는 참여제도, 공동체주의(communitarianism), 부패, 권력남용, 자의적 결정, 소득불평등 등의 해소, 가족주의 등을 들 수 있다.

이상에서 신뢰의 유형을 살펴보았는데 이들 유형들은 서로 상관관계를 갖고 있다. 먼저 대인신뢰와 제도신뢰 간의 관계를 보면 모든 유형의 제도신뢰는 궁극적으로 대인신뢰를 바탕으로 하고 있다는 점에서 논리적으로는 대인신뢰가 제도신뢰의 원인이 될 수 있다. 한편 특수신뢰와 일반신뢰의 관계는 대부분의 연구자들이 특수신뢰는 일반신뢰에 부정적인 영향을 미친다고 하고 있으나 양자 간의 긍정적 상관관계를 주장하는 견해도 있다. 류석춘 외(2008: 254)는 가족이나 친구를 신뢰하지 않는 사람들이 낯선 일반인을 신뢰할 수는 없다면서 특수신뢰와 일반신뢰의 상호 보완성을 주장한다. 그리고 Putnam(1993a: 171-185)도 특수신뢰와 일반신뢰는 효과를 발휘하는 분야가 다르며 양자는 다양한 수준에서 상호보완적이라고 보고 있다.

3. 신뢰의 구성요소

신뢰는 다차원으로 구성된 심리상태 또는 행위의 정향이라고 할 수 있다. 신뢰의 구성요소로서의 다차원성에 대한 논의는 대상적 다차원성과 내용적 다차원성으로 구분된다. 대상적 다차원성은 신뢰대상이 무엇인가에 대한 문제로서, 신뢰의 대상은 개인일 수도 있고 조직일 수도 있으며 더 나아가서는 제도나 사회도 될 수 있다는 점에서 다차원성이다. 따라서 신뢰는 개인간, 조직간, 개인과 조직간, 개인과 사회제도간에 발생할 수 있다(윤병철, 2011: 36).

한편 내용적 다차원성은 어떠한 차원들이 신뢰를 구성하는가에 관한 문제인데, 이에 대해서는 신뢰가 인지적 차원과 감정적 차원으로 구성된다는 견해와 여기에 행동적 차원까지도 포함하는 3차원적 개념이라는 견해가 있다(홍훈식, 2007: 6). 바Barber(1983)는 신뢰가 단순한 심리적 현상이 아니라 사회적 관계에서 발생한다는 점에서 인지(congnition), 감정(affection)과 함께 이에 대한 평가를 기반으로 이루어지는 행동

(behavior)까지를 포함하는 세 차원으로 구성된다고 하고 있다(손호중, 2005: 48 재인용). 즉 신뢰는 신뢰주체의 인지와 감정을 기반으로 이루어지는 신뢰대상의 행위에 대한 긍정적 평가나 기대뿐만 아니라, 이러한 평가를 바탕으로 하여 신뢰하는 행위를 하고자 하는 의지까지를 포함한다는 것이다. 이 견해에 따라 신뢰의 내용적 차원을 구체적으로 설명하면 다음과 같다(박통희, 1999: 6-10; 유종호, 2003: 15-16).

첫째, 신뢰의 인지적 차원은 사회적 관계에서 신뢰대상에 대한 지식과 정보 또는 신념을 근거로 하여 어떤 대상은 신뢰하고 어떤 대상은 신뢰하지 않을 것인가를 결정하는 인지적 선택의 과정을 말한다. 이러한 인지적 차원에서의 신뢰여부는 주로 신뢰대상에 대한 정보와 지식 및 신뢰주체와 신뢰대상 간의 상호작용과정에 있었던 과거의 경험에 기초하여 결정된다.

즉 신뢰의 결정은 신뢰대상이 업무를 성공적으로 수행할 능력이 있다거나 또는 그러한 능력을 인정할만한 교육수준 등 객관적인 증거가 있거나 경험을 통해 신뢰대상이 자신의 이익을 위해 부도덕한 행동을 하지 않으리라는 평가 등이 중요하게 작용한다. 이러한 인지적 차원의 신뢰는 1차적 관계보다는 2차적 관계의 신뢰에 더 큰 영향을 미친다. 그런데 예전의 작은 공동체 내에서는 개인들 간의 정보가 풍부하여 신뢰 여부를 분별하는 인지적이고 계산적인 선택과정이 개인적 수준에서 가능했었지만, 사회적 관계가 복잡해지고 다양해진 현대에서는 개인적 수준에서 인지적이고 계산적인 선택과정을 거쳐 개인들 간에 신뢰를 형성하기에는 어려움이 있다(김은영, 2016: 19).

둘째, 신뢰의 감정적 차원은 신뢰대상에 대해 좋아하거나 싫어하는 등의 느낌으로서 감정적·정서적 유대감에 근거한다. 이러한 감정적이고 정서적인 유대는 신뢰대상과의 관계가 일방적이 아닌 호혜적이라는 믿음으로 강화된다고 본다(손호중, 2005: 49). 이같이 감정적 차원의 신뢰는 신뢰주체에 대한 신뢰대상의 선의와 배려에 의해 형성된 감정적·정서적 유대가 신뢰대상을 믿고 의지함으로써 발생할 수 있는 잠재적 위험을 기꺼이 감수할 만큼 가치가 있을 때 믿고 의지하는 것이다(김영옥, 2011: 51).

또 감정적 차원의 신뢰는 지속적인 상호작용을 통해 서로의 관심과 배려를 확인함으로써 발생하는 신뢰이기 때문에 공적 관계에서보다 사적인 상호작용을 지속적으로 유지할 때 더욱 강하게 형성된다. 이러한 감정적 차원은 인지적 차원과는 달리 신뢰대상에 대한 정보와 지식을 반드시 전제하지 않으며 일정시점에서 나타나는 자극에 대한 즉각적인 반응에 근거할 수도 있는데(윤병철, 2011: 38), 사회적 관계에 있어서 주로 1차적 관계의 신뢰에 더 큰 영향을 미친다.

셋째, 신뢰의 행동적 차원은 신뢰주체가 특정한 방식으로 행동하려는 의도로서, 이는 신뢰대상에 대한 의존성의 증대의지로 볼 수 있다. 즉 신뢰의 행동적 차원은 신뢰주체가 신뢰대상은 유능하며 성실하게 행동할 것이라는 낙관적 기대에 근거해 자신의 취약성을 수용하면서 불리함을 감수하고 위험한 행동에 착수하겠다는 의지의 표현으로서 그 형태는 구체적인 행동으로 나타난다(손호중, 2005: 49).

이상에서 신뢰의 구성요소에 대하여 살펴보았는데, 신뢰는 인지적 차원과 감정적 차원에서 동태적으로 영향을 주고받는 과정을 통해 창출되는 것으로서, 이러한 구성요소들은 상호관계를 갖고 있다. 신뢰의 행동적 차원은 인지적 차원과 감정적 차원을 통해 형성된 신뢰대상에 대한 낙관적 기대에 의해 나타난다. 그리고 신뢰에 입각한 실제적 행동은 그 자체로서 감정적 유대감을 강화시킴과 동시에 그 결과는 인지적 차원에 영향을 줌으로써 신뢰의 세 가지 차원은 동태적으로 연결된다(유종호, 2003:18).

이와 같이 신뢰의 세 차원은 일정한 상호작용을 통해 공변관계를 유지하면서도 독립적으로 존재할 가능성도 있다. 신뢰주체와 신뢰대상이 직면하게 되는 상황은 다면적이고 복합적이기 때문에 상황에 따라 또는 관계의 특성에 따라 감정, 인지, 행동차원의 상대적 영향력이나 비중이 다르게 나타날 수 있기 때문이다. 즉 신뢰대상의 업무수행 능력이나 태도와 같이 비교적 객관적인 측면에 대해서는 신뢰하더라도 감정적인 유대를 통한 신뢰는 형성되지 않을 수 있으며, 감정적으로는 신뢰하는 데도 불구하고 능력은 믿지 못할 수도 있다.

또 객관적인 능력에 따른 신뢰나 감정적인 신뢰가 보다 적극적인 의미의 행동의 의지로 이어지지 않을 수도 있다(윤병철, 2011: 39). 그리고 신뢰의 세 차원의 상대적 영향력은 사회적 관계의 성격에 따라 달라질 수 있는데, 일반적으로 1차집단에서는 감정적 차원이 보다 강하여 인지적 차원의 기초를 제공하는 반면에 2차집단에서는 일정수준 이상의 인지적 차원의 신뢰가 감정적 차원의 근거로 작용하게 된다.

4. 신뢰의 기능

물질이 물리적 세계의 기본요소이듯이 신뢰는 인간 상호작용의 기본요소라고 할 수 있다. Putnam(1993a)은 신뢰가 인간 상호간의 협력에 윤활유 역할을 하는데, 공동체 내에 신뢰수준이 높을수록 협력의 가능성이 높아진다고 한다. 그리고 Fukuyama(1995)는 한 나라의 경쟁력과 잘 사는 수준은 단일하면서도 일반화된 문화적 특성과 사회의 고유한 신뢰수준에 의해 결정된다고 한다.

또 Sztompka(1996)는 신뢰의 기능을 당사자들 간의 신뢰와 공동체에 대한 신뢰로 구분하여 설명하고 있다. 그에 의하면 당사자들 간의 신뢰는 상대방에 대한 긍정적 행위를 유발한다. 상대방을 신뢰할 경우에 그에 대한 의심이나 경계에서 벗어나 더욱 솔직해지고 개방적이 되어 기꺼이 교류를 맺고 협력하게 된다. 그리고 신뢰는 신뢰대상에게도 긍정적 효과를 미치는데, 신뢰를 받음으로써 사회적 감시와 통제로부터 벗어날 수 있는 일종의 '신용장'을 갖게 됨으로써 사회생활에서 자유로운 활동의 폭을 넓혀준다는 것이다.

한편 공동체에 대한 신뢰는 사람들 간의 교류를 증진시키고 다양한 형태의 결사체 참여를 조장하며 소통의 확대를 촉진시킨다. 또 거래비용(transaction cost)을 감소시키고 협력의 기회를 증대시키며 개인의 공동체에 대한 유대를 강화하고 문화적·정치적 관용의 인정을 촉진한다고 한다(류태건, 2015: 49-50). 위와 같은 연구자들의 견해를 토대로 하여 신뢰의 기능을 구체적으로 살펴보자.

신뢰는 긍정적 기능과 부정적 기능을 함께 가지고 있다. 먼저 긍정적 기능을 보면 첫째, 신뢰는 정치·경제·사회적 상호작용에 있어서 신뢰대상자의 배신에 따르는 위험을 방지하기 위한 수단을 강구하는 통제나 감시와 같은 거래비용(transaction cost)을 감소시키고 안전한 거래환경을 조성함으로써 투자 및 생산적 경제활동을 활성화한다.

둘째, 신뢰는 사람들 상호간의 교류를 증진시키고 다양한 형태의 결사체 참여를 조장한다. 그리하여 상호간 유대의 네트워크를 풍부하게 하고 상호교류의 장을 넓히며 상호 접촉을 통해 친밀감을 강화시킨다(류태건, 2015: 83). 셋째, 신뢰는 상호간의 협력을 가능하게 하고 공동의 목표를 달성하기 위한 자발적 노력을 유도한다. Putnam(1993a)은 상대방의 행위의도에 대한 신뢰가 높은 사회일수록 공동체가 필요로 하는 집단적 목표를 위해 협력을 이룰 가능성이 더 높아진다고 한다.

넷째, 신뢰는 상호간에 적대감과 갈등을 해소해 주며 위기가 발생할 경우 효과적으로 대처할 수 있게 한다. 신뢰는 관용의식을 제고시켜 낯선 사람 및 문화적·정치적 차이에 대한 수용성을 제고시키며 집단간의 적대감과 혐오감을 억제하여 집합적 연대를 강화시켜 준다. 또 신뢰에 기초한 연대의식과 일체감은 위기의 내용과 그 대처방안에 대한 공동인식을 형성하게 함으로써 조직의 단결성을 강화하여 위기대응능력을 향상시킨다. 이렇게 긍정적 기능을 하는 신뢰는 일반화된 신뢰, 수평적 신뢰, 개방형 신뢰라고 할 수 있는데(배일섭, 2010: 27-28), 이러한 신뢰는 신뢰주체와 신뢰대상자 사이에 두터운 연대가 아니라 약한 연대에 기초한 신뢰로서 잘 모르는 사람들에게까지 확대된 신뢰이다.

한편 신뢰는 부정적 기능도 갖고 있는데, 신뢰주체와 신뢰대상 간에 두터운 유대관계에 기초한 신뢰는 폐쇄성과 제한된 결속력 때문에 외부인과 외집단을 신뢰하지 않으려고 하며, 내집단 구성원들에게 무조건 협력을 강요하는 등 집단동조성을 초래하게 하여 규범을 하향평준화 시킴으로써 집단의 발전을 저해할 수 있으며(김태율, 2010: 516-520), 부정부패를 유발하는 요인이 되기도 한다.

이렇게 부정적 기능을 하는 신뢰는 특정화된 신뢰, 사적 신뢰, 폐쇄형 신뢰라고 할 수 있는데, 학연·지연·혈연 등의 귀속적 관계로 잘 알고 있는 사람들 간에 나타나는 신뢰이다(배일섭, 2010: 28). 이상에서 살펴본 바와 같이 신뢰는 긍정적 기능과 부정적 기능의 양면성을 가지고 있기 때문에 신뢰를 사회적 자본화하여 긍정적 역할을 할 수 있게 하기 위해서는 일반화된 신뢰, 수평적 신뢰, 개방형 신뢰를 강화시켜 나가야 할 것이다.

5. 신뢰의 형성근거와 발전단계

1) 신뢰의 형성근거

Hardin(1996)은 신뢰성이 형성되는 근거를 세 가지 범주로 구분하고 있다. 첫째는 내적 근거로서 개인의 성격이나 도덕성에 바탕을 둔 신뢰성의 성향이며, 둘째는 외적 근거로서 비공식적 관습이나 공식적인 법과 여타 제도에 의한 사회적 통제이고, 셋째는 내적 요인과 외적 요인이 혼합된 것으로 행위를 유인하거나 제재를 가하는 사회적 규범들이다.

이들 규범들은 개인에게 내재화되었을 경우에는 신뢰성을 형성하는 내적 요인이 될 수 있으나 그렇지 않을 경우에는 제재를 통해 그 효과가 발휘되는 외적 요인이 된다는 것이다(류태건, 2018: 50). 그리고 Misgra (1996)는 신뢰는 교환대상이 갖는 선의와 관심에 대한 믿음, 그들의 능력과 가능성에 대한 믿음, 교환대상의 신뢰성에 대한 믿음, 교환대상의 지각된 개방성에 대한 믿음 등 네 가지 관점에서 확신을 가질 때 형성된다고 하고 있다(김장학, 2010: 16 재인용).

한편 Sztompka(1999: 60-68)는 신뢰는 신뢰대상의 신뢰성에 대한 지식, 개인의 신뢰성향, 그리고 문화적 신뢰규범 등 세 가지를 근거로 하여 형성되는데, 이 세 가지 관점은 경합적이라기보다는 보완적이며 어떤 것이 개인의 신뢰형성에 더 큰 영향을 미칠지는 개개인에 따라 다를 수 있다고 한다. 여기에서는 Sztompka의 견해를 중심으로 신뢰의 형성근거를 구체적으로 살펴보고자 한다(류태건, 2018: 34-38).

첫째, 신뢰대상의 신뢰성에 대한 평가이다. 신뢰성이란 신뢰주체가 믿고 의지할 수 있는 신뢰대상의 특성을 의미한다. 합리적 선택론의 관점에서 보면 신뢰는 신뢰대상의 의도적·비의도적 배신의 위험이 있는 불확실한 상황 속에서 신뢰주체가 신뢰대상의 신뢰성에 대한 지식과 자신의 이익간의 합리적 계산을 통해 형성된다. 그리고 신뢰대상의 신뢰성에 대한 지식은 신뢰대상과의 반복적인 상호작용을 통한 직접적 경험이나 신뢰대상에 대한 평판 등의 간접적 경험을 통해 획득되며, 이러한 경험적 지식은 신뢰대상의 미래행위를 예측하여 신뢰를 결정하는 근거가 된다.

이같이 신뢰는 신뢰대상의 신뢰성에 대한 지식(정보)에 근거하여 자신의 이익을 추구하는 합리적 선택의 결과로서 형성된다. 다만 Coleman (1990)은 신뢰가 신뢰주체인 자신의 이익을 고려하여 형성된다고 보는 반면에 Hardin(1998)은 신뢰주체와 신뢰대상의 상호이익을 고려하여 형성된다고 본다(류태건, 2018: 35-36 재인용). 어쨌든 이들의 관점에서 신뢰란 신뢰대상의 신뢰성에 대한 경험적 지식과 자신의 이익 간의 함수로서 인지적이고 합리적인 선택이라고 할 수 있다.

둘째, 개인의 신뢰성향이다. 신뢰는 신뢰대상의 신뢰성에 대한 반응만이 아니라 신뢰주체의 신뢰성향을 근거로도 형성된다. 심리학적 연구결과에 따르면 신뢰성향은 개인의 인성발달 초기에 형성되고, 이 성향은 이후에 신뢰대상의 신뢰성에 대한 평가의 토대로 작용한다. Erickson(1963)은 신뢰는 개인이 성장과정에서 자율성이 발달하는 결정적인 시기 이전인 유아기에 형성되어 개인의 자아정체성의 토대를 이룬다고 본다(류태건, 2018: 39 재인용). 이처럼 신뢰는 유아기에 형성되는 기본적인 인격성향이며 개인은 이러한 기본적 신뢰성향을 근거로 하여 유아기 이후에 전개되는 여러 가지 상황에서 신뢰문제에 대처하게 된다.

셋째, 문화적 요인이다. 문화는 한 사회의 구성원들에 의해 공유되고 전승되는 생활양식으로서, 이러한 문화 속에는 신뢰와 관련된 행위양식인 신뢰규범이 포함되어 있으며, 이 규범들은 신뢰를 결정하는 상황에서 개인의 심리적 성향이나 합리적 계산을 조정할 수 있다(류태건, 2018: 40). 예를 들어 한 사회의 구성원들에게 통용되는 비공식적 사회규범인 관습(custom)이 개인에게 내재화 되었을 경우에는 자발적으로 행위를 규율하는 내적 요인으로서 그 자체가 신뢰성의 근거가 된다. 한편 공식적 규범인 법과 여타 제도들은 신뢰성의 형성에 큰 영향을 미친다. 모든 법규범은 사회관계에서 신뢰성을 보장하기 위한 것이며 주요 제도들은 정부와 국가권력의 신뢰성을 확보하기 위한 장치라고 할 수 있다.

2) 신뢰의 발전단계

Lewicki와 Bunker(1996)는 신뢰의 발전을 하나의 연속적 과정으로 파악하여 신뢰가 어떻게 낮은 단계에서 높은 단계로 발전하는가를 설명하고 있다. 그들은 신뢰를 그 깊이에 따라 이해관계에 토대를 둔 신뢰, 지식에 토대를 둔 신뢰, 동일화에 토대를 둔 신뢰의 세 단계로 구분하고, 신뢰는 신뢰주체와 신뢰대상 간의 관계가 지속됨에 따라 순차적으로 이들 단계를 거치면서 발전하는데, 세 번째 단계까지 신뢰가 축적되면 개인은 그 공동체의 규범과 기대가치를 내면화하여 목표를 더 원활하게 달성할 수 있다고 한다(안우환, 2005: 37 재인용). 그 내용을 구체적으로 설명하면 다음과 같다

첫째, 이해관계에 토대를 둔 신뢰(calculus based trust)단계이다. 이는 가장 기초적인 단계에서 발생하는 이해타산적 신뢰로서 신뢰관계를 유지함으로써 얻는 이익이 그 반대의 경우에 비해 더 크기 때문에 신뢰가 유지되는 단계이다. 이러한 신뢰는 신뢰주체와 신뢰대상이 서로 이해관계가 부합되는 한 신뢰가 유지되지만 이해관계가 다를 경우에는 신뢰가 깨지게 된다.

둘째, 지식에 토대를 둔 신뢰(knowledged based trust)단계이다. 이 단계는 신뢰대상과의 지속적 상호작용에 의한 경험을 통해 축적된 지식과 정보를 토대로 신뢰대상의 행동을 예측하고 믿을만하다는 평가를 토대로 신뢰가 형성된다. 셋째, 동일화에 토대를 둔 신뢰(identipication based trust)단계이다. 이 단계는 신뢰의 대상 또는 집단이 추구하는 목표·규범·가치 등이 자신의 것과 일치함으로써 그것을 내면화하고 동일시하는 과정에서 신뢰가 형성된다. 이 단계에서는 구성원 상호간에 추구하는 목표가 일치하기 때문에 조직의 목표가 달성되는 만큼 개인의 목표도 함께 충족된다(임선영, 2015: 16).

이같이 신뢰주체의 신뢰대상에 대한 신뢰는 초기에는 이해관계에 기초하여 출발하지만 관계가 지속되면서 신뢰대상의 행동을 예측할 수 있게 되면 감시를 완화할 수 있게 되어 지식에 기초한 신뢰로 발전하게 되며, 신뢰주체와 신뢰대상이 서로의 가치를 내재화하여 관계에 대한 감정적 몰입을 이루게 되면 동일화에 기초한 신뢰로까지 발전하게 된다. 이러한 동일화의 단계를 통해 신뢰는 하나의 관계적 속성에서 집단에 긍정적으로 작용하는 사회적 자본으로 발전하게 된다. 신뢰가 사회적 자본으로 가장 긍정적으로 작용하게 되는 동일화의 신뢰단계에서는 사회적으로 갈등과 혼란이 적기 때문에 사회구성원들의 연대를 통한

상호협력과 효율성을 향상시킬 수 있다.

6. 신뢰의 형성에 영향을 주는 요인

신뢰의 형성과정에는 여러 요인들이 영향을 미친다. Mayer 외(1995)는 여러 연구자들이 제시한 신뢰성의 구성요인들로 유용성, 능력, 일관성, 신중성, 충성심, 공정성, 성실성, 개방성, 감수성, 역동성, 이타주의, 평판, 호의 등을 들면서, 그 중에서도 가장 보편적으로 언급되는 요인으로 능력, 호의, 성실성의 세 가지를 강조하고 있다(류태건, 2018: 46 재인용). 본 연구에서는 신뢰형성에 영향을 미치는 요인을 개인신뢰, 조직신뢰, 정부신뢰의 세 차원으로 구분하여 구체적으로 고찰하고자 한다.

첫째, 개인신뢰의 영향요인이다. 개인신뢰가 어떻게 형성되며 그 과정에서 중요한 영향을 미치는 요인들이 무엇인가에 대한 논의는 미시적 측면과 거시적 측면의 두 가지로 접근할 수 있다. 신뢰주체가 신뢰대상자의 속성 평가에 초점을 둔 미시적 측면에서는 신뢰대상자의 일관성, 정직성, 책임성, 능력, 전문성, 존중감 등이 신뢰형성에 영향을 미친다(한국조직학회 편, 2012: 18).

여기에서 능력(ability)이란 어떤 특정한 영역에서 영향을 미칠 수 있는 기술과 재능 및 특성들을 총칭한다. 그런데 능력은 영역에 따라 구체적으로 발휘되는 것이기 때문에 어떤 영역에서 인정받는 능력이 다른 영역에서도 자동적으로 인정받는 것은 아니다. 따라서 신뢰성으로서의 능력은 이러한 양면성으로 인해 과업특정적이고 상황특성적인 성격을 가지고 있다고 하겠다.

한편 거시적 측면에서는 문화적 규범과 가치가 신뢰형성에 중요한 역할을 하는데 개인주의와 집합주의, 권력에 대한 거리감, 불확실성에 대한 회피 등이 영향을 미친다. 또 사람들이 관계를 맺고 있는 네트워크 유형의 개방성 여부가 신뢰에 영향을 미치며, 네트워크 내에서의 접촉 기간과 빈도(frequency of contact) 및 정서적 친밀감도 신뢰 증진에 영향을 미친다(한국조직학회 편, 2012: 17). 여기에서 개방성은 새롭거나 중요한 정보를 상대방에게 숨김없이 제공하는 한편 기꺼이 공유하려는 태도이다. 그런데 신뢰할 수 없는 사람과 정보·지식·경험을 공유하게 될 경우에는 오히려 상대방의 기회주의적 행동으로 인해 피해를 입을 수도 있는 위험이 커지기 때문에 서로 강한 신뢰가 없이는 지식이나 정보의 공유는 쉽지 않다고 할 수 있다.

둘째, 조직신뢰의 영향요인이다. 조직신뢰에 영향을 미치는 주요 요인으로는 조직에 있어서 인사의 공정성과 의사결정과정에의 참여, 개방적인 의사소통, 조직분위기의 응집성 등을 들 수 있다. Carnevale과 Wechsler는 조직신뢰에 영향을 미치는 특성으로 직무안정성, 직무특성, 집단내의 지위, 의사소통의 개방성, 보상과 처벌의 공정성, 참여기회, 윤리적 환경 등을 제시하고 있다(한국조직학회 편, 2012: 20-21 재인용).

셋째, 정부신뢰의 영향요인이다. 정부신뢰는 정부가 국민들의 기대에 부응하여 운영되고 있는가에 대한 긍정적 평가정향으로서, 정부신뢰에 영향을 미치는 주요 요인으로는 청렴성, 공정성, 일관성, 효율성, 전문성 등을 들 수 있다. 여기에서 청렴성, 일관성, 공정성은 모두 넓은 의미의 도덕성에 해당하며 효율성과 전문성은 일종의 정부능력이라고 볼 수 있다.

7. 정부신뢰

1) 정부신뢰의 개념과 특징

정부신뢰는 제도신뢰(confidence in institutions)의 한 유형이다. 일반적 의미에서 정부(지방정부 포함)신뢰란 “정부가 국민들의 기대에 부응하여 운영되고 있는가에 대한 긍정적 평가태도”로 정의된다. 정부신뢰에 대해서 Hetherington(1999)은 “정부의 각종 산출물에 대한 평가 또는 정부가 국민들의 기대에 부응하여 운영되고 있는지에 대한 기본적인 평가정향"으로 정의하고 있으며, Miller(1974)도 이와 비슷하게 "정부가 국민들의 기대에 따라 기능하고 산출물을 만들어 내는가에 대한 국민들의 기본적인 평가"라고 하고 있다(전계영, 2009: 16-17 재인용).

또 송하중(2001: 3)은 "정부가 자신에게 중요한 행동을 할 것이라고 예견되는 상황에서 정부를 감독 또는 통제할 수 있느냐의 여부에 관계없이 정부의 행동에 대한 자신의 취약성을 기꺼이 수용하는 것"으로 정의하고 있으며, 서문기(2005)는 "국민의 기대에 바탕을 둔 정부에 대한 긍정적인 평가태도"라고 하고 있다.

이처럼 정부신뢰의 개념에 대해서는 연구자들이 관점에 따라 다양한 견해를 제시하고 있지만 본 연구에서는 이를 토대로 하여 정부신뢰를 "정부를 감시 또는 통제할 수 있는 능력과는 상관없이 또는 불확실한 상황 아래서 국민이 정부로 인해 피해를 볼지도 모르는데도 불구하고 기꺼이 그것을 감수하며 정부를 지지하는 심리적 태도"라고 정의하고자 한다. 이렇게 정의할 때 정부신뢰에는 정부에 대한 기대, 그 기대에 입각한 행위와 관련된 취약성, 그럼에도 정부의 능력에 대한 믿음과 순응이라는 요소들이 포함된다.

정부신뢰 요소로서의 정부에 대한 기대는 두 가지를 포함한다. 하나는 능력차원의 역할수행에 대한 기대로서 정부가 일관성 있게 정책을 효율적으로 수행하여 국민들의 요구하는 수준의 성과를 거양할 수 있을 것이라는 기대이고, 다른 하나는 윤리적 기대로서 정부가 국민의 이익을 우선하고 정직하게 업무를 수행하는 등 국민의 성실한 대리인으로서 의무를 다할 것이라는 기대이다(김중수, 2007: 14).

이러한 정부신뢰는 다음과 같은 특징을 갖고 있다. 첫째, 정부신뢰의 주체는 국민이다. 중앙정부의 신뢰주체는 한 국가의 국민전체이고, 지방정부의 신뢰주체는 대표적으로 그 지방의 주민들이다. 둘째, 정부신뢰의 대상은 정부이다. 여기에서 정부는 중앙정부 또는 특정한 지방정부가 될 수도 있고 그 전부일 수도 있으며, 신뢰주체인 국민과 관련된 특정 부서나 정책이 대상이 될 수도 있고 공무원이 그 대상이 될 수도 있다. 이같이 신뢰대상으로서의 정부는 권력, 제도, 조직, 공무원 그리고 정부활동의 산출물 등 수준별로 다양하다.

셋째, 정부신뢰는 정부에 대한 통제가능성 여부와 관계없이 자신의 취약성을 수용하는 것이다. 여기에서 '취약성'이란 자신에게 중요한 그 어떤 것을 잃을 수도 있음을 의미한다(이승종 외, 2008: 202). 최근 정부활동의 많은 부분이 국민들로부터 통제를 받고 있지만 현대의 민주국가에서도 국민이 정부를 완전히 통제할 수는 없다는 점에서 정부신뢰는 국민이 정부를 통제할 수 있는 정도와 반드시 정(正))의 관계를 갖는 것은 아니다(송하중, 2001: 4).

현대사회에서는 정부가 수행해야 할 고도의 기술성과 전문성을 필요로 하는 사회문제들이 끊임없이 발생하고 있어서 국민(주민)들이 정부를 통제할 수 없는 부분이 많기 때문에 오히려 정부를 통제할 수 없는 경우에 자신의 취약성을 수용하는 것이 현실적으로 보다 중요한 의미를 갖는다.

2) 정부신뢰의 중요성과 신뢰 내용

국민들의 정부에 대한 신뢰는 정부체제의 정당성 확보, 정부성과의 향상, 정부권위에 대한 수용성 증대 등에 기여하는데 그 중요성을 구체적으로 설명하면 다음과 같다(이승종, 2010: 103). 첫째, 정부신뢰는 정부존립의 도덕적 기초가 된다. 정부는 국민의 신뢰를 기반으로 정통성과 정당성을 인정받을 때에 정책추진이 추동력을 얻게 되지만 국민으로부터 신뢰를 받지 못하면 체제의 정당성을 위협받게 된다. 둘째, 정부신뢰는 정부기관과 국민들 간에 협력을 증진시킴으로써 정부정책의 수용성 및 효과성을 제고하여 정부성과를 향상시킨다.

셋째, 정부신뢰는 정부의 재량권과 책임성 요구 간의 긴장을 완화시키고 정부와 국민간의 갈등완화에 기여한다. 정부는 신속한 정책집행을 위하여 재량권을 가질 필요가 있으며 국민은 정부의 책임성 확보를 위해 이를 통제를 할 필요가 있다. 이런 상황에서 정부신뢰는 국민들로 하여금 정부권위를 수용하게 함으로써 재량권 요구와 책임성 요구 간의 긴장과 갈등을 완화시키는 역할을 한다. 넷째, 정부신뢰는 체제의 안정을 통해 정부역량을 단기적이고 미시적인 정책이 아니라 보다 장기적이고 거시적인 정책에 기울일 수 있게 한다.

이상에서 정부신뢰의 중요성에 대해 살펴보았는데, 그러면 어떠한 내용이 국민들로 하여금 정부를 신뢰하게 만드는가를 살펴보자. 이에 대해서는 여러 관점에서 접근할 수 있는데 첫째, 정부가 무슨 일을 하고 있는가 하는 역할 및 정부가 일을 얼마나 잘 수행하는가 하는 성과의 차원에서 접근할 수 있다. 둘째, 정부에 대한 국민들의 심리적 호감의 정도, 정부가 산출하는 정책에 의해 국민들이 혜택을 받는 정도, 사회적 상호작용 속에서 국민들이 정부를 보는 규범적 시각에서 접근할 수 있다(정광호, 2011: 39-40).

이같이 정부신뢰의 내용에 대해서는 다양한 차원에서 접근할 필요가 있다. 정부신뢰를 정부성과나 산출물에 대한 평가 또는 정부가 국민의 기대에 부응하는 정도로만 접근할 경우에는 정부신뢰에 대한 주관적 기대나 경제적 측면에만 한정하는 좁은 범위가 됨으로써 역사 또는 사회적 산물로서 형성된 정부신뢰의 측면을 간과할 우려가 있다. 그러나 여기에서는 정부정책과 정부성과에 한정하여 정부신뢰의 내용을 살펴보고자 한다.

(1) 정부정책에 대한 신뢰

국민들이 정책을 통해 정부를 신뢰하는 원인을 정책결정과정, 정책내용, 정책집행결과로 구분하여 설명하면 다음과 같다(박종민 외, 2011: 121-122). 첫째, 정책결정과정에 대한 정부신뢰는 정책의 결과보다 정책이 결정되는 과정 및 절차가 공정하고 정당성을 가질 때 신뢰하는 것이다. 국민들은 그다지 선호하지 않거나 혜택을 적게 받는 정책이라 할지라도 그것이 공정하고 정당한 절차를 거쳐 결정된 것이라면 정부를 신뢰하고 그에 순응할 가능성이 높다.

둘째, 정책내용에 대한 정부신뢰는 정부가 국민들이 동의하거나 선호하는 내용의 정책을 결정할 때 신뢰하는 것이다. 따라서 이념적으로 정부의 정책내용에 근접한 선호를 가진 국민들은 그렇지 않은 국민들보다 정부를 더 신뢰할 가능성이 높으며 정책내용이 국민들의 정책선호와 상충될 경우에는 정부신뢰의 수준이 낮아진다고 할 수 있다.

셋째, 정책집행결과에 대한 정부신뢰는 정책의 집행결과 특정한 사회문제를 해결하는 등 그 목적을 달성했을 때에 신뢰하는 것이다. 따라서 정부가 집행한 정책이 경제문제나 사회문제를 제대로 해결하지 못하여 국민들이 정부가 제공할 것으로 기대하는 정책혜택을 받지 못했을 때에는 정부신뢰의 수준이 낮아지게 된다.

(2) 정부성과에 대한 신뢰

정부성과는 정부가 국민들이 원하는 일을 얼마나 잘 수행하고 있는가에 대한 평가로서 정부성과에 대한 신뢰는 국민의 기대, 과거의 경험, 성과에 대한 관점, 성과의 산출과정 등에 따라 달라진다. 이를 구체적으로 설명하면 다음과 같다. 정부성과에 대한 신뢰의 내용은 첫째, 정부성과에 대한 국민들의 기대이다. 정부가 국민들이 원하는 일을 제대로 수행하여 기대하는 산출물을 생산할 때 국민들은 정부를 신뢰하지만 기대와 성과 간의 격차가 클수록 정부신뢰의 수준은 낮아진다. 그런데 정부의 산출물은 국민들의 기대수준에 따라 다르게 인식되는데 기대수준이 높은 국민일 경우는 정부가 과거에 비하여 좋은 성과를 거두더라도 자신의 기대에 미흡하다면 오히려 정부신뢰가 저하될 수도 있다

둘째, 정부에 대한 국민들의 태도이다. 예전부터 있어 온 정부에 대

한 신뢰 또는 불신의 정도에 따라 정부성과에 대한 국민들의 신뢰정도가 달라질 수 있다. 예전부터 정부에 대한 신뢰가 높을 경우에는 정부성과가 약간만 향상되어도 신뢰형성에 긍정적 영향을 미치게 되지만, 예전부터 국민들이 정부를 불신해 왔다면 어지간한 정부성과의 향상은 신뢰의 증진에 별다른 영향을 미치지 못하게 될 것이다.

셋째, 국민들의 관점에 따라 정부성과에 대한 인식이 다르게 나타날 수 있다. 국민들이 직접 피부로 느끼는 분야에서 이루어진 정부성과는 쉽게 체감됨으로써 그대로 정부신뢰로 이어질 수 있다. 반면에 장기적 관점에서 이익이 되는 비가시적 성과일 경우에는 국민들이 이를 제대로 인식하지 못하여 정부신뢰가 증진되지 않을 가능성이 크다(정광호, 2011: 116).

넷째, 국민들이 어떤 과정을 거친 정부성과를 더 중시하느냐에 따라 정부신뢰가 달라질 수 있다. 정책의 결과보다 과정을 중시하는 국민이라면 설사 선호하지 않거나 혜택을 적게 받는 정책이라 할지라도 그 결정과정에 국민들의 적극 참여와 정보의 공유를 통해 공정하고 정당한 절차를 거쳤다면 정부를 신뢰하고 순응할 가능성이 높아진다.

3) 정부신뢰에 영향을 주는 요인

정부신뢰에 영향을 주는 요인은 정치·경제·사회적 측면에서 다양하게 설명할 수 있다. 개인의 정치적 성향, 통치체제 및 정부에 대한 태도가 정부신뢰에 영향을 주며 권위에 대한 존중 정도, 낙관주의 경향의 정도 등 사회문화적 환경요인도 정부신뢰에 영향을 미친다. 그러나 정부신뢰에 가장 큰 영향을 주는 요인으로는 정부의 특성이라고 할 수 있다. 그 이유는 정부의 특성은 신뢰대상자인 정부자신이 제공하는 요인임과 동시에 정부 스스로가 신뢰를 제고하기 위한 정책수단으로 활용할 수 있는 변수에 해당하기 때문이다.

정부의 특성과 관련하여 정부신뢰에 영향을 주는 요인으로 이종수(2001: 78)는 효율성, 이념적 동질성, 일관성, 공정성, 투명성, 청렴성, 친밀성을 지적하고 있으며, 박통희(1999: 5)는 정부의 능력, 개방성, 정직성, 일관성, 공정성을 들고 있다. 그리고 김헌구 외(2009: 9-10)는 정부신뢰성의 구성요소를 정책이나 사업의 업무성과, 정부기관의 관리역량, 정부기관의 정치역량, 공직자의 공직윤리 등 네 가지 유형으로 분류한 다음 각 유형에 속하는 영향요인들을 제시하고 있다.

이러한 논의들을 토대로 하여 본 연구에서는 정부신뢰의 주요 영향요인으로 정부의 능력, 공정성, 투명성, 참여 등 네 가지를 제시하고자 한다. 첫째, 정부능력이다. 국민들의 정부능력에 대한 판단은 정부에 대한 신뢰여부를 결정하는 중요한 요인이 된다. 정부능력은 정부기구가 과업을 효율적으로 수행하는데 필요한 능력이다. 정부능력을 나타내는 대표적인 지표로는 정책의 우선순위를 결정하고 결정된 정책을 효과적으로 집행할 수 있는 능력, 정책수행에 필요한 자원을 효율적으로 동원할 수 있는 능력, 대립되는 목표들을 조정할 수 있는 능력, 분산되고 비조직적인 이익도 대변할 수 있는 능력, 사회갈등이 사회혼란으로 확대되지 않도록 관리할 수 있는 능력 등을 들 수 있다.

이러한 능력이 부족한 정부는 국민들의 기대와 요구를 충족시키지 못함으로써 신뢰가 저하될 뿐만 아니라 국민들이 행정에 공적·제도적 접근보다는 연고관계 등 사적 접근을 통해 문제를 해결하려는 인식을 갖도록 만든다. 이런 점에서 정부능력을 향상시키는 것은 정부에 대한 신뢰 증진에 가장 중요한 요인이 된다고 할 수 있다.

둘째, 공정성이다. 정부의 공정성은 정책에 소요되는 비용이나 편익이 합의된 일반원칙에 의거하여 차별 없이 배분되는 것을 의미하는데, 정부정책의 결정과 집행과정에서는 절차공정성은 물론이고 분배공정성도 충족되어야 한다. 절차공정성은 정책과정에서 이용되는 수단과 절차가 얼마나 공정한가에 대한 인지정도를 말한다. 이러한 절차공정성에서 중요한 것은 정책과정에서 관련된 모든 사람들에게 동등한 기회를 부여해야 하며 또 규칙에 따라 절차를 진행하고 모든 사람들에게 공정하게 적용하는 것이다. 규칙을 특정집단의 사람에게만 유리하거나 또는 불리하게 적용할 경우에 절차공정성은 심각하게 훼손된다.

한편 분배공정성은 구성원들이 집단을 위하여 투입한 노력에 비하여 지급되는 보상이 공정한가에 대한 인지정도를 의미한다. 분배공정성의 정도는 각 개인의 기여와 보상의 비율이 얼마나 균형을 이루는가에 따라 판가름된다고 할 수 있다. 만약 기여를 많이 하지 않은 사람이 많은 보상을 받거나 반대로 기여를 많이 한 사람이 그에 상응하는 보상을 받지 못한다면 분배적 공정성은 훼손된다. 그러므로 정부가 국민들로부터 신뢰를 받기 위해서는 정책과정에서 절차공정성과 함께 분배공정성도 확보할 수 있어야 할 것이다.

셋째, 투명성이다. 정부신뢰가 제고되기 위해서는 행정인들이 정직하고 청렴하게 행정을 수행함으로써 투명성이 확보되어야 한다. 여기에서 투명성은 정부가 얼마나 정직하고 깨끗하게 행정을 수행하는가 하는 도덕적 태도에 대한 인지정도로서(손호중, 2005: 65), 투명성이 높으면 정부신뢰도 높아지게 된다. 이러한 투명성의 지표로는 정보공개와 행정인들의 정직성 및 청렴성 등을 들 수 있다. 행정행위와 관련된 정보가 제대로 공개되고 행정인들에게 민주성, 책임성, 중립성 등의 행정윤리가 내면화되며 부정행위 없이 정직하고 청렴한 자세로 행정을 수행한다면 국민들은 행정인들을 신뢰하게 될 것이고, 이러한 신뢰는 정부신뢰로 이어지게 된다.

넷째, 주민들의 참여이다. 지방정부의 정책과정에 주민들의 참여가 활성화되면 정부신뢰가 높아진다. 참여는 정치·행정적 측면에서 정책의 정당성 확보, 정책결정의 합리화, 정책내용의 질적 향상, 정책집행의 능률성 확보에 기여한다. 그리고 사회적 측면에서는 시민들 간의 이해관계 조정과 협동의 증진, 공동체의식의 배양뿐만 아니라 사회적 약자들의 상대적 박탈감을 완화시키며 계층간에 형평성을 도모함으로써 사회적 갈등을 완화하는데 기여한다.

정책과정에서 참여가 배제될 경우에는 주민들의 다양한 욕구와 견해가 반영되지 못함으로써 정책의 정당성이 훼손될 뿐만 아니라 정책내용이 바람직하지 못할 경우에도 오류를 시정할 수 있는 통로가 차단됨으로써 정부에 대한 불신을 가져오게 된다. 따라서 정부가 국민들로부터 신뢰를 받기 위해서는 정책과정의 모든 단계에서 다양한 계층의 대표성을 가진 주민들과 관련단체들의 참여를 폭넓게 보장해야 할 것이다.

4) 정부불신의 원인

우리나라 국민들의 정부에 대한 신뢰수준은 매우 낮은 것으로 평가되고 있다. 한국보건사회연구원이 2014년 실시한 '사회통합과 국민행복 인식조사'의 결과에 의하면 행정부(지방정부 포함)를 신뢰한다고 응답한 비율은 전체의 33.6% 불과했으며, 입법부와 사법부를 신뢰한다는 응답은 이보다도 더 낮은 각각 17.4%와 30.7%로 나타나고 있다(한국보건사회연구원, 2014: 306-308).

정부에 대한 신뢰가 저하되어 불신이 커지게 되면 국민들은 정부의 정책을 믿지 않게 되고 정부의 권위를 무시하게 되는데, 그 결과 정부운영의 효율성이 저하되며 문제해결을 위한 자원(resources)의 할당순위 결정을 어렵게 함으로써 결국 체제의 정당성이 위협을 받게 된다. 또 정부불신은 정치에 대한 냉소주의를 만연하게 하고 각종 집합적 행동에서 무임승차(free riding) 및 도덕적 해이현상을 심화시키게 된다. 이러한 정부불신은 사회전체적인 신뢰수준을 저하시키는 요인으로 작용하기도 하는데, 국민들이 정부를 불신하는 요인으로는 정치·경제 등 여러 측면에서 많은 내용들을 지적할 수 있으나 그 중에서도 중요한 요인은 다음과 같다.

첫째, 정부의 문제해결능력 저하 때문이다. 급속한 사회변동 속에서 이루어지고 있는 현대행정은 그 수행에 있어서 전문적 능력과 함께 여러 관련 기관간의 상호협력과 조정을 필요로 한다. 그런데 실제의 행정은 사회변동에 대처하는데 필요한 전문적 지식과 기술이 부족하며 융통성과 신축성을 확보하지 못하고 있는데다 할거주의적 성격 때문에 관련 기관간의 협력과 조정이 제대로 이루어지지 못하는 경우가 많다.

또 정부가 행정을 수행함에 있어서 민간부문을 참여시켜 거버넌스를 형성해야 함에도 불구하고 여전히 과거의 수직적 관계에 토대를 둔 패러다임에서 크게 벗어나지 못하고 있다. 그 이유는 행정인들이 권위주의시대의 기득권을 그대로 유지하려고 하는 한편 시민사회의 능력과 기업의 도덕성을 여전히 의심하고 있기 때문이다. 그리고 사회분화에 따른 국민들의 욕구증대로 정부역할에 대한 기대가 점점 높아지고 있는데도 인적·물적 자원의 한계 때문에 정부가 이러한 욕구를 제대로 충족시키지 못하고 있다. 이러한 현상들은 정부의 문제해결능력을 저하시킴으로써 정부불신의 직접적 요인으로 작용하고 있다.

둘째, 행정권의 오용과 남용 때문이다. 행정인들은 행정업무를 수행할 때 법규에 규정된 범위 내에서 권한을 행사하여야 하며 공직의 윤리규범에 따라 행동해야 한다. 그러나 행정업무가 복잡해지고 전문화됨에 따라 행정인들에게 부여된 재량의 범위가 확대됨으로써 비윤리적 일탈행위를 할 가능성이 그만큼 커지게 되었다. 이러한 행정윤리를 벗어나는 행정권의 오용과 남용의 유형으로는 법규의 자의적 해석, 공정성을 위반하여 특정인이나 특정집단을 우대하는 행위, 행정행위에 책임을 지지 않으려는 보신적 태도 등 여러 가지를 들 수 있다. 이러한 행정권의 오용과 남용 역시 정부신뢰를 저하시키는 직접적 요인으로 작용한다.

셋째, 법규의 비현실적 내용과 불공정한 적용 때문이다. 행정법규는 행정질서의 유지와 국민의 권리·의무에 관한 내용을 규정하고 있다. 그런데 현실적으로 이들 법규의 내용은 고도의 형식성을 띠고 있어서 실제의 사회생활과 심한 괴리를 빚고 있는데다 단속기준은 이상적이라고 할 만큼 높은 것들이 많다. 그 때문에 행정인들이 법규 위반에 대한 판단을 자의적으로 할 가능성이 커지게 되고, 그 결과 고객인 일반국민들의 개인적 지위나 연고관계에 따라 차별적으로 법규를 적용할 소지가 많아지게 된다.

한편 국민들의 입장에서도 법규의 형식성은 법규를 제대로 지키기 어렵게 만듦으로써 그 위반에 대한 제재를 면하기 위해 편법을 동원하여 행정인들과 사적인 거래를 하게 될 소지가 많아지게 된다. 이는 국민들에게 규범이나 행정질서에 따라 행동하는 사람은 손해를 보게 된다는 인식을 갖도록 하여 공정성과 행정질서를 파괴하고 부정부패를 야기하는 요인으로 작용하게 됨으로써 정부불신으로 이어지게 된다.

넷째, 정책의 빈번한 변경 때문이다. 정부정책은 가능한 한 다른 정책과 모순 또는 갈등이 없이 조화를 이루어야 하고 일관성과 지속성을 유지하는 것이 바람직하다. 정부정책이 자주 변경되는 가장 큰 이유는 정책결정과정에서 국민들의 수요를 제대로 반영하지 못해 내용적 타당성이 결여되거나 현실성이 떨어져 사회변동에 제대로 대응하지 못하는데 있지만, 정책결정자의 업적과시욕과 정책효과에 대한 조급성도 그 원인으로 작용하고 있다.

정책은 그 실현가능성과 파급효과를 사전에 충분히 검토하고 결정해야 하는데도 지방자치단체장 등 선출직 정책수립자들이 임기 내에 업적을 남기겠다는 생각에서 합리적인 평가 없이 전임자의 정책들을 폐기하고 새로운 정책을 양산하는 경우가 적지 않다. 또 시급한 사회문제를 해결한다는 명분으로 장기간에 걸쳐 서서히 효과가 나타나는 거시적 관점의 정책보다는 빠르게 가시적 성과가 나타날 수 있는 지엽적인 정책을 임기응변식으로 채택하는 경우도 적지 않다.

정책의 변경은 시간의 흐름과 환경변화에 신축적으로 대응한다는 점에서 바람직한 결과를 가져올 수도 있으나 그 변경이 단기간 내에 자주 그리고 급속하게 이루어지는 것은 문제가 있다. 정책의 빈번한 변경은 그 변경에 따르는 매몰비용 등 사회적 낭비가 초래되며 정책을 통한 예측가능성을 약화시키게 된다. 뿐만 아니라 정책이 수시로 변경되면 기존의 정책과 관련하여 기득권을 갖고 있는 이해당사자들은 새 정책으로 손해를 볼지도 모른다는 불안감이 생기게 되며 일반국민들도 정책이 또다시 바뀔 것이라고 인식하여 기존의 정책을 믿지 못하게 됨으로써 결과적으로 정부불신을 초래하게 된다.

다섯째, 국민들의 높아진 기대 때문이다. 정부신뢰는 국민들의 기대수준에 따라 다르게 인식된다. 국민들이 기대수준이 높을 경우에는 정부가 아무리 좋은 정책을 합리적으로 결정하고 효율적으로 집행한다고 해도 그 기대수준에 미흡하면 정부가 일을 잘 못한다고 인식하여 정부를 불신하게 될 것이다. 사회가 다원화되면서 국민들의 행정수요는 급증하고 또 다양화되고 있으나 정부의 인적·물적 능력은 한계가 있기 때문에 정부가 최선을 다한다고 해도 능력의 한계 내에서 서비스를 공급할 수밖에 없다. 따라서 투입 대 산출의 면에서 정부가 아무리 큰 성과를 거두었다고 할지라도 그러한 성과가 국민들의 기대수준을 만족시키지 못할 경우는 정부불신의 요인으로 작용하게 된다.

여섯째, 정부신뢰의 저하는 시대적 추세이다. 정부성과와 무관하게 현대의 시대적 추세가 정부신뢰를 저하시키는 요인의 하나가 되고 있다. 국민들의 정치에 대한 지식의 축적과 정치적 영향력의 증대, 공식적 권위와 제도를 경원시하는 사회문화적 성향, 세계화에 따라 부익부 빈익빈이 가속화되는 경제적 환경, 그리고 정치불신의 심화 등은 모두 정부성과와 관계없이 정부신뢰를 떨어뜨리는 요인으로 작용하고 있다고 볼 수 있다(정광호, 2011: 83).

이상에서 정부불신의 원인을 살펴보았는데, 이러한 불신은 불신 그 자체로 끝나는 것이 아니라 행정질서를 파괴시키며 행정의 영향을 받는 집단과 집단간, 계층과 계층간의 상호불신을 야기하여 대립과 갈등을 심화시키고 공동체의 결속까지 파괴하게 됨으로서 결과적으로 사회통합을 저해하는 요인으로 작용하게 된다.

8. 한국사회의 불신구조

1) 신뢰와 불신의 관계

신뢰와 불신의 관계에 대해서는 두 가지 견해가 대립되고 있다. 하나는 신뢰와 불신은 서로 다른 차원의 개념이라는 입장이고, 다른 하나는 신뢰와 불신은 연속선상에서 양극을 대변하는 동일 차원으로 보는 입장이다. 그 내용을 살펴보자. 첫째, 신뢰와 불신을 다른 차원의 개념으로 보는 입장이다. Covey(2006)는 신뢰를 맹목적 신뢰와 진정한 신뢰로, 신뢰하지 않은 상태를 무신뢰와 불신으로 구분한다.

그러면서 신뢰대상을 신뢰할 것인지 말 것인지를 잘 분석한 후에 신뢰하는 것을 진정한 신뢰, 이러한 분석 없이 무작정 신뢰하는 것을 맹목적 신뢰, 분석을 제대로 하지 않으면서 신뢰하지 않는 것을 무신뢰, 그리고 엄격한 분석결과에 따라 신뢰하지 않는 것을 불신이라고 하고 있다(배일섭, 2010: 28 재인용).

Lewicki와 Bunker(1996)도 신뢰와 불신을 다른 차원으로 보아 신뢰를 "타인의 행위와 관련된 긍정적 기대"로, 불신을 "타인의 행위와 관련된 부정적 기대"로 정의하고 있으며, Crovier(1994)는 불신을 "상대방에 대한 확신의 부족, 상대방이 자신의 복지를 고려하지 않고 해를 끼치거나 적대적인 의도를 가지고 해를 끼칠 행동을 할 것이라는 우려"로 정의함으로써 신뢰와 불신을 구별하고 있다(양건모, 2006: 21-22 재인용).

둘째, 신뢰와 불신은 동일선상의 양극 개념으로서 신뢰하지 않는 상태를 불신으로 보는 입장이다. Luhmann(1979)은 신뢰와 불신이라는 두 개념은 복잡성을 관리하기 위하여 잠재적으로 공존하는 같은 차원의 메커니즘으로 보고 있으며, Rotter(1967)는 신뢰와 불신은 인성의 차이에서 나타나는 한 차원의 양극 값으로서 저신뢰가 곧 불신이라고 하고 있다.

그리고 Jones와 George(1998)는 불신, 조건적 신뢰, 그리고 무조건적 신뢰를 모두 동일한 구성요소를 지닌 연속선상의 개념으로 보고 신뢰와 불신은 단일개념으로서 가치·태도·감정이 상호작용하여 형성되는 서로 다른 상황이라고 하고 있다(양건모, 2006: 21 재인용). 즉 신뢰와 불신은 단일개념의 상이한 상태라는 것이다. 이같이 신뢰와 불신의 관계에 대해서는 두 견해가 대립되고 있으나, 이들은 통상적으로 한 차원의 양극개념으로서 연속선의 한쪽 극단으로 갈수록 신뢰가 높아지고 그 반대 극단으로 갈수록 불신이 높아지는 것으로 볼 수 있다. 이런 점에서 성격심리학자들은 신뢰성향의 개인차를 한 차원의 양극 값으로 보아 낮은 신뢰를 높은 불신으로 간주하고 있다.

2) 한국사회 불신의 역사적 맥락

위에서 살펴본 바와 같이 신뢰와 불신은 동일선상의 양극개념으로서 통상적으로 신뢰하지 않은 상태를 불신으로 본다. 따라서 낮은 사회적 신뢰는 높은 사회적 불신이라고 할 수 있다. Fukuyama(1995)가 지적한 바와 같이 한국사회는 저신뢰사회로서 불신현상이 높은 것으로 평가되고 있다. 이렇게 저신뢰사회가 된 일반적 요인으로는 산업화과정에 따른 사회적·지리적 이동의 증가, 익명성의 증가. 성취적 지위에 의한 귀속적 지위의 대체 등을 들 수 있으며, 특수요인으로는 일제식민지시대와 1960년대 이후의 권위주의체제 경험, 계층간의 사회적 불평등, 가족주의, 반복적 부정부패에 따른 공적 불신의 제도화 등을 들 수 있다.

그 중에서도 중요한 요인의 하나가 바로 역사적 경험이라고 할 수 있다. 이같이 한국사회의 불신현상은 단기간에 형성된 것이 아니라 오랜 기간에 걸친 광범위한 역사적 경험과 그것에 대한 사람들의 상호작용을 통해 형성되어 온 것이라고 할 수 있다(연세대학교산학협력단, 2011: 36).

한국사회에서 사회적 불신이 크게 형성되게 된 이유를 현대사에 국한하여 구체적으로 살펴보면 가장 먼저 일본제국주의의 한반도에 대한 지배전략을 지적할 수 있다. 일본제국주의가 한국인들에게 실시한 분할-지배전략은 한국사회의 신뢰구조 성격에 근본적인 영향을 미쳤다. 중앙에서부터 촌락에 이르기까지 다양한 수준에서 전개된 그들의 선별적 포섭정책은 기본적으로 한국인들 간의 사적 신뢰를 와해시킨 후 이를 총독부와 개별 한국인들 간의 수직적 관계로 통합하는 것이었다. 이러한 지배전략은 사회적으로 한국인들의 공적 신뢰와 사적 신뢰를 크게 훼손시키는 중요한 요인으로 작용하였다.

한편 해방 이후인 1950년에 일어나 수년간 계속된 6·25전쟁은 국민들로 하여금 무엇보다도 생존을 최고의 가치로 부각시킴으로써 사회적 불신을 조장하게 되었다. 전쟁에 대한 공포와 다른 사람이 자기를 해칠지도 모른다는 불안감 속에서 사람들은 자기와 가족의 생존을 위하여 연고관계가 없는 사람들을 일단 의심하고 불신함으로써 서로가 서로를 믿지 못하는 상태가 지속되게 되었다(연세대학교산학협력단, 2011: 37).

그리고 1960년대부터 급속히 진행된 산업화와 도시화도 이러한 불신을 가중시키는 중요한 사회적 조건의 하나로 작용하였다. 그 중에서도 국민들의 지리적 유동성의 증가는 이웃 사람들과 장기간에 걸친 상호작용의 기회를 단축시킴으로써 전통적 공동체를 해체시키고 타인에 대한 경계심을 갖도록 하여 불신을 조장하는 잠재적 요인으로 작용하였다. 또 제3공화국이 개발독재를 추진함에 있어서 정부가 정보적 통제를 통해 시민들 간의 일반신뢰를 억제하고 그들 간에 가능한 시민적 연대를 차단하면서 시민사회를 관리하고 동원함으로써 시민사회의 공적 신뢰를 파괴하였다고 할 수 있다(성경륭, 2005: 12).

반면에 지연·학연 등에 따라 엘리트를 충원하는 등 연고적 범위 내에서의 폐쇄적 신뢰의 축적을 유인함으로써 사적 영역에서 특별한 연고관계에 있는 사람들끼리만 서로 신뢰할 뿐 신뢰가 사회 전반으로 확산되지 못하였는데 이것이 결국 오늘날의 연줄사회로 이어졌다고 할 수 있다(정신문화연구원, 2005: 10). 그 결과 사회구성원들을 결속적 네트워크인 연줄망에 집착하게 만들고 1차원적 사회 또는 소집단적 사회를 중심으로 나머지 사회에 대한 배타적인 사회구조적 방어기제가 강화되게 되었다.

한편 1987년 이후 정치체제의 민주적 전환과 함께 언론 및 결사의 자유를 가지게 된 국민들은 자유롭게 결사체를 구성하고 자신들의 권익을 확보하기 위해 단체행동을 전개할 수 있게 되었다. 그러나 많은 결사체들이 양보와 절제 없이 공공이익보다도 자기집단의 사적 이익을 극대화하기 위해 행동함으로써 다른 집단의 반발을 초래하게 되었고 그 결과 국가와 이익단체 간에, 이익단체와 여타 사회집단 간에 극심한 불신과 갈등을 초래하게 되었다(성경륭, 2005: 13). 이같이 오늘날 한국사회의 불신현상은 역사적 맥락을 통해서 이해할 수 있다.

3) 한국사회의 불신구조

우리나라는 신뢰수준이 상당히 낮은 사회에 속한다. 2014년 한국보건사회연구원이 실시한 '사회통합 및 국민행복 인식조사'의 결과에 의하면 사회전반에 관한 평균 신뢰도는 10점 척도에 4.59점으로 보통인 5점보다도 낮은 것으로 나타나고 있다(한국보건사회연구원, 2014: 97). 이같이 우리 사회는 신뢰수준이 상당히 낮은데다가 신뢰와 불신의 분포가 매우 특이한 이중적 신뢰구조를 형성하고 있어서 혈연·지연·학연 등으로 형성된 사적인 연결망(network)을 통한 신뢰는 매우 높으나 공적으로 제도화된 법과 규칙에 대한 신뢰는 매우 낮다.

또 신뢰의 반경이 좁아서 자신이 속한 내집단 구성원들에게는 매우 높은 신뢰를 보내지만 직접적 연고가 없는 집단 외부의 사람들에게는 높은 불신을 보이고 있다. 이같이 우리 국민들 간에는 자신과의 친소관계에 따라 신뢰관계에 있어서 뚜렷한 사회적 단층이 존재하고 있는데, 이는 우리 국민들의 사회관계가 아직도 일차집단 위주의 연줄관계에 의해 유지되고 있음을 반증하는 것이라고 할 수 있다(박희봉, 2009: 458).

우리 사회에서 학연·지연 등 동질성에 근거하여 형성된 연고집단에 집중되어 있는 긴밀한 사적 신뢰는 공적 영역에 부정적 영향을 다양하게 끼치고 있다. 강한 사적 신뢰는 그만큼 공적 신뢰인 제도신뢰를 저하시킬 뿐만 아니라 행정을 비롯한 공적 행위가 특수성·편파성·부분성을 띠게 함으로써 조직의 공정성과 개방성을 저해시킨다. 그 결과 공직자들의 청렴성을 떨어뜨리고 사회전체에 부패를 심화시키며 사회성원들의 협력을 어렵게 하는 한편 경제활동 전반에서 공정한 경쟁을 저해함으로써 결과적으로 전체사회의 통합력을 저하시키는 요인으로 작용하게 된다.

9. 신뢰의 증진방안

1) 일반신뢰의 증진방안

(1) 일반신뢰 증진의 필요성

신뢰는 사회적 자본의 하나이면서 동시에 규범과 네트워크 등 다른 사회적 자본을 형성하기 위한 토대가 된다. 그러나 모든 유형의 신뢰가 좋은 사회적 자본이 되는 것은 아니다. 사회적 자본과 관련하여 가장 많이 논의되는 신뢰의 유형은 일반신뢰와 특수신뢰라고 할 수 있다. 일반신뢰는 자신이 잘 모르는 사람들에게까지 확대된 신뢰로서 평등한 개인들 간의 수평적이고 대면적인 상호작용을 통해 형성된다.

특정집단이나 관계의 틀을 벗어나 일반적 타인간에 형성되는 일반신뢰는 개인 및 집단간에 공공이익을 위한 상호협력을 촉진시키고 서로의 '다름'을 인정하는 관용의식을 제고시키며 불신으로 단절된 폐쇄적 사회를 개방적 사회로 변화시키는데 기여한다. 또 시민활동을 유인하여 정치참여를 촉진시키고 참여과정에서 발생하는 문제를 타협하도록 함으로써 갈등을 완화시켜 사회적 안정성을 유지하고 사회체제의 잠재력을 증진시킴으로써 결과적으로 지역공동체의 발전과 사회통합에 기여한다.

반면에 자신이 잘 알고 지내는 사람들에 국한된 특수신뢰는 좋은 사회적 자본이 되지 못한다. 특수신뢰는 주로 구성원이 사회적으로 동질적인 집단에서 형성되는데 자기집단에 속한 사람들에 대해서는 끈끈한 신뢰가 형성되지만 배타성을 갖기 때문에 신뢰의 범위를 외집단 사람들에게 확대시키지 못한다. 따라서 특수신뢰는 지역공동체의 분열을 조장하고 공공이익을 추구하기 위한 협동을 어렵게 만든다(김태선, 2007: 26).

이런 점에서 우리 사회에서 필요로 하는 신뢰는 동질성의 원리에 기초한 특수신뢰가 아니라 일반신뢰라고 할 것이다. 폐쇄적이고 집단적 성격이 강한 우리 사회에서는 다양한 연고에 기초한 '우리의식'과 귀속성 등을 매개체로 하여 폐쇄성이 강한 동질적 집단이 무수히 형성되고 있다. 이러한 동질성에 바탕을 둔 특수신뢰는 정서적이고 비합리적인 결속에 의하여 집단 내부적으로는 더욱 강화될 수 있지만 사회전체에 대한 일반신뢰로는 발전되지 못한다(윤민재, 2004: 26). 따라서 신뢰가 우리 사회의 발전에 긍정적 역할을 할 수 있는 사회적 자본이 되기 위해서는 '우리'라고 하는 특수한 관계를 넘어선 타자를 향한 일반신뢰가 필요하다고 본다.

(2) 일반신뢰의 증진 방안

우리 사회에서 일반신뢰가 증진되기 위해서는 첫째, 공적 신뢰를 회복해야 한다. 낮은 신뢰의 특징을 가지고 있는 우리 사회의 불신문제를 해결하기 위해서 가장 선행되어야 할 것은 공적 신뢰를 회복하는 일이라고 할 수 있다. 이를 위해서는 행정뿐만 아니라 입법·사법 등 모든 국가기관의 업무처리에 있어서 일관성·공정성·투명성을 유지할 수 있도록 법치주의가 확고하게 자리 잡아야 한다.

정부기관이 일관성과 공정성을 상실한 채 불투명하게 업무를 처리하여 예측불가능성이 증가하면 국민들은 정부를 신뢰하지 못하기 때문에 자신의 이익을 지키기 위해 사적 연고를 동원하여 관료들을 이용하려 듦으로써 공적 신뢰가 약화되고 사적 신뢰는 강화될 수밖에 없게 된다(성경융, 2005: 14). 공적 신뢰의 약화는 정부에 대한 불신을 증가시키고, 이러한 불신은 사회전체로 확산되어 다시 정부에 대한 불신을 증폭시키는 불신의 악순환을 가져오게 한다.

따라서 공적 신뢰를 회복하기 위해서는 법치주의를 확립하여 정부기관이 정책의 형성 및 집행과정에서 일관성·공정성과 투명성을 제고하는 것이 무엇보다 중요하다. 이러한 법치의 확립과 함께 효과적이면서 공정하게 작동되는 제도의 구축은 국민들에게 신뢰를 심어주게 되며, 국민들은 경험적 학습을 통해 다시 제도를 신뢰하게 만든다(장수찬, 2013: 103).

공적 신뢰를 증진하기 위한 또 다른 방안은 정부기관을 관리하는 권력 엘리트들과 고위공직자들의 도덕성을 고양시키고 이들의 부정부패에 대해 강력한 통제를 가하는 것이다. 이들에 대한 부패통제가 제대로 이루어지지 않는다면 사적 연고를 통한 각종 로비와 담합이 난무하게 되어 정부에 대한 공적 신뢰를 저하시킬 뿐만 아니라 국민들로 하여금 자신들의 부도덕성과 연고주의에 기초한 비윤리적·비합법적 접근을 합리화하는 구실을 제공하게 된다. 그러므로 공적 신뢰를 증진시키기 위해서는 이들의 행위에 대한 적극적인 통제가 이루어져야 할 것이다.

둘째, 시민공동체가 발전되어야 한다. Putnam(1993a)은 시민공동체의 주요 특성으로 시민 상호간의 신뢰와 강한 결속력, 다양한 결사체 참여, 시민 상호간의 정치적 평등성, 사익과 공익의 균형, 활발한 공적 활동 참여 등을 지적하고 있다. 그러나 우리 사회는 낮은 신뢰, 사익 과잉, 공공성 결여 등으로 시민공동체의 발전수준이 낮은 상태에 머물고 있다.

따라서 우리 사회에 일반신뢰를 증진시키기 위해서는 시민공동체가 발전되어야 하는데, 그 방안으로는 무엇보다 먼저 국민들의 의식이 변화되어야 한다. 국민 개개인이 폐쇄적 연고관계의 범주에서 벗어나겠다는 의식, 사익 못지않게 공익도 중시하겠다는 의식과 함께 국가와 사회에 요구만 하지 않고 기여도 하겠다는 자각이 이루어질 때 시민공동체가 발전된다.

이와 함께 공동선(public good)을 추구하는 시민단체를 활성화시켜야 한다. 이를 위해서는 시민단체들의 중립성과 자율성을 저해하지 않는 범위에서 다양한 내용의 행정적·재정적 지원을 해 줄 필요가 있다. 또 우리사회의 1차집단들을 사회공헌활동으로 유도할 필요가 있다. 1차집단 구성원들의 의식전환을 통해 이들 집단의 사회공헌 활동을 증진시킬 수 있다면 연고관계에 고착되었던 신뢰의 범위가 좀 더 사회적으로 확대될 수 있을 것으로 본다(성경융, 2005: 18-21).

셋째, 정부능력을 향상시켜야 한다. 정부능력은 정부가 과업을 효율적으로 수행하는데 필요한 능력이다. 정부의 능력을 나타내는 지표로는 정책의 우선순위 결정 및 결정된 정책을 효과적으로 집행할 수 있는 능력, 자원을 효율적으로 동원할 수 있는 능력, 대립하는 목표들을 조정할 수 있는 능력, 기존정책이 실패했을 경우 혁신할 수 있는 능력, 분산되고 비조직적인 이익도 대변할 수 있는 능력, 사회갈등이 사회혼란으로 확대되지 않도록 관리할 수 있는 능력 등을 들 수 있다.

능력이 없는 정부는 국민들의 기대와 요구를 충족시키지 못함으로서 국민들의 신뢰를 저하시키는 한편 국민들이 수단방법을 가리지 않고 사적으로 접근하여 문제를 해결하려는 성향을 갖게 만든다. 따라서 정부능력의 향상은 국민들이 기대하는 사회문제의 해결은 물론이고 정부기구에 대한 공적 신뢰와 국민들 간의 일반신뢰를 증진시키는 중요한 역할을 한다(성경융, 2005: 15-16). 그러므로 정부기구들은 자체 능력을 향상시키기 위한 인적·제도적 혁신을 지속적으로 추진해 나가야 할 것이다.

2) 정부신뢰의 증진방안

(1) 행정인들의 행태개선

국민과 정부간에 두터운 신뢰관계가 형성되기 위해서는 행정인들의 행태가 민주성과 보편성을 지향하는 방향으로 개선되어야 하며, 정책이 국민의 의사를 반영하여 공정한 절차에 따라 결정되고 효율적으로 집행되어야 한다. 또 행정인들이 청렴성을 가지고 부정부패를 멀리 해야 한다.

신뢰받는 행정은 행정인들의 능력이 국민들에게 신뢰를 주고 행정작용의 동기가 순수성을 인정받으며 결과에 대하여 책임을 지는 행정이라야 한다. 정부불신의 기본적 요인의 하나는 행정인들의 자의적이고 불공정한 업무수행과 무책임한 행태에서 연유된다고 할 수 있다. 행정인들이 신뢰를 상실하면 국민들은 아무리 좋은 정책도 외면하게 되며 정부에 협조를 거부함으로써 정책을 효과적으로 추진할 수 없도록 만든다. 그러므로 정부신뢰를 확보하기 위해서는 먼저 행정을 직접 수행하는 행정인들의 행태부터 개선하여 국민의 신뢰를 받아야 한다.

그 방안으로는 첫째, 행정인들의 권위의식이 불식되어야 한다. 권위주의는 국민에 대한 무책임성, 국민들로부터의 통제의 거부, 자기반성의 결여, 그리고 냉정·불친절 등의 파행적 행태를 낳게 한다. 권위주의가 팽배된 사회에서 행정인은 일반국민에 대해 치자나 지배계급으로 군림하는 것이지 공복이나 봉사자로 나타나지 않는다. 또 권위주의가 강한 사회에서는 행정권력의 정당성이 거의 의심됨이 없이 받아들여지기 때문에 행정이 가지고 있는 권력의 책임이란 법조문상에 나타나는 형식적인 것이지 실질적 의미는 없게 되고 만다.

그러한 결과는 행정인들로 하여금 마음만 먹는다면 자의적이고 권력남용적인 행정행위를 하도록 만들 수 있기 때문에 국민이 행정을 불신하는 요인으로 작용한다. 그러므로 정부가 국민의 신뢰를 확보하기 위해서는 행정인들이 권위의식을 불식하고 민주의식의 내면화와 함께 거버넌스 구축을 통해 국민(주민)들과 수평적이고 협력적 입장에서 행정행위를 해 나가야 할 것이다.

둘째, 형식주의 행정을 지양해야 한다. 행정업무의 수행이 명확한 법규와 절차에 따라야 함은 당연한 일이다. 그렇게 함으로써 수단의 합리성과 예측가능성, 행정의 계속성과 비자의성이 보장될 수 있으며 책임의 한계를 명확하게 할 수 있다. 그러나 실제의 행정에서 행정인들은 법규나 절차에 지나치게 집착함으로서 오히려 본말이 전도되어 법규의 준수자체가 목적이 되어 동조과잉, 번문욕례 등의 현상을 초래하는 경우가 많다.

행정인들이 절차의 준수에 집착하게 되면 간단히 해결할 수 있는 업무도 절차를 빙자하여 처리를 지연시키게 되고 당연히 해주어야 할 것도 절차를 핑계로 미룸으로써 국민들의 불신을 사게 된다. 또 절차에의 집착은 행정인의 무사안일주의 및 보신주의와도 관련된다. 즉 법규나 절차에 위반하지 않는다면 그 결과가 비능률적이거나 공익의 침해를 가져온다 하더라도 하등의 책임을 질 필요가 없다고 인식하게 된다.

이러한 인식은 책임행정의 수행을 어렵게 할 뿐만 아니라 행정인들로 하여금 사회변동에 대한 대응능력의 연마를 소홀하게 함으로써 결과적으로 국민들이 정부를 불신하게 만드는 요인으로 작용하게 된다. 그러므로 행정인들이 국민들의 신뢰를 확보하기 위해서는 업무수행과정에서 형식주의를 지양하여 법규나 절차를 기계적으로 적용하기 보다는 그 목적을 고려하여 적용해야 할 것이며 절차를 구실로 행정처리가 지연되지 않도록 하는 제도적 장치가 마련되어야 할 것이다.

(2) 정책결정 및 집행의 합리화

국민들은 정부정책이 사회전체의 이익과 발전을 위한 것이라고 인식할 때 그 정책을 지지하고 결과적으로 정부를 신뢰하게 된다. 그렇게 되기 위해서는 정책이 정당한 절차에 의하여 합리적으로 결정되어야 하며 그 내용은 특수이익을 위한 것이 아니라 사회전체의 이익인 공익을 위한 것이어야 한다. 그리고 결정된 정책은 가능한 한 일관성을 유지함으로써 예측가능성을 높이고 사회적 안정에 기여할 수 있어야 한다.

정책이 국민들로부터 신뢰를 확보하기 위해서는 첫째, 정책결정이 시민들의 폭넓은 참여에 의한 정책거버넌스를 통해 이루어져야 하며, 그 과정에서 필요한 정보를 제대로 공개하여 시민들과 공유함으로써 투명성이 확보되어야 한다. 둘째, 정책내용이 다수의 정책대상자들이 원하는 것이어야 하며 현실적합성을 가져야 한다.

셋째, 정책의 집행은 공정성과 함께 가능한 한 일관성을 유지하여 정책의 안정성과 지속성을 담보할 수 있어야 한다. 정책집행에 있어서 일관성은 정부가 국민들이 기대한 바대로 행동할 것이라는 예측을 가능하게 함으로써 정부신뢰의 형성에 큰 영향을 준다. 그런데 우리나라에서는 정책이 정치적 이해관계나 이념적 성향에 따라 너무 자주 변경되어 이러한 예측가능성을 약화시킴으로써 일반국민들이 불안감과 불만을 갖게 되어 정부불신으로 이어지는 경우가 많다.

따라서 정책은 가능하다면 일관성을 유지하는 것이 바람직하지만 새로운 사회문제의 대두 등 정책환경이 크게 변화할 경우에는 기존의 정책을 수정하거나 새로운 정책을 수립하여 탄력적으로 대응하는 것이 불가피한 일이다. 그러나 너무 빈번한 정책변경은 정부신뢰를 저하시키는 요인으로 작용한다.

(3) 공직자들의 청렴성 강화

정부신뢰가 증진되기 위해서는 공직자들이 청렴성을 강화하여 직무상의 부정부패를 멀리하고 업무를 투명하고 공정하게 처리해야 한다. 우리 사회에서는 공직자들이 직무와 관련하여 그 지위나 권한을 남용하거나 법령을 위반하여 자신이나 또는 제3자의 이익을 도모하는 등 부정부패행위가 빈번하게 발생하고 있어 공직사회와 정부에 대한 국민들의 신뢰가 매우 낮은 수준에 머물고 있다.

이러한 부정부패의 발생은 공직자들의 공직윤리의식의 약화가 가장 중요한 원인이 되고 있지만 과다한 행정규제, 연고주의문화, 부정부패에 대한 관대한 처벌 등 제도적 요인과 환경적 요인도 복합적으로 작용하고 있다. 부정부패는 공직자들과 정부의 신뢰를 떨어뜨려 냉소주의를 유발하고 정부정책의 수용성을 저하시키며 행정비용의 증가를 초래한다. 또 법질서를 경시하는 각종 기회주의적 풍조를 양산하고 국가 및 사회운영 시스템의 불확실성을 유발시키는 한편 자원배분을 왜곡시켜 공공부문의 생산성을 저하시킨다.

그러므로 공직자들이 청렴하게 직무를 수행함으로써 정부신뢰를 증진시키기 위해서는 첫째, 공직자들의 공직윤리가 강화되어야 한다. 공직자들은 공직이 공익을 추구하기 위해 국민으로부터 수탁된 자리라는 확고한 인식을 가지고 국민전체에 대한 봉사자로서 공정하고 불편부당하게 직무를 수행함으로써 국민의 여망에 부응해야 한다. 또 정책과정에서 민주성과 책임성을 가져야 하며 연고관계나 정치적 압력 등에 의한 부정부패의 유혹에 흔들리지 말아야 한다.

둘째, 비현실적이고 시장원리에 역행하는 규제들을 획기적으로 개혁해야 한다. 우리 사회에는 경제활동을 비롯한 국민생활에 지장을 주는 비현실적이고 복잡한 규제들이 너무 많다. 이 때문에 기업과 국민들은 규제의 그물을 뚫기 위하여 법규나 제도보다는 사적인 연고관계를 이용하려는 성향이 적지 않은데, 이는 공직자들을 부정의 유혹에서 벗어나기 어렵게 만드는 요인의 하나로 작용하고 있다. 그러므로 공직자들의 부정부패를 방지하기 위해서는 비현실적이고 복잡한 규제를 현실에 적합하고 일반국민들이 접근하기 용이하도록 개혁할 필요가 있다.

셋째, 공직자들의 지나친 재량권을 축소시켜야 한다. 행정의 전문화 및 복잡화에 따라 공직자들의 재량행위는 불가피한 현상이지만 재량권이 지나치게 광범위하면 일반국민들은 인허가 등의 행정서비스를 신속하게 제공받기 위하여 공직자들에게 부당한 사적 청탁을 하게 되고 공직자는 재량권을 악용함으로써 부패를 야기하는 원인으로 작용할 수 있다. 그런 점에서 공직자들의 업무상 재량권을 가급적 축소시켜 객관적으로 명시된 기준에 따라 정책의 결정과 집행이 이루어지도록 해야 할 것이다.

넷째, 부패공직자에 대한 엄정한 처벌이 이루어져야 한다. 많은 국민들은 부패공직자에 대한 처벌이 일반국민에 비해 비교적 관대하게 이루어지고 있으며, 고위공직자일수록 그러한 경향이 많은 것으로 인식하고 있어 사회적 불신을 조성하는 요인이 되고 있다. 그러므로 공직자의 부정부패는 그 상징성 때문에서라도 더욱 엄정하게 처벌해야 하며 범법행위에 대한 추징금의 징수를 강화해야 한다.

다섯째, 내부고발자의 철저한 보호가 이루어져야 한다. 내부고발제도는 특정조직의 사정에 밝은 내부구성원이 그 조직의 비리를 고발하는 제도로서, 정부의 정책행위에 대한 청렴성과 신뢰성을 높이고 부패를 방지함으로써 궁극적으로 정부운영의 공정성과 효율성을 제고시키는데 기여하기 위한 수단이다. 그러나 집단주의와 권위주의문화가 강한 우리 공직사회의 특성상 내부고발은 조직에 대한 배신이나 상사에 대한 변절이라는 부정적 인식 때문에 크게 실효를 거두지 못하는 실정이다. 그러므로 정부가 공직자들의 부정부패를 줄여 국민의 신뢰를 얻기 위해서는 내부고발제도가 공익의 추구와 공직사회의 청렴성을 강화하기 위한 수단이라는 인식을 가지고 고발자가 불이익을 받지 않도록 철저히 보호하는 방안을 마련할 필요가 있다.

제③절 사회적 자본으로서의 네트워크

1. 네트워크의 개념

네트워크라는 용어는 크게 세 가지 의미로 사용되고 있다(이상민, 2005: 121). 첫째, 기술적 네트워크로서 통신망(telecommunications network)을 통해 구축되어지는 연결체를 의미한다. 둘째, 인적 네트워크로서 일상생활에서 이루어지는 사람들 간의 관계망을 의미하며 사회적 네트워크로 불린다. 셋째, 조직네트워크로서 조직의 내부나 조직들 간의 연결구조를 의미하며 네트워크조직으로 불린다. 그런데 이들 세 가지 네트워크는 상호 배타적이라기보다는 인과관계를 가지며 상호보완적이다. 즉 통신망은 인적 네트워크의 발달을 위한 기술적 기반을 제공하며, 인적 네트워크는 조직네트워크의 발달을 위한 인적 기반이 된다.

사회적 자본의 구성요소로서의 네트워크는 인적 네트워크인 사회적 네트워크를 말한다. 사회적 네트워크의 개념에 대하여 Walker(1985)는 "개인이 사회적 정체성을 유지하고 다양한 자원과 정보 그리고 기회 등을 제공받는 개인적 관계의 집합체"라고 하였으며, Hardcastle 외(2004)는 "사람, 집단, 조직 또는 사회적 단위들이 그들의 목적을 성취하기 위해 교환에 개입하고 상호 행동하는 사회적 배열"이라고 정의하고 있다(최유미, 2008: 10 재인용).

한편 Scott(2000)은 "사회적 행위자들이 서로 맺고 있는 다양한 형태의 관계들"이라고 하고 있다. 본 연구에서는 이러한 개념정의들을 토대로 하여 사회적 네트워크(social network)를 "사회라는 공간에서 개인이 그가 속한 집단 내외의 다른 구성원들과 맺고 있는 연결고리"라고 정의하고자 한다. 사람들은 네트워크에의 참여를 통하여 개인간, 개인과 집단간, 집단과 집단간에 상호작용을 하면서 사회적 관계를 형성한다. 이런 점에서 네트워크는 사회적 자본의 핵심적 구성요소이며 다른 사회적 자본을 형성하는 원천이 되기 때문에 네트워크가 존재하지 않으면 사회적 자본은 발생하지 않는다.

이러한 사회적 네트워크의 핵심은 행위자들이 상호작용을 통하여 의사소통을 하고 자원(resources)을 교환하는 것으로서 이 자원들이야말로 그들을 서로 연결시켜 주는 역할을 한다(최종렬, 2008: 48). 자원은 재화와 용역뿐만 아니라 정보, 평판, 정서 등을 포함하는데 모두 개인의 속성과는 독립된 네트워크 '관계' 속에 배태되어 있으며, 이 '관계'와 관련을 맺고 있는 사람들은 모두 유대가 되어 있다고 할 수 있다.

2. 네트워크의 구성요소

1) 행위자

네트워크의 핵심적인 구성요소로는 행위자, 행위자 간의 상호작용, 관계구조를 들 수 있 수 있는데(윤병철, 2011: 27) 그 가운데 행위자는 네트워크를 구성하는 가장 기본적이고 역동적인 요소이다. 행위자란 의사결정과정에서 이해관계를 가지고 자기의 신념이나 이해를 반영하고자 하는 참여자로서 자신이 속한 집단의 네트워크에 의해 영향을 받는 관계적 인간을 말한다(김용학, 2004: 30).

네트워크에 참여하는 행위자는 정부부문과 비정부부문을 모두 포함하는데, 특정정책에 대한 공통의 이해관계를 가지며 각각 자신들이 원하는 목표를 달성하기 위하여 노력하게 된다. 그런데 정책의 목표에 대한 행위자들의 견해는 주관적이며 서로 다를 수 있기 때문에 행위자들 간에 대립과 갈등이 발생할 수 있다.

네트워크에 참여하는 행위자들의 권력자원은 서로 다르며 역할 역시 동일하지 않다. 그 이유는 각 행위자들의 특성과 지위에 따라 동원할 수 있는 자원이 각기 다르며 어떤 자원을 어떻게 동원하고 활용하느냐에 따라 행위자의 영향력이 달라질 수 있기 때문이다(권혁소, 2016: 61). 따라서 행위자들은 자신이 보유하지 못한 자원을 획득하기 위해 다른 행위자들과 상호작용을 하게 되는데, 행위자들의 네트워크 내에서의 영향력은 고정불변한 것이 아니라 자원의 동원능력에 따라 달라질 수 있다.

이러한 행위자에 대한 분석은 주로 참여범위, 역할분담, 주도기능, 조정기제 등 네 가지 측면에서 이루어진다(윤병철, 2011: 27-28). 첫째, 참여범위란 네트워크에 누가 참여하고 행위자들의 수와 유형은 어떠한가 하는 것이다. 의사결정과정에 참여하는 행위자의 수는 네트워크와 관련된 개인이나 집단, 조직의 수로서 네트워크의 크기를 결정한다. 그리고 행위자의 유형은 행위자가 소속된 범주와 속성을 의미하는데 행위자의 수와 유형이 증가하면 네트워크도 복잡해지고 다양해진다. 둘째, 역할분담이란 공식성과 강제성 차원에서 참여자들의 역할이 어떠한가 하는 것이다. 공식적 규정과 제도화가 이루어져 있다면 관련 조직과 참여자들 간의 상호작용은 보다 원활해진다.

셋째, 주도기능이란 네트워크 안에서 어떤 행위자가 주도적 역할을 하며 영향력을 행사하는가 하는 것이다. 주도기능이 활발해지면 네트워크의 작동이 보다 실질화 될 수 있는데, 개인이나 조직이 갖는 자원동원 역량에 따라 주도행위자가 달라질 수 있다(강동완, 2008: 37). 넷째, 조정기제란 네트워크 구성원 간에 갈등을 비롯한 문제가 발생했을 때에 제도적 해결이 가능한가에 관한 것이다. 조정기제가 제도화되어 있다면 이해관계를 달리하는 행위자들의 상호작용과정에서 발생하는 대립을 중재하거나 조정함으로써 갈등을 완화시킬 수 있다.

2) 행위자 간의 상호작용

네트워크에서의 상호작용은 행위자들이 서로를 이해하고 반응하기 위해 영향을 주고받는 과정을 말한다. 사람들은 네트워크를 통하여 의사소통을 하고 가치와 정보를 공유하는 등의 상호작용을 하게 된다. 네트워크에 참여하는 다양한 행위자들은 상호작용을 통하여 신념·욕구·자원 및 전략 등을 교환함으로써 서로의 관심과 이해관계에 대해 알게 되며 신뢰와 이해의 정도를 넓히게 된다. 이같이 네트워크는 다양한 행위자들의 상호접촉을 위한 통로로서의 역할을 하며, 상호작용에 의해 형성·유지·변화된다(강동완, 2008: 39).

네트워크에서 상호작용은 각 행위자가 자신의 목표와 선호를 실현하기 위해 자원을 동원하고 교환하는 실제적 과정이며 행위자들의 전략이 실행되는 과정으로서 기본적으로 각 행위자들의 상호의존적 관계 속에서 이루어진다. 상호작용과정에서 행위자들은 서로 달성하고자 하는 목표의 일치 여부에 따라 협력 또는 갈등(conflict)의 양상을 보이게 된다. 이같이 네트워크는 행위자들의 서로 다른 이해관계를 절충한 협력의 장이면서 동시에 행위자들의 이해관계를 최대한 반영하기 위한 경쟁과 갈등의 장이라는 이중적 특성을 가진다(최복천, 2017: 17).

네트워크를 통한 행위자 간의 상호작용은 연계유형의 개방성 여부, 행위자 간의 연계형태, 연계유형의 원활성 여부 등 세 가지 측면에서 분석하는 것이 바람직하다. 연계유형의 개방성 여부는 네트워크 형성이 개방적인가 아니면 폐쇄적인 가이며, 행위자 간의 연계형태는 연계가 수평적인가 또는 수직적인가 하는 것이다. 그리고 연계유형의 원활성은 네트워크의 과정상 다양한 행위자들의 관계가 얼마나 협력적이고 응집성을 가지는가 하는 것이다.

이러한 네트워크에 참여하는 행위자들 간에 원활한 상호작용이 이루어지기 위해서는 첫째, 행위자들이 서로 소통할 수 있는 능력을 갖추고 있어야 하며, 둘째, 행위자들 간에 신뢰가 형성되어야 한다. 신뢰형성과 상호작용 간의 선후관계에 대해서는 이견이 있을 수도 있으나 참여와 호혜성(reciprocity) 등의 요소들은 결국 다른 사람을 신뢰할 수 있다는 전제 아래에서 이루어진다.

셋째, 행위자들 간에 권력이 고루 분배되어야 한다. 권력이란 어떤 사회적 관계 속에서 상대방의 저항에도 불구하고 자신의 의지를 관철시킬 수 있는 가능성이다. 네트워크에서 행위자들 간에 권력이 고루 분배될 때 행위자들의 관계는 강력하고 지원적인 유대로 발전하여 가치를 공유하고 서로의 욕구나 지원에 대한 인식이 증가됨으로써 활발한 상호작용이 이루어지게 된다(윤병철, 29011: 28). 행위자들에게 권력이 고루 분배되는 네트워크는 수평적 네트워크로서 수직적 네트워크에 비해 구성원들이 보다 자유롭게 참여하고 의견을 개진할 수 있다(권혁소, 2016: 51).

3) 관계구조

네트워크에서의 관계구조는 행위자들 간에 상호작용의 결과로 나타나는 관계의 유형으로서 네트워크가 어떠한 구조와 형태로 구성되는가 하는 것이다. 관계구조는 행위자들의 개인적 이해관계에 따른 것이 아니라 서로에게 필요한 자원을 교환하고 보충해 주는 자원의존의 관계이다(김순양, 2003: 196). 네트워크에 참여하는 행위자들이 가진 자원의 중요성과 보유정도는 동일하지 않으며 그것을 행사하는 방식도 각기 다르기 때문에 행위자들 간에 상호작용을 통해 형성되는 네트워크에서의 관계구조는 다양한 형태로 나타날 수 있다(강동완, 2008: 41).

네트워크의 관계구조는 행위자들의 자원의 교환을 제도화시키는 채널로서의 구조적 특성을 가지고 있는데, 하위변수로는 네트워크에 참여할 수 있는 진입구조의 개방성 여부, 행위자간 자원보유에 따른 위계서열의 형성 여부, 관계구조의 지속성 여부 등을 들 수 있다(강동완, 2008: 41-42).

첫째, 진입구조의 개방성 여부이다. 이는 참여자들이 얼마나 쉽게 네트워크에 참여할 수 있는가의 정도를 의미하는데, 네트워크 구조에 접근할 때 외적 관계의 특성을 파악하는 것이다. 행위자들이 네트워크에 참여하는데 진입장벽에 막히지 않고 자유로운 진입과 전출이 가능하다면 다양한 사람들의 참여가 확대되며 의사결정이 특정집단에게 유리한 방향으로 결정되고 집행되는 것을 억제할 수 있다(박종혁, 2013: 37).

반면에 네트워크 참여가 일부 특정조직에 한정되어 다른 행위자들의 참여가 폐쇄적이며 경직된 구조라면 다양한 참여자들의 공동인식에 근거한 합리적인 합의모색과정을 수반하지 못하는 결과를 초래할 수 있다. 따라서 네트워크에 참여하는 행위자들의 전출입의 개방성 여부는 정책변화 및 네트워크 유형을 결정짓는 중요한 분석변수가 된다(박종혁, 2013: 37-38).

둘째, 행위자간 자원보유에 대한 위계서열의 형성여부이다. 행위자 간 자원보유에 대한 위계서열은 네트워크에 참여하고 있는 행위자간의 내적 구조를 파악하는 것이다. 즉 네트워크를 형성하는 행위자는 상호의존성에 기인하여 연결구조를 형성하는데, 이러한 연결의 유형이 수직적인가 아니면 수평적인가 하는 특성을 파악하는 것이다(박종혁, 203: 38).

그런데 행위자 간의 연결유형이 수직적이라고 해서 이것이 힘에 의한 통제와 명령체계로 대변되는 위계적 서열구조로 단정지을 수는 없으며, 행위자들 간의 관계가 수평적이라고 해서 이것이 모든 관계유형의 동일성을 의미하는 것은 아님을 주목할 필요가 있다. 즉 네트워크는 상호의존적일 뿐만 아니라 이질적이기도 한 행위자로 구성되며, 그러한 행위자들이 갖는 자원의 차이로 인해 일정 정도의 비대칭성이 존재함으로써 다양한 형태의 구조가 형성될 수 있는 것이다(박호숙, 2000: 26).

셋째, 관계구조의 지속성 여부이다. 이는 네트워크에서 행위자 간의 관계가 어느 정도 시간적 지속성을 가지고 있는가를 평가하는 것이다. 네트워크에서 행위자들 간의 관계가 일시적인가 장기적 관계인가는 네트워크의 견고성뿐만 아니라 정책과정 논의에 대한 질적 수준을 판단할 수 있는 중요한 지표가 된다.

3. 네트워크의 유형

네트워크는 연구의 목적, 접근의 관점 등에 따라 여러 유형으로 분류할 수 있다. 첫째, 네트워크는 공식화 여부에 따라 공식적 네트워크와 비공식적 네트워크로 구분된다. 공식적 네트워크는 정보와 자원 등 업무에 직접적인 도움이 되는 것과 관련되는 네트워크로서 집단에 기초한 관계 및 제도적 관계 등이 포함된다.

한편 비공식적 네트워크는 개인적 친분을 맺고 사적인 문제를 상의하거나 심리적·정서적으로 의지하는 관계의 네트워크로서 가족·친구·이웃이 포함된다. 그런데 집단에서 업무와 관련된 정보와 자원은 주로 공식적 네트워크를 통해서 얻게 되지만 경우에 따라서는 비공식적 네트워크를 통해서도 유용한 정보를 얻을 수 있기 때문에 비공식적 네트워크의 중요성이 강조된다.

둘째, 네트워크는 그 속성에 따라 결속형 네트워크, 연계형 네트워크, 교량형 네트워크로 구분된다. 결속형 네트워크는 학연·혈연·지연 등 동질적 집단을 바탕으로 형성되는 네트워크로서 연줄망이라고도 한다. 이 네트워크는 구성원들 간의 높은 소속감, 친밀감, 협동관계 등을 특징으로 하지만(김재란, 2021: 39), 내부지향적이며 배타적 정체성을 갖기 때문에 내집단에 대한 신뢰 및 강한 결속력을 강조함으로써 집단 외부에 대해서는 배타성을 형성할 수가 있다.

교량형 네트워크는 비교적 비슷한 지위와 입장을 가진 사람들끼리 형성되는 네트워크로서 연계망이라고도 한다. 이 네트워크는 결속형 네트워크에 비해 이질성과 다양성을 가지고 있으며 사회적 관계에 있어서는 상대적으로 밀집성과 교차성이 약하다. 이 네트워크는 집단 전체적인 소속감과 호혜성을 생산하는데 기여하는데, Putnam(1993a)은 교량형 네트워크가 미국사회가 직면한 집합적 문제해결에 필수요소이지만 결속형 네트워크에 비해서 창출하기가 어렵다고 한다.

한편 연계형 네트워크는 공식적 또는 제도적인 권위가 서로 다른 구성원들 간에 형성되는 네트워크로서 외부지향적이며 다양한 사회계층의 사람들로 구성된다. Putnam(1993a)은 결속형 네트워크가 집단연대성이나 신뢰성을 강화하는 데에 효과적인 반면에 연계형 네트워크는 외부자원과의 연결이나 정보의 확산 또는 광범위한 집단정체성의 확립에 보다 유용하다고 한다.

이상에서 네트워크의 속성에 따른 유형을 살펴보았는데 결속형 네트워크는 귀속적 성격을 갖고 있는데 비해 연계형 네트워크와 교량형 네트워크는 다양한 수준과 규모의 집단에 소속된 사람들을 연결시켜 광범위한 정체성과 호혜성(reciprocity)을 갖게 한다는 점에서 개방적 성격을 갖는다고 할 수 있다. 이같이 네트워크는 그 속성에 따라 효과를 발휘하는 분야가 서로 다르기 때문에 특정집단의 입장에서 필요로 하는 네트워크는 그 집단이 당면하고 있는 문제의 성격에 달려 있다고 할 수 있다.

셋째, 네트워크는 그 개방성 여부에 따라 폐쇄적 네트워크와 개방적 네트워크로 구분된다. 폐쇄적 네트워크는 구성원들 간의 유대관계가 강한 집단에서 나타나는 네트워크로서, 상호 유대감과 신뢰를 높여주며 구성원들 간에 누가 어떤 행위를 하고 있는지를 서로가 잘 알 수 있기 때문에 집단규범이 형성되어 참여와 협력, 규범을 강요하기가 용이하다. 그리고 내부 구성원들이 보다 확실한 정보에 접근할 수 있지만 네트워크 내의 끈끈한 유대관계는 강한 내부적 결속성으로 인해 사회 전체적 입장에서는 갈등과 불신을 조장하는 등 부정적 효과를 초래할 수 있다. 그래서 Porters(1998)는 공동체의 네트워크가 폐쇄적일수록 무임승차(free riding)문제를 야기하고 기업가정신을 방해할 수 있다고 한다(홍성모·황진수 외, 2011: 295 재인용).

한편 개방적 네트워크는 구성원들 간의 유대관계가 약한 2차집단이나 더 넓은 사회에서 나타나는 네트워크 형태로서(류태건, 2015: 48), 귀속적 관계보다는 일반적 이해관계에 의하여 구성된다. 이 네트워크는 구성원들 간의 내부적 결속성은 약하지만 이질적인 사람이나 집단과의 폭넓은 연계관계의 형성을 통해 정보나 여타 자원을 획득하는데 유리하며 사회 전체의 연대와 협력을 강화시키는 역할을 한다. 이처럼 폐쇄적 네트워크와 개방적 네트워크는 특정집단이나 사회적 상황에 따라 그 효과가 서로 다르지만 대규모의 복잡한 사회일수록 개방적 네트워크의 필요성이 증대되고 있다고 할 수 있다(유재건, 2015: 101).

넷째, 네트워크는 관계의 강도를 기준으로 강한 유대 네트워크와 약한 유대 네트워크로 구분된다. 강한 유대(strong tie) 네트워크는 혈연이나 지연, 경제적 배경 등이 유사한 사람들 간의 일상적인 접촉에 의해 형성되는 네트워크이다. 이 네트워크는 구성원들의 높은 동질성을 통해 밀도 높게 연결되어 있어서 정보를 비롯한 자원의 교환 빈도가 높고 교환의 주기도 정기적으로 형성된다(최종렬, 2008: 49). 그러나 구성원들의 배타적 이익을 추구하는 동기를 통해 네트워크가 형성되기 때문에 폐쇄성을 띠고 있어서 사회 전체적 입장에서는 갈등의 원인이 되고 불신을 조장하게 됨으로써 사회적 자본 형성에 부정적 영향을 미치게 된다(박희봉, 2009: 81).

한편 약한 유대(weak tie) 네트워크는 개인적 이해나 관심, 공동의 목표나 가치, 취미 등을 이유로 사회적 관계를 형성하는 네트워크로서 개방성을 그 특징으로 한다. 약한 유대는 자원의 교환 빈도가 낮으며 서로가 기능적으로 필요할 때만 교환하기 때문에 정기적이고 반복적으로 교환이 이루어지는 것도 아니다. 그럼에도 상호 유대가 유지되는 이유는 교환되는 자원(재화·용역·정보·위세·평판·정서 등)의 중첩성이 낮기 때문이다(최재필, 2013: 55). 약한 유대 네트워크는 구성원들이 서로를 잘 알 수 있도록 연결되어 있는 것이 아니라는 점에서 폐쇄성과 동질성은 낮은 대신 확장성은 높다고 할 수 있다. 이러한 네트워크에서는 강한 유대 네트워크보다 유용한 정보나 지식을 더 많이 획득하고 확산시킬 수 있다(류태건, 2015: 45).

Lin(2001)은 강한 유대 네트워크와 약한 유대 네트워크는 각각 다른 기능을 갖는데, 친밀한 관계의 강한 유대 네트워크를 통해서는 주로 감성적·표현적 정보의 교류가 이루어지는 반면에 약한 유대 네트워크는 수단적 행위로 사용되어 진다고 한다(최종렬, 2005: 48 재인용). 그런데 이 두 유형의 네트워크는 상호 배타적인 범주라기보다는 연속선상에서 정도의 차이에 따라 양 극단에 위치한다고 볼 수 있다.

다섯째, 네트워크는 의사소통 과정에 따라 수직적 네트워크와 수평적 네트워크로 구분된다. 수직적 네트워크는 집단의 의사소통과정이 계층적이고 권위적으로 이루어지는 네트워크이다. 이 네트워크에서는 소수의 개인이 의사결정을 주도하고 나머지 구성원들은 리더의 의사결정에 의지하려는 성향이 높기 때문에 주로 조직상의 상하 원리에 맞는 정보만 전달될 가능성이 높다. 따라서 의사소통이 원활하지 않으며 다른 구성원들을 신뢰할 수 있는 기회와 가능성이 낮다(최경옥, 2015: 35).

반면에 수평적 네트워크는 집단의 의사소통과정이 수평적 입장에서 이루어지는 네트워크로서 구성원들이 동등한 입장에서 상호신뢰를 토대로 의사결정에 참여하기 때문에 정보의 흐름이 원활하게 이루어지고 왜곡되지 않은 정보를 공유할 수 있다. 이런 점에서 Putnam(1994)은 수직적 네트워크보다 시민적 참여의 수평적 네트워크 형태가 공동체에서 협력의 기초가 된다고 한다.

여섯째, 네트워크는 상호작용의 장소에 따라 오프라인 네트워크와 온라인 네트워크로 구분된다. 오프라인 네트워크(off-line network)는 현실공간에서 개인과 개인이 직접 만나 소통하면서 형성되는 네트워크를 말한다. 이 유형의 네트워크에서는 복잡한 정보가 상세하고 알기 쉽게 전달됨으로써 정보의 왜곡현상을 방지할 수 있으나 다른 사람과 접촉하고 소통하는데 소요되는 비용과 시간이 커질 수 있다.

한편 온라인 네트워크(on-line network)는 사람들이 온라인을 통해 가상적 공간에서 소통하면서 형성되는 네트워크를 말한다. 이 네트워크는 관계강화와 자원거래를 포함하는 교환을 목적으로 이루어지는 이메일, 채팅방, 그룹 등을 통해 사회적 자원을 교환하면서 이루어진다. 온라인에서는 소통속도가 빠르고 시간과 공간의 제약을 받을 필요가 없으며 서로 교환한 정보를 기록하고 보관할 수가 있다.

따라서 비용이 적게 들고 직무수행에 효율성을 높일 수 있지만 가상공간을 토대로 형성되는 것이기 때문에 신뢰가 지속적으로 유지되기 어렵다는 문제가 있다. 그런데 온라인 네트워크와 오프라인 네트워크는 상호 대체적 관계가 아니라 보완적 관계로서 온라인 이용의 촉진은 오프라인 네트워크의 형성 및 활동을 한층 강화시킨다(최재필, 2013: 49). 위에서 설명한 사회적 네트워크의 유형을 집약하면 〈표. 9〉와 같다.

〈표. 9〉 사회적 네트워크의 유형

분류기준	유 형
공식화 여부	공식적 네트워크, 비공식적 네트워크
속 성	결속형 네트워크, 연계형 네트워크, 교량형 네트워크
개방성 여부	폐쇄적 네트워크, 개방적 네트워크
관계의 강도	강한 유대 네트워크, 약한 유대 네트워크
의사소통 과정	수직적 네트워크, 수평적 네트워크
상호작용 장소	오프라인 네트워크, 온라인 네트워크

4. 네트워크의 특성

네트워크의 특성에 대하여 Grabher(1993)는 상호성, 상호의존성, 느슨한 결합(loose coupling), 권력 등 네 가지를 제시하고 있으며(남기표, 2014: 36 제인용), Alter와 Hage(1993)는 다음과 같은 세 가지를 지적하고 있다(신석근, 2010: 26 재인용). 첫째, 네트워크는 다양한 이해관계자 또는 집단이 독립성을 유지하면서 상호신뢰를 바탕으로 공동의 목적을 달성하기 위하여 연계체계를 구축하고 유지하는 과정이다.

둘째, 네트워크의 원리는 상호의존성과 호혜성이 강조되며 행위자들 간의 관계적 맥락이 중요시된다. 셋째, 네트워크는 공동의 목표를 달성하기 위해 긴밀한 상호 의존관계를 가지고 있다는 점에서 수평적 관계가 강조된다는 것이다. 네트워크의 특성에 대해서는 이 밖에도 여러 연구자들이 그 내용들을 제시하고 있는데, 가장 많이 인용되고 있는 일반적 특성으로는 상호작용적 특성, 구조적 특성, 기능적 특성 등 세 가지를 들 수 있다.

1) 상호작용적 특성

네트워크의 상호작용적 특성은 네트워크를 구성하는 행위자들 간의 상호작용의 패턴이나 관계의 정서적 상태를 의미하는데, 관계적 특성 또는 유대특성이라고도 한다. 네트워크 구조 속에서 정보를 비롯한 자원이 교환되는 과정의 특성과 적절성을 이해하기 위해서는 행위자들의 상호작용에 대한 분석이 이루어져야 한다. 이러한 분석은 주로 행위자들 간의 관계나 교환 등에 초점을 두는데, 분석을 위한 주요 변수로는 지속성, 지리적 근접성, 접촉빈도, 친밀도, 방향성, 중첩성 등을 들 수 있다.

지속성(duration)은 네트워크 내의 특정한 행위자와 다른 행위자들의 관계가 얼마나 오랫동안 지속되어 왔는가를 의미한다. 이 특성은 관계의 안정성에 관련된 것으로 네트워크의 지속기간이 길수록 상호간의 유대가 안정적이라고 할 수 있다(김희연, 2001: 49). 지리적 근접성은 네트워크 내 행위자들이 지리적으로 얼마나 가까이 있는가를 의미하는데, 이는 행위자들 간의 사회적 상호작용의 기회와 그들이 제공하는 자원의 종류 및 정도와 깊은 관련이 있다.

접촉빈도(frequency of contact)는 네트워크 내의 특정한 행위자가 다른 행위자들과 접촉하는 정도를 의미하는데, 상호접촉이 잦을수록 가치를 공유하고 서로의 욕구나 지원에 대한 인식이 증가된다고 할 수 있다. 이 접촉빈도는 사회관계의 질을 나타내는 가장 객관적인 지표가 된다.

친밀도(intimacy)는 네트워크 내 행위자들 간에 느끼는 유대의 정도로서 관계의 강도를 나타내는데 친밀도가 높으면 네트워크 강도가 강해지고 친밀도가 낮으면 네트워크 강도가 약해진다. 방향성은 균형 또는 호혜성이라고도 하며, 네트워크 내 행위자들 간의 관계가 일방적 관계인지 상호적 관계인지를 나타낸다. 이 방향성은 관계에 대한 만족과 심리적 건강 및 복지와 관련이 깊다고 할 수 있다(이명, 2015: 29).

한편 중첩성(multiplexity)은 네트워크의 관계가 다차원적이거나 다른 목적을 위해 형성된 네트워크에서 특정한 행위자가 다른 행위자들과 둘 이상의 서로 다른 관계로 연결되어 있는 정도를 말한다. 이렇게 중첩적 관계를 통해 형성된 네트워크는 호혜성의 규범, 신뢰, 연대의식 등을 발전시켜 행위자 개인의 기회주의적 행동을 줄이고 거래비용을 감소시킨다. 또 중첩성은 구성원들 상호관계의 안정성과 통제를 높여 다른 사람들에 대한 친사회적 행동과 협력을 제고할 수 있다(정명호, 2008: 172).

2) 구조적 특성

네트워크의 구조적 특성은 네트워크를 구성하는 행위자들 간의 관계와 이들 관계 간의 연계로 나타나는 전체적인 네트워크의 양상을 의미한다. 네트워크이론에 의하면 구조는 행위자들 간의 행위의 형성과정에서 부수되는 결과물이기 때문에 고정된 것이 아니라 행위자들 간의 관계의 변화에 따라 얼마든지 변할 수 있다고 본다(김희연, 2001: 49). 이러한 구조적 특성을 분석하는 주요 변수로는 네트워크의 크기, 밀도, 중심성, 구조적 공백 등을 들 수 있다.

첫째, 네트워크의 크기(size)는 네트워크 내의 특정한 행위자가 얼마나 많은 사람들을 알고 있는가 하는 것으로서, 특정한 행위자와 관계를 맺고 있는 구성원의 숫자로 측정된다. Anderson(2008)은 네트워크의 크기는 보다 많은 지식과 정보의 습득, 빠르고 정확한 정보검색에 긍정적 영향을 미친다고 하였으며, Morrison(2002)은 네트워크의 크기가 조직의 특성에 대한 지식습득 및 사회적 동화에 긍정적 영향을 미친다고 한다(조일현, 2020: 26 재인용). 이같이 네트워크에서 특정한 행위자는 관계를 맺고 있는 사람들이 많을수록, 즉 네트워크의 크기가 클수록 새로운 지식과 정보를 획득하는 등 더 많은 영향력을 가지게 된다.

둘째, 네트워크 밀도(density)는 네트워크에서 구성원들의 관계가 서로 연결되어 있는 정도로서, 그들이 서로 얼마나 많은 관계를 맺고 있는가 하는 것이다. 하나의 네트워크에 속한 행위자들의 상호관계가 높을 때에는 밀도가 높다고 할 수 있다. 밀도가 높은 네트워크를 가진 집단은 행위자들 간에 강력한 유대가 형성되기 때문에 서로의 정보에 더 쉽게 접근할 수 있으며 상호 친밀도가 강화되어 정서적 지원이 자연스럽게 이루어지고 높은 신뢰가 형성되게 된다. 또 밀도가 높을 경우에는 폐쇄적 네트워크의 속성이 나타나 행위자들 간의 집단응집성이 강해지고 서로를 동일시하는 경향이 있기 때문에 집단에 대한 소속감이 높아져 이타적이고 협력적인 행동을 할 가능성이 커지게 된다(홍혜승, 2016: 50).

셋째, 네트워크 중심성(centrality)은 특정한 행위자가 전체 네트워크의 중심에 위치하는 정도를 말한다(이민영, 2018: 12). 여기에서 '중심'은 다른 행위자들의 눈에 잘 띄는 가시성이 높을수록 주목받는 것을 말하는데, 네트워크의 중심에 위치할수록 더 많은 영향력을 행사하게 되며 정보를 비롯한 자원에 더 쉽게 접근할 수 있고 소속감, 조직몰입도와 만족감이 높아지게 된다(최재필, 2013: 33).

이러한 네트워크 중심성은 네트워크에서 맺어지는 관계 중 어느 측면에 중점을 두느냐에 따라 근접중심성, 매개중심성, 연결중심성으로 구분할 수 있다(이민영, 2018: 13). 근접중심성(closeness centrality)은 특정한 행위자가 네트워크 내의 다른 행위자들과 얼마나 가까이 연결되어 있는가의 정도를 말한다. 근접중심성이 높은 행위자는 네트워크 내의 다른 행위자들에게 쉽게 도달할 수 있는 중심에 위치하고 있기 때문에 협상과 조정역할을 수행하게 되며, 이를 통해 권력을 획득할 수 있다. 또 네트워크 내에 흐르는 정확성을 갖는 정보를 보다 신속하게 획득할 수 있다(이민영, 2018: 17).

매개중심성(betweenness centrality)은 네트워크 내에서 특정 행위자가 담당하는 매개 또는 중재역할의 정도를 의미한다. 행위자가 다른 행위자들과 연결하기 위해 특정한 행위자에게 의존할수록 특정한 행위자는 더 많은 영향력을 가지게 된다. 이러한 매개중심성이 높은 행위자는 네트워크에서 정보의 흐름을 중재할 수 있는 위치에 있기 때문에 다양한 정보도 얻을 수 있다.

한편 연결중심성(degree centrality)은 특정한 행위자가 네트워크 내의 다른 행위자들과 얼마나 많은 연결을 가지고 있는가를 의미한다. 특정한 행위자가 다른 행위자와 많은 연결을 가질수록 선택의 폭이 넓어지기 때문에 더 많은 자율성을 가지게 되어 다른 행위자에게 덜 의존하게 되고 더 많은 권력을 가질 수 있는 동인이 된다(이수상, 2012: 257).

넷째, 구조적 공백(structural hole)은 네트워크 안에서 서로 연결되지 않는 행위자들 간에 존재하는 빈틈을 말한다(최재필, 2013: 36). 여기에서 연결되지 않는다는 것은 행위자들이 서로 모른다는 것이 아니라 업무상 서로 무관하여 교류가 없다는 의미이다. 따라서 네트워크 내에서 특정한 행위자가 구조적 공백을 차지한다는 것은 다른 행위자들을 구조적으로 연결시켜 줄 수 있는 위치에 있다는 것을 의미한다.

특정한 행위자가 이러한 구조적 공백을 점유하게 되면 서로 연결되지 않은 다른 행위자를 연결하는 기능을 수행하면서 영향력을 행사할 수 있으며, 네트워크 내의 다양한 정보원으로부터 중복되지 않은 정보를 신속하게 얻을 수 있을 뿐만 아니라 자신의 의도에 따라 정보의 흐름을 통제할 수 있다(이수상, 2012: 340-341).

3) 기능적 특성

네트워크의 기능적 특성은 네트워크가 행위자들에게 실질적으로 어떤 역할을 하는가에 관한 것이다(김희연, 2001: 50). 네트워크는 여러 가지 기능을 수행하는 의사소통의 통로로 작용하는데, 이러한 기능은 행위자들의 필요, 의도, 자원, 전략에 의존하게 된다.

네트워크의 기능적 특성은 정서적 지원, 수단적 지원, 정보제공 및 조언과 같은 인지적 지원정도와 사회적 일체감의 유지 및 사회적 확장, 사회적 접촉과 사회적 역할에의 정도를 얼마나 인식하는가에 대한 것으로 설명되어진다(최유미, 2008: 27). Snow와 Gordon(1980)은 네트워크의 기능적 특성에 대한 연구를 통해, 조직간 네트워크가 가지는 의미와 감정적 유대의 성격을 반영할 수 있다고 보았다(최영광, 2011: 38 재인용).

5. 네트워크의 기능과 효과

1) 네트워크의 기능

네트워크의 기능에 대하여 Putnam(1993a)은 일반적 호혜성의 규범을 증진시켜 상호 의사소통과 협력을 용이하게 해주며 신뢰할 수 있는 정보를 확산시킨다고 하였으며(정지윤, 2020: 12 재인용), Nahapiet과 Goshal(1998)은 네트워크가 정보 분배의 효율성을 제고하여 거래비용을 감소시키며 협력적 기회를 북돋아 창조적 상호작용과 집단적 학습과정을 촉진한다고 하였다(박종화, 2011: 66 재인용).

이 밖에도 많은 연구자들이 네트워크의 기능을 제시하고 있는데, 그 내용을 종합하여 정리하면 다음과 같다. 첫째, 네트워크는 집단 내에서 구성원 상호간의 신뢰형성과 밀접한 관계가 있는 의무와 기대를 가질 수 있게 해준다. 둘째, 네트워크는 정보에 대한 접근성을 높여주어 공식적 채널을 통해서는 알 수 없는 다양한 정보를 획득할 수 있는 통로가 된다. 네트워크의 형성은 구성원간, 집단간에 정보와 지식의 전달과 공유, 의사소통의 원활화를 통해서 참여자들이 필요로 하는 정보에 대한 접근성을 높여준다.

셋째, 네트워크는 법률의 제재와 같은 강제적 규범에서 벗어나 호혜성(reciprocity)에 기초한 사회규범을 촉진하고 남을 속이거나 배신하는 행위를 억제시켜 사회협력을 증진시킨다(박노동, 2014: 16). 넷째, 네트워크는 집단에서 여러 가지 정책적 제언을 하고 구성원들 간에 다양한 의견을 교환할 수 있는 소통의 장을 마련해 준다(최길수·김동신, 2013: 74).

다섯째, 네트워크는 각종 자발적 결사체를 활성화시킴으로써 수평적 인간관계를 촉진하여 사회적 신뢰의 수준을 높여준다. 여섯째, 네트워크는 상호학습의 효과를 증진시킨다. 네트워크조직에서는 도구적 합리성보다는 성찰적 합리성이 강조되기 때문에 상호학습이 효과적으로 일어나며, 이러한 학습은 네트워크 참여자들의 자질을 향상시켜 참여를 증진시키는 데에 중요한 역할을 한다.

2) 네트워크의 효과

사회적 네트워크가 어떤 효과를 가져 오는가에 대하여 Burt(1992)는 정보접근, 교섭력, 경력기회를 지적하고 있으며(한성재, 2014: 10 재인용), Lin(2001)은 정보 흐름의 촉진, 사회집단과 조직에 대한 영향력 증대, 사회적 신분의 보증, 개인권리의 강화 등 네 가지를 들고 그 내용을 다음과 같이 설명하고 있다(서정원, 2018: 37 재인용).

첫째, 네트워크는 정보의 흐름을 촉진시켜 참여자들이 필요로 하는 정보를 얻을 수 있는 기회를 제공한다. 둘째, 네트워크는 참여자들이 조직의 의사결정과정에 중요한 역할을 하는 사람들에게 영향력을 발휘하여 가치 있는 자원의 배분이나 개인의 승진 등에서 유리한 위치를 차지할 수 있게 한다. 셋째, 네트워크는 개인의 사회적 신분을 보증하는 역할을 한다. 참여자들이 네트워크상에서 특정한 위치에 있는 사람과 친밀한 관계를 맺게 되면 그가 가진 자원에 대한 접근이 상대적으로 용이하게 되며 때로는 그 사람과 관계를 맺고 있다는 것 자체가 개인에게 유리하게 작용한다. 넷째, 네트워크는 집단구성원으로서의 개인의 권리를 인정하고 강화한다.

한편 Sanderfur과 Laumann(1998)은 네트워크의 효과로 정보, 통제, 결속감 등 세 가지를 들면서, 네트워크를 구축하고 있는 사람은 그렇지 않은 사람에 비해 적절한 정보를 빠르게 얻을 수 있는데다 네트워크 내의 다른 사람을 통제할 수 있으며, 네트워크로 맺어진 사람들 간에 가치관·규범·목적의 공유를 통해 결속감을 만들어낼 수 있다고 한다(최재필, 2013: 50 재인용).

이 밖에도 여러 연구자들이 네트워크의 효과를 제시하고 있는데, 그 중요 내용으로는 네트워크를 통하지 않으면 얻을 수 없는 정보 및 자원에 대한 접근, 그러한 정보를 이용한 새로운 기회의 확보, 네트워크 구성원들 간의 정서적·물질적 지원효과와 결속력 강화 등을 들 수 있다. 본 연구에서는 이러한 네트워크의 효과들을 크게 정보획득효과와 상호지원효과라는 두 가지로 종합하여 그 내용을 살펴보고자 한다.

첫째, 정보획득효과는 네트워크라는 관계망에 속하게 됨에 따라 이전에 가질 수 없었던 다양한 정보를 얻게 되는 효과를 말한다. 이 효과에는 정보를 탐색하는데 필요한 비용의 절감과 함께 개인이 독자적으로 수집하는 정보보다 질적 수준이 높은 정보를 획득할 수 있다는 두 가지 측면이 존재한다(홍혜승, 2016: 51). 네트워크를 통한 상호작용은 다양한 정보, 시의적절하고 중요한 정보를 신속하고 정확하게 얻을 수 있게 해 주기 때문에 시간과 비용을 줄일 수 있고 질 높은 의사결정을 할 수 있게 해 준다.

그런데 정보획득효과는 네트워크의 종류와 중심성 그리고 구조적 공백 등 네트워크의 특성에 따라 그 내용이 달라질 수 있다. 네트워크에서 높은 연결중심성(degree centrality)을 가진 행위자는 네트워크 내의 많은 사람들을 알고 있어서, 이들과의 소통을 통하여 새로운 정보를 신속하게 획득하고 전파시킬 수 있기 때문에 정보의 주요 통로가 될 수 있다.

그리고 높은 근접중심성(closeness centrality)을 가진 행위자는 네트워크 내의 많은 사람들에게 쉽게 도달할 수 있는 위치에 있기 때문에 네트워크 내에 흐르는 왜곡되지 않은 정보를 곧바로 접할 수 있으며, 행위자들 간의 조정역할을 수행하면서 영향력을 발휘할 수 있다. 또 매개중심성이 높은 행위자는 구성원들이 그에게 의존할수록 네트워크 내 정보의 흐름을 중재하면서 더 많은 정보를 획득하고 더 많은 영향력을 가지게 된다.

한편 네트워크에서 구조적 공백(structural hole)을 차지할수록 생산성이 높으며 승진에 유리하고 양질의 정보를 획득할 수 있다. 구조적 공백수준이 높은 행위자는 서로 연결되지 않은 다른 행위자 또는 집단들을 연결하는 기능을 수행하면서 가치 있는 자원들을 더 많이 획득할 수 있고 협상을 통하여 더 많은 권력을 가질 수 있다. 이처럼 네트워크의 중심성과 구조적 공백과 같은 사회적 네트워크의 구조적 특성은 지식과 정보를 공유하고 창출하는데 반드시 필요한 요소들이라고 할 수 있다(이민영, 2018: 18).

둘째, 상호지원효과란 사회적 네트워크를 통해 맺어진 다른 구성원들로부터 정서적 지원, 물질적 지원, 조언 및 충고 등을 얻는 효과를 말한다. 예를 들어 네트워크 내의 어떤 행위자가 무슨 난관에 봉착했을 때 먼저 이 상황을 경험한 구성원에게 조언을 얻게 되면, 그 행위자는 여러 가지 정보를 습득함으로 인해서 새로운 해결책을 모색하거나 이미 검증된 해결책을 신속하게 시용할 수 있게 된다는 것이다. 이러한 지원효과는 행위자가 어떤 특별한 이익에 대한 반응이 아니라 사회적 관계 그 자체로 인해 다른 행위자를 도우려고 하는 호혜성(reciprocity)으로 나타날 수 있는데, 행위자가 네트워크에 속한 사람들과 긴밀한 관계를 맺고 있으면 그 효과가 더 커질 수 있다(홍혜승, 2016: 52).

6. 한국적 네트워크로서의 연고주의

1) 연고주의의 개념과 특징

한국인의 사회적 인간관계는 전통사회의 내적 연결고리의 기능을 수행해 온 연고주의에 기초한 혈연·지연·학연 등의 일차적 연고에 뿌리를 두어 형성되고 유지되어 왔다고 할 수 있다. 연고는 혈연·지연·학연 등의 출신성분으로 맺어진 관계나 소속감을 말하는 것으로서 개인과 개인, 개인과 집단, 집단과 집단간을 연결해주는 연결망(network)으로서 사회적 자본의 하나이다.

연고주의(nepotism)의 개념에 대해서 이재혁과 박준식(2000)은 "공적 제도보다는 개인들 간의 사적 연결망을 통해 자신들의 이익을 추구하며 경쟁과 협력을 조직화하는 행위패턴(pattern)"으로 정의하고 있으며, 장현근(2008)은 "혈연·지연·학연·직연 등에 따라 이해관계와 신념을 함께 하며 다른 사람을 차별하는 배타적 성향 또는 태도"라고 하고 있다(박기관 외 2011: 163 재인용).

한편 이종수(2009: 325)는 연고주의를 "혈연·지연·학연 등 1차집단적 연고를 다른 사회적 관계보다 중시하고, 그런 행동양식을 다른 사회적 관계에까지 확장·투사하는 문화적 특성"으로 정의하고 있다. 본 연구에서는 위와 같은 정의들을 토대로 하여 연고주의를 "혈연·지연·학연 등 각종 연고를 기초로 집단을 형성하고 이해관계와 신념을 함께 하며 집단의 이익을 중시하는 사회적 관계 및 행동양식의 한 유형"으로 정의하고자 한다.

이러한 정의를 통해 알 수 있듯이 연고주의는 가족·지역·학교 등에서 맺은 연고를 매개로 생활공동체로서의 가치와 행동양식을 생산하며 집단적 이해관계에 따른 내적 귀속성과 외적 배타성이 강한 집합주의 성향이라고 할 수 있다(박기관 외, 2011: 162). 여기에서 집합주의란 개인이 내집단에 통합되어 충성을 하는 대가로 그 집단이 개인을 보호해 주는 가운데 개인의 목표나 이익보다 집단의 목표나 이익을 우선하는 성향을 말한다.

우리 사회에 있어서 연고주의는 단순한 개인 대 개인의 차원을 넘어 일상적 행위패턴이 연고관계에 기초하여 조직화되고 있으며, 그 범위와 영향력이 정치·경제·사회·문화의 모든 영역으로 확장되고 재생산되는 특성을 보이고 있다. 다시 말하면 연고주의는 우리 국민들의 정서적 영역뿐만 아니라 모든 분야의 현실적 생활영역에서 결속력과 친화력을 발휘하면서 정신적·물질적 연고관계를 구축하는 가운데 집단성원들의 이해를 좌우하는 관계로까지 발전하고 있는 것이다.

이와 같이 한국인의 태도와 가치를 형성하며 행태적 특성으로 표출되고 있는 연고주의는 집단성원들의 관계에 있어서 애착과 의존, 충성과 보호라는 상호관계를 유지하는 가운데 일상의 생활환경이 구조·기능적으로 크게 변화하고 있음에도 불구하고 별로 약화됨이 없이 세대를 이어 내려오고 있다. 이러한 연고는 우리사회에서 중요한 사회적 자본으로서의 지위를 가지고 있다(최재필, 2013: 21).

2) 연고주의 발달의 역사적 맥락

한국사회의 두드러진 연고주의는 어디에서 연유되는 것인가. 연고주의의 발달을 설명하는 접근법은 크게 제도주의적 접근과 구조주의적 접근으로 구분할 수 있다. 제도주의적 접근은 연고주의의 발달을 공적 제도의 미발달, 즉 근대국가의 미발달로 야기되었던 불확실성을 줄이려는 개인들의 전략적 귀착점으로 이해한다(이재열, 1997).

제도주의적 접근방식으로 연고주의의 발달과정을 분석한 김용학(1996: 87)은 "국가나 법 등 공적 제도가 거래비용을 줄이는 역할을 다 하지 못했기 때문에, 그 대응으로서 사적 제도로서의 연줄망이 발달하고 지속된다"면서 한국사회에서 연줄망이 발달한 원인을 제도에 대한 낮은 신뢰에서 찾고 있다.

한편 구조주의적 접근은 연고주의의 발달을 구조적 경제환경의 변화에 대응하는 계급 또는 개인들의 생존전략의 귀결점으로 이해한다. 따라서 이 접근법은 한국의 연고주의는 특정한 역사적 환경 속에 놓인 사회구성원들이 안전망을 확보하여 생존을 보장받기 위한 선택의 일환으로 발생하고 발달된 것이므로 그 과정을 역사적 맥락에서 이해해야 한다고 주장한다(장수찬, 2008: 46-47).

여기에서는 위의 두 접근방식 가운데 구조주의적 접근방식을 택하여 연고주의가 발달하게 된 원인을 역사적 맥락을 통해 살펴보고자 한다. 연구자들에 의하면 유교문화권에 속하는 사회의 연고주의는 다른 문화권에 비해 대단히 높은 것으로 나타나고 있으며, 한국사회는 유교문화권에 속하는 다른 동아시아국가와 비교해도 연줄은 그 강도나 도구적 활용성이 대단히 높은 것으로 평가되고 있다(장수찬, 2008: 41). 이처럼 우리 사회에서 연고주의가 발달한 배경에는 혈연·지연 등에 기초한 감정적·정서적 유대 및 배타적 협력을 핵심으로 삼아 사회관계의 틀을 구성하는 가치체계로서의 가족주의의 역사가 자리 잡고 있다.

우리 사회의 연고주의의 근원은 조선시대 중엽에 양반계급이 자신들의 사회경제적 지위를 유지하기 위해서 각 지역에 설치되었던 향소(鄕所) 등을 통하여 이루어진 결사체적 연계가 지연·학연 및 각종 계(契) 등을 토대로 차츰 발전되면서부터라고 볼 수 있다. 특히 17세기 중반 이후 양반계급의 사회적 지위가 약화되기 시작하면서는 각 지역에 설립된 서원(書院)을 통한 학연과 혼인 등의 사적 연줄을 통해 생존과 사회적 지위를 유지해 나갔다고 할 수 있다(장수찬, 2013: 51).

그 후 일제강점기의 식민통치는 한국인들 간의 유대와 협동·신뢰 등의 사회적 자본을 파괴시켰다. 식민지 치하에서 한국인들은 공적 영역에서 공동행위를 통해 자신들의 생존문제를 해결하는 것이 사실상

불가능했기 때문에 가족·친족·동향 중심의 사적 연줄망을 이용하여 생존을 확보하려고 노력할 수밖에 없었다. 그리고 일제식민주의의 권력 자체가 시민사회의 중간결사체를 허용하지 않는 전제적 권력이었기 때문에 한국인들은 지극히 협소한 사적 관계에서만 공동행위가 이루어질 수밖에 없었다(이재열, 2001: 181).

한편 해방 이후인 1960년대부터 정부는 급속한 산업화를 추진하기 위하여 계급 및 이익집단 간의 단결을 허용하지 않으면서 시민사회를 동원하기 위한 체제를 구축하게 되었다. 당시에는 자발적 결사체(voluntary association)가 발달하지 않을 때여서 시민사회에 존재하는 가장 중요한 자원이 연줄망이었기 때문에 관료들은 설정된 국가목표를 달성하기 위하여 관료집단 내부에서 뿐만 아니라 시민사회와의 관계에서도 자기들이 가지고 있는 비공식적 네트워크인 학연·지연과 같은 1차적 연줄망을 기본통로로 활용하게 되었다(최종열, 2008: 100).

이에 따라 대기업들 역시 국가자원에 대한 접근성을 용이하게 하기 위하여 관료조직과 같이 학연·지연을 중심으로 비즈니스 엘리트들을 충원하고 정책담당자에 대한 접근성을 높이려고 하였으며, 이러한 방식은 다시 중소기업에까지 확대되었다. 이와 같이 설정된 국가목표를 연줄망을 통해 달성하려는 관료사회의 작동양식은 전체사회로 하여금 전통적 연줄망에 기초하여 작동하도록 함으로써 산업화의 사회제도는 결과적으로 전통적 연줄망인 연고집단의 강화현상으로 나타나게 되었다(이재혁, 2007: 205).

이러한 연줄에 기초한 연고주의의 속성은 산업화가 완성되어 지식정보사회로 진입한 현재에도 큰 변화 없이 지속되고 있다고 할 수 있다. 그리하여 한국인의 일상생활은 연고주의에 기초하여 조직되고 있으며 연줄망은 한국인의 행동양식을 이해하는데 필수불가결의 요소가 되고 있다. 2011년 경제·인문사회연구회가 실시한 '한국사회종합조사'의 결과에 의하면 조사대상자의 무려 86%가 중요한 결정을 내릴 때 혈연·지연·학연 등의 연고가 작용한다고 응답하고 있다(경제·인문사회연구회, 2012: 187).

또 2015년 한국보건사회연구원이 실시한 '사회이동과 사회통합실태 조사'에서는 개인성공의 결정요인으로 지역연고의 중요성 여부를 묻는 질문에 조사대상자의 45.3%가 "중요하다"고 응답한 반면 "중요하지 않다"가 17.6%, "보통이다"가 37.1%로 나타나 우리 사회 연고주의의 강도를 짐작할 수 있다(한국보건사회연구원, 2015: 247).

3) 연줄망의 구성과 특징

(1) 연줄망의 의미

우리 사회의 연고주의는 연령, 성별, 교육수준 그리고 사회경제적 지위 등을 초월하여 이질적인 사람들을 동일한 집단으로 결집시키는 힘을 가지고 있다(송효명, 2007: 28). 이러한 우리 사회의 인간관계를 작동시키는 메커니즘으로서의 연고주의를 이해하기 위해서는 연결망과 연줄망의 개념을 구분할 필요가 있다.

연결망은 사회적 네트워크(social network)를 말하는데, 사람들의 유대를 기반으로 연결된 개인이나 집단 등 행위자들 간의 전반적인 연계 형태를 의미하는 관계구조라고 할 수 있다. 연결망은 사회자본의 핵심적 구성요소로서 사람들 간의 상호작용을 통해서 형성되며 공동체를 유지하고 사회구조를 구성하는데 필수적인 요소이다. 이러한 연결망은 그 속성에 따라 교량형 네트워크와 결속형 네트워크로 구분할 수 있다. 교량형 네트워크(bridging network)는 연계망으로, 결속형 네트워크(bonding netwok)는 연줄망으로 표현되기도 하는데, 여기에서는 교량형 네트워크와 결속형 네트워크 대신 우리 사회에서 통용되고 있는 연계망과 연줄망이라는 용어를 사용하고자 한다.

결속형 네트워크인 연줄망은 연고주의에 바탕을 둔 인간관계의 유대인 혈연·지연·학연 등 연고에 의해 구성되는 네트워크로서 가장 기본적인 사회적 자본의 형태라고 할 수 있다(김태룡 외, 2011: 57). 연줄망은 폐쇄성, 제한적 귀속성, 특수성이라는 특징을 가지고 있으며 이 속성들은 서로 유기적으로 결합되어 있다.

연줄망의 폐쇄성은 관계를 맺는 집단의 경계가 명확하고 그 경계를 벗어나서는 관계가 성립되지 않는다는 것을 의미한다. 그리고 제한적 귀속성은 네트워크를 구성하는 집단이 혈연과 지연처럼 선천적으로 귀속되는 경우와 학연처럼 선택에 의해 성취적으로 귀속되는 경우를 말하며(최재필, 2013: 21), 특수성은 생래적으로 연줄망의 네트워크에 포함되는 것을 의미한다, 이러한 연줄망은 가입기준이 귀속적이거나 가입자격이 의도적으로 제한적이어서 가입과 탈퇴에 개인의 의지가 반영되기 어려운 특성을 갖는다(조영기, 2009: 64).

한편 교량형 네트워크인 연계망은 다양한 수준과 규모의 집단에 소속된 지위와 권력이 어느 정도 비슷한 사람들에 의해 구성되는 네트워크로서 보편주의를 토대로 하며 가입과 탈퇴가 귀속적 속성에 의해 결정되지 않고 개인의 의지가 반영되는 개방적 구조이다(박숙비, 2002: 30). 또 연계망은 구성원들이 이질성과 다양성을 가지고 있으며, 공공선(public good)을 지향한다는 점에서 폐쇄성과 배타성을 띠는 연줄망과 구분된다. 이런 점에서 연줄망과 연계망은 '사회적 관계'라는 점에서는 동일하지만, 연줄망의 본래적 속성은 연고주의이며 연계망의 본래적 속성은 합리적 목적지향성이라고 할 수 있다.

(2) 연줄망의 구성요소

우리 사회에서 연고주의를 바탕으로 하는 연줄망은 다양한 유형으로 존재하지만 혈연, 지연, 학연이 연고주의의 기본적 구성요소라고 할 수 있다. 이 외에도 직장생활에서의 동일 조직 내 근무경험에 의한 '직연'도 사회적 측면에서 연고주의의 유형에 포함시킬 수 있다(용 욱, 2020: 12). 연고주의의 구성요소 중에서 혈연과 지연은 개인의 태생적 지위에 의하여 결정된 연줄망이고 학연은 선택적으로 취득한 지위에 의하여 결정된 연줄망인데, 그 구성내용을 구체적으로 살펴보면 다음과 같다(종효명, 2007: 28-30).

첫째, 가족과 친족관계를 중심으로 한 혈연망은 한국인의 인간관계에서 가장 기본적이고 중요한 연줄망이다. 우리 사회에서 혈연망은 정도의 차이는 있지만 성별, 연령, 학력, 거주지역에 관계없이 보편적으로 형성되고 있다. 혈연관계는 친족관계에 국한되지 않고 동족관계로까지 확장되며 보다 넓은 지역단위에서 조직화되어 문중을 구성하면서 사회적 이익단체 내지 압력단체의 역할까지 담당하고 있다. 시대의 변화에 따라 혈연망은 그 범위가 차츰 축소되어 가고 있다고는 하지만 아직도 가장 강한 연줄로 작용하고 있다.

둘째, 출신지역을 중심으로 한 지연망은 한국인의 대인관계에서 또 하나의 강력한 연줄망으로 작용하고 있다. 역사적으로 볼 때 지연망은 혈연망이 확대된 산물이라고 할 수 있는데, 동일한 지역에 사는 사람들은 비록 혈연관계를 갖지는 않았다 해도 동일한 집단적·역사적 경험과 기억을 공유하기 때문에 하나의 연대를 이루게 된다.

따라서 지연망 역시 혈연망처럼 정서적 기능과 도구적 기능을 동시에 수행하고 있다. 오늘날 많은 사람들이 고향을 떠나 도시에서 살고 있음에도 불구하고 향우회로 대표되는 지연망에 참여하는 동기는 같은 고향사람들을 통해 심리적 귀속감과 정체감을 확인할 수 있는 한편 이를 통해 자신의 사회생활에 직·간접적으로 도움을 받을 수 있기 때문이다.

셋째, 출신학교를 중심으로 한 학연망은 현대 한국사회에서 가장 큰 영향력을 행사하고 있는 연줄망이다. 학연망은 지연망과 결합되어 같은 지역에서 같은 학교를 다녔다는 공동체의식에 의해 구성원들 간의 유사성을 더욱 강화시켜 준다. 또한 학연망은 다양한 직업계층을 포함하고 있는데다가 그 규모가 혈연이나 지연에 비해 상대적으로 크기 때문에 이를 통해 교환되는 정보나 자원은 훨씬 풍부하고 다양하다.

학연은 각종 학교의 동창회 등을 통하여 정서적 지원과 결합을 재생산하고 시장거래 및 정치거래에서 도구적으로 활용되는 경향을 가진다(최종렬, 2004: 119). 이러한 학연 가운데 응집력이 가장 높은 것은 고등학교인데 그 이유는 인격형성이 예민한 생애단계에서 같은 학교를 다니면서 공유하였던 인생경험과 역사적 기억이 집단의식 형성에 강한 영향을 주기 때문일 것이다.

특히 일제강점기부터 고교평준화가 이루어지기 전인 1970년대 중반까지 지속된 엘리트 중심적 고등학교체제는 우리 사회에서 지배계층 충원의 중요한 통로이자 그 자체로 권력의 발판을 형성해 왔다고 할 수 있다. 그 결과 학연에 의한 권력자원의 연고주의적 배분구조가 우리 사회의 중요한 특징을 이루게 되었다(박형준, 1995: 39).

(3) 연줄망의 특징

우리 사회에서 연고주의의 속성에 따라 형성된 연줄망은 다음과 같은 특징을 가지고 있다(김용학, 2003: 102-103). 첫째, 연줄망은 강한 폐쇄성을 갖는다. 연줄망으로 형성된 연고집단은 명확한 경계를 가지고 있다. 연고집단 구성원들은 집단정체성을 갖고 이해관계를 공유하며 자기집단에 대해 강한 애착을 갖는 반면에 외집단 구성원에 대해서는 폐쇄적·배타적 태도를 보이기 때문에 집단경계에서 벗어나면 관계가 형성되지 않는다. 이러한 배타적 태도는 일정한 계기가 주어지면 곧바로 편견과 부정의 감정으로 전화될 수 있다.

둘째, 연줄망은 특수주의를 바탕으로 한다. 보편주의를 토대로 하는 연결망은 보편적 타자에게 가입과 탈퇴가 자유로운 개방적 특성을 가진 반면에 혈연·지연·학연 등 특수주의를 토대로 하는 연줄망은 특정한 속성을 가진 사람들에게만 개방된다. 셋째, 연줄망은 참여자인 구성원들에게 개인적 이익을 제공한다. 특정개인이 연줄망에 참여하는 것은 귀속감에 따른 심리적 안정감과 정체성 확립이라는 감정적인 이유도 있지만 그보다 더 중요한 것은 개인적 이익을 얻기 위해서이다(이훈구, 2003: 185). 연고집단의 구성원들은 연줄망을 통해 다른 구성원들과 상호작용하면서 정보와 자원을 획득하거나 또는 상대방의 행위를 예측하여 자신의 행위에 대한 불확실성을 줄일 수 있다.

넷째, 연줄망에서 지배적 교환형태는 '양자 교환'이라기보다는 '일반화한 교환'이라고 할 수 있다. 전자가 혜택을 받는 상대방으로부터 혜택을 직접 되돌려 받기를 기대하는 교환이라면 후자는 베푸는 상대방이 아닌 같은 연줄망에 속하는 제3자에게서 혜택이 돌아오기를 기대하는 교환이다. 연고집단에서 특정한 구성원에게 도움을 주는 것은 그 집단 내의 다른 제3자에게서 도움을 받기를 기대하기 때문에 일어나는 행위라고 할 수 있다.

4) 연줄망의 기능

(1) 긍정적 기능

연줄망의 기능은 미시적 차원과 거시적 차원으로 구분하여 고찰할 필요가 있다. 연줄망은 미시적 차원에서 볼 때 정서적 기능과 도구적 기능을 동시에 갖고 있다. 먼저, 정서적 기능을 보면 첫째, 연줄망은 연고집단 구성원들의 정체성을 확인해 주는 한편 집단적 소속감과 유대감을 심어주고 심리적 안정감을 제공해 준다. 오늘날 사람들이 연고적 관계를 강조하고 의지하는 현상은 바로 이 때문이라고 할 수 있다.

둘째, 연줄망은 연고집단 구성원들의 의사소통을 용이하게 해 준다. 동질성을 바탕으로 하는 연고집단의 구성원들은 여러 면에서 유사성을 갖고 있다. 같은 학교를 다녔거나 같은 지역 출신이거나 같은 혈통을 지닌 사람들은 서로 유사한 성장환경이나 경험을 공유하고 있기 때문에 그렇지 않은 사람들에 비해 상호 의사소통이 더 용이하게 이루어진다. 이러한 유사성은 구성원 서로에게 심리적 안정감과 보상을 제공해 준다.

한편 도구적 기능을 보면 첫째, 연줄망은 연고집단 구성원들에게 개인적 이익을 제공한다. 연줄망은 정보·돈·권력 등 희소가치가 있는 사회적 자원이 유통되는 통로로서 사람들은 연고집단에 가입하여 유용한 정보 또는 자원을 교환함으로써 개인적 이익을 얻을 수 있다. 예컨대 농촌에서 도시로 이주한 사람들은 향우회 등의 출신지역 연고를 적극적으로 활용함으로써 자신의 정체성을 확인할 수 있을 뿐만 아니라 다양하고 유용한 생활정보와 자원을 획득할 수가 있다.

경험적 연구에 의하면 연줄망 중에서도 특히 학연망은 가장 강력한 영향력을 행사하고 있는 것으로 밝혀지고 있는데, 그 이유는 학연망이 다양한 직업계층을 포함하고 그 규모도 혈연망이나 지연망에 비해 상대적으로 크기 때문에 이를 통해 교환되는 정보나 재화가 보다 다양하고 풍부하기 때문이라고 할 수 있다(종효명, 2007: 32-33).

둘째, 연줄망은 연고집단 내부의 구성원 간의 반복적인 상호작용을 통해 강한 신뢰를 형성하도록 한다. 이러한 신뢰는 거래비용(transaction cost)을 감소시키고 상호관계에 대한 예측을 가능하게 한다는 점에서 개인에게는 사회적 자본에 해당된다. 이같이 연줄망은 정서적 기능과 도구적 기능을 동시에 가지고 있기 때문에 사람들은 적극적으로 연고집단에 가입하고 연줄 활동에 투자하며 활용하고 있는 것이다.

한편 거시적 차원에서 연줄망을 보는 시각은 두 가지 견해가 대립되고 있는데, 연줄망이 긍정적 기능을 한다는 견해와 부정적 기능을 한다는 견해가 그것이다. 먼저, 긍정적 기능을 한다는 견해를 살펴보면 첫째, 연줄망은 연고집단 구성원들 간의 신뢰와 호혜성의 형성에 기여한다. 연고주의는 1차집단의 연고를 강조하기 때문에 집단 내에서 구성원들이 강력한 유대감을 형성하며 시장이 제공하지 못하는 구성원들 간의 신뢰와 호혜성을 형성하는 역할을 한다. 연줄망 안에서 신뢰와 호혜성에 바탕을 둔 친교와 공동체적 정서는 우리 문화에서 오랫동안 전승되어 온 친밀감에 입각한 연대의식의 발로라고 할 수 있다.

둘째, 연줄망은 연고집단 구성원들을 효율적으로 통제할 수 있도록 한다. 연줄망은 집단의 규범에 따라 구성원들을 통제하기 용이하도록 만들고 구성원들의 행태를 감시하기 위한 비용을 최소화할 수 있어서 조직자원을 효율적으로 이용할 수 있다. 이같이 연줄망은 미시적 차원은 물론이고 거시적 차원에서도 긍정적 기능을 가지고 있으나, 문제는 이러한 기능들이 일제식민지로부터의 해방 이후 우리 사회의 특수한 경험들과 압축적 근대화과정에서 권력자원의 배타적 분배를 위한 수직적 폐쇄성의 구조 안에 닫혀버림으로써 그 기능이 제대로 발현되지 못했다는 점이다(박형준, 1995: 43).

(2) 부정적 기능

앞에서 고찰한 바와 같이 사회적 연줄망은 집단 내부에서는 구성원들의 강력한 유대감과 신뢰형성 등에 기여하지만 거시적 차원에서는 다음과 같은 부정적 외부효과를 초래하게 된다. 첫째, 연줄망은 자원(resources)에 대한 공정한 접근을 방해한다. 연줄망은 면대면 관계를 가진 내집단에 대해서는 특정하고 두터운 신뢰를 갖는 반면에 외집단에 대해서는 배타성을 가짐으로써 내집단과 외집단을 구분하는 신뢰의 이중적 구조를 가지고 있다. 이렇게 내집단을 향한 강한 결속과 외집단에 대한 배타성은 자원의 공정한 접근을 방해하여 조직의 공정성과 개방성, 다원성을 저해시키고 공동체적 시민의식의 저하를 가져올 수 있다(장용석 외, 2009 : 48).

둘째, 연줄망은 사회적 비용을 증가시킨다. 연줄망은 내집단 구성원에 대한 감시와 통제의 비용을 줄여주는 대신 다수의 외집단에 대한 통제와 감시에 따른 비용을 증가시킴으로써 전체적으로 조직자원의 효율적 이용을 제약하게 된다. 셋째, 연줄망은 법질서와 공적 제도 및 절차를 무력화시키는 요인이 된다. 연줄망은 집단구성원들에게 법규범 위반에 대한 제재를 연줄을 통해 회피할 수 있다는 인식을 심어줌으로써 법과 제도에 대한 공식적 신뢰를 훼손시키는 요인으로 작용한다.

넷째, 연줄망은 사회경제적 효율성을 저하시키고 결과적으로 민주주의의 정당성을 훼손시킨다. 연줄망은 외집단에 대한 배타성 때문에 공정한 게임의 규칙을 파괴하여 사회·경제적 효율성을 저하시키며 조직 내에 당파성을 조장함으로써 결국 민주주의의 공고화를 지체시킬 수 있다(장수찬, 2013: 60).

위와 같이 연줄망은 긍정적 기능과 부정적 기능을 함께 가지고 있다. 연줄망의 긍정적 기능은 계약을 통해서가 아니라 서로 잘 아는 사람들 간의 행위규칙에 대한 동의를 통해 집단 내부의 결속과 효율을 증진시킬 수 있기 때문일 것이고, 반대로 부정적 기능은 연줄망의 배타성과 폐쇄성 때문에 집단 내부의 신뢰가 집단 외부로 확대되어 보편적인 신뢰로 발전할 수 없기 때문일 것이다(용 욱, 2020: 32).

5) 연고주의의 완화 방안

(1) 공적·제도적 신뢰의 회복

앞에서 지적한대로 연고주의는 긍정적 기능과 부정적 기능을 함께 가지고 있다. 그러므로 연고주의에 대한 대처방안은 그 긍정적 기능은 제고시키고 부정적 기능은 완화시키거나 제거하는데 두어져야 한다. 연고주의의 부정적 기능을 완화하기 위해서는 공적·제도적 신뢰의 구축, 민주시민의식의 강화, 시민결사체 활동의 활성화 등이 이루어져 개방·자율형의 시민사회가 구축되어야 할 것이다.

우리 사회에서 연고주의를 완화하기 위한 선행조건 가운데 하나는 공적·제도적 신뢰를 회복하는 일이라고 할 수 있다. 공적·제도적 신뢰는 사회적 실체로 수용된 제도를 통하여 형성되는 신뢰이다. 이러한 신뢰는 공공조직에 법·규제 등의 메커니즘을 통하여 구축되는데, 제도에 근거한 신뢰형성이 가능한 이유는 공식적 사회제도 및 조직이 개인들에게 신뢰의 근거를 제공함으로써 그 제도와 공식적 조직 자체를 신뢰하게 되기 때문이다.

우리 사회에서 연고관계에 근거한 긴밀한 사적 신뢰는 공적 영역에 부정적 영향을 다양하게 미치고 있다. 특성화된 강한 사적 신뢰는 연고관계에 따라 행정행위를 하도록 함으로써 행정질서를 왜곡시키고 법률적용의 변형을 가져오게 하며, 그 결과 공직자들의 청렴성을 떨어뜨리고 부정부패를 심화시키는 한편 공정한 경쟁을 방해하는 요인으로 작용한다. 또 사적 신뢰는 연고집단에 속한 구성원에게는 두터운 신뢰를 보여주지만 외집단의 사람에게는 배타적 태도를 취함으로써 공동체의 분열을 조장하고 공익을 위한 협력을 어렵게 한다(박종민 외, 2006: 152-153). 그러므로 연고주의를 완화 내지 극복하기 위해서는 이러한 특성화된 사적 신뢰를 공적·제도적 신뢰로 전환시켜야 한다.

그렇기 위해서는 지방정부가 업무를 처리하는데 있어서 일관성·공정성·투명성을 유지할 수 있도록 법치주의가 확고하게 자리를 잡아야 한다. 지방정부가 일관성과 공정성을 상실한 채 불투명하게 업무를 처리하여 예측가능성이 약화되면 주민들은 정부를 신뢰하지 못하기 때문에 자신의 이익을 실현하기 위해 사적 연고를 동원하여 공직자들을 이용하려 듦으로써 공적 신뢰가 약화되고 그 대신 사적 신뢰는 강화될 수밖에 없게 된다(성경륭, 2005: 14).

따라서 공적 신뢰를 회복하기 위해서는 법치주의를 확립하여 지방정부가 법과 정책의 형성과 집행과정에서 일관성·공정성·투명성을 제고함으로써 주민들에게 법에 따라 상호작용을 하는 것이 모두에게 이익이 된다는 인식을 심어주는 것이 무엇보다 중요하다. 이러한 법치의 확립과 함께 효과적이면서 공정하게 작동되는 제도를 구축해 나가야 한다. 공정한 제도는 주민들로 하여금 경험적 학습을 통해 제도를 신뢰하도록 만드는 요인이 된다(장수찬, 2013: 103).

공적·제도적 신뢰를 회복하기 위한 또 다른 방안은 권력엘리트들과 고위공직자들의 청렴성을 제고시키고 이들의 부정부패를 강력히 통제하는 것이다. 이들에 대한 부패통제가 제대로 이루어지지 않는다면 각종 로비와 담합이 난무하게 되어 정부에 대한 공적 신뢰를 저하시킬 뿐만 아니라 일반주민들에게 자신의 부도덕성과 연고주의에 기초한 비윤리적·비합법적 접근을 합리화하는 구실을 제공하게 된다. 그러므로 공적·제도적 신뢰가 회복되기 위해서는 권력엘리트와 고위공직자들의 부정부패에 대한 강력한 외부통제와 함께 그들 스스로도 청렴성을 강화하고 엄격한 자기통제가 이루어져야 할 것이다.

(2) 민주시민의식의 강화

연고주의가 완화되기 위해서는 사회구성원들의 민주시민의식이 강화되어야 한다. 민주시민의식이란 민주사회 구성원으로서 사회적 제도와 가치를 신뢰하고 구성원으로서 책임과 의무를 다하려는 의식을 말한다. 연고주의의 완화와 관련한 민주시민의식의 주요 내용으로는 준법의식, 책임의식, 공동체의식, 개방의식을 들 수 있다. 준법의식은 사회생활과정에서 사회적 규범인 법을 지키는 의식으로서 그 하위요소로는 공공질서 및 약속의 준수 등을 들 수 있다.

책임의식은 시민들이 스스로 판단하여 행동하고 그 결과에 대하여 철저하게 책임을 진다는 의식으로서 하위요소로는 책임완수, 공익, 자율 등을 들 수 있다. 한편 공동체의식은 인간은 사회적 존재이기 때문에 다른 사람들과 일정한 사회관계를 맺으며 공동생활을 해간다는 의식으로서 하위요소로는 협동과 참여 등을 들 수 있다.

그리고 개방의식은 상대방의 입장에서 자기논리의 타당성을 살펴보고 상대방의 합리적 비판을 기꺼이 수용하여 자신의 오류를 시정하려는 의식으로서 하위요소로는 관용(tolerance)과 호혜성(reciprocity) 등을 들 수 있다. 연고주의의 완화와 개방적 시민사회의 실현은 사회구성원들이 이러한 민주시민의식을 내면화하고 실천해 나갈 때 가능해 질 것이다.

(3) 자발적 결사체의 활성화

우리 사회의 연고주의를 완화하고 개방적 네트워크를 강화시키기 위해서는 자발적 결사체(voluntary association)의 활동이 활성화되어야 할 것이다. 자발적 결사체는 해결해야 할 문제를 공유하거나 가치와 신념을 공유하는 사람들이 공동의 목표를 달성하기 위해 자발적으로 결성한 단체로서 가입과 탈퇴가 자유롭고 구성원들이 조직목표에 대한 뚜렷한 신념을 가지고 있으며 유연하고 융통성 있는 조직운영을 할 수 있다는 특징을 갖는다.

이러한 자발적 결사체로는 구성원들이 취미나 여가를 공유하고 유대감을 목적으로 결성된 친목단체, 구성원들의 특정이익을 실현하기 위한 이익단체, 사회문제 해결이나 봉사활동을 통해 사회공익을 추구하기 위한 시민단체와 봉사단체가 있다. 이러한 결사체 중에서 연고주의의 완화에 직접적으로 기여하는 단체는 시민단체와 봉사단체라고 할 수 있다.

자발적 결사체는 구성원들의 가치와 관심을 충족시킴으로써 정서적 만족감과 소속감을 갖도록 하여 자아실현의 기회를 제공하는 한편 지역주민들의 다양한 의견과 가치들을 결집하여 표출하고 주민들의 이익갈등을 조정하는 역할을 한다. 뿐만 아니라 공동의 목표를 추진하는 과정에서 주민들과의 상호작용을 통해 기회주의적 행동을 억제하게 되고, 문화적·물질적 이해관계를 달리하는 사람들에 대한 관용과 배려정신 그리고 호혜성을 함양하며 신뢰와 협력을 강화함으로써 사회적 자본의 형성에 기여하게 된다.

연고집단이 혈연·지연·학연 등 일차적 관계에 의한 특성적 신뢰에 토대를 두고 있다면 시민사회의 자발적 결사체는 일반적 타자들 간의 일반신뢰와 호혜성에 토대를 두고 있다. 따라서 일반신뢰의 형성에 부정적 영향을 주는 연고주의가 완화되기 위해서는 시민들이 자발적 결사체에 많이 가입하여 활동함으로써 폐쇄적·배타적인 사회관계가 개방적·이타적 성향의 열린 사회관계로 전환되어야 할 것이다.

제④절 사회적 자본으로서의 규범

1. 규범의 개념과 성격

1) 규범의 개념

인간은 생존과 자아실현이라는 삶의 목적을 구현하기 위하여 욕구·필요 등을 충족시켜 나가기 위한 활동을 계속하는데, 이러한 본연적인 활동은 사회 속에서 이루어진다. 따라서 특정인이 소속한 사회적 상황이나 조건 등은 욕구와 필요의 종류 및 양과 질을 제공하는 바탕이 되는데 그것은 바로 가치(value)에 관한 의식이다. 가치는 인간이 인간으로서 존재하는 본질적 기초가 되며 가치의 실천 관건인 사회의 존립은 그 사회 속에 내재하고 있는 필연적 요건인 규범과 밀접한 관련을 가지고 있다(최학유, 1994: 230).

규범(norm)의 개념은 연구의 영역과 대상에 따라 매우 다양하게 정의되고 있는데, Bierstedt(1963)는 "우리가 참여하는 사회적 상황에서 우리의 행위를 지배하는 규칙 또는 기준으로서, 실제로 우리가 그렇게 하든지 하지 않든지를 불문하고 거기에 순응하도록 기대되는 수준"이라고 하고 있으며, Gibbs(1981)는 "특정 상황과 환경에서 행위는 어떠해야 하는가에 대하여 사회성원 간에 공유된 믿음"으로 정의하고 있다(이태원, 1999: 35-36 재인용). 그리고 Homans(1961)는 "한 집단의 특정 성원들에 의하여 만들어진 어떤 상황에서 그 집단의 성원들이 행해야 할 바를 명시하는 선언"이라고 하고 있다(전병재, 2001: 118 재인용).

위에서 일부 연구자들의 규범에 대한 개념정의를 살펴보았는데, 이러한 정의들이 공통적으로 가지고 있는 규범적 속성에는 당위의 문제로 표명된 행위에 관한 집합적 평가, 어떤 행위가 이루어질 것인가에 관한 집합적 기대, 그리고 여러 형태의 보상과 제재로 표현되는 사회적 반응이라는 세 가지가 있음을 지적할 수 있다(전병재, 2001: 118).

본 연구에서는 이러한 견해들을 토대로 하여 규범을 "특정한 집단이나 조직에서 그 구성원이 판단하거나 행동할 때에 마땅히 따라야 하며 그 일탈에 대해서는 제재가 가해지는 사회적 기준"으로 정의하고자 한다. 규범을 이같이 정의할 때, 도덕과 법 등 일반적 사회규범은 사회구성원들이 공유하는 기대가치와 행동의 표준이라고 할 수 있다(김 구, 2019: 69). 이는 규범이 오랜 기간을 거쳐 한 사회에서 받아들여진 행동규칙, 가치, 기대임을 의미하는 것이다.

사회성원들이 공유하는 가치로서의 규범은 공동체 내에서 상호작용을 규율하는 규칙의 일부로 작용한다. Putnam(1994: 288)은 사회적 신뢰의 기반이 되는 규범이 발생하고 유지 및 강화되는 이유는 규범이 사회구성원들 간의 거래비용을 낮추고 협력을 촉진시키기 때문이라고 한다. 이러한 규범은 교육과 같은 사회화, 상호작용의 모델, 그리고 제재 등에 의하여 유지되고 강화될 수 있다.

2) 규범의 성격

규범의 성격은 다양하게 논의될 수 있지만 그 가운데 중요한 몇 가지를 지적하면 다음과 같다(김 구, 2019: 70-71; 양창삼, 1988: 49-52). 첫째, 규범은 모든 사회에 존재하는 보편성을 띤다. 규범은 어느 사회에나 존재하는 사회질서의 토대로서 규범이 없이는 어떤 사회도 원활하게 작동할 수 없다, 따라서 사회가 유지되기 위해서는 규범이 반드시 존재해야 하며, 사람들은 규범을 통해 다른 사람들과 규칙적 관계를 맺고 살아간다.

둘째, 규범은 목적지향적 성격을 띤다. 규범은 사회체계를 유지하기 위한 사고와 행위의 틀을 가지고 있다. 규범의 가치는 사회체계마다 다를 수 있지만 그 사회체계가 지향하는 목적과 연결되어 있기 때문에 목적

지향적 성격을 띤다. 셋째, 규범은 집단성원들에게 가치판단의 기준을 제공한다. 규범은 집단성원들에 의해 공유된 기대되는 행동방식과 관련된 표준으로서 가치판단의 기준을 제공하며, 성원들은 이 기준을 통해 자기의 행위가 옳고 좋은지 그르고 나쁜지를 판단한다.

넷째, 규범은 사회의 일정성을 유지하기 위한 성격을 띤다. 규범은 사회가 지향하는 목적과 연관되어 그 사회에서 보편적으로 필요한 기준을 설정할 뿐만 아니라 그 기준을 발전적으로 이어나가도록 한다. 그런 점에서 규범은 사회유지적 성격을 띤다. 다섯째, 규범은 상대적이다. 규범은 절대적·정태적·고정적이거나 확정적인 것이 아니라 시·공간에 따라 가변적이고 상대적이며 동태적이다. 규범은 사회마다 다양하며 같은 사회에서도 지역이나 집단에 따라 다를 수 있다.

여섯째, 규범의 중요성 및 가치에는 차이가 존재하다. 규범은 보상과 제재로 작용하지만, 그 중요성 및 가치가 다르기 때문에 모든 규범이 동등한 것은 아니며 그것을 위반했을 경우에 같은 종류의 제재가 주어지는 것도 아니다. 일곱째, 규범은 개인에게 내재화된 것이다. 개인은 사회화과정을 통해 규범을 내재화하고 그에 따라서 행동한다. 개인은 규범을 통해 자신의 행동기준을 정하게 되고 그런 행동들의 집합이 사회적 규범으로 외재화되며, 다시 개인은 외재화된 규범을 따르게 됨과 동시에 내재화하게 된다.

2. 규범의 차원

1) 사회규범

규범은 크게 두 차원으로 구분할 수 있는데, 하나는 도덕이나 법과 같은 일반적인 사회규범이고 다른 하나는 호혜성의 규범이다. 사회규범은 호혜성의 전제가 없이도 기능하는 규범으로서 일상적인 행위에서 나타나는 명확한 제재나 강제의 기제(mechanism)를 의미하는 정형적 규범과 관련되며, 호혜성의 규범은 불확실한 제재나 기제를 의미하는 비정형적 규범과 관련된다고 할 수 있다.

사회규범(social norm)은 "사회구성원들이 기대하는 공유가치와 행동의 표준"(김 구, 2019: 69)으로서 특정행동에 대한 사회적 기대이며 그 일탈에 대해서 제재가 가해지는 사회적 기준이다. 사회규범은 법과 도덕 등을 그 내용으로 하는데, 개인이나 집단의 행위에 대한 기준을 제공해 줌으로써 사회질서를 유지시키고 구성원들의 상호신뢰를 통하여 집단의 공동목표에 대한 협력을 촉진시킨다. 또 사회적 유대를 강화시키며 사회적 기대에 대한 일탈을 제재하는 기준이 된다(오태원, 2009: 29).

이처럼 사회규범은 사회성원들에게 자기이익만을 추구하지 못하도록 하여 그들로 하여금 다양한 형태의 공공재 생산에 공헌하도록 하며 예측가능성을 증대시킨다. 결국 사회규범은 사람들이 공동생활을 해 나가는 과정에서 무임승차자(free-rider)나 비협력 행위자에게 실질적인 부담을 주지 않고서도 기회주의적 행동을 차단하고 구성원들의 정치·사회적 참여를 용이하게 해 준다.

그런데 이러한 사회규범 중에서 집단성원들의 행동준거가 되는 집단규범은 일반적 사회규범보다 더 강력한 경우가 많은데, McAdams는 그 이유로 다음의 세 가지를 들고 있다(강내원, 2012: 92-93 재인용). 첫째, 소규모 집단은 일반사회에 비하여 동질성이 높기 때문에 더 강한 합의를 형성하는 경향이 있다. 둘째, 규모가 큰 일반사회보다 소규모 집단에서 형성된 합의가 전파력이 높다. 셋째, 소규모 집단구성원들 간의 상대적으로 더 긴밀한 상호작용은 구성원들로 하여금 다른 구성원의 일탈을 발견할 가능성을 높여준다. 이러한 이유로 소규모 집단에서는 규범의 성립조건인 합의의 존재, 적발의 위험, 인지도가 강화되어 궁극적으로 집단규범이 일반적인 사회규범보다 더 강력해지는 것이다.

사회규범이론에서는 사회규범을 기술적 규범과 명령적 규범의 두 유형으로 구분한다. 기술적 규범은 개인이 속한 집단 내의 다른 구성원들이 실제로 행한 특정행위에 대한 인지된 믿음을 의미한다. 즉 기술적 규범은 집단구성원이 다른 구성원이 특정한 행위를 한다고 인식하고 그것을 기반으로 자신에게 적합한 행동방식을 결정하는 것을 말한다(구자돈, 2018: 13). 한편 명령적 규범은 어떤 행동이 도덕적으로 승인된 행동인지 아닌지를 보여주는 구성원들의 신념으로서 주어진 상황에서 해야만 하는 기대와 약속을 의미한다.

기술적 규범이 실제로 무엇이 행해졌는가에 대한 정보를 주는 것이라면, 명령적 규범은 특정한 행위를 하지 않았을 때에 생기는 사회적 제재 때문에 그 행위를 해야 한다는 믿음에 근거한 것이다. 이러한 두 유형의 규범의 근본적 차이는 기술적 규범이 대체로 규범에 순응하지 않을 경우 뒤따르는 사회적 제재를 포함하지 않는 반면에 명령적 규범은 사회적 제재나 강제를 포함한다는데 있다(강내원, 2012: 79-80).

그런데 사회적으로 승인된 행위는 주로 정형적으로 행해지는 행위이기 때문에 이들 규범은 혼동하기 쉽다. 이에 대해 Cialdini와 Kallgren (1990)은 두 유형의 규범이 개념적으로나 동기부여의 차원에서 서로 다른 것이어서 규범적 영향에 대한 적절한 이해를 통해 구분하는 것이 중요하다고 한다(강내원, 2012: 80 재인용).

2) 호혜성의 규범

사회적 자본에서 말하는 규범은 호혜성의 규범(norm of reciprocity)으로서 상대방에게 제공받은 자원(resources)만큼 되돌려주어야 한다는 의미를 가지고 있다. 호혜성의 개념에 대해 Keohane(1986)은 "선은 선으로 악은 악으로 되갚는 방식으로, 각 당사자의 행위는 상대방의 사전 행위를 조건부로 하는 대략적인 등가물의 교환들"로 정의하고 있으며, Sahlins(1972)는 "다양한 교환형태의 스펙트럼 상에 있는 모든 교환들"

이라고 하고 있다(류태건, 2015: 34-35 재인용).

이같이 호혜성은 사회적 상호작용이나 교환과정에서 상대방에게 제공받은 자원만큼 되돌려주어야 한다는 의미를 갖고 있는데, 본 연구에서는 호혜성의 개념을 Gouldner(1960)의 견해에 따라 "다른 사람과 상호작용을 할 때 자신이 다른 사람에게 제공한 만큼 되돌려 받기를 원하며, 또 받은 만큼 되돌려 주어야 한다는 내면의 심리적 교환"으로 정의하고자 한다. 호혜성을 이렇게 볼 때 호혜성의 규범은 "다른 사람에게 무언가를 받으면 그것을 준 사람에게 그만큼 되돌려주어야 한다는 도덕적 의무감에 바탕을 둔 규범"이라고 정의할 수 있다.

호혜성의 규범에서는 교환의 각 당사자가 상대방으로부터 받은 것을 되갚아야 할 의무와 함께 자신이 베푼 것을 되돌려 받아야 할 권리를 모두 가지고 있다. 따라서 주고받는 교환의 성공여부는 상대방의 호혜적인 행위에 달려있다고 하겠다. 이같이 호혜성의 규범은 호혜성을 전제한 규범인 반면에, 일반적인 사회규범은 호혜성의 전제가 없이도 기능하는 규범이다.

호혜성의 규범은 위에서 설명한 바와 같이 상대방의 공여에 대한 보답의 의미를 내포하고 있는데, 사람들은 호혜성에 대한 신뢰에 의해 규범의식을 형성하게 되고, 그에 따른 행위가 공동체 활동에 대한 참여로 이어지게 된다(한국교육개발원, 2006: 26). 특히 일반화된 호혜성은 '사람들은 자기를 도운 사람을 도와야 한다'는 보편적 행위규범 아래서 일반사람들 간의 관계를 의무관계로 구조화시킴으로써 기회주의를 보다 효율적으로 억제할 수 있으며 집합행동의 딜레마도 해소할 수 있다(류태건, 2015: 41).

3. 규범의 종류

사회규범은 그 성격이 다양하고 사회적 상황에 따라 다변적이기 때문에 그 종류를 분류함에 있어서도 다양한 기준이 적용될 수 있다. Blake와 Davis는 사회규범을 내용, 제도적 형식, 수용의 형식, 전달의 양식, 적용의 범위, 권위의 근거, 형성과정, 진술의 형식적 성격 등 8가지 기준으로 분류하고 있다(전병재, 1998: 122 재인용). 그리고 Morris(1956)는 규범의 제재정도, 권위의 원천, 행사의 일관성 여부, 전수 양식, 동조의 정도, 적용의 정도, 타당성의 수긍정도, 내면화의 정도 등 9가지 기준으로 분류하고 있으며, Gibbs(1964)는 협약, 관습, 원규, 법칙, 법률로 분류하고 있다(오태원, 2008: 36-38 재인용).

또 사회규범을 형성과정에 따라 묵시적 규범과 명시적 규범으로 구분하기도 한다. 묵시적 규범은 역사적으로 반복되는 과정에서 형성되는 것으로 관습과 도덕을 그 예로 들 수 있으며, 명시적 규범은 공식적인 절차와 수단을 통해 특정시기에 형성되는 규범으로서 법제도를 그 예로 들 수 있다(황선영·곽한영, 2012: 1268).

위와 같이 사회규범의 분류방법은 매우 다양하지만, 그 중에서 가장 일반적인 분류방법은 규범의 기원과 강제의 강도에 따라 크게 관습, 도덕, 법의 세 가지로 분류하는 것이다(김경동, 2006: 49). 물론 이 분류는 규범의 전체를 포괄하는 것이 아니라 가장 기본적인 것들이고, 다시 그 안에서 다양하게 분석될 수 있는데(오태원, 2009: 38), 본 연구에서는 이 분류방식에 따른 관습, 도덕, 법규범에 대하여 고찰하고자 한다.

1) 관습

관습(custom)은 사람들이 공동생활을 하는 과정에서 타인과 상호작용을 하면서 자신의 필요를 충족시키고 삶을 영위하기 위하여 준수하는 행위의 방식이다. 다시 말하면 관습은 오랜 세월에 걸쳐 형성되어 일상적으로 사람들이 준수하는 규범으로서 특정한 상황에서 합당하고 올바르다고 간주되는 행위의 지침이다(오태원, 2009: 27). 관습의 예로는 의복

관행, 관혼상제 등의 예절, 의식 등을 들 수 있다. 이러한 관습은 사회규범의 가장 기본적인 요소이자 패턴으로서 한 세대에서 다음 세대로 이어지는데, 관습 중에서도 역사적으로 오랫동안 지속되고 구성원들이 이를 자랑으로 여기며 그 가치를 지켜나가려고 하는 것을 전통(tradition)이라고 한다.

인간행동의 옳고 그름을 평가하는 기준이 되는 관습은 사회적 통제의 기본적 형태로서 사람들의 삶의 방식을 제재하기도 하고 특정상황에서 구체적 행동을 규정하기도 하는데(김 구, 2019: 77), 관습을 준수하여 다른 사람들과 동일하게 행동하는 것은 개인적·사회적 비용을 절감시키고 사회적 유대를 강화시키며 동류의식을 심어주는 역할을 한다.

이러한 관습은 그 준수가 강제되지는 않기 때문에 관습을 지키지 않을 경우에 양심의 가책이나 주위의 비난을 받을 수는 있지만 처벌을 받지는 않는다. 그럼에도 사람들이 관습을 지키는 것은 그 사회의 많은 사람들이 관례적으로 그렇게 하기 때문에 자신의 필요를 충족시키기 위하여 별다른 가치판단을 하지 않고 습관적으로 그렇게 행동하기 때문이라고 할 수 있다(오태원, 2009: 58).

그러나 관습은 습관과는 다르다. 습관(habit)은 개인이 습득한 개개의 상습적인 행위를 의미하는 것인데 비해 관습은 일반적으로 어떤 특정의 사회 또는 사회집단 속에서 전통적으로 그 구성원 대다수에 의해 상례적으로 수행되고 승인되어 온 행동양식 전반을 의미한다(정찬모, 2003: 39). 그런데 각각의 사회들은 서로 다른 관습들을 갖고 있다. 그래서 어느 사회에서는 옳은 것으로 받아들여지는 행위가 다른 사회에서는 잘못된 것으로 받아들여지기도 한다.

2) 도덕

일반적 의미에서 도덕(moral)은 인간이 지켜야 할 도리 및 이에 따른 행위를 의미하는데, 사회의 유지와 개인적 욕구의 실현에 있어 인간이 어떻게 행동할 것인가를 지시하는 기준이라고 할 수 있다. 즉 도덕은 사회를 이루어 살고 있는 인간이 그들의 개인적·사회적 욕구를 조화롭게 충족시키기 위하여 지켜야 하는 양심과 관련된 내면적인 규범으로서 인간행위의 선악과 옳고그름을 판단하는 기준이 된다.

도덕의 기원은 관습과 밀접하게 관련되어 있다. 관습(custom)이 서서히 변화하여 사회질서를 유지하는데 매우 중요한 것으로 받아들여지면 도덕이 된다. Sumner(1906)는 인간의 생존과 행위에 있어서 적응의 문제와 관련하여 형성되는 관습 중에서 특히 사회전체의 안녕과 질서에 필요하다고 판단되는 것은 도덕으로 발전되는데, 이러한 도덕에 종교적 신념과 철학적 사상이 부여되어 규범으로서의 성격이 일반화되고 체계화되며 또 추상화된다고 한다(전병재, 2001: 145 재인용).

도덕은 비록 성문화되어 있지는 않지만 일상적 행위에서 규제력을 가지고 있기 때문에 도덕규범을 위반했을 때에는 관습의 경우와는 달리 강한 제재가 가해진다(오태원, 2009: 29). 이같이 도덕규범은 사회구성원들을 규율하기 때문에 사람들의 행위에 대한 예측가능성을 높여준다. 따라서 사회구성원들에게 다른 사람들의 행위를 아는데 필요한 시간과 비용, 즉 거래비용을 감소시켜 주며 구성원 간에 필요한 협력의 방법을 제시해 준다(박희봉, 2009: 447).

인간의 행위를 규제하는데 있어서 법이 인간의 행위를 밖으로부터 규제하는데 비하여 도덕은 안으로부터 규제한다는 점에서 양자는 서로 다르다. 그리고 인간의 행위를 안에서 규제한다는 점에서 도덕과 관습은 동일하지만 규제의 범위는 서로 다르다. 관습은 사회에 따라 특수하게 굳어진 행동 및 사고방식의 총체를 의미하지만 도덕은 그 중에서도 다른 사람들과의 관계에 대한 부분만을 의미한다. 따라서 도덕은 다른 사람들과의 관계를 떠나서는 존재할 수 없는 것이다.

3) 법

관습이나 도덕은 어느 시대, 어느 사회에서나 존재하고 비교적 널리 준수되기를 기대할 수 있는 규범들이다. 사회가 미분화된 시대에는 인간관계가 일차적이고 인격적이었기 때문에 관습이나 도덕만으로도 사회질서가 유지될 수 있었다. 그러나 인구가 증가하고 사회구조가 변화되면서 인간관계가 이차적 관계 즉 비인격적 관계로 변화됨에 따라 사람들의 대인관계와 사회관계를 분명히 하고 사회가 유지되기 위해서는 불가피하게 특정 규범을 공식적으로 제도화시켜 개별적이고 무작위적인 통제를 정돈할 필요가 생기게 되었다.

이와 같은 요구에 따라 만들어지고 특정권위에 의해 집행되는 공식적 사회규범이 바로 법(laws)이라고 할 수 있다(김경동, 2006: 51). 따라서 법은 사람과 사람과의 외면적 관계를 규제하는 강제규범으로서 내면적 관계를 규제하는 도덕 및 관습과 구별된다. 법은 법률·명령·규칙·조례 등을 통칭하는데 다른 사회규범과 비교할 때 다음과 같은 특징을 갖는다.

첫째, 법은 국가 및 공공기관이 공식적으로 제정·공포하는 규범으로서, 법의 정당성은 바로 공식적인 제정과 공포에 있다. 둘째, 법은 합리적인 해석이 가능하도록 정확한 용어와 조문으로 문서화된 규범이다. 셋째, 법은 그것을 다루는 기관에 종사하는 전문직 대행자들에 의하여 집행되는 규범이다. 넷째, 법은 제재의 형식과 방법을 명백하고 확실하게 규정하는 규범이다.

이러한 법규범은 사회질서에 커다란 영향을 미칠 수 있는 관습을 공식화하는 수도 있고 도덕규범을 공식화하는 경우도 있지만, 모든 도덕규범이 반드시 법제화되지도 않으며 법의 내용이 전통적 도덕규범이나 관습에 일치하지 않을 수도 있다. 이렇게 도덕·관습과 법규범 간에 조화가 이루어지지 않을 경우는 갈등이 발생하여 사회적 긴장을 초래할 수도 있다(오태원, 2009: 30-31).

법규범은 규제와 보호의 측면을 함께 갖고 있다. 법규범은 공동체 구성원들이 앞으로의 상황을 미리 예측하여 행동할 수 있게 해주는 필수적인 구조적 기반으로서, 법이 잘 정비된 사회에서는 대인관계에서 예측가능성을 높여준다. 또한 법은 전형적인 상호작용인 약속이나 계약, 그리고 규제 등이 제대로 이행되는 것을 구조적으로 보장해 줌으로써 위험에 대한 안전보장을 통해 사회적 신뢰가 보다 수월하게 형성되게 한다.

4. 규범의 기능

사회규범은 사람들의 행동을 결정하고 인도하며 통제하는 기준으로서 사회적 기능을 원활하게 작동시켜 더불어 살아가는 사회를 유지하고 발전시키는데 기여한다. 규범의 기능에 관하여 Coleman(1998)은 사회구성원들이 공동의 목표를 향해 협력행동을 하도록 하기도 하고 일탈행동을 규제하는 역할도 하는데 사회적 자원이나 지위, 명예, 다른 보상 등에 의해 강화되는 특성을 보인다고 하였으며, Fukuyama(2002)는 정보의 수집비용과 거래비용을 절감시키며 공동체 자원의 집합적 관리와 시민의식을 고취시킨다고 한다(강정규, 2015: 27 재인용).

규범의 기능에 대해서는 이 밖에도 많은 연구자들이 견해를 제시하고 있는데, 여기에서는 P.Mondal(2017)과 U.Farooq(2012)가 제시한 규범의 기능을 구체적으로 살펴보고자 한다(김 구, 2019: 73-76 재인용). 첫째, 규범은 사회시스템 작동의 동인이 된다. 규범은 개인이 사회에서 다른 구성원들과 함께 생활할 수 있도록 하는 기준이라는 점에서 규범과 사회는 불가분의 관계를 가진다. 만일 규범이 없다면 원활한 사회시스템 작동이 불가능하여 인간사회는 존재할 수 없다.

둘째, 규범은 사람들의 행동을 인도하거나 규제한다. 규범은 사람들이 사회적 요구에 필요한 행위를 하도록 인도하고 규제하는 기준으로서, 이는 규범이 사람들의 행위패턴을 제시하는 방법으로 이루어진다. 셋째, 규범은 사회질서의 유지에 기여한다. 규범은 사람들의 행동의 기준 및 지침을 제공함으로써 사회질서를 유지하고 통제하는데 중요한 역할을 한다.

넷째, 규범은 사회적 유대와 결속의 강화에 기여한다. 사람들의 집단적이고 협동적인 삶은 규범 때문에 가능하며 규범의 체계는 사람들이 다른 사람들과의 유대와 결속력을 강화하는 토대가 된다. 다섯째, 규범은 자기통제에 기여한다. 사람들은 규범이 부과하는 규제로 인해 규범에 순응하여 자신의 행위를 선택하고 관리하게 된다. 여섯째, 규범은 사회문화적 가치를 보호하는 수호자 역할을 담당한다.

이같이 규범은 사회를 통제하는데 중요한 역할을 하는데, 제재를 통해 공식적으로 강제할 수 있으며 사람들로 하여금 그들의 문화에 순응하도록 한다. 규범에 대한 순응은 사회적으로 정의된 상황에 따라 다르게 나타나며 위반자는 사회적 조롱을 당하거나 처벌을 받을 수도 있다. 규범은 주로 비공식적으로 적용되지만 특정 규범은 법으로 전환되어 공식적으로 적용된다. 이같이 규범은 사람들의 사회생활에서 해야 할 일과 하지 말아야 할 일에 대한 기준으로서 위반할 경우에는 제재가 따르기 때문에 규범의 준수는 공동체의 유지·발전에 기여하게 된다.

5. 규범에의 순응과 내재화

사람들이 사회규범에 순응(Confirmity)하여 그것을 준수하는 이유는 규범자체가 정당하다고 믿는데다가 규범이 보상과 제재의 체계를 갖추고 있기 때문이다.

규범에의 순응과정에 대하여 Bierstedt(1970)는 주입, 습관화, 유용성 인지, 귀속의식 형성 등 네 가지를 들고 다음과 같이 설명하고 있다(오태원, 2009: 33-35; 정찬모, 2003: 42-43 재인용). 규범에 순응하는 첫째 이유는 사람들이 그렇게 행동하도록 지속적으로 주입되어 왔다는 것이다. 사람들은 어린 시절부터 사회규범을 준수하도록 끊임없이 학습되어 왔기 때문에 그에 따르는 것이 올바르고 적합한 행동이라고 주입되었다는 것이다.

둘째, 규범에 순응하는 이유는 사람들이 그것들에 습관화되어 있기 때문이다. 습관은 행위의 반복을 통하여 형성되는데 사람들이 어떤 관습(custom)에 습관(habit)이 되면 별다른 생각이나 노력 없이도 자동적으로 그 습관에 따르게 된다는 것이다. 이러한 습관화는 사회규범을 강화시키며 순응의 규칙성을 보장한다.

셋째, 규범에 순응하는 이유는 규범에 대한 유용성을 인지할 수 있기 때문이다. 반성적인 능력을 갖춘 존재로서의 인간은 규범이 사회질서를 유지하고 사회구성원들의 유대와 결속을 강화시키며 사회적 협력과 공공선을 추구하기 위한 합리적 수단이라는 것을 인지함으로써 이에 자연스럽게 순응한다는 것이다.

넷째, 규범에 순응하는 이유는 순응이 집단에의 귀속성을 나타내는 수단이기 때문이다. 사람들이 다른 집단의 규범보다 자기집단의 규범에 더 잘 순응하는 이유는 순응 그 자체가 자신들이 속한 사회집단과 일체감을 갖게 하기 때문이라는 것이다. 다시 말해서 사람들은 자신이 동질화되고 싶어 하는 집단의 규범들을 잘 따른다는 것이다. Merton(1967)은 이러한 집단을 준거집단(reference group)이라고 부른다(정찬모, 2003: 43 재인용).

그런데 사람들이 규범에 순응하는 이유가 반드시 규범의 정당화나 제재 때문만은 아니다. 규범의 내재화 역시 사람들이 규범에 순응하는 이유가 된다. 규범의 내재화란 개인이 행동의 표준에 따르려는 선호의 습득과정이며 타인이 그의 잘못을 알든 모르든 규범에 따르지 않으면 심리적 부담을 느끼는 과정이다.

McAdams(1995)는 규범이 초기에는 제재 등 외부의 압력에 의하여 순응을 유지할지라도 개인에 의해 점차적으로 내재화된다고 한다(박의철, 2004: 218 재인용). 사람들은 규범의 이행 또는 위반과 그에 따르는 보상이나 제재를 계속 접하게 되면 규범들이 각 개인의 마음속에 자리잡는 내재화현상이 일어나(김경동, 2006: 48-49) 제재가 가해지지 않더라도 어떤 상황에서 어떤 규범을 자연스럽게 받아들이고 지킬 것인가를 이해하게 된다. 이렇게 사람들은 내재화를 통해서도 규범에 순응하게 된다.

6. 호혜성의 규범

1) 호혜성의 규범의 개념

규범은 인간의 사회생활에서 지켜야 할 행위의 규칙이기 때문에 사회관계에서 인간행위를 규율하는 가장 영향력이 있는 규범은 명시적 규범인 법이라고 할 수 있다. 사회관계에 배태되어 있는 어떤 가치 있는 자원을 사회적 자본이라고 할 때 이러한 법규범은 사회적 자본의 핵심적 구성요소가 된다.

그런데 사회자본론의 일반적 접근방법은 국가나 시장영역이 아니라 시민사회 영역의 분석에 초점을 두고 있기 때문에 국가영역인 법적·정치적 규범이 아니라 시민사회 내의 자율적 행위규범에 관심을 두게 된다. 그리고 법적·정치적 규범에 관심을 둔다고 하더라도 이들 규범의 내용이 아니라 준법정신이나 정치참여 등 시민사회의 행태적 특성에 관심을 두고 이를 분석한다(류태건, 2015: 62-63). 그런 점에서 사회적 자본에서 말하는 가장 기본적인 행위규범은 비공식적·비정형적 규범인 호혜성의 규범(norm of reciprocity)이라고 할 수 있다. 호혜성은 사회적 교환관계의 기초이고, 사회적 교환관계는 사회적 유대의 기초가 되기 때문이다(류태건, 2015: 42).

이러한 호혜성의 개념에 대하여 Keohane(1986)은 "선은 선으로 악은 악으로 되갚는 방식으로서, 각 당사자의 행위는 상대방의 사전행위를 조건부로 하는 대략적인 등가물의 교환들"이라고 하고 있으며, Sahlins (1972)는 "다양한 교환형태의 스펙트럼상에 있는 모든 교환들"이라고 정의한다. 또 Mauss(2002)는 "행정적인 위계질서와 일반적인 시장을 통한 교환이 아닌 상호간의 도덕적 의무에 바탕을 두고 있는 교환유형"이라고 하고 있다(조성규, 2020: 53 재인용).

이같이 호혜성은 사회적 상호작용이나 교환과정에서 상대방에게 제공받은 자원(resource)만큼 되돌려주어야 한다는 의미를 갖고 있는데, 본 연구에서는 호혜성의 개념을 Gouldner(1960)의 견해(김지영·정명호, 2015: 92 재인용)에 따라 "다른 사람과 상호작용을 할 때 자신이 다른 사람에게 제공한 것만큼 되돌려 받기를 원하며, 또 받은 만큼 되돌려 주어야 한다는 내면의 심리적 교환"으로 정의하고자 한다. 호혜성을 이렇게 볼 때 호혜성의 규범은 "다른 사람에게 무엇인가를 받으면 그것을 준 사람에게 그만큼 되돌려주어야 한다는 도덕적 의무감에 바탕을 둔 규범"이라고 할 수 있다.

그런데 이러한 호혜성은 언젠가는 보상을 받을지 모른다는 불안과 미지의 타인으로부터 얻을 수도 있고 그렇지 않을 수도 있다는 가정 위에 성립하기 때문에 태생적으로 불안정하다(최경욱, 2015: 37). 때문에 호혜성은 장기적으로 지속되면서 두터운 상호신뢰가 형성된 공동체적 집단에서 나타나는 규범이라고 할 수 있다. 호혜성은 도덕적 의무감에 기반하고 있다. Malinowski(1932)는 원시사회의 비화폐시장에서의 교환은 호혜성에 따라 이루어졌는데 그 이유는 사람들이 서로에게 빚져 있다는 '의무감'을 가지고 있기 때문이라고 한다. Mauss(1990) 역시 호혜성은 받은 자원의 가치를 즉각적이든 나중이든 상대방에게 되돌려 주어야 한다는 도덕적 의무를 수반한다고 한다(이명현, 2010: 441 재인용).

호혜성의 규범에서는 교환의 각 당사자가 상대방으로부터 얻은 것을 되갚아야 할 '의무'와 함께 자신이 베푼 것을 되돌려 받아야 할 '권리'를 모두 가지고 있다. 따라서 주고받는 교환의 성공여부는 상대방의 호혜적인 행위에 달려 있다. 자기는 '권리'만을 요구하고 상대에게는 '의무'만을 기대하는 경우나 또는 그 반대의 경우도 진정한 의미의 호혜성이라고 할 수 없다. 한 사람은 권리만을 가지고 다른 한 사람은 의무만을 가지는 경우에 그것은 호혜성이라기 보다는 상보성(complementarity)라고 할 수 있다.

다시 말해 각 당사자가 권리와 의무를 모두 가지고 있어야 진정한 호혜성이라고 할 수 있다. 호혜성이 실제로 작동하기 위해서는 나의 '권리'를 상대방 자신의 '의무'로 보아 그 의무를 이행할 것이라는 기대가 있어야 하며, 상대방 역시 그러한 기대가 있어야 한다(최종렬, 2004: 108). 그런 점에서 사회적 교환과정에서 상대방으로부터 받은 자원(resource)을 되갚아야 한다는 도덕적 의무감은 각각의 교환당사자가 제공받은 자원을 되갚음으로써 그러한 의무감을 해소할 것이라는 기대와 밀접하게 관련되어 있다.

2) 호혜성의 규범의 유형

호혜성에서 교환의 형태는 재화나 용역의 교환뿐만 아니라 사회적 교환, 즉 의무와 기대의 교환, 감정의 교환도 포함된다. 다만 교환의 조건은 다를 수 있는바, 그에 따라 호혜성의 유형이 구분될 수 있다(류태건, 2015: 34). 호혜성은 여러 가지 기준에 따라 유형을 구분할 수 있다.

호혜성을 체계적으로 고찰한 Sahlins(1972: 191-196)는 도덕적 의무감을 호혜성의 핵심으로 보고 이해관계의 방향성, 보답의 즉각성, 보답의 등가성이라는 세 가지 분석적 차원을 통하여 호혜성을 더욱 정교화 시켰다(최종렬, 2004: 107). 여기에서 이해관계의 방향성이란 상대방의 이해관계를 고려하는가 아니면 자기의 이해관계만 따지는가를 의미하며, 보답의 즉각성은 행위자가 자원을 제공하고 그에 대한 보답으로 다른 자원을 되돌려 받는데 걸리는 시간으로서 높은 즉각성은 거의 즉각적으로 호혜성이 반영되는 것을 말하며 낮은 즉각성은 미래의 먼 시점에서 호혜성이 반영되는 것을 의미한다. 한편 보답의 등가성(equivalence)은 교환되는 자원의 가치가 어느 정도 균등한 것인가를 의미하는데, 교환되는 자원의 양은 다를지라도 그 가치는 동일해야 등가교환으로 볼 수 있다(강민정, 2004: 44).

샐린스는 이러한 분석을 통해 호혜성을 일반화된 호혜성, 균형잡힌 호혜성, 부정적 호혜성의 세 가지로 구분하면서 이들 호혜성은 일반화된 호혜성과 부정적 호혜성을 양끝으로 하는 연속선상에 존재한다고 하였는데, 그 구체적 내용은 다음과 같다(최종렬, 2008: 30).

첫째, 일반화된 호혜성(generalized reciprocity)은 자원의 교환에 있어서 상대방에게 기대하는 보답이 시기적으로 정해지지 않고 등가성에 있어서도 가치가 동일하거나 더 좋은 것을 돌려주려는 호혜성이다. 이는 상대방의 이해관계를 우선적으로 고려한다는 점에서 긍정적 호혜성이라고 할 수 있다. 이때 교환의 당사자 간에는 비타산적이며 의무적인 교환의 원리가 작동하게 된다. 여기에서 후하게 주고받는 목적은 무엇보다도 도덕적인 것이며, 그렇게 될 때 교환대상자 간에 우호적인 감정이 생기게 된다(정병은·장미혜, 2008: 204).

Sahlins는 일반화된 호혜성의 대표적인 예로 순수 선물, 친절, 도움, 노블리스 오블리제(nobleness oblige) 등을 들고 있다(이명현, 2010: 442 재인용). 이러한 일반화된 호혜성은 두터운 상호신뢰가 장기적으로 지속되는 공동체적 집단에서 나타나는 규범으로서 다른 호혜성에 비해 더 가치가 있으며 집합적 자산인 사회적 자본을 형성하는 핵심이 된다.

둘째, 균형잡힌 호혜성(balanced reciprocity)은 상거래에서와 같이 행위당사자들 간의 직접적인 교환으로서, 예상된 보답의 즉각성은 중간 정도이나 등가적이고 서로의 이해관계를 공평하게 고려하는 호혜성이다. 균형잡힌 호혜성은 일반화된 호혜성에 비해 덜 인간적이지만 보다 경제적이라고 할 수 있는데(최종렬, 2009: 31), 사회적 상호작용과 협력의 기초를 이루기는 하지만 그 범위가 협소하다.

균형잡힌 호혜성에는 완벽하게 균형 잡힌 호혜성과 느슨하게 균형 잡힌 호혜성이 있는데, 전자는 동일한 정도의 자원을 동일한 양으로 동시에 주고받는다. 혼인거래, 친구간의 계약, 평화협약 같은 경우가 그 예이다. 한편 후자의 경우는 받은 것에 맞먹는 자원을 한정된 단기간 내에 되돌려주는 거래로서 선물교환, 노동교환 등이 그 예이다. 그런데 균형잡힌 호혜성에서는 교환의 당사자들이 서로 독자적인 경제적·사회적 이해관계를 갖는 존재로 만나기 때문에 거래의 경제적 측면은 사회적 측면만큼이나 중요하며 교환은 계산적이다. 그러한 이유로 만약 주어진 단기간 내에 자원을 돌려받지 못한다면 두 당사자 간의 관계는 위험에 빠지게 될 것이다.

셋째, 부정적 호혜성(negative reciprocity)은 일반화된 호혜성과는 반대로 행위자인 자신의 이해관계를 최우선으로 고려하는 호혜성이다. 이 호혜성은 서로 대립되는 이해를 가진 관계에서 주로 나타나는데 자원을 등가적으로 교환하기보다는 자신에게 최대한 유리한 방향으로, 그것도 가능하다면 아무것도 주지 않고 얻으려는 공리주의적 입장에 서기 때문에 자원의 교환은 기본적으로 부등가적이며 보답의 즉각성은 높은 수준이다. 값깎기, 속임수, 강탈 등을 그 예로 들 수 있다.

이같이 부정적 호혜성은 행위자들이 서로 대립되는 이해관계를 가진 채 만나 상대방의 희생 위에 자신이 얻을 자원을 극대화하려고 한다. 여기에서 서로 관계를 맺는 주된 목적은 아직 획득되지 않은 이득을 얻어내기 위해서이며, 호혜성은 자신의 이익을 방어하는 조건적인 것이다(최종렬, 2008: 32). 이상에서 설명한 살린스의 호혜성 규범의 유형 내용을 집약하여 제시하면 〈표. 10〉과 같다.

〈표. 10〉 Sahlins의 호혜성 규범의 유형

	일반화된 호혜성	균형잡힌 호혜성	부정적 호혜성
이해관계의 방향성	상대방의 이해관계를 우선 고려 (이타적 교환목적)	자신과 상대방의 이해관계를 동등하게 고려 (평등한 교환목적)	자신의 이해를 우선 고려 (이기적 교환 목적)
보답의 즉각성	정해지지 않음	중간 수준	높은 수준 (즉각적)
보답의 등가성	정해지지 않음	등가적	부등가적
예	순수선물, 친절, 공유. 도움, 관용, 노블리스 오블리제	혼인계약, 친구 간의 계약, 선물교환, 노동교환	값깎기, 도박, 강탈, 속임수

* 자료: 최종렬(2004), 신뢰와 호혜성의 통합의 관점에서 바라본 사회자본, 한국사회학, 제38집 제6호, 한국사회학회, p.109.

한편 Keohane(1986)은 호혜성의 핵심을 상대방의 사전행위에 대한 조건성(contingency)과 대략적인 등가성(equivalence)의 교환으로 보아 호혜성을 구체적 호혜성과 포괄적 호혜성으로 구분하고 있다. 구체적 호혜성(specific reciprocity)은 특정 당사자들 간에 교환의 시차(sequence)가 엄격히 정해진 상황에서 등가물을 동시에 교환하는 것을 말한다. 구체적 호혜성은 경제학이나 게임이론에서 말하는 전형적인 호혜성이라고 할 수 있다(류태건, 2014: 473).

반면에 포괄적 호혜성(diffuse reciprocity)은 등가성의 규정이 덜 명확하고 교환의 시차가 덜 한정된 교환을 의미한다. 포괄적 호혜성은 등가성이 다르거나 특정한 시기에 보상을 받지 못하는 지속적 교환관계로서 현재 행위자가 베푸는 혜택이 지금은 보상받지 못하지만 앞으로 보상을 받을 것이라는 상호기대를 전제로 하는 것이다(강은영, 2016: 16).

따라서 포괄적 호혜성은 상호간에 연속적인 교환을 발생시킴으로써 풍부한 네트워크를 형성하여 높은 수준의 신뢰를 생산하고 협력을 증진시킨다. 네트워크를 통해 연결된 사람들이 서로를 신뢰하고 협력하는 것은 바로 이 포괄적 호혜성의 규범 때문이라고 할 수 있다.

한편 Putnam(1993a: 288-289)도 규범에서 가장 중요한 요소를 호혜성으로 보아, 호혜성을 균형적(balanced)호혜성과 일반화된(generalized) 호혜성으로 구분하고, 그 중에서 일반화된 호혜성을 긍정적 호혜성이라 하여 사회적 자본에 있어서 매우 중요한 생산적 요소로 보았다. 그 이유는 공동체에 일반화된 호혜성이 통용되면 보다 효율적으로 집합행동의 문제를 해소할 수 있고 기회주의를 효율적으로 억제할 수 있기 때문이다. 네트워크로 연결된 사람들이 서로가 신뢰하고 협동하게 되는 원인은 바로 이 일반화된 호혜성 때문이라고 할 수 있다.

이상에서 호혜성의 유형에 대해 살펴보았는데, 호혜성이 사회적 교환과정에서 상대방에게 받은 만큼 되돌려 주어야 한다는 내면의 심리적 교환이라는 점에서 자신의 이익만을 최대로 고려하는 공리주의적 입장의 부정적 호혜성은 엄밀한 의미에서 호혜성이라고 할 수 없다. 따라서 원론적 입장에서 호혜성은 등가성과 교환시기의 탄력성 여부에 따라 균형적(구체적) 호혜성과 일반화된(포괄적) 호혜성으로 구분할 수 있다. 전자는 비탄력적이고 후자는 탄력적 성격을 가진다고 할 수 있다(류태건, 2015: 67).

3) 호혜성의 규범의 기능

호혜성의 규범(norm of reciprocity)은 첫째, 사람들의 기회주의를 보다 효율적으로 억제하고 집합행동의 딜레마를 해소하는데 기여한다. 집단 내의 공유된 호혜성의 규범은 개인의 이기심을 억제하고 개인보다는 집단전체의 목표를 추구하게 함으로써 구성원들의 기회주의적 행동을 제어하고 공동체에 반하는 일탈행위를 감소시켜 구성원들 간의 상호협력을 가져올 수 있게 한다(박충우, 2013: 27).

둘째, 호혜성의 규범은 일반신뢰의 형성에 기여한다. 호혜성의 규범은 사회자본의 핵심적 구성요소로서 호혜성이 존재할 때 사람들은 타인에 대하여 호의를 베풀 뿐만 아니라, 이러한 호혜성이 타인에게까지 확장되어 선의와 협력이라는 선순환이 생겨나 일반신뢰가 높아지는 계기가 마련될 수 있다.

셋째, 호혜성의 규범은 사람들의 사회적 상호작용을 증진시키는데 기여한다. 사람들이 일시적인 접촉에서 벗어나 사회적 네트워크나 집단을 형성하기 위해서는 어떤 기제(mechanism)가 필요한데 호혜성의 규범은 이러한 기제로 작용한다(류태건, 2015: 41). 호혜성의 규범은 무언가를 받으면 상대방에게 그만큼 되돌려주어야 한다는 일반적이고 암묵적인 사회적 규범이기 때문에 이 규범이 내면화되면 사람들의 상호작용이 활성화되어 다른 사람에게 먼저 베푸는 것을 덜 주저하게 만들고 교환이나 사회적 관계를 진전시킨다.

넷째, 호혜성의 규범은 사회체제의 안정에 기여한다. 호혜성은 재화와 용역뿐만 아니라 사회적 교환인 정보와 지식의 교환, 감정의 교환 등 모든 상호교환을 포함한다. 호혜성의 규범 중 특히 일반화된 호혜성(generalized reiprocity)에서는 사람들이 자기를 도운 사람을 도와야 한다는 일반적 행위규범 아래서 도움에 대한 보답은 시간적, 양적·질적으로 규정되지 않고 다만 미래의 언젠가는 어떤 형태로든 보답을 해야 한다는 규범적 의무가 부여된다.

그리하여 도움을 받은 사람은 도운 사람에게 빚을 진 상태가 되고, 이러한 상태는 그 사람이 보답을 할 때까지 지속됨으로써 사람들 간의 관계를 의무관계로 구조화시킨다. 이러한 미결의 의무관계는 사회구조의 유동적 균열을 메워줌으로써 사회체제의 안정에 기여하게 된다(류태건, 2015: 102).

7. 규범의 확립을 위한 준법의식 제고

사회규범으로서의 법은 사회성원들이 어떤 행위를 하도록 또는 하지 못하도록 국가에 의해 강제되는 제도화된 행위규범이다. 다원화되고 복잡한 현대의 사회적 관계 속에서 법규범은 사회성원들이 앞으로의 상황을 미리 예측하여 행동할 수 있게 해주는 필수적인 구조적 기반이다.

따라서 법이 잘 정비된 사회에서는 대인관계에서 예측가능성이 높아진다. 또 법규범은 정형적인 상호작용인 약속이나 계약, 규제 등이 제도적으로 이행되는 것을 구조적으로 보장해 줌으로써 위험에 대한 안전의 보장을 통해 구성원들 간에 신뢰와 협력을 형성하게 해 준다.

이러한 법규범에 대한 신뢰는 법의 형성, 법의 내용, 법의 시행에 대한 신뢰를 포괄하는 것이다. 그런데 사회자본론의 입장에서 법규범에 대한 관심은 법의 내용이 아니라 준법정신 등 시민사회의 행태적 특성에 두고 있다고 할 수 있다. 이런 점에서 사회적 자본을 증진시키기 위한 준법의식의 제고방안을 살펴보고자 한다.

1) 준법의식이 낮은 이유

(1) 법제도와 현실 간의 괴리

우리 사회는 준법의식이 낮은 것으로 평가되고 있다. 그 이유는 다양하지만 중요한 이유로는 법제도와 현실 간의 괴리, 법집행의 공정성 결여, 집단행동과 연고를 통한 법의 무력화 등 세 가지를 지적할 수 있다. 첫째는 법제도와 현실 간의 괴리이다. 법은 사회질서를 유지하기 위한 국가의 강제력을 수반하는 사회규범으로서 국가기관이 제정한 법률·명령·규칙·조례 등을 통칭한다.

우리 사회에서 법질서가 제대로 지켜지지 않는 가장 큰 이유로는 국민들의 낮은 준법의식을 들 수 있다. 한국형사정책연구원이 2012년 실시한 '법집행의 공정성에 관한 국민의식 조사연구'에 의하면 조사대상자의 34.2%가 법을 지키는 것이 손해일 때는 법을 어겨도 좋다, 17.7%가 다른 사람들이 법을 위반한다면 나도 법을 지키지 않아도 된다고 응답하고 있다(한국형사정책연구원, 2012: 80).

이렇게 준법의식이 낮은 것은 우리 사회에서 법이 국민들의 권리신장과 복지향상에 합리적으로 기여하지 못함으로써 법질서에 대한 신뢰도가 낮다는 것을 의미하는 것이다. 법제도와 현실 간의 괴리현상은 법질서의 준수를 저해하는 중요한 요인으로 작용한다. 우리나라에서는 비현실적이고 고도의 형식성을 띤 법령들이 양산되고 있는데, 규제가 과도하고 내용이 너무 복잡한 법령은 국민들로 하여금 이를 제대로 지키기 어렵게 만들고 있다.

우리나라에서 법제도와 현실 간에 괴리현상이 커지게 된 중요한 이유는 조선시대인 19세기 말부터 이식되기 시작한 근대적 법제도가 제대로 정착되지 못한 채 급격한 정치·사회적 변동을 겪었으며, 일본제국주의로부터 해방 이후에는 권위주의 정부아래서 비현실적인 법과 규제가 양산되고 또 자주 바뀜으로써 일관성을 유지하지 못한데 있다고 할 수 있다. 이렇게 법이 현실과 괴리되고 형식적이다 보니 국민들은 법을 제대로 지키기가 어렵게 되면서 서로의 탈법을 용인하게 되고 사적 연고를 통한 청탁 등 편법을 동원하여 자신의 목적을 달성하려는 성향을 갖게 되었다고 할 수 있다.

(2) 법 집행의 공정성 결여

우리 국민들이 법에 대한 거부감이나 부정적 의식을 갖고 있는 중요한 이유의 하나는 법의 집행내용에 대한 공정성을 불신하기 때문이다. 2012년 실시한 한국형사정책연구원의 조사에 의하면 조사대상자의 50% 이상이 권력과 돈 등의 영향을 받아 법이 공정하게 집행되지 않고 있다고 인식하고 있으며, 79.1%가 같은 범죄를 저질러도 가난하고 힘없는 사람이 더 심한 처벌을 받는다고 응답하고 있다(한국형사정책연구원, 2012: 118).

또 2015년 실시한 한국보건사회연구원의 조사에서도 법집행의 공정성 여부에 대한 질문에 "공정하다"에 16.5%, "보통이다"에 38.6%가 응답한 반면 조사대상자의 절반에 가까운 45.3%가 "불공정하다"고 응답하고 있다(한국보건사회연구원, 2015: 254). 법과 규칙은 모든 사람에게 예외 없이 공정하게 적용될 때 그 정당성과 엄정성을 인정받을 수 있다. 법이 공정하게 집행되는 사회는 안정이 이루어지고 장래에 대한 예측을 가능하게 하며 남을 신뢰하는데 따르는 위험이 감소되기 때문에 대인신뢰와 제도신뢰의 수준이 높아진다.

그러나 법집행이 공정하지 못할 경우에는 법에 대한 신뢰가 약화되며 법을 지키는 사람들만 손해를 본다는 인식 때문에 준법의식이 낮아지게 된다. 불공정하고 일관성 없는 법의 집행은 위법·탈법·편법의 소지를 증폭시키고 법 따로 관행 따로 식의 이원적 규범문화를 조성하게 된다.

(3) 집단행동과 연고를 통한 법의 무력화

우리 사회에서는 법집행과정에서 자기의 이해관계를 실현하기 위하여 법제도를 무력화시키는 경향이 적지 않은데, 그 원인은 다음과 같은 두 가지를 들 수 있다(이동원 외, 2009: 20). 첫째는 법이 자기의 이익을 지켜주지 못한다고 인식할 경우에 탈법적인 집단행동을 통해서 이해관계를 실현시키고자 하는 사회적 분위기이다.

우리 사회에서 탈법적 집단행동이 일어나는 사회심리적 원인 중의 하나는 과거 개발독재시대에 정부가 공권력을 정권연장과 민주화운동에 대한 억압수단으로 활용하는 과정에서 국민반발이 두려워 체제유지에 관계가 그리 크지 않은 불법행위는 어느 정도 묵인하는 등 법을 집행하는데 적지 않은 예외를 둠으로써 국민들로 하여금 법을 어겨도 예외가 허용될 것이라는 기대심리를 갖도록 만든데 있다고 할 수 있다.

둘째 요인은 공식적인 법규나 제도가 아닌 비공식적인 연고나 청탁을 통해 자기의 이해관계를 실현하고자 하는 사회적 분위기이다. 집단행동이 주로 권력에 대한 접근가능성이 높지 못한 사람들이 법제도를 우회하기 위한 선택이라면, 권력에 대한 접근가능성이 높은 특수계층의 사람들은 사적 연고에 의존하려는 경향이 높다고 할 수 있다. 이러한 연고관계를 이용하려는 성향이 강한 사람들일수록 준법의식이 낮으며 탈법적 행동에 가담하게 될 가능성이 커지기 때문에 연고주의가 강하면 강할수록 법질서에 대한 신뢰수준은 낮아질 수밖에 없다(이동원 외, 2009: 217-218).

2) 준법의식의 제고방안

준법의식의 제고를 위한 주요 방안으로는 공정하고 일관성 있는 법집행체계 구축, 비현실적인 법과 규제의 정비, 사회지도층에 대한 엄정한 법적용, 준법의식 함양을 위한 교육의 강화 등을 들 수 있다. 첫째, 공정하고 일관성 있는 법집행체계를 구축해야 한다. 법을 준수하는 문화를 정립하기 위해서는 법의 내용이 도덕, 관습 등 비공식적 규범과 조화를 이루어야 한다. 또 법이 공정하고 엄정하게 집행되어야 하며 법 위반 행위에 대해서는 공정하게 제재가 이루어져야 한다.

법집행은 법률·명령·처분 등 국가와 공공기관이 제정한 강제규정을 실행하는 것으로서, 법집행의 공정성은 법을 직접적으로 적용하는 과정 특히 법집행기관의 재량권 행사과정에서 특정한 정치·사회적 요인에 따라 차별을 두지 않는데 있다. 사람들은 일상생활에서 자신의 행동에 대한 사회·경제적, 그리고 법적 결과를 고려하면서 살아가기 때문에 법이 공정하게 집행되는 사회에서는 신뢰수준이 높아진다.

따라서 법규범을 통해 신뢰사회를 구축하려면 무엇보다 국민들의 준법의식이 제고되어야 하는데, 이를 위해서는 국민들에게 법은 모두에게 예외 없이 평등하게 적용하는 것으로서 법을 지키면 이익이 되고 법을 지키지 않으면 손해를 보고 처벌을 받는다는 확실한 인식을 심어주어야 한다. 그리고 정부는 불법적 행위로 인해 피해를 입는 개인이나 집단이 적절한 배상을 받을 수 있도록 해 주어야 한다.

둘째, 비현실적인 법과 규제를 정비해야 한다. 법의 내용이 너무 비현실적이거나 규제가 과다할 경우에 국민들은 일상생활에서 법을 어기기 쉽다. 우리 사회에서는 법의 내용이 비현실적이고 이상적인데다 지키기 어려운 규제가 많기 때문에 국민들은 법에 따라 일을 처리하는 것보다 오히려 사적 연고 등의 편법을 동원하는 것이 더 수월하다고 인식하는 경향이 적지 않다.

그러므로 국민들이 준법의식을 제고하기 위해서는 비현실적인 법과 규제를 정비해야 한다. 또 입법과정에 이해관계 계층의 의사를 합리적으로 반영시켜 현실적이고 타당성 있는 법, 특수이익이 아니라 국민전체의 보편적 이익을 위한 실체적 공정성이 담보되는 법을 만들어 국민들의 법의 수용성을 제고시켜야 한다. 이와 함께 입법영향평가시스템을 구축하여 입법관리의 효율성과 정당성을 제고시키는 것이 바람직한데, 입법영향평가는 과도하거나 불필요한 규제, 시대변화에 부합되지 않는 규제 등을 발굴하고 현실에 부합되도록 개선하는데 유용한 수단이 될 수 있을 것이다(이동원 외, 2009: 223).

셋째, 사회지도층에 대한 법 적용을 보다 엄정하게 해야 한다. 우리 사회에서는 정치인과 고위공직자를 비롯한 권력계층의 법질서 위반행위는 일반국민들에 비해 관대한 처벌을 한다는 인식을 갖고 있는데, 권력계층에 대한 법 적용을 엄정하게 함으로써 국민들에게 법이 모든 사람에게 공정하게 적용되고 있다는 신뢰감을 심어주어야 한다. 이와 함께 국민들의 법감정을 고려하지 않고 빈번하게 행사되는 권력계층의 중대 범죄자들에 대한 사면과 복권은 법치주의에 대한 신뢰를 손상시키는 요인이 될 수도 있기 때문에 이를 엄격하게 제한하는 것이 바람직하다고 본다.

넷째, 준법의식 함양을 위한 교육을 강화해야 한다. 법질서의 유지는 법적 강제를 통해서만 이루어질 수는 없으며 법질서 자체가 시민의식과 법감정에 부합되어야 하고 시민들이 법을 준수하겠다는 의식이 높아질 때라야 가능한 것이다. 따라서 준법의식을 제고하기 위해서는 학교교육과 사회교육을 통해 법교육을 강화해야 한다. 법교육은 법의 원칙, 법절차, 법제도, 법질서 등에 관한 기본지식과 기술 및 그 바탕이 되는 가치들을 습득하기 위한 교육이다.

이러한 법교육을 통해 사회구성원들은 법이 공정사회, 신뢰사회를 구현하기 위해 누구에게나 평등하게 적용되는 규범이기 때문에 자발적으로 지켜야 한다는 준법의식을 함양할 수 있다. 또 법교육을 통해 국민들이 생활과정에서 발생하는 제반 문제를 법적 사고를 바탕으로 한 적법절차를 통해 공정하게 해결할 수 있는 능력을 기를 수 있으며, 더 나아가서는 각종 분쟁을 법적으로 처리할 수 있는 방법을 습득할 수 있게 함으로써 공동체의 질서를 유지하는데 기여할 수 있다.

제⑤절 사회적 자본으로서의 주민참여

1. 주민참여의 개념과 대두배경

1) 주민참여의 개념

주민은 일반적 의미에서 “지리적으로 한정된 지역에 살면서 상호간, 그리고 자신들이 거주하고 있는 장소에 대하여 사회적·심리적 유대감을 가진 사람들”이라고 할 수 있다. 이같이 주민은 단순하게 지리적 특성만을 공유하고 있는 것이 아니라 동일한 물리적 공간을 통해 사회적 상호작용을 기반으로 가치를 공유하는 사람들인 것이다(정 현·정문기, 2019: 7). 이런 점에서 주민은 지역의 정치적·사회적 구성원인 동시에 거주성과 공공성이 결합된 구성원이라고 할 수 있다.

한편 참여(participation)는 일반적 의미에서 “공공영역뿐만 아니라 자신의 일상생활과 관련된 모든 영역의 의사결정에 직·간접적으로 영향을 미치고자 하는 행위”라고 할 수 있다. 이같이 참여는 사람들이 자신에게 중요한 영향을 미치는 광범위한 영역의 의사결정에 효과적으로 관여하는 것이며, 동시에 어떤 공동목적을 달성하기 위한 과정이다.

이러한 참여의 한 형태인 주민참여(citizen participation)에 대해서는 그동안 여러 관점에서 다양하게 개념정의가 이루어져 왔는데, 이는 주민참여가 각 국가, 각 시대의 현실적 요청에 상응하여 경험적으로 발전해 온 것이기 때문이다. 또 주민참여가 발전되는 과정에서 각 단계별로 강조점이 달랐던 것도 상이한 개념화를 가져오게 된 원인의 하나라고 할 수 있다(권기수, 1988: 59).

지금까지 다양한 측면에서 정의되어 온 주민참여의 개념은 대체로 다음과 같은 세 가지 유형으로 정리할 수 있다(岩崎忠夫, 1984: 32-34).

첫째는 종래 정치·행정과정에서 소외되었던 소수집단 및 일반주민 등을 정치·행정과정에 참여시키고자 하는, 즉 공평성 증진의 입장에서의 정의이다. 이는 Arnstein과 Verba 등의 견해로서 참여의 주체에 초점을 둔다.

둘째는 정책결정 및 집행의 모든 과정에 대한 주민들의 접근성을 증진시키고자 하는 의미의 정의이다. 이는 Burke와 Harrel 등의 견해로서 참여의 대상에 초점을 둔다. 셋째는 주민운동의 진전에 따라 정부에 대한 보다 많은 응답성과 책임성을 요구하는 의미의 정의이다. 이는 Graves와 Alford 등의 견해로서 참여의 영향에 초점을 둔 정의라고 할 수 있다(최창호, 1995: 643-644).

본 연구에서는 이상과 같은 참여의 주체, 대상 및 영향 측면에서의 주민참여 정의들을 토대로 하여 주민참여를 "공식적 권한을 가지지 아니한 주민들이 지방정부 또는 그 기관의 정책을 비롯한 활동에 직·간접적으로 영향력을 행사하기 위하여 행하는 일련의 행동"으로 정의하고자 한다. 이렇게 정의할 때 주민참여는 정책과정에서 지방정부의 행위로 영향을 받는 주민들이 지방정부의 정책과정에 관여하여 정책을 자신에게 유리하게 변화시키려는 의도적 노력이라고 할 수 있다.

이러한 주민참여의 개념은 다음과 같은 세 가지의 본질적 특성을 갖고 있다. 첫째, 주민참여의 주체는 공식적 권한을 가지지 아니한 일반주민이라는 것이다. 이들은 지역사회의 구성원이며 각종 정책이나 계획의 영향을 직·간접적으로 받고 있으면서도 기존의 제도적 장치나 의사소통체계로서는 자신들의 욕구나 의견을 충분히 나타내지 못하는 일반주민이다.

둘째, 주민참여는 지방정부가 수행하는 공공문제에 관한 영향력 행사를 목적으로 한다는 것이다. 주민참여의 대상은 원칙적으로 주민생활에 직·간접적으로 영향을 미치게 될 지방정부의 각종 정책이나 계획들이 되며 그 범위도 부분적인 참여가 아니라 결정·집행·평가의 모든 과정에 걸쳐 이루어지는 것을 의미한다.

셋째, 주민참여는 단순한 인식이나 태도가 아니라 주민들의 욕구나 열망이 지방정부의 정책이나 계획에 반영되도록 하기 위한 명시적 행위(action) 또는 활동(activity)이라는 것이다. 이는 참여주체로서의 주민과 참여를 받아들이는 지방정부 모두가 실질적 참여를 위한 의도적이고 적극적 노력을 할 때라야만 참여의 효과성이 높아질 수 있음을 의미하는 것이다. 그런 점에서 주민참여는 주민과 행정간의 쌍방적 협력관계라고 할 수 있다.

이러한 주민참여의 유사용어로는 시민참여와 주민관여가 있다. 주민참여와 시민참여에 대해서는 양자의 차이를 구별하는 견해와 구별하지 않는 견해가 있고, 또 양자를 구별하는 경우에도 그 구별의 관점이 다양하다. 양자를 구별하는 입장에서의 시민참여는 일반적으로 주권자로서의 시민이 정치·행정참여 특히 일정한 지역이나 개별적 이익을 전제로 하지 않고 시민전체의 이익이나 일정한 이념을 중심으로 이루어지는 정치·행정참여를 말한다. 또 때로는 특별히 도시민의 정치·행정참여를 지칭하기도 한다.

이에 비하여 주민참여는 지역주민들이 당해 지방정부의 특정사무나 정책의 결정과 집행과정에 개별적 이익 또는 비교적 좁은 지역단위의 공동이익을 중심으로 참여하는 것을 말한다. 그러나 주민참여와 시민참여는 실제에 있어서는 동의어로 쓰이는 경우가 많고 이론적으로도 전자가 후자를 포괄하기도 하고 그 반대의 경우도 있기 때문에 이를 엄격하게 구별하기란 쉬운 일이 아니다(최창호, 1995: 644). 따라서 본 연구에서는 양자를 같은 의미로 이해하고 주민참여라는 용어로 통일해 사용하고자 한다.

한편 주민관여(residential involvement)는 지방정부 또는 그 기관의 일방적인 요구와 필요에 따라 주민이 그 정치·행정과정에 편무적·수동적으로 협력하는 것을 말하며 주민이 지방정부에 영향력을 행사하는 것이 아니라 지방정부에 의하여 통제되는 상태에 있는 것이다(최창호, 1995: 645). 따라서 주민관여는 주민참여와 구별되어야 하는데 주민관여는 주민포섭이라고 부르기도 한다.

2) 주민참여의 대두 배경

현대사회에서 주민참여가 대두하게 된 배경은 다음과 같은 네 가지를 지적할 수 있다. 첫째, 대의제도의 불완전성에 대한 위기의식 때문이다. 주민들은 간접민주제인 대의제도의 원리에 따라 자신들의 대표를 선출하고 있으나, 선출된 대표들이 독자적 판단에 따라 정책을 결정하고 행동함으로써 주민들의 정치적 의사를 제대로 반영하지 못하는 경우가 많아지게 되었다. 이에 따라 주민들은 대의기구의 역할을 더 이상 신뢰하지 못하게 됨으로써 직접적 참여방법을 모색하게 되었다(정책기획위원회, 2005: 10).

둘째, 관료들의 전문가 이데올르기에 따른 민주성에 대한 우려이다. 행정국가화 현상으로 행정기능의 강화와 함께 행정관료의 전문화가 사회발전의 추동력으로 인식되면서, 이들은 전문성과 기술성을 토대로 정책결정권을 독점하게 되었다. 이들은 정책활동에서 능률성과 효과성을 우선순위로 하고 상대적으로 민주성은 경시하고 있음에도 주민들의 이들에 대한 통제는 선거직 관료를 통한 간접통제에 머물 수밖에 없게 되었다. 이에 따른 민주성의 위기에 대한 우려가 정책과정에 주민들의 직접참여를 요구하게 되었다(윤영진 외, 2003: 425-429).

셋째, 거버넌스의 등장이다. 1980년대 이후 정부실패론의 대두와 함께 국가중심의 통치치제가 약화되고 상대적으로 시민사회의 역할이 강조되면서 주민들의 정책과정 참여가 요구되게 되었다. 넷째, 사회적 자본의 중요성에 대한 인식이다. 1990년대 후반부터 시민사회의 신뢰, 규범, 네트워크 등을 구성요소로 하는 사회적 자본이 국가와 지역사회의 발전에 긍정적 역할을 한다는 사실이 강조되면서 사회적 자본을 형성하기 위한 수단으로서 주민들의 참여를 요구하게 되었다(한세억·주선옥, 2014: 3).

2. 주민참여의 범주와 영역

1) 주민참여의 범주

주민참여의 범주는 참여의 방법과 영향력이 미치는 범위에 따라 최협의, 협의, 광의, 최광의의 네 가지를 들 수 있는데, 그 내용은 다음과 같다(이승종·김혜정, 2018: 53-57; 오영안, 2017: 14-17). 첫째, 최협의의 참여는 참여의 범주를 매우 좁게 보아 주민참여를 정책의 선택이나 정책결정자의 충원에 영향력을 행사하기 위한 일반주민들의 정부에 대한 요구 또는 반대활동으로 정의하는 입장이다. 따라서 최협의의 참여에는 정부에 대한 지지나 의례적(ceremonial) 참여활동은 포함되지 않으며, 참여대상은 정부에 영향력을 행사하기 위한 정치적 참여만을 포함하고 비정치적 참여는 제외된다. 이에 따라 참여는 투표, 선거운동, 집합적 활동, 공직자 접촉 등으로 분류된다. 이러한 주장의 대표적 학자로는 Verba와 Nye 등을 들 수 있다.

둘째, 협의의 참여는 그 범주를 어느 정도 좁게 보아 주민참여를 정부에 대한 영향력의 행사 또는 지지를 위한 주민의 활동으로 정의하는 입장이다. 협의의 참여는 최협의의 참여와 비교할 때 참여대상에 비합법적 활동을 제외한다는 점에서는 공통적이지만 정치적 결과에 영향을 미치고자 하는 의식적 활동과 정부에 대한 지지활동을 포함시킨다는 점에서 구별된다(이승종·김혜정, 2018: 54). 이러한 주장의 대표적 학자로는 Milbrath와 Goel 등을 들 수 있다.

셋째, 광의의 참여는 그 범주를 어느 정도 넓게 보아 주민참여를 정치시스템의 다양한 수준에서 발생하는 정치적 선택에 직·간접적으로 영향력을 미치기 위한 의도를 가진 주민들의 모든 자발적 활동으로 정의하는 입장이다. 여기에는 협의의 정의에서 제외되었던 불법적이거나 비관습적인 참여에 해당하는 시민불복종운동과 비합법적 행위까지 포함된다. 이러한 주장의 대표적 학자로는 Barnes와 Kaase를 들 수 있다.

넷째, 최광의의 참여는 참여의 범주를 매우 넓게 보아 주민참여를 정부영역에 대한 참여는 물론이고 시민사회를 대상으로 한 참여활동이나 공공재의 생산과 배분에 영향력을 행사하려는 시도까지 포함하는 활동으로 정의하는 입장이다. 따라서 최광의의 참여는 정부구조를 변화시키거나 유지시키려는 활동, 정치적 항쟁, 공공재의 생산과 배분에 영향력을 행사하려는 민간활동까지 포괄한다(오영안, 2017: 17). 이러한 주장의 대표적 학자로는 Konge를 들 수 있다. 위에서 설명한 주민참여의 범주에 따른 참여내용을 집약하여 정리하면 〈표. 11〉과 같다.

〈표. 11〉 주민참여의 범주에 따른 참여내용

구 분	최협의	협 의	광 의	최광의
정부에 대한 요구와 반대	○	○	○	○
정치적 참여	○	○	○	○ (사회참여포함)
정부에 대한 지지, 동원된 활동	×	○	○	○
공격적·폭력적 행위	×	×	○	○
의식적 측면(애국심, 효능감, 정치이슈에 대한 관심)	×	×	×	○
정부영역 이외의 시민활동	×	×	×	○

** 1. 표에서 ○은 참여를, ×는 비참여를 나타냄.
2. 자료: 이승종·김혜정(2018), 시민참여론, 박영사, p.58의 〈표 3-1〉을 수정함.

이상에서 주민참여의 범주에 대한 네 가지 견해를 살펴보았는데, 주민참여에 대한 초기의 연구에서는 참여의 범주를 좁게 한정하는 경향이 있었으나 최근에는 그 범주를 넓게 잡아 항의, 시위 심지어는 폭력과 같은 비공식적 행위도 참여에 포함시키는 경향이 나타나고 있다(이승종·김혜정, 2018: 59). 그런데 주민참여는 그 본질이 정책과정을 비롯한 정부활동에 영향력을 행사하고자 하는 주민들의 활동이라는 점에서 볼 때,

참여의 범위를 최광의로까지 확대하기에는 무리가 있다고 판단된다. 따라서 본 연구에서는 광의에 입각한 참여범주를 활용하고자 한다.

2) 주민참여의 영역

주민들이 어디에 참여하느냐 하는 참여의 영역으로는 지역사회참여, 행정참여, 정치참여를 들 수 있다. 첫째, 지역사회참여는 해당지역 주민들이 지역사회의 환경과 서비스 등 공공문제에 관심을 가지고 이를 해결하기 위해 각종 지역사회활동에 참여하는 것을 말한다. 지역사회참여는 주민들이 참여를 보다 수월하고 체계적이며 지속적으로 수행하기 위하여 단체참여로 이루어지는 경우가 많다.

Putnam(1993b)에 의하면 단체참여는 수직적 단체에의 참여와 수평적 단체에의 참여로 구분되는데, 수직적 단체는 혈연이나 지연과 같은 1차적 관계를 토대로 형성된 단체이며, 수평적 단체는 사회의 2차적 관계를 토대로 형성된 단체를 말한다. 그런데 이들 단체에의 참여가 수행하는 기능은 서로 다르며 그로 인한 참여효과 역시 다르게 나타나는데, 일반적으로 수평적 단체에의 참여가 참여자들의 지속적 상호작용을 통해 가치와 규범을 공유하도록 하는데 더 크게 기여한다고 할 수 있다.

둘째, 행정참여는 지방정부에서 이루어지고 있는 다양한 정책들과 사업에 관심을 갖고 그러한 결정 및 집행과정에 참여하여 의견을 반영하는 등 영향력을 행사하는 활동을 의미한다. 행정참여는 주민참여의 핵심이 된다. 셋째, 정치참여는 지역 내의 정치활동에 관심을 가지고 참여하여 자신의 의사를 전달하고 관철하기 위한 활동을 수행하는 것을 말하는데, 주민 개개인이 한 사회의 구성원으로서 정치와 연관을 맺는 가장 적극적 형태라고 할 수 있다.

정치참여는 과거에는 협의의 정치참여인 선거운동, 정치조직에의 가입 및 활동, 투표행위와 같이 정치와 직접적으로 연관된 활동만을 의미하였으나 현재는 시민으로서 개인들의 정치적 이슈에 주목하여 이에 대한 실제적 행위로 이어지는 행동적 차원과 정치현상에 대한 관심 및 관련 정보의 습득이라는 인지적 차원으로까지 확대되고 있다. 특히 최근에는 디지털환경의 급속한 확산으로 전통적 정치참여뿐만 아니라 디지털 컨버전스(digital convergence) 환경의 정치참여도 주목을 받고 있다.

3. 주민참여의 유형

주민참여의 유형은 연구의 관점과 내용에 따라 다양하게 분류되고 있다. 주민참여는 참여의 주도성과 참여방식에 따라 분류되기도 하고 참여의 제도성 여부, 참여의 형식 및 내용, 참여의 양태 등에 따라 분류되기도 한다.

첫째, 주민참여는 참여의 주도성을 누가 갖느냐에 따라 행정주도적 참여, 공동협력적 참여, 자생적 참여 등 세 가지로 분류된다(김장학, 2010: 33). 행정주도적 참여는 지방정부가 주민참여 과정을 주도하고 주민은 따라가는 형태이다. 주민은 지방정부의 요구에 따라 행정이 허락하는 범위에서 참여하고 의견의 반영여부도 지방정부의 정책담당자에게 달려있다. 이러한 참여형태는 행정주도시대의 산물이어서 현재의 지방자치가 요구하는 민-관관계의 틀에는 적합하지 않은 참여형태이다.

공동협력적 참여는 지방정부나 주민 중에서 어느 한쪽이 중심이 되어 다른 쪽을 이끌어가는 형태가 아니라 지방정부와 주민들이 공동의 책임을 가지고 상호 협력하여 문제를 해결해 나가는 참여형태이다. 대체로 지방정부가 참여의 대상과 기본적 틀을 정하고 주민들은 정책결정과정에 참여하여 영향력을 행사하는 방식을 취한다. 이 형태의 주민참여는 민-관 간의 신뢰가 토대가 되어야 한다는 점에서 지방자치발전에 기여할 수 있는 유형이다. 그러나 자칫 지방정부가 사업수행에 따른 비판과 위험을 회피하거나 책임을 전가할 목적으로 또는 사업에 반대하는 주민들을 흡수할 목적으로 이용될 수도 있는 유형이다.

자생적 참여는 주민들의 공동체의식과 자치의식을 바탕으로 한 자생적 주민조직이 지역의 문제해결에 영향을 미치기 위하여 자발적으로 참여하는 것을 말한다. 자생적 참여는 주민자치라는 지방자치의 이념에 부합될 뿐만 아니라 주민들의 자치의식계발과 공동체 형성을 가능하게 하여 지방자치의 정착과 민주주의의 발전에 기여할 수 있는 참여유형이라고 할 수 있다(유재원·사공영호, 1995: 24).

주민참여는 참여의 주도성에 따라 행정주도형 참여, 주민주도형 참여, 수평형 참여, 밸런스형 참여로 구분되기도 한다. 행정주도형 참여는 전통적 참여유형으로서 행정이 주도성을 가지고 주민과는 수직적 관계에 있는 참여유형이며, 주민주도형 참여는 주민들이 주도성을 가지고 행정이 이를 받아들이는 참여유형이다. 그리고 수평형 참여는 주민과 행정이 수평적 관계에 있으면서 이상적인 의사교류가 이루어지는 유형이며, 밸런스형 참여는 행정과 주민뿐만 아니라 기업 등 제3자도 참여하여 동등한 입장에서 서로 협력하는 유형이다.

둘째, 주민참여는 참여방식에 따라 직접적 참여와 간접적 참여로 구분된다. 주민들은 지방정부의 정책결정 및 집행과정에 직접 참여할 수도 있고 그 대표자를 통하여 간접적으로 참여할 수도 있다. 직접적 참여는 지역문제에 대하여 이해관계를 갖고 있는 개인 및 집단이 직접 참여하는 형태로서, 소규모 지방정부의 정책결정 및 집행과정에서 행해지는 경우가 많다. 간접적 참여는 주민대표를 통한 참여로 지방정부의 규모가 크거나 해결해야 할 문제가 전문성을 필요로 하거나 장기간을 요하는 경우에 주민들이 대표자를 선출하고 참여시키는 유형이다(최창호, 199: 663).

그런데 주민참여는 원칙적으로 직접적인 참여방식이라고 할 수 있다. 왜냐하면 주민참여의 대두와 전개는 원래 대의제도의 기능 약화 및 행정국가에 있어서 행정관료에 대한 통제능력의 상실이라는 시대적 비판의식이 배경을 이루고 있을 뿐만 아니라 정당, 의회, 이익단체를 통한 간접적 참여에 의해서는 주민의 요구가 제대로 투입되지 못한다는 반성에서 비롯된 것이기 때문이다. 이런 점에서 직접적 참여야말로 진정한 의미의 주민참여라고 할 수 있다.

셋째, 주민참여는 참여의 제도성 여부를 기준으로 제도적 참여와 비제도적 참여로 구분된다. 제도적 참여란 법규 또는 절차 등을 통하여 공식적으로 인정되는 참여로서, 참여수단으로는 각종 위원회(주민자문위원회, 심의회, 행정위원회 등), 주민회의, 간담회, 공청회, 직접참여제도(주민발안, 주민투표 등) 등을 들 수 있다. 이러한 제도적 참여는 공식적 참여에 해당한다.

한편 비제도적 참여는 제도화와는 관계없이 주민들의 의사에 의하여 이루어지는 참여로서 그 수단으로는 지방정부 수장과의 정례대화, 설문조사, 청원, 진정 그리고 주민운동 등을 통한 참여를 들 수 있다. 비제도적 참여는 비공식적 참여에 해당한다. 그런데 제도적 참여와 비제도적 참여는 참여의 양식이 상호 배타적이 아니어서 제도적 참여가 구비된 상태에서도 비제도적 참여가 이루어질 수도 있다(이승종·김혜정, 2018: 115-119).

넷째, 주민참여는 그 형식 및 내용에 따라 제도적 참여, 목적적 참여, 가치적 참여로 구분된다. 제도적 참여는 주민들이 가지는 권리와 의무를 토대로 한 참여로서 지역에 구성되어 있는 주민협의체나 자신이 거주하는 아파트의 자치회 등에 참여하는 것을 말한다. 목적적 참여는 지역의 다양한 이해관계 또는 개인적 목적에 따라 참여하는 것으로서, 그 예로는 특정사업에 대한 반대활동, 특정사업이나 시설을 유치하기 위한 활동 등을 들 수 있다. 한편 가치적 참여는 주민들이 지역에 대한 긍정적 이슈와 가치를 인식하고 이를 실현하기 위해 참여하는 것으로서, 그 예로 마을만들기를 들 수 있다. 그런데 이 제도적, 목적적, 가치적 참여의 구분은 개념적인 분류에 불과하며 실제에 있어서는 둘 또는 세 가지 형태의 참여가 혼재되어 행해지기도 한다.

다섯째, 주민참여는 참여자의 자발성 여부를 기준으로 수동적 참여와 능동적 참여로 구분된다. 수동적 참여는 주민들이 지방정부가 제공하는 정보를 통해서 행정과 정책을 지지하는 등의 소극적 참여를 의미하며, 그 예로는 여론조사에 응하는 것을 들 수 있다. 한편 능동적 참여는 주민들이 스스로의 판단에 따라 자발성을 가지고 참여하는 것을 의미하며, 그 예로는 주민총회, 공청회, 주민투표, 주민발안 등에 참여하는 것을 들 수 있다.

여섯째, 주민참여는 참여활동의 집단성 여부에 따라 개별적 참여와 집단적 참여로 구분된다. 개별적 참여는 주민 개인으로서의 참여활동을 말하며, 집단적 참여는 지역조직, 시민단체 등 매개조직을 통한 참여를 의미하는데, 개인적 참여는 여러 가지 한계가 있기 때문에 참여는 대체로 집단을 통하여 이루어지고 있다. 그런데 사회적 자본은 기본적으로 개인의 수준에서 출발하지만 집합적 수준으로 발전한다는 점에서 주민참여와 관련한 사회적 자본의 유용성을 논의할 때에는 주로 개별적 참여보다는 집단적 수준의 참여를 의미한다고 할 수 있다. 이상에서 주민참여의 유형을 살펴보았는데, 주민참여는 이 밖에도 합법성 여부(합법적 참여와 비합법적 참여), 참여양태(오프라인참여와 온라인참여)에 따라서도 유형을 구분할 수 있다.

4. 주민참여의 기능과 한계

지역주민들이 지방정부의 중요한 정책과정에 참여하는 것은 민주성의 확보라는 규범적 차원에 더하여 현실적인 문제해결과 지역사회의 통합성을 제고하는데 기여한다. 주민참여는 대의민주주의를 보완하는 핵심이 되며, 시민공동체 형성의 기반이라고 할 수 있다. 주민참여는 주민들의 선호에 대한 지방정부의 대응성을 제고하는 수단일 뿐만 아니라 민주주의의 유지에 필요한 주민들의 자질과 태도를 함양시킨다. 이런 의미에서 주민참여는 민주주의를 위한 수단인 동시에 그 자체로서 가치를 지닌 목적적 성격도 가지고 있다(조석주·강인성, 2006: 7). 여기에서는 이러한 주민참여가 갖는 기능을 정치·행정적 측면과 사회적 측면으로 구분하여 구체적으로 고찰하고자 한다.

1) 주민참여의 기능

(1) 정치·행정적 측면

첫째, 주민참여는 대의제도의 미비점을 보완해 준다. 오늘날 경제·사회의 발전에 따라 지방의회는 다양화·고도화되고 있는 주민들의 의사를 제대로 반영하고 대표하기가 어렵게 되고 있으며 주민·집단·지역 간의 복잡한 이해관계를 조정하는 기능도 점차 약화되고 있다. 또 지방의회의원들이 주민전체의 이익보다는 특수집단의 이익을 보호하는 경향도 적지 않다. 주민참여는 이와 같이 의회제도가 주민의사를 충분히 반영하지 못하고 있는 현실에서 주민들이 직접 지방행정과정에 참여하여 이해관계가 있는 지역문제를 처리할 수 있게 함으로써 대의제도의 한계를 보완할 수 있다.

둘째, 주민참여는 행정통제와 민주성 제고에 기여한다. 주민참여는 행정의 전문화·기술화가 촉진됨에 따라 관료들의 독선화 내지 반민주적 성향이 심화되는 상황에서 주민들이 참여를 통하여 이들의 행정행위를 감시하고 통제함으로써 주민을 위한 민주행정의 실현을 도모할 수 있게 한다. 셋째, 주민참여는 지방정부의 정책결정에 정당성을 부여한다. 정책의 정당성은 기본적으로 그 정책의 수용자인 주민들의 동의에 있다. 따라서 지방정부의 정책과정에 직접적 이해관계를 갖고 있는 주민들이 참여하고 그들의 선호를 반영하여 정책을 결정하는 것은 정책의 정당성을 확보하고 실효성을 제고시키는 요체가 된다.

넷째, 주민참여는 주민과 행정의 협력증진에 기여한다. 주민참여는 행정이 산출하는 정책내용에 이해관계를 갖고 있는 주민들이 참여하여 대화와 토론을 통해 그들의 이해관계를 조정하고 전체의사와 공익에 도달하게 함으로써 주민 상호간의 협력의식을 높일 뿐만 아니라 행정에 대해서도 협력적이고 긍정적 자세를 갖도록 하는데 기여한다. 다섯째, 주민참여는 현대행정의 중요한 목표의 하나인 사회적 형평성(equity)을 제고시킨다. 정책결정과정에 이해관계를 달리하는 주민들, 특히 소외계층 주민들의 직접적인 참여는 어느 일방에만 유리한 정책결정이 아니라 상호 이익을 조정할 수 있는 정책결정이 이루어질 수 있게 함으로써 사회적 형평성의 추구를 가능하게 한다(유승우, 2006: 13-14).

여섯째, 주민참여는 사회적 안정에 기여한다. 정책과정에 주민들의 참여가 이루어지면 사회적 안정을 촉진하는 효과를 기대할 수 있다. 주민들이 능동적으로 정책과정에 참여하게 되면 서로 다른 이해관계에 대한 타협의 가능성이 높아지는데다 정책과정에서의 현실과 고충을 이해하게 되어 지방정부에 대해 과격하고 급진적인 요구나 행위를 지양함으로써 사회적 안정에 기여한다.

(2) 사회적 측면

첫째, 주민참여는 주민들의 지역사회에 대한 책임의식을 제고시킨다. 주민참여에서의 책임의식은 참여의 양적 확대와 질적 제고 및 참여결과에 대한 책임을 공유하는 것이라고 할 수 있다. 주민참여는 주민들로 하여금 자신이 지역의 주체라는 인식아래 지역사회의 공공문제 해결에 직접 참여함으로써 지방정부와 책임을 공유한다는 인식을 가지도록 하여 사회문제와 관련된 정책의 결정과 집행에 기꺼이 협력하도록 한다.

둘째, 주민참여는 주민들의 공동체의식을 배양하게 한다. 주민들은 참여를 통해 다른 사람들과 함께 공동의 목표를 추구하는 과정에서 개인주의적이고 자기중심적인 존재가 아니라 집단구성원으로서 소속감, 연대감을 갖게 되어 상대방의 입장을 이해하고 관용(tolerance)하며 사적 이익의 일부를 희생해야 한다는 것을 인식하게 된다. 이러한 이타적인 태도가 확산되면 주민들 간의 단결과 협력이 촉진되고 상호 이익이 되는 공동선(public good)의 발견이 쉬워지며, 이러한 공동선을 함께 추구하는 과정에서 공동체의 유대가 강화된다(김찬동 외, 2012: 17).

셋째, 주민참여는 사회적 자본(social capital)의 형성에 기여한다. 사회적 자본은 기본적으로 개인수준에서 형성되어 집합적 또는 사회적 수준으로 발전한다는 점에서 개인의 지방행정과 지역사회 활동에의 자발적 참여는 사회적 자본 형성에 중요한 역할을 한다(서혜숙, 2007: 38). Putnam(1993a)은 주민의 자발적 참여는 주민간의 규범 및 네트워크라는 사회적 자본의 형성에 기여한다고 하였으며, Forrest와 Kerns(2001)는 지역수준에서 다양한 유대와 주민조직에의 참여를 통하여 사회적 자본인 상호신뢰와 자조의 규범을 조장할 수 있다고 한다. 이같이 주민들의 다양한 참여는 수평적 네트워크 속에서 지속적인 상호작용을 통하여 가치와 규범을 공유하도록 하며 다른 형태의 사회적 자본인 신뢰와 호혜성의 규범(norm of reciprocity)을 형성하는데 기여한다.

넷째, 주민참여는 주민들로 하여금 인간으로서의 자아성취감(fulfillment)을 갖도록 한다. 참여는 주민들의 소외감을 줄여주는 한편 지방정부의 활동을 이해하고 갈등에 대한 정보를 갖게 해주며 정책결정에 필요로 하는 협상에 대한 이해를 높여준다. 이러한 과정을 통해 주민들은 정부에 대해 보다 관용적인 태도를 갖게 되며 자신이 정책과정에 영향을 미치는 능력을 가지고 있다고 인식하는 정치적 효능감(efficasy)이 제고됨으로써 자아성취감을 가질 수 있도록 한다(이승종·김혜정, 2018: 497).

다섯째, 주민참여는 주민들에 대한 교육효과를 발생시킨다. 주민들은 참여를 통해 지역사회의 문제나 특정한 이슈에 대해 학습할 뿐만 아니라 정부가 왜 특정한 내용의 의사결정을 하며 어떻게 대처하는가를 배우게 된다. 또 이 과정에서 타인과의 유대형성과 협상을 통한 문제해결 방법도 배우게 되며 미래의 지역사회 리더들의 리더십 훈련도 이루어진다.

2) 주민참여의 한계

주민참여는 다양한 기능적 편익과 효과를 갖고 있지만 동시에 부정적 기능에 따른 한계도 가지고 있다. Gil과 E.Lucchesi는 주민참여의 한계를 비용과 수익, 권력과 통제, 계획가의 역할이라는 세 가지 영역으로 나누어 설명하고 있으며(부만근, 2000: 141 재인용), Zimmerman(1986)은 행정비용 증가, 계획입안 및 집행의 지연, 주민들 간의 갈등유발 가능성, 참여자들의 대표성 문제 등 네 가지를 들고 있다(이승종 외, 2018: 571 재인용). 이 밖에 다른 연구자들도 여러 관점에서 한계를 지적하고 있는데 일반적으로 주민참여는 다음과 같은 한계를 가지고 있다.

첫째, 주민들의 역량부족 문제이다. 주민참여가 의미 있는 것이 되기 위해서는 주민들이 공동체의식과 함께 참여에 필요한 지식과 정보, 기술을 가져 참여대상에 대해 판단을 할 수 있는 능력이 있어야 하는데 현실적으로 주민들의 역량은 이에 미치지 못하는 경우가 많다. 따라서 정치·행정과정에 능력과 민주적 훈련이 부족한 주민들의 참여는 특정한 정책문제에 대한 합리적 판단을 어렵게 할 뿐만 아니라 자신의 입장만 내세움으로써 정책결정을 위한 협의를 어렵게 하고 자기주장이 반영되지 않을 경우에는 협조하지 않으려 할 가능성이 많다.

둘째, 참여에 따르는 자원(resource)의 문제이다. 주민참여는 그 과정에서 시간과 인력, 경제적 비용 등 많은 자원을 필요로 하는데 전문성이 약한 일반주민의 참여는 이러한 자원을 낭비하고 비능률을 초래할 우려가 있다. 또 참여주민들이 갖고 있는 자원은 평등하지 않고 서로 다르기 때문에 참여의 불공정성으로 연결될 수도 있다. 자원이 부족한 사람은 참여하는 데에도 제약을 받게 되며 비록 참여하더라도 다른 참여자들과 대등한 입장에서 경쟁하기가 쉽지 않기 때문이다.

셋째, 대표성 및 형평성의 문제이다. 일반적으로 지역사회에서 참여를 적극적으로 활용할 수 있는 사람들은 어느 정도 사회경제적 지위가 있는 사람들인데, 이들은 일반주민을 대표한다기보다는 주로 특수계층을 대표하고 있어서 대표성에 문제가 있다. 또 이들은 참여과정에서 주로 자기계층의 이익 또는 특정문제를 주장하는 경향이 강하기 때문에 정책에 소외계층의 이해관계가 제대로 반영되지 못함으로써 형평성에 문제가 있다.

넷째, 행정능력 저하의 문제이다. 능률성과 효과성에 국한시켜 볼 때 행정은 전문적 지식과 기술을 보유한 관료들에 의하여 운영되는 것이 바람직하다. 따라서 비전문가인 일반주민들이 정책과정에 참여하여 선입견과 편향된 여론 등을 바탕으로 영향력을 행사할 경우에는 관료들의 정책의 결정 및 집행능력을 저하시키고 공공정책의 질을 떨어뜨릴 우려가 있다. 다섯째, 권력에의 흡수·포섭문제이다. 주민참여는 주민들이 행정권력에 흡수·포섭됨으로써 참여의 근본적 의의를 상실하고 행정기관이 작성하는 정책이나 계획에 반발하는 주민들을 무마하기 위한 정략적 수단으로 이용되거나 정책을 정당화하기 위하여 악용될 우려가 있다.

여섯째, 행정책임의 회피·전가문제이다. 주민참여는 행정책임의 소재를 불분명하게 하여 책임의 회피 또는 전가의 수단으로 이용되기도 한다. 주민참여는 관료들의 직무에 대한 소극적 태도를 조장하고 창의성과 책임성을 둔화시키며 행정책임의 공유나 협동이 아닌 책임의 회피 또는 전가를 초래할 우려가 있다(최창호, 1995: 675).

이와 같이 주민참여는 적지 않은 문제점과 한계를 가지고 있다. 그런데 주민참여의 문제점과 한계에 대한 비판은 참여 그 자체가 지니고 있는 원리나 가치에 대한 것이라기보다는 방법과 운영상의 문제 그리고 참여환경에 대한 지적이라고 보아야 할 것이다. 예컨대, 능률면에서 볼 때 단기적·기계적 관점에서는 주민참여가 비능률과 낭비를 초래하는 것으로 여겨질 수도 있다. 그러나 주민들의 참여 없이 결정된 정책이 정책비용을 감소시켰다고 하더라도 정책의 결과가 주민들의 욕구를 제대로 반영하지 못했다면 이는 기계적 능률은 높다고 할지라도 주민들을 위한 바람직한 정책이라고 할 수는 없다.

이런 점에서 주민참여는 단기적·기계적 능률관에서 보면 비능률로 보이지만 장기적 관점에서 보면 주민의 관심과 이해 및 협력이 가져오는 승수효과를 통하여 결국 능률을 가져오게 되는 것이다(최호준, 1987: 113-114). 한편 주민들의 역량부족에 의한 참여의 한계도 주민들의 지적 수준과 공동체의식이 점차 높아지고 있는데다, 오늘날 행정정보를 주민들에게 지속적으로 공개·제공하는 것이 정부부문의 역할로 강조되고 있다는 점에서 어느 정도 극복이 가능하다고 본다.

5. 주민참여의 동기

주민들이 자신들에게 영향을 미치는 지방정부의 정책과정에 직·간접적으로 참여하는 이유는 참여동기가 작용하기 때문이다. 참여동기란 참여활동에 대한 참여자의 의욕·태도·목적의식과 의지의 정도를 의미하는데, 참여의 유무와 내용 그리고 강도를 결정하는데 영향을 미치는 매우 중요한 요소이다.

물론 참여라는 개인의 행태를 유발하는 데에는 동기(motivation)만이 영향을 미치는 것이 아니라 사회적 요인, 정부의 대응방식, 매개집단, 권력구조 등 다양한 요인들이 영향을 미친다. 이런 점에서 개인적 동기는 참여의 다양한 영향요인 가운데 하나이지만, 참여활동에 있어서 개인의 참여동기는 행동을 위한 심리적 기초를 형성한다는 점에서 매우 중요하다(이승종·김혜정, 2018: 168-169).

참여동기의 기능에 대하여 Woolfork(2003)는 참여행동을 하게 만드는 발생적 기능, 행동의 방향성을 결정하는 방향적 기능, 행동을 지속적으로 할 수 있게 하는 강화적 기능 등 세 가지를 지적하고 있다(임신우, 2018: 26 재인용). 이러한 참여동기는 누가 참여의 편익을 누리느냐에 따라 직접 참여하는 당사자만이 배타적으로 편익을 누리게 되는 선별적 보상(selective gratification)동기와 참여하지 않은 사람도 비배타적으로 편익을 향유할 수 있게 되는 집합적 보상(collective outcomes)동기로 구분된다(오영안, 2017: 108). 또 참여동기는 그 동기가 어떻게 유발되느냐에 따라 참여자체에서 만족감이나 흥미를 얻고자 참여하는 내재적 참여동기와 보상을 얻거나 처벌을 피하기 위해 참여하는 외재적 참여동기로 구분된다.

선별적 보상동기는 개인이 참여를 통해 편익이라는 배타적 보상을 얻기 위해 작용하는 참여동기이다. 이러한 편익은 물질적인 유형적 편익(tangible benefit) 뿐만 아니라 개인이 얻을 수 있는 사회심리적인 무형적 편익(intangible benefit)까지 포함되기 때문에, 이 관점에서 참여는 개인이 사적 이익을 달성하기 위한 도구로 본다(오영안, 2017: 109).

여기에서 무형적 편익은 사회적 만족감과 시민적 만족감으로 구분할 수 있는데, 사회적 만족감은 참여활동을 통해 다양한 사람들과 만나고 그들과 사회적 유대감을 형성하거나 만족감을 얻는 것을 의미한다. 그리고 시민적 만족감은 시민으로서 자신의 역할을 다한다는 의무감을 충족시키고 공동체를 더 살기 좋은 곳으로 만들 기회를 제공하는 것에 기쁨을 느끼는 것 등의 심리적 편익을 의미한다(이승종·김혜정, 2018: 498-499).

조직이 구성원의 참여를 유발하기 위해 사용할 수 있는 유인체계에 대하여 Etzioni(1975)는 경제적 보상, 규범적 보상, 강제적 수단 등 세 가지를 제시하고 있다(오영안, 2017: 109 재인용). 경제적 보상은 참여자만이 얻을 수 있는 물질적 혜택으로서 참여활동을 통해 직장을 얻거나 경력의 향상, 인맥 확보 등의 편익을 얻거나 배타적인 물질적 편익을 누리고자 하는 등의 사익적 편익에 대한 기대를 말한다.

규범적 보상은 참여자가 참여로 인하여 파생되는 자아실현에 대한 심리적 만족감을 얻는 것을 말한다. 즉 주민으로서 의무를 다한다고 보람을 느끼며 자기지역을 더 좋은 곳으로 만들 수 있다는 정치적 효능감을 갖게 되는 것이다. 한편 강제적 수단은 참여하지 않으면 일정한 공권력의 제재를 받기 때문에 참여한다는 것이다. 그러나 참여라는 행위는 일반적으로 개인의 자발성에 기초하는 것이기 때문에 비참여에 대한 제재는 어려우며, 따라서 제재로 참여를 동기화하는 방법은 매우 불명확하다. 이런 점에서 강제적 수단이 참여의 동기가 되는 경우는 보편적이지 않다고 할 수 있다.

그런데 개인의 참여동기는 반드시 배타적 유인체계를 전제로만 작용하는 것은 아니며 참여의 결과가 사회전체적으로 공유되는 것일지라도 개인에게 충분히 만족스러운 내용을 담고 있는 경우에는 집합적 결과가 개인의 참여동기로 작용하게 된다. 즉 집합적 보상동기가 작용하게 된다. 그러한 예로는 공공이익과 관련된 정책의 입안 및 집행과정에 참여하는 것, 행정기관과 주민조직의 공동생산에 참여하는 것 등을 들 수 있는데, 특히 규범적·심리적 차원의 보상을 얻고자 하는 동기로 유발된 참여활동에는 참여결과에 있어서 집합적 보상을 추구하는 경우가 적지 않다(오영안, 2017: 111).

이상에서 참여에 있어서 선별적 보상동기와 집합적 보상동기에 대하여 살펴보았는데, Sholtzman 외(1995)의 연구에서는 개인의 참여동기로 물질적 편익, 사회심리적 편익 및 집단적 편익 가운데 전통적 관점의 물질적 편익이 동기화되는 경우보다는 주민으로서의 만족감이나 정책에 영향을 미치고자 하는 측면이 동기로 작용하는 경우가 더 큰 것으로 나타나고 있다(오영안, 2017: 112 재인용). 이같이 주민들의 참여는 개인적으로 심리적 만족감을 얻는 한편 결과적으로는 사회전체적인 집합적 이익에도 기여한다는 점에서 참여자에 따라 정도의 차이는 있으나 선별적 보상동기와 집합적 보상동기가 모두 작용한다고 할 수 있다.

6. 주민참여의 영향 요인

주민참여에 영향을 미치는 요인에 대해서는 연구자들의 견해가 다양하다. Milbrath와 Goel(1977)은 참여의 영향요인으로 참여자가 인식하는 지역적 환경, 태도·신념·성격과 같은 개인적 특성, 교육·연령·인종과 같은 개인의 사회경제적 특성, 정치·경제·사회체제 등의 환경적 특성을 지적하고 있으며, Smith(1997)는 대상집단의 제도화 정도, 리더십, 사전 정책경험을 들고 있다.

그리고 Parry 외(1992)는 주민참여의 영향요인으로 개인적 자원(교육·재산 등)과 조직적 자원(조직의 규모와 성격 등)을 포함하는 자원요소, 직업·계층 및 개인의 가치관과 세계관·사회이념 등을 포함하는 배경요소, 그리고 상황요소의 세 가지를 들고 있으며, Conway(1985)는 사회적 요인, 심리적 요인, 정치적 환경요인, 법적 요인을 제시하고 있다(이승종·김혜정, 2018: 95 재인용). 한편 정세욱은 공무원, 지방행정 구조와 기능, 주민, 환경의 네 가지를 기본변수로 하여 그 하위변수들을 제시하고 있다(유승우, 2006: 33 재인용).

이상의 견해들을 토대로 주민참여에 영향을 미치는 요인들을 살펴보면 크게 주민관련 변수, 행정관련 변수, 환경관련 변수로 구분할 수 있다. 그 중 주민관련 변수의 주요 내용으로는 교육정도·소득수준·직업 등의 개인적 특성, 지역사회에 대한 애착도, 공동체의식의 정도, 이웃과의 유대감, 참여에 필요한 지식과 기술 등을 들 수 있다. 그리고 행정관련 변수로는 지방정부 정책에 대한 신뢰도, 공무원의 참여에 대한 인식 및 행태, 참여통로의 제도화 정도, 정보공개 정도 등을 들 수 있으며, 환경관련 변수로는 지역의 사회·경제적 여건, 지역환경에 대한 만족도, 정책문제의 성격, 매개집단의 활성화 정도 등을 지적할 수 있다.

7. 주민참여의 발달단계와 참여형태

1) 주민참여의 발달단계

주민참여가 어떤 단계를 거치면서 발달하는가에 대해서는 연구자들이 다양한 견해를 제시하고 있다. Connor(1988)는 참여활동의 발달단계를 7단계(교육-정보환류-자문-협력적 기획-중재-소송-해결/예방)로 구분하였으며, Lunde(1996)는 시민참여와 재량권 정도를 기준으로 하여 정보제공-협의-공사협동-위임-통제의 5단계로 구분하고 있다.

또 Creighton(2005)은 4단계(정보제공-절차적 참여-협의 및 집합적 문제해결-합의형성)로 구분하고 있으며(이승종·김혜정, 2018: 106-110 재인용), Arnstein(1969)은 참여의 문제를 권력의 문제로 보고 주민참여의 발달단계를 주민이 정책결정에 미치는 영향력의 정도를 나타내는 '주민참여의 사다리'에 따라 8단계로 구분하고, 이를 다시 참여의 효과라는 측면에서 세 가지의 참여형태로 구분하고 있다. 그가 제시한 주민참여의 발달단계별 특징은 다음과 같다(최창호, 1995: 659-660; 김찬동 외, 2012: 26 재인용).

1단계인 조작(manipulation)은 행정기관과 주민이 상호관계를 맺는다는 사실 자체에 의의를 인정할 수 있는 단계로서 행정이 일방적으로 주민을 교육·설득·계도하거나 지시나 전달을 하고 주민은 수동적으로 이에 응하는 수준의 단계이다. 2단계인 치료(therapy)는 행정기관이 책임회피를 위하여 행하는 조치로서 주민을 실질적인 정책결정과정에 참여시키지 않고 심의회 등에는 참여시키고 있으나 참여의 결과에 대한 책임은 주민들에게 돌리는 단계이다.

3단계인 정보제공(informing)은 주민들의 참여를 유도하기 위하여 행정기관이 주민들에게 정보를 제공하는 단계이다. 그러나 정보회로가 쌍방적이 아니라 행정이 주민들에게 일방적으로 정보를 제공함으로써 환류를 통한 협상과 타협으로 연결되지는 못한다. 4단계인 상담(consulting)은 주민들이 근린집회, 공청회, 태도조사 등에 참여하여 정책에 관련한 내용을 권고하는 정도의 단계이다. 따라서 이 단계에서 행정기관은 주민의견의 수렴보다는 요구된 절차를 거친다는 형식에 더 큰 비중을 두기 때문에 주민은 행정기관에 청탁하는 정도의 영향력만을 가질 뿐이다.

한편 5단계인 회유(placation)는 주민들이 행정기관에서 정보를 제공받고 각종 위원회 등에 참여하여 의견을 제시하는 등의 채널은 존재하지만 아직 주민들에게 정책결정에 영향력을 행사하는 능력은 없는 단계이다. 이 단계에서 주민참여는 행정기관이 참여에 대한 실질적 결정권을 가져 주민들을 회유하기로 결정한 범위에서만 허용된다.

6단계인 협동관계(partnership)는 행정기관이 정책결정의 최종권한을 갖고 있지만 주민들이 필요할 경우에 행정에 참여하여 자신들의 주장을 내세울 만큼의 영향력을 갖고 있는 단계이다. 따라서 이 단계에서는 주민들이 행정의 파트너가 될 수 있는 역량을 구비하고 있기 때문에 행정기관과 참여주민들 간에 참여의 결정권에 대한 재분배가 시작된다.

7단계인 권한위임(delegated power)은 행정기관이 참여주민들에게 일정한 권한을 위임함으로써 주민들이 정책결정에 우월한 권한을 가지고 참여하는 단계이다. 이 단계에서는 주민들의 권한이 정책의 결정과 집행에 크게 영향을 줄만큼 강하기 때문에 행정기관은 정책문제의 해결을 위하여 주민들을 협상으로 적극 유도하게 되며 주민들은 참여의 결과에 따른 책임을 행정기관과 공유하게 된다.

마지막 8단계인 시민통제(citizen control)는 주민들이 위원회 등을 통하여 행정기관을 실제로 지배하는 경우로서 주민들에 의한 완전자치를 실현하는 단계이다. 이같이 8단계에서는 주민참여의 수준이 행정통제를 할 수 있을 정도의 역량을 가지기 때문에 이론적으로는 완전한 주민통제가 가능하다고 할 수 있다. 그러나 이 단계에 이르는 주민참여는 현실적으로 실현되기 어렵다고 할 수 있다.

Arnstein의 이러한 주민참여 발달단계의 구분은 참여의 단계를 명확히 하고 있으며 진실한 참여와 그렇지 못한 참여를 구분하는 판단의 근거를 제시하는데 유용하다는 점에서 주민참여 수준을 설명하는 대표적인 모형의 하나가 되고 있다. 그러나 실질적 참여단계와 다른 참여단계의 구분이 명확하지 않고 한 단계에서 다른 단계로의 이동에 대한 논리적 근거가 명확하지 못한 점, 제도적 참여만을 분류대상으로 하고 있다는 점 등에서는 비판을 받고 있다(오영안, 2017: 68).

한편 국제시민참여협회((IPA, 2007)는 Arnstein(1969)의 모형을 토대로 주민참여 수준의 유형을 발전시켜 정보제공-협의-관여-협력-권한부여 등 5단계 유형의 '주민참여 스펙트럼'을 제시하였으며, 그 후 Nabatchi(2012)는 이 스펙트럼을 수정하여 의사소통 수준을 고려한 5단계로 이루어진 '시민참여 스펙트럼 수정모델'을 제시하였는데, 그 내용을 다음과 같다(이자은, 2019: 38-39 재인용).

1단계인 정보제공(informing)은 특정한 정책문제에 대한 대안 또는 해결방법을 이해하는데 필요한 정보를 웹사이트에 게시하거나 메일로 시민들에게 제공한다. 2단계인 협의(consultation)는 시민들의 의견을 청취하는 것으로 대부분 공청회, 포커스그룹, 설문조사 등으로 이루어지며, 시민들의 의견이 정책결정에 어떤 영향을 미치는지 피드백을 제공한다. 3단계인 관여(involvement)는 정책과정 전반에 걸쳐 시민들과 직접적인 협업을 하는 단계로서, 워크샵·토론·투표 등의 과정을 거쳐 정책결정에 필요한 대안을 탐색한다.

4단계인 협력(collaboration)은 정책을 결정하기 위해 행정과 시민들이 협력하는 단계로서 시민들의 의견이 정책결정을 위한 최종적인 대안을 마련하는데 최대한 반영된다. 5단계인 권한부여(empowerment)는 행정과 시민간에 의견공유 수준과 의사결정 권한수준이 가장 높으며, 시민배심 또는 주민투표를 통해 도출된 결과에 따라 정책이 결정된다. 이상에서 주민참여 발달단계에 대한 몇 가지 이론을 고찰했는데, 이들 이론들의 공통 내용은 주민참여의 최종목표를 시민권력(citizen power) 또는 권한부여로 설정하고 있다는 점이다.

2) 주민참여 발달단계에 따른 참여형태

Arnstein(1969)은 그가 제시한 주민참여 발달의 8단계를 참여의 효과라는 실질적 의미에 따라 비참여, 형식적 참여, 실질적 참여라는 세 가지 형태로 구분하고 있다. 첫째, 비참여(non-participation)형태는 앞에서 제시한 참여단계 중에서 1-2단계인 조작-치료단계의 형태로서 주민들을 참여시키는 것이 아니라 단지 참여자를 교육하는데 그 목적이 있다. 따라서 이 형태에서는 행정기관이 일정한 결정사실을 주민들에게 알려 행정과 주민간의 갈등이나 오해의 소지를 해소하는데 주력하기 때문에 주민참여는 단순히 주민을 포섭하는데 머물게 된다(최창호, 1995: 660).

둘째, 상징적 참여(degrees of tokenism)형태는 참여단계 중에서 3-5단계인 정보제공-상담-회유단계의 형태로서 주민들이 행정으로부터 제공받은 정보를 토대로 하여 행정기관에 권고 또는 조언을 하고 공청회·심의회 등 각종 위원회, 정책토론회, 주민투표 등에 참여하여 정책과 관련된 의견을 제시하는 단계이다. 그러나 이 형태에서는 행정기관이 참여에 대한 판단의 결정권을 보유하여(김찬동 외. 2012: 26) 주제를 설정하고 이에 대해 주민들은 자신의 견해를 개진하거나 협의하는 정도이기 때문에 실질적 참여가 아니라 형식적 참여수준에 머물게 된다.

셋째, 실질적 참여(degrees of citizen power)형태는 참여단계 중에서 6-8단계인 협동관계-권한위임-시민통제단계에 해당하는 형태로서, 기존의 권력체제가 주민과 행정기관 간에 재분배되어 일정한 권한과 책임을 갖게 된 주민들이 정책과정에서 주도권을 가지고 행정을 통제하게 된다. 즉 이 형태에서는 행정기관이 정책결정 뿐만 아니라 결정 후의 관리·운영에 관한 권한도 지역주민들에게 일부 위임함으로써 주민 또는 그 대표기관은 그 범위 안에서 자기권한과 책임 아래 행정과 협력체제를 유지하면서 자치적 운영을 해 나가게 된다(최창호, 1995: 661).

이러한 참여수준의 예로는 합의회의, 시나리오 워크샵, 시민배심원제, 규제협상 등을 들 수 있다(한세억·주선옥, 2014: 5). 이같이 실질적 참여 형태에는 주민들이 적극적으로 참여할 뿐만 아니라 주민의 의견 및 선호의 실질적 반영이 보장되기 때문에 주민들의 능동적 참여가 이루어지는 바람직한 참여형태라고 할 수 있다. 위에서 고찰한 Arnstein의 주민참여 발달단계와 참여형태를 집약하여 정리하면 〈표. 12〉와 같다.

〈표. 12〉 Arnstein의 주민참여 단계와 참여형태

<table>
<tr><th colspan="4">주민참여단계</th><th>내 용</th><th>참여수준</th></tr>
<tr><td rowspan="2">i</td><td rowspan="2">비참여</td><td>①</td><td>조 작</td><td>행정기관이 일방적으로 계도·설득하거나 지시를 전달하고 주민은 단순참여 등 수동적으로 응하는 단계</td><td rowspan="8">약
↑
↓
강</td></tr>
<tr><td>②</td><td>치 료</td><td>주민들의 욕구불만을 치료하기 위해 심의회 등에 주민을 참여시키지만 실제로 주민이 정책결정과정에 참여하지 못하는 단계</td></tr>
<tr><td rowspan="3">ii</td><td rowspan="3">상징적 참여</td><td>③</td><td>정보제공</td><td>행정기관이 주민들에게 일방적으로 정보를 제공함으로써 환류를 통한 타협이 불가능한 단계</td></tr>
<tr><td>④</td><td>자 문</td><td>주민들이 근린집회, 공청회 등에 참여하여 정책에 관련한 권고수준의 의견제시가 가능한 단계</td></tr>
<tr><td>⑤</td><td>회 유</td><td>주민들이 정보를 제공받고 위원회 등에 참여하여 의견을 제시하지만 정책결정권한이 없는 단계</td></tr>
<tr><td rowspan="3">iii</td><td rowspan="3">실질적 참여</td><td>⑥</td><td>협 동</td><td>주민들이 의견을 적극 투입하고, 이를 반영하며 행정과 주민이 대등한 관계를 이루는 단계</td></tr>
<tr><td>⑦</td><td>권한위임</td><td>정책결정에 주민들이 우월한 권한을 가지고 참여하는 단계</td></tr>
<tr><td>⑧</td><td>시민통제</td><td>주민들이 위원회를 통하여 정책의 입안·결정·집행을 지배하여 완전자치를 실현하는 단계</td></tr>
</table>

출처: Arnstein, Sherry R(1969), A Ladder of citizen Participation, Journal of the American Institute of Planners, 35(4), pp.216-224에서 연구자 재구성

8. 주민참여의 제약요인

1) 제도적 요인

우리 사회에서 주민참여는 그 긍정적 기능에도 불구하고 현실적으로 실질적 참여를 제약시키는 여러 문제들을 안고 있다. Hart(1972)는

주민참여를 제약하는 요인으로 그 사회의 전통, 제도, 정책결정자의 행태, 주민의 행태 등 네 가지를 들고 있는데(부만근, 2000: 148 재인용), 본 연구에서는 주민참여의 제약요인을 크게 제도적 요인, 행태적 요인, 환경적 요인 등 세 가지로 구분하여 설명하고자 한다.

먼저 제도적 제약요인을 살펴보자. 첫째로 들 수 있는 요인은 참여통로의 미비이다. 현재 우리나라에서 주민들이 행정참여수단으로 활용하고 있는 통로는 위원회와 공청회 등 다양하지만, 이들 통로는 주민들의 참여의식에 따라 자발적으로 형성된 것이 아니라 법률이나 행정명령 또는 행정지시에 의한 것들이 대부분이다. 따라서 참여통로의 운영이 주민들의 의사를 반영하기보다는 행정주도 아래 행정기관의 결정에 대한 정당성을 부여하고 주민들에게 홍보하는 통로로 이용되는 경우가 많다.

예컨대, 위원회의 경우에 주민들의 의견청취보다는 정책에 대한 정당성 확보와 설득통로로 이용하거나, 공청회의 경우에 토론자를 행정에 협조적 성향이 높은 주민들로 선정하는 경향을 들 수 있다. 그리고 행정기관과의 간담회의 경우도 대화의 대상자가 지역의 유력인사나 행정에 협조적인 주민들에 한정되는 경향이 있어 주민대표성에 문제가 있다. 둘째, 정보공개의 미흡이다. 현재 자치단체별로 행정정보 공개에 관한 조례를 제정하여 시행하고 있지만 정보공개의 범위가 매우 한정되어 있으며, 공개되는 정보도 정책결정에 필요한 사전정보보다는 집행결과에 대한 사후정보에 치중하는 경향이 높다.

2) 행태적 요인

행태적 제약요인으로는 첫째, 지역주민들의 역량부족과 의식수준의 낙후성이다. 지방의 정치·행정에 일반주민의 참여가 의미 있는 것이 되기 위해서는 참여주민들이 충분한 지식과 경험, 정보와 기술을 가져서 복잡한 행정업무를 이해하고 행정상의 결정에 대하여 합리적 판단을 내릴 정도의 역량을 가져야 하는데 아직 많은 주민들은 그러한 역량을 제대로 갖추지 못하고 있다.

또 지방자치가 실시되고 있음에도 많은 주민들이 아직도 과거 중앙집권체제 당시의 하향적 행정수행 인식에서 크게 벗어나지 못하여 지역에 대한 주체의식과 참여지향적 시민의식이 제대로 정립되지 못하고 있다. 그 결과 주민참여에 소극성과 타율성을 탈피하지 못함으로써 능동적이고 창의적 방법으로 시민권을 실현하는데 장애가 되고 있다.

둘째, 공무원들의 주민참여에 대한 낮은 의식이다. 민주화의 진전과 지방자치제 실시 이후 공무원들의 공복의식은 적지 않게 개선된 것으로 평가되고 있다. 그러나 아직도 주민참여에 대한 인식이 높지 않을 뿐 아니라 권위주의적 사고방식이 잔존하고 있어서 정책과정에서 전문가들의 의견을 듣거나 주민들의 의사를 수렴하여 활용하기보다는 정책을 일방적으로 결정하고 집행하려는 성향이 적지 않다. 더욱이 공무원들은 주로 법규와 선례를 따르는 전통적 행정방식을 선호하고 있으며 업무에 대한 태도가 기계적 능률관에 입각하고 있어서(박노동, 2015: 46) 행정에 영향력을 행사하기 위한 주민참여가 정책과정에 비능률을 초래하며 자기들의 재량권을 감소시키게 된다는 인식 때문에 참여에 대해 소극적이거나 저항적으로 반응하기 쉽다.

3) 환경적 요인

환경적 제약요인으로는 첫째, 지방분권화의 미흡이다. 주민참여는 지방정부의 자주성이 높을수록 효과가 크게 나타나는 반면에 자주성이 약할수록 소극적이 되며 실효를 거두기 어렵게 된다. 그런데 우리나라는 아직도 지방분권화가 미흡하여 지방정부의 행·재정적 자주성이 취약한 실정인데, 이러한 자주성의 약화는 주민들의 자발적이고 적극적 참여를 어렵게 만드는 요인이 되고 있다.

지방정부가 지역개발이나 복지사업 등에 주민들의 의견이나 요구를 독자적으로 수용하고 처리할 수 있는 권한을 갖지 못한다면 주민들이 참여하더라도 소기의 성과를 거둘 수 없게 된다. 더욱이 지방정부의 기관위임사무는 그 처리가 주민참여대상에서 제외되기 때문에 행정에 대한 주민참여의 의의를 반감시키고 있다.

둘째, 자생적 주민조직의 취약이다. 자생적 주민조직은 주민들의 자주적 에너지 결속의 장이며 주민들의 잠재적 욕구를 표출시켜 행정에 문제를 제기하는 조직이기 때문에 주민조직을 통한 참여는 주민들의 개별적 참여보다 더욱 효과적으로 참여목적을 달성할 수 있다. 그런데 우리나라의 경우 지역별로 주민조직이 많이 결성되어 있으나 주민들의 자발적 의사에 따라 결성된 자주적 조직은 많지 않고 대부분은 법률이나 행정명령에 의하여 조직된 것들이다. 이들 조직은 주민들의 의사를 결집하고 전달하기 보다는 주로 행정의사의 전달을 주된 기능으로 하고 있기 때문에 주민참여의 활성화를 위한 역할을 제대로 하지 못하고 있다.

9. 주민참여의 활성화 방안

1) 바람직한 주민참여의 요건

주민참여가 바람직하게 이루어지기 위해서는 참여주체인 주민들의 참여의지와 역량, 그리고 행정업무를 담당하는 공무원들의 리더십과 함께 주민참여를 뒷받침하는 제도적 장치가 마련되어야 하며 주민참여의 촉진을 위한 다양한 시책들이 강구되어야 한다. Sheedy(2008)는 바람직한 주민참여의 요건으로 대표성, 독립성, 초기 참여, 참여의 영향력, 정보제공, 자원근접성, 구조화된 의사결정 등 일곱 가지를 들고 있다(박노동, 2015: 23 재인용).

그리고 백형배 외(2011: 131-132)는 주민참여 활성화를 위해서는 참여의 기회가 평등하게 보장되는 민주성의 원칙, 주민의 자율성을 바탕으로 한 참여가 보장되는 자율성의 원칙, 지역공동체 전체의 이익을 위한 참여인 공공성의 원칙, 기회비용 측면에서 참여를 통해 얻는 것이 더 많은 경제성의 원칙 등 네 가지 기본원칙이 지켜져야 한다고 강조한다.

한편 조석주와 강인성(2006: 42-43)은 바람직한 주민참여의 요건으로 신뢰성, 책임성, 효과성, 일관성, 개방성 등 다섯 가지를 제시하고 그 내용을 다음과 같이 설명하고 있다. 첫째는 신뢰성으로서, 정책의 초기단계에서부터 산출에 이르기까지 주민들의 광범위한 참여가 이루어지기 위해서는 주민들과 행정기관 간에 충분한 신뢰가 조성되어야 한다. 둘째는 책임성으로서, 정책과정에서 주민들과 행정기관의 역할이 분명하게 규정되고 정책의 결정과 집행과정에서 책임소재가 분명해야 한다. 셋째는 효과성으로서, 주민참여가 정책과정의 각 단계에서 시의적절하게 이루어지고 그 결과에 대한 평가수단이 잘 갖추어져야 한다.

넷째는 일관성으로서, 정치적 리더십에 기초하여 정책실현과 관련되는 정보를 주민들이 손쉽게 접근할 수 있는 방법으로 지속적으로 제공해야 한다. 다섯째, 개방성으로서, 중앙정부와 지방정부, 공무원과 주민 그리고 이해당사자들 간의 효율적이고 왜곡 없는 의사전달체계를 형성하고 소통이 이루어져야 한다는 것이다. 본 연구에서는 주민참여 활성화 방안을 앞에서 살펴본 주민참여의 현실적 제약점들과 바람직한 주민참여 요건들을 토대로 하여 제도적 측면, 의식적 측면, 환경적 측면으로 구분하여 고찰하고자 한다.

2) 주민참여의 활성화 방안

(1) 제도적 측면

가. 참여수준의 확대

주민참여가 활성화되기 위해서는 참여의 확충을 위한 제도개선이 이루어져야 한다. 참여제도의 확충은 시간·노력·재원 등 참여에 필요한 비용을 감소시켜 주민참여를 촉진시키며 주민들로 하여금 보다 접근이 가능한 제도적 참여방법을 택하게 함으로써 비제도적 참여를 대체하는 효과를 갖는다. 또 상대적으로 소외되기 쉬운 소수계층의 참여를 촉진함으로써 참여의 대표성을 제고시킨다(이승종·김혜정, 2018: 348-49). 주민참여는 지역 내 일부 계층의 전유물이 되어서는 안 되며 모든 주민 또는 계층을 망라하는 참여의 대표성과 포괄성이 확보되어야 한다. 어느 한 계층이 참여과정을 지배하게 되면 참여는 주로 그 계층만의 이익이 대표됨으로써 결국 공익을 저해할 우려가 있다.

그런데 일반적으로 참여에 있어서 약자계층은 부유계층에 비하여 상대적으로 소외되는 경우가 많기 때문에 참여가 부유계층의 전유물이 되기 쉽다. 때문에 참여의 대표성을 확보하기 위해서는 기본적으로 참여과정에 있어서 사회적 지위의 불평등으로 인한 참여기회의 불평등이 고착되지 않도록 하기 위한 조치가 필요하다. 즉 참여의 대표성을 확보하기 위해서는 참여의 평등성 확보가 전제되어야 한다.

약자계층에 대한 이러한 고려가 없다면 이들에 비해 상대적으로 조직화되어 있고 시간·지식·재원 등 참여자원이 풍부한 부유계층이 참여기회를 독점하게 될 것이다. 그렇게 될 경우에 부유계층은 약자계층에 비하여 참여를 통해 추가적인 이익을 확대하게 되므로 기존의 사회적 불평등구조가 더욱 심화될 우려가 있다. 따라서 참여기회의 평등화를 통하여 참여효과의 평등을 도모해야 할 필요가 있다(이승종·김혜정, 2018: 530).

나. 참여통로의 개선

주민참여가 활성화되기 위해서는 참여를 조장할 수 있는 일반적 여건이 제도적으로 마련되어야 하며 참여를 저해하는 다양한 변수들이 적절하게 통제될 수 있어야 한다. 그런 점에서 참여의 통로가 개선되어야 한다. 그 방안으로는 참여제도의 질적 개선을 위해 지방정부에 설치된 각종 위원회 구성이 주민대표성을 확보할 수 있어야 한다. 그리고 공청회도 법적 요건을 형식적으로 충족시키기 위해 개최되는 것이 아니라 주민들의 의견수렴기능을 강화하여 그 내용을 정책에 실질적으로 반영하는 통로가 되어야 한다.

위원회의 경우는 사회지도층을 중심으로 하는 위원 구성을 지양하고 사회 각 계층을 대상으로 하여 구성함으로써 주민대표성을 확보해야 하며, 동일인을 여러 위원회 위원으로 위촉하는 것을 지양하는 한편 지방정부의 공무원들도 법령상 당연직 이외에는 위촉을 지양하여 위원회의 자율성과 민주성을 제고하고 형식적 운영요소를 제거해야 한다. 그리고 위원회에 부의하는 안건도 위원들이 자율적으로 제출할 수 있도록 하여 위원들이 실질적 영향력을 발휘할 수 있도록 해야 할 것이다.

또 위원회 운영에 있어서 목적·권한·책임을 명확히 하고 합리적 행정절차를 마련함으로써 운영의 효율성을 도모해야 한다. 한편 공청회의 경우는 공청대상을 도시계획이나 지역개발사업 등 특정분야에 국한하지 말고 주민들에게 중요한 영향을 미치는 일반정책에까지 확대시킴으로써 주민참여영역을 확장해야 하며, 행정기관에 협조적인 주민위주의 토론자 지정을 지양해야 할 것이다. 이와 함께 공청회에서 제시된 바람직한 의견은 계획에 적극 반영함으로써 주민들의 참여의지를 고양시켜야 한다.

다. 정보공개의 확대

행정에 있어서 정보공개가 필요한 이유는 크게 두 가지이다. 첫째, 행정정보의 공개는 행정기관과 주민간에 신뢰관계를 구축함으로써 역동성을 가진 협력관계로 발전시킬 수 있다는 것이다. 행정기관이 보유하고 있는 정보를 공개함으로써 주민들은 그만큼 행정에 대한 지식이 많아지게 되고 정보에 대한 공유인식을 갖게 되어 주민과 행정기관 간의 신뢰와 협력을 증진시킬 수 있다.

둘째, 행정정보의 공개는 주민의 행정참여를 촉진시킨다는 것이다. 주민들이 보다 많고 유용한 행정정보를 공유하게 된다면 지방정부의 정책과정에 더 많은 관심과 이해를 갖게 되고 뚜렷한 목표의식 아래 참여하여 그들의 요구를 정책과정에 투입할 수 있게 된다. 반면에 제도적으로 참여의 기회가 아무리 보장되어 있다하더라도 주민들이 행정정보를 용이하게 접할 수 없다면 실제로 참여가 이루어질 수 없거나 설령 이루어진다고 해도 바람직한 성과를 거둘 수 없다. 따라서 정보공개의 형태와 내용은 주민참여의 활성화 여부를 결정짓는 중요한 요건이 되고 있는데, 정보에의 접근 없이 참여지향은 생기지 않는다는 점에서 本田弘(1989: 18)은 "정보가 없으면 참여도 없다"라고 하고 있다.

우리나라는 1995년 지방자치가 실시된 이후 자치단체별로 행정정보공개에 관한 조례를 시행하고 있으며, 1998년에는 행정절차법이 제정됨으로써 주민참여의 조장과 정책결정에 필요로 하는 행정정보공개에 대한 제도적 토대가 어느 정도 마련되었다. 그럼에도 불구하고 행정정보의 공개수준은 아직도 미흡한 실정인데 그 가장 큰 원인은 정보공개를 위한 청구제도가 갖는 내재적 문제 때문이라고 할 수 있다.

지방자치단체들의 정보공개에 관한 조례를 보면 주민들이 정보공개를 청구함에 있어서 청구대상인 정보의 선택과 내용의 판단은 전적으로 청구자인 주민의 책임으로 되어 있다. 반면에 행정기관은 주민들이 요구하는 정보를 공문서 그대로의 형태로 제공할 뿐이어서 수동적인 입장에 서고 있다. 그런데 행정에 상당한 경험이나 지식이 없는 일반주민의 입장에서는 이러한 공문서의 내용을 판단하는데 적지 않은 부담이 되고 있으며, 또 정보공개 청구의 효과도 청구주민 개개인에게 머물고 일반주민들에게는 미치지 못하는 한계를 가지고 있다.

그러므로 지방자치단체의 행정정보가 주민들에게 원활하게 제공되어 주민들이 공유할 수 있도록 하려면 정보공표의무제를 병행하여 실시할 필요가 있다. 이러한 정보공표 의무화를 통해 공개되는 것이 바람직한 정보의 내용은 정보공개제도가 가지고 있는 원칙과 시대적 상황을 감안하여 결정될 성질의 것이지만 일반적 입장에서는 다음과 같은 정보들이 포함되어야 할 것이다.

그러한 정보들로서는 행정서비스의 실효성을 높이기 위해 주민들에게 철저히 알릴 필요가 있는 정보, 주민들이 일상생활과 경제활동을 보다 효율적으로 영위하게 하고 지역상황을 파악하는데 필요한 정보, 주민들이 정책결정과정에 참여하는데 기본적으로 필요한 정보 등을 들 수 있다. 이와 함께 중요한 정책을 둘러싼 주민들과 행정기관 간의 갈등과 관련된 정보는 갈등관리를 위해서라도 적시에 정확하게 공개하는 것이 바람직하다고 본다.

(2) 의식 및 행태적 측면

가. 주민들의 의식개선과 역량강화

주민참여를 통한 자치행정의 수행에 있어서 주민들과 지방정부의 공무원들은 동반자적 관계에 있기 때문에 주민참여 활성화는 이들의 의식과 행태가 바람직한 방향으로 균형을 이룰 때 가능해진다고 할 수 있다. Cary(1970)는 효과적인 주민참여 요건으로 주민의 행정에 대한 이해력, 자율적 결정능력 및 행동능력을 들면서 이들 기본요건의 충족은 주민만의 노력으로 되는 것이 아니라 정부와 주민 간의 상호 조화적 노력을 통해서 이루어진다고 하고 있다(부만근, 2000: 157 재인용).

이같이 주민참여가 단순한 요식행위가 아닌 실질적인 참여가 될 수 있기 위해서는 주민들의 의식이 개선되어 참여지향적 시민상이 정립되어야 한다. 아무리 참여의 통로가 갖추어진다고 하더라도 주민들의 의식수준이 이를 제대로 활용할 단계에 이르지 못한다면 참여를 통한 지역공동체 발전은 기대할 수 없다. 주민들이 참여하는데 가져야 할 시민의식의 내용으로는 여러 가지를 들 수 있으나, 그 중 핵심적인 내용으로는 참여의식, 공익의식, 책임의식 등 세 가지를 지적할 수 있는데, 그 내용은 다음과 같다(이승종·김혜정, 2018: 184-190).

참여의식은 공익을 위하여 공동체의 의사결정에 능동적으로 참여하는 의식으로서 참여수준의 확대를 위하여 필요한 의식이다. 공익의식은 공동체 전체의 이익에 대한 집합적 관심으로서, 주민들의 참여의식이 아무리 높다해도 공익의식이 결여된 경우의 참여는 주민들을 위한 참여라고 할 수 없다. 참여는 공익성의 확보를 전제해야 하며 이는 바로 참여의 내용적 한계에 해당하는 것이다. 한편 책임의식은 공동체의 의사결정에 적극적으로 참여하고, 그 행위가 가져올 결과에 책임을 진다는 의식이다. 참여에 있어서 책임의식이 중요한 이유는 책임의식이 참여의 양적 확대와 질적 제고 및 참여결과에 대한 책임을 공유하는 것이기 때문이다.

주민들은 참여의 활성화를 위해서 위와 같은 시민의식과 함께 실질적 참여에 필요로 하는 일정 수준의 역량을 가져야 한다. 이러한 역량은 지식, 기능, 가치 및 태도의 세 가지 측면으로 구분할 수 있는데, 지식적 측면에서는 민주의의 이념과 원리, 인간의 존엄성 및 정치적 참여제도, 자기가 살고 있는 지역공동체의 정치사회적 환경 등을 이해하는 능력을 가져야 한다.

그리고 기능적 측면에서는 자신의 견해를 효율적으로 전달할 수 있는 능력, 합리성을 바탕으로 사회문제에 대한 토론과 숙의(deliberation)를 통해 의사결정을 할 수 있는 능력, 당면한 사회문제를 탐색하고 해결방안을 도출할 수 있는 능력, 정보의 수집과 분석능력 등을 가져야 한다. 한편 가치 및 태도적 측면에서는 합리적 근거를 바탕으로 하는 비판적 능력, 사회질서를 지키면서 살아가기 위한 법질서 준수, 능동적 정치참여 능력과 함께 서로의 다름을 인정하고 수용하는 관용(tolerance), 대화와 타협을 통하여 사회문제를 해결하려는 능력을 가져야 할 것이다.

나. 공무원의 의식 및 행태개선

주민참여는 공무원들이 주민들의 행정에 대한 요구를 제대로 수렴하고 지역문제를 주민들과 상호협력하면서 해결하려는 민주지향적 자세를 가질 때 활성화될 수 있다. 지방자치제 부활 이후 공무원들은 종전에 비하여 대민자세와 주민참여에 대한 인식이 적지 않게 달라졌고 전문성도 어느 정도 높아진 것이 사실이지만 개방적이고 주민위주의 행정을 수행하는 데에는 아직도 미흡한 점이 적지 않다. 따라서 주민참여가 활성화되기 위해서는 공무원들이 주민참여를 주민들의 정책과정에 대한 간섭이나 도전으로 생각하거나 주민들에 대한 유화 및 설득의 수단으로 인식하지 말고 지역의 주체는 주민이라는 인식 아래 주민들의 의사를 정책과정에 적극적으로 반영하려는 의식과 태도를 가질 것이 요청된다.

그 방안으로는 첫째, 공무원들은 주민참여가 자치행정에 있어서 필수요소이며 주민성에 바탕을 둔 행정은 주민들의 복지증진에 직결되는 것임을 인식하여야 한다. 즉 공무원들은 주민을 자치행정 수행의 동반자로 인정하고 그들을 참여시켜 의견을 수렴하고 행정에 반영하는 것은 행정업무의 신속한 추진에 방해가 되는 비능률적 요소가 아니라 행정의 민주성과 순응성을 확보하기 위하여 반드시 필요한 절차임을 인식하여야 한다.

둘째, 공무원들은 주민들도 지역문제의 훌륭한 해결자가 될 수 있으며, 자치행정의 존재이유는 궁극적으로 지역주민의 참여에 있다는 행정관을 가져야 한다. 셋째, 지역개발 등 자치행정을 수행함에 있어서 주민들을 설득하고 이해관계를 조정하는 데에 주민지향적 자세를 가지고 참여주민들의 의사가 행정에 충실히 반영될 수 있도록 해야 한다.

(3) 환경적 측면

가. 자치권의 강화

주민참여가 활성화되기 위해서는 자치단체에 지역주민들의 삶에 영향을 미치는 행정기능과 권한을 많이 부여하여 자치권을 강화시켜야 한다. 아무리 자치단체가 주민참여의 필요성을 인식하고 참여의 활성화를 위해 노력한다고 해도 주민들이 원하는 정책을 자주적으로 처리할 수 있는 권한이 없다면 주민참여는 한계에 부딪치게 된다. 자치행정차원에서 지방분권의 필요성을 강조한 Rodinelli는 그 필요성을 지역수준, 참여와 주민과의 관계, 정치적 관점의 세 가지로 구분하여 고찰하면서 분권화가 개발계획에 주민참여를 보장함으로써 개발의 효과를 높일 수 있다고 한다(장태옥·김시영, 1984: 71 재인용).

또 그는 행정적 분권은 지역수준에서 볼 때 자치권을 강화시킴으로써 중앙집권적 한계를 극복하여 정책의 주민에 대한 효과적 침투, 지역에서의 행정능력 향상, 주민과 공무원 간의 관계 강화, 자원의 효율적 활용에 기여하는 한편 주민과 참여의 관계에 있어서는 특정집단에 의한 통제의 완화와 지역주민의 긍지를 높일 수 있다고 한다. 분권화가 이러한 기능을 수행한다고 할 때, 분권화는 자치행정과정에 주민들의 보다 효율적인 참여를 의미하는 참여관리의 유용한 수단일 뿐만 아니라 주민참여를 보장하는 전제가 되며 참여기회를 촉진시키는 장치가 되는 것이다.

분권화를 통한 자치단체의 자치권을 강화하기 위해서는 첫째, 중앙정부와 지방자치단체 간의 사무배분의 원리로 보조성의 원칙을 채택할 필요가 있다. 보조성의 원칙이란 중앙정부에 의해 처리되는 것이 절대적으로 필요한 경우를 제외한 모든 사무는 자치단체의 책임으로 귀속되어야 한다는 원칙으로서(정두숙, 2006: 142), 이 원칙이 도입되면 중앙정부가 수행해야 할 필수불가결한 것을 제외한 사무와 권한이 대폭 지방에 이양됨으로써 자치단체의 자치권이 크게 강화될 수 있을 것이다.

둘째, 중앙정부의 사무와 기능을 자치단체로 이양할 때 종래의 획일적 사고방식에서 벗어나 선택적 사고방식으로 전환할 필요가 있다. 지금까지는 중앙정부가 특정사무를 자치단체에 이양할 경우에 자치단체별 여건이나 능력과는 관계없이 모든 자치단체를 대상으로 일률적으로 이양하는 획일적 방법을 취해 왔다.

그 결과 중앙정부가 자치단체의 능력부족이라는 이유로 사무이양을 기피함으로써 자치단체가 지역실정에 적합한 행정을 효율적으로 수행한다는 지방자치의 본질적 목적이 제대로 실현되지 못하고 있다. 따라서 앞으로 사무의 지방이양 여부를 결정할 때에는 획일적인 사고보다는 사무를 독자적으로 수행할 여건과 행·재정적 능력을 갖춘 자치단체에는 과감하게 사무를 이양하는 선택적 접근으로 전환함으로써 지역실정에 적합한 자치권을 강화시켜 나가야 할 것이다(유재원, 2003: 115).

나. 자생적 주민조직의 활성화

자생적 주민조직은 해결해야 할 문제를 공유하거나 관심사 또는 가치·신념 등을 공유하는 사람들이 공동의 목표를 달성하기 위하여 일정한 지역에 근거를 두고 결성한 단체이다. 주민조직은 주민들의 자발적인 참여로 운영되며 공동관심사에 입각하여 지역의 정치·행정에 직·간접적으로 영향을 미치기 위한 활동을 한다(유재원, 1995: 26). 지역사회에는 많은 자생적 주민조직이 결성되어 있는데, 조직목적에 따라 구성원들의 취미나 여가를 공유하고 유대감을 목적으로 결성된 친목단체, 구성원들의 특정이익을 실현하기 위한 이익단체, 사회문제의 해결이나 봉사활동을 통해 공익을 추구하는 시민단체와 봉사단체가 있다.

자생적 주민조직은 지역의 공동문제를 공론화함으로써 구성원들에게 조직적이며 의사소통적 기술을 습득하도록 하며 절제·협동·호혜성과 같은 시민적 덕성과 공공의식을 함양시킨다. 또 다양한 배경의 사람들과의 대면적 상호작용을 통하여 문화적·물질적 이해관계를 달리하는

'중요한 타자'에 대한 관용과 배려, 상호협동과 신뢰를 증진시킬 수 있는 계기를 마련해 준다(신석근, 2010: 18).

또 자생적 주민조직은 주민참여와 관련하여 주민들을 공공의 이익을 추구하는 토론과 행동의 장으로 유도함으로써 참여를 진작시키고, 주민들에게 참여에 필요한 지역현안에 대한 정보를 제공하는 한편 주민과 행정체제의 중간에 서서 양자 간의 의사소통을 원활하게 해주는 매개역할을 한다. 따라서 주민참여를 활성화하고 사회적 자본을 형성하기 위해서는 자치단체가 그 지역의 자생적 주민조직을 적극적으로 지원·육성할 필요가 있다.

그 방안으로는 첫째, 재정지원이 필요하다. 지역의 자생적 주민조직들은 그 운영과 활동에 재정상의 어려움을 겪는 경우가 많은데, 이들 조직이 활발하게 활동할 수 있게 하기 위해서는 자치단체에서 재정지원을 할 필요가 있다. 그러나 재정지원은 주민조직의 자주성을 약화시키고 자치단체의 정책에 대하여 냉철한 비판을 어렵게 만드는 요인이 될 수도 있다. 그러므로 재정지원은 직접지원보다는 주민조직이 추진하는 공익적 사업을 지원하는 방식으로 하는 것이 바람직할 것이다.

둘째, 자치단체에 설치되어 있는 각종 위원회의 민간위원을 위촉할 때 자생적 주민조직의 추천을 받는 방안을 강구할 필요가 있다. 그런데 이러한 추천을 해줄 수 있는 주민조직은 상당한 지명도와 함께 주민들로부터 신뢰를 받고 있으며 어느 정도 전문성을 갖춘 조직이어야 할 것이다.

다. 주민자치센터의 기능강화

가) 주민자치센터의 개념 및 설치 배경

우리나라 기초자치단체의 읍·면·동에는 주민자치센터가 설치·운영되고 있다. 주민자치센터란 주민의 복리 및 편의 증진을 도모하고 주민자치기능 강화 및 지역공동체 형성에 기여하기 위하여 지방자치법 제8

조 규정에 의하여 설치된 각종 문화·복지·편익시설과 프로그램 및 주민자치위원회 운영 등을 총칭하는 개념이다.

주민자치센터는 2000년에 설치되었는데, 그 설치 배경은 그동안 주민 가까이에서 지방행정을 수행해 온 읍·면·동 사무소를 21세기 행정 환경의 변화에 맞추어 그 기능과 역할을 새롭게 변화시키는데 있었다. 즉 읍·면·동 사무소의 업무를 민원과 복지, 생활정보 제공 등 주민들에게 기본적으로 필요한 사무중심으로 개편하고, 사무소 안에 주민자치센터를 설치하여 주민들의 자치활동 공간으로 활용함과 동시에 문화와 여가기회를 제공함으로써 주민이 주체가 되는 읍·면·동 사무소가 되도록 하기 위해서였다(채은경·김영환, 2012: 18-19).

나) 주민자치센터와 주민자치위원회의 기능

주민자치센터는 읍·면·동의 행정구역을 기본적인 생활권으로 삼고 있는 지역주민들이 자치조직의 주체가 되어 활용하는 시설로서, 주민참여에 의해 지역공동체를 자율적으로 관리하는 주민자치기능과 함께 주민들에게 일정한 행정서비스를 제공하는 행정기관적 기능을 가지고 있다. 주민자치센터가 수행하는 구체적 기능은 다음과 같다.

첫째, 지역문제 토론, 마을환경 가꾸기, 자율방재활동 등의 주민자치기능이다. 둘째, 지역문화행사, 전시회, 생활체육 활동 등의 문화여가기능이다. 셋째, 건강증진, 마을문고, 청소년 공부방 운영 등의 지역복지기능이다. 넷째, 회의장, 알뜰매장, 생활정보 제공 등의 주민편익기능이다. 다섯째, 평생교육, 교양강좌, 청소년교실 운영 등의 시민교육기능이다. 여섯째, 내 집 앞 청소하기, 불우이웃돕기, 청소년 지도 등의 지역사회 진흥기능이다. 이러한 기능들을 통해 알 수 있듯이 주민자치센터는 주민들의 자발적이고 적극적 참여를 통해 지역을 이웃과 더불어 사는 생활공동체, 지역의 문제를 스스로 해결하는 자치공동체로 조성하는 것을 목표로 하고 있다.

현재 주민자치센터에는 행정안전부 조례준칙(제15조)에 따라 주민자치위원회를 두고 있는데, 이 위원회는 주민자치센터의 시설 등의 설치 및 운영에 관한 사항, 주민의 문화·복지·편익증진에 관한 사항, 주민의 자치활동 강화에 관한 사항 및 지역공동체 형성에 관한 사항, 그리고 기타 주민자치센터의 운영에 필요한 사항을 심의하고 있다.

다) 주민자치센터의 운영원칙

주민자치센터는 그 운영의 기본목표를 주민을 위한 문화·복지·편익시설과 프로그램 운영을 통해 주민들의 삶의 질을 향상시키고 주민자치와 지역공동체 형성의 구심점 역할을 수행하는데 두고 있으며, 다음과 같은 기본원칙 아래 운영되고 있다(장헌일, 2004: 94-95). 첫째, 주민참여의 원칙이다. 주민자치센터는 주민자치위원회를 중심으로 각 분야의 주민들이 참여하여 권한과 책임을 가지고 운영하는 것을 원칙으로 한다. 주민들이 자발적·적극적으로 참여할 때라야 자치센터의 시설과 프로그램뿐만 아니라 지역사회에 대한 애정과 관심을 갖게 되어 상호유대가 강화되는 한편 주인의식과 책임의식, 그리고 공동체의식을 함양할 수 있게 된다는 것이다.

둘째, 지역자원 연계의 원칙이다. 주민자치센터의 운영은 지역의 자원들(학교, 교회, 병원, 지역단체 등)과 상호 연계하고 협력하여 운영하는 것이 민간부문과의 중복운영을 방지하고 시너지효과를 거둘 수 있다는 것이다. 셋째. 민관파트너십의 원칙이다. 주민자치센터의 활동을 활성화하기 위해서는 주민들과 행정간에 파트너십을 형성하여 서로의 입장을 이해하고 존중하면서 목표달성을 위해 협력해야 한다는 것이다.

라) 주민자치센터 운영의 활성화 방안

현재 주민자치센터는 제도와 운영면에서 여러 문제를 안고 있어 본래 의도했던 기능을 제대로 수행하지 못하고 있는 실정이어서 그 활성화를 위한 개선방안 마련이 요청되고 있다. 그 방안으로는 첫째 주민자치 관련 프로그램이 강화되어야 한다. 현재의 주민자치센터는 주민들의 참여가 저조한데다 마치 문화센터처럼 문화·교양과 오락들을 위주로 하는 프로그램에 치중하고 있어 공동체의식과 협동의식을 함양하는 프로그램은 소홀하게 다루어지고 있다.

그러므로 주민자치센터에 주민참여가 활성화되기 위해서는 주민과 주민조직이 지역문제에 적극 참여하고 더불어 살아가는데 필요한 공동체의식 등에 관한 프로그램의 비중을 크게 높여야 한다. 그리고 지역마다 인문적·자연적 특성이 다른 점을 고려하여 주민자치센터별로 지역실정에 부합되도록 프로그램을 특화시킬 필요가 있다.

둘째, 주민자치위원회 구성과 운영이 합리화되어야 한다. 현재 주민자치센터의 주민자치위원 선임은 지역 내 사회단체장들이 추천한 자와 공개모집한 자 중에서 읍·면·동장이 위촉하도록 되어 있으나 실제로는 관변단체의 임원을 중심으로 구성되어지는 경우가 많다. 그리고 위원회의 권한은 주민자치센터 운영에 관한 심의권과 읍·면·동장에 대한 자문권만 가지고 있고 의결권은 없기 때문에 책임성이 약할 수밖에 없다.

이러한 문제들을 개선하기 위해서는 시민단체와 지역 내의 여러 자생적 주민조직에서 위원들이 선정되어야 하며 지역 내 각 분야의 전문가를 다수 참여시켜 전문성을 강화해야 하는데, 전문성의 기준으로는 주민자치 활동과 주민조직 활동 경험 등을 중시할 필요가 있다. 그리고 주민자치위원회의 업무 중에서 특정 사안에 대해서는 의결권을 부여함으로써 자치위원들이 자기권한 아래 책임감을 가지고 지역실정에 적합한 프로그램 등을 기획하고 시행하는 실질적 역할을 할 수 있도록 해야 할 것이다.

셋째, 자원봉사자를 다수 확보할 수 있어야 한다. 현재 주민자치센터의 실무운영은 자원봉사자 중심으로 이루어지고 있으나 자원봉사자의 자치센터 참여가 매우 저조한 실정이다. 따라서 자원봉사자의 확보가 필수적인데 이를 위해서는 개인단위의 참여보다는 시민단체, 직능조직 등 조직단위의 참여를 유도하는 것이 바람직하다.

아울러 지역 내의 대학생이나 직업을 갖지 않은 고학력 여성들을 자원봉사자나 전문강사로 적극 활용하되 활동비의 실비보상, 봉사점수 부여 등 정책적 배려를 통해 참여동기를 강화시킬 필요가 있다. 주민자치센터 운영의 활성화를 위해서는 이 밖에도 주민자치센터 업무를 전담하는 전문성을 가진 실무자의 양성과 함께 주민자치센터를 마을도서관으로 만들어 주민들과 학습조직이 활용할 수 있게 하는 방안도 검토할 필요가 있다.

제/ 3/ 장/

참여와 협력을 위한 지역거버넌스

제3장 참여와 협력을 위한 지역거버넌스

제❶절 지역거버넌스

1. 서론

거버넌스(governance)는 다접근성과 다차원성을 가진 개념이지만 일반적 의미에서 “공공분야의 이슈를 중심으로 정부·시민사회·시장 등 다양한 행위자가 참여하여 민주적 의사결정과 집행을 하기 위해 만들어진 유형 또는 무형의 제도로 구성된 통치체제”이다. 거버넌스를 이렇게 정의할 때 지역을 토대로 하는 지역거버넌스는 “기존의 중앙정부 중심의 통치방식에서 탈피하여 지역의 공공문제 해결을 위하여 지방정부·기업·시민단체 등 다양한 지역구성원들이 동반자 관계에 기초하여 의사결정 전반에 참여하는 문제해결양식”이라고 할 수 있다.

거버넌스가 등장하게 된 배경은 세계화와 신자유주의에 따른 정부의 역할과 위상의 약화, 정부실패에 따른 새로운 공공관리의 필요성, 이해관계의 다원화와 가치의 복잡성 증가, 정보화의 진전 등 매우 다양하다. 우리나라에서 이러한 중앙정부차원의 거버넌스가 등장한 이후 지역문제 해결을 위한 지역거버넌스가 대두되게 된 것은 시민사회의 성장과 함께 1990년대 들어 지방자치가 실시되면서부터라고 할 수 있는데, 그 구체적 배경은 다음과 같다.

첫째, 정치적 민주화와 함께 행정적 분권화가 진전됨에 따라 중앙정부차원의 일방적 통치와 관리를 통한 사회문제 해결이 한계에 직면하게 되었다. 둘째, 가치관과 이해관계의 다원화와 함께 사회기능과 조직이 분절화되면서 기능적 전문화와 과정적 통제를 근간으로 삼던 기존의 중앙정부 구조로는 복합적인 사회·경제적 문제해결이 어려워짐에 따라 지역문제에 이해관계를 갖고 있는 지방정부, 주민조직, 시민사회단체 등의 참여와 합의가 필요하게 되었다. 셋째, 세계화의 진전으로 중앙정부의 역할이 약화되는 대신 지방정부가 국가발전에 기여하는 주체로서의 역할이 커지게 되면서 지역경쟁력 강화를 위한 더 적극적 대책 수립이 필요하게 되었다(최영출, 2006: 24).

이렇게 대두된 지역거버넌스는 다음과 같은 특징을 갖고 있다. ①지역거버넌스는 주민의식의 향상과 참여의 활성화를 전제로 한다. ②지역거버넌스는 그동안 지방통치에 주도적 역할을 해 온 지방정부의 권한의 분화를 전제로 전문분야별 성과관리를 필요로 한다. ③지역거버넌스는 지방정부와 지역시민조직 등의 실질적 참여에 기초한 파트너십을 통해 집합적 목표를 설정하고 공동책임 아래 정책을 결정하고 집행한다. ④지역거버넌스는 제한된 지역을 대상으로 하며, 이해관계집단의 규모가 보다 한정적이고 지역주민 및 시민조직과의 접촉성이 상대적으로 높다(최병두, 2003: 158). ⑤지역거버넌스는 참여자들의 상호신뢰와 협력이라는 규칙에 따라 규율되기 때문에 전통적 지방정부체제보다 시민사회와 시장의 요구에 대한 대응성이 높다.

이러한 특징을 가진 지역거버넌스를 구성하는 기본적 요소로는 참여, 네트워크, 파트너십의 세 가지를 들 수 있다. 지역거버넌스가 보다 민주적이고 합리적인 것이 되기 위해서는 먼저 다양한 이해관계집단의 참여와 함께 이들을 연결시켜 주는 장치로서 네트워크가 구축되고, 그러한 네트워크가 원활하게 운영되도록 해 주는 민관 파트너십이 필요하다.

네트워크가 의사결정과정에서 협력적 행동을 이끌어 내기 위한 물리적 구조로서 거버넌스 형성의 필요조건이라면, 파트너십은 네트워크 내에서 참여자들 간에 이루어지는 거버넌스의 충분조건이라고 할 수 있다(김광구 외, 2006: 23). 이같이 지역거버넌스가 효과적으로 작동하기 위해서는 네트워크 차원과 파트너십 차원이 유기적으로 결합됨으로써 공식적이고 제도적인 기반을 조성하는 한편 비공식적인 사회적 조절기제가 상호보완적으로 연계되어야 할 것이다.

지방자치가 부활된 1990년대부터 지방정부들은 지역의 중요한 공공문제를 해결하기 위하여 대표성 있는 주민들을 행정에 참여시켜 정부와 공동으로 문제를 해결하거나 공동으로 서비스를 창출하는 지역거버넌스체제를 구축하는데 나름대로 노력해 왔다. 그러나 법적·제도적 뒷받침 부족, 행정위주의 경로의존성, 효율성만을 강조하는 계층제적 인식 등의 영향으로 시민사회의 참여는 실질적 참여가 아닌 명목적 참여에 머물러 결국에는 지방정부주도의 책임회피 수단으로 이용되는 경우도 적지 않았다.

이에 대한 대응으로 대두된 것이 거버넌스 참여자들 간의 협력과 합의적 가치를 지향하는 협력적 지역거버넌스라고 할 수 있다. 협력적 지역거버넌스는 일반적 의미에서 "지역의 공공문제 해결을 위해 지방정부와 함께 이해관계 주민들과 지역의 시민사회단체들이 직접 참여하여 대등한 입장에서 상호협력에 의한 집합적 의사결정을 통해 합의를 추구해 나가는 체제"라고 할 수 있다.

협력적 지역거버넌스는 지역의 공공문제를 해결하는데 여러 가지 유용성을 갖고 있다. 협력적 거버넌스는 다양한 주체들이 참여하여 정책을 결정하는 것이기 때문에 유연성을 확보할 수 있으며, 거버넌스를 통한 시민참여는 정책에 대한 참신한 아이디어 제공과 다양한 정보를 교환할 수 있게 함으로써 결정되는 정책의 실효성을 높일 수 있다.

또 지방정부·시민단체·일반주민들이 서로 긴밀하게 협력하면서 사회적 이슈에 대응함으로써 민주성을 지향할 수 있으며(최길수, 2010: 8-9), 사회 및 행정의 수요변화에 대한 지방정부의 대응성을 제고할 수 있다. 뿐만 아니라 협력적 지역거버넌스는 정부와 민간부문 간의 상호이해와 신뢰를 형성하여 정부불신을 완화시키고 장기적으로는 사회적 자본을 축적하는데 기여한다.

따라서 협력적 지역거버넌스를 활성화시켜 참여와 협력을 토대로 사회적 자본을 축적함으로써 지역공동체의 형성·발전과 지역주민들의 삶의 질을 향상시키기 위해서는 협력적 지역거버넌스의 운영에 숙의과정을 적용하는 한편 지방정부 차원에서 거버넌스를 합리적으로 설계하고 효율적으로 관리해 나가야 한다. 이와 함께 지역거버넌스의 중요한 참여주체인 지역시민단체의 입장에서는 공적 문제에 대한 주민들의 참여를 유도하고 주민들의 욕구를 정책에 반영하는데 노력해야 하며 합리적인 정책대안을 제시할 수 있어야 한다.

2. 거버넌스의 개념과 대두 배경

1) 거버넌스의 개념

거버넌스는 정부의 전통적인 통치(government)와 대비되는 새로운 통치방식이다. 거버넌스라는 용어는 학문분야의 성격과 관심영역에 따라 다양하게 이해되고 있다. 정치학에서는 거버넌스를 통치행위와 권력작용이라는 관점에서 다양한 주체들 간의 협력적 통치체제로 이해되고 있으며, 사회학에서는 국가와 시장 및 시민사회의 새로운 파트너십(partnership) 형성을 통한 자발적·자율적인 네트워크로 이해되고 있다. 그리고 행정학에서는 기존의 경직된 국정운영시스템에 고객만족의 행정관리 및 성과중심의 경쟁원리와 같은 민간부문의 관리방식을 도입하는 새로운 국가통치방식인 국정관리로 이해되고 있다(최영출 외, 2006: 32).

이같이 다양한 의미로 이해되고 있는 거버넌스에 대해 Stoker(1998)는 "상호의존성, 자원의 교환, 게임의 규칙과 국가로부터의 상당한 자율성을 특징으로 하는 자기조직적인 조직간 네트워크"라고 하고 있으며(최영출 외, 2006: 28 재인용), Rhodes는 "상호의존성, 자원의 교환, 게임의 규칙성, 국가로부터의 자율성으로 특징지어지는 조직 간의 자발적 네트워크"로 정의하고 있다(배귀희, 2004: 18 재인용). 또 Jessop(1998)는 "국가·시장·시민사회 등 상호 의존적인 행위자들 간의 자율적·수평적인 복합조직"이라고 하고 있다.

이 밖에도 많은 연구자들이 거버넌스의 개념을 정의하고 있는데, 거버넌스는 다접근성과 다차원성을 가진 개념이기는 하지만 이들 개념 속에는 거버넌스가 관련행위자들이 참여하여 사회적 가치를 배분한다는 점, 공동결정을 통해 사회적 가치를 배분한다는 점, 상호이익을 모색하고 차이를 조정하는 기제라는 점, 그리고 거버넌스는 하나의 과정이고 관계이며 제도라는 점 등 공통적인 특징이 있다(권혁소, 2016: 11; 주재복·한부영, 2006: 30).

본 연구에서는 이러한 견해들을 토대로 하여 거버넌스를 "공공분야의 이슈를 중심으로 정부·시민사회·시장 등 다양한 행위자가 참여하고 협력을 통하여 민주적인 의사결정과 집행을 하기 위해 만들어진 유형 또는 무형의 제도로 구성된 통치체제"로 정의하고자 한다. 이렇게 정의할 때 거버넌스는 정부와 함께 사회 각 부문의 다양한 행위자들이 참여하여 당면한 문제를 찾아내고 공동해결을 모색하며 공동의 합의된 결론에 이르는 공동권력과 공동책임에 기초한 수평적 통치방식이자 문제해결 방식이라고 할 수 있다(김은영, 2009: 12-13).

이러한 거버넌스(governance)는 전통적 통치인 거버먼트(government)에 비해 다음과 같은 세 가지 개념상의 차이점을 가지고 있다(대통령직속 국가교육회의, 2020: 18). 첫째, 거버먼트가 권력을 가진 공적 조직이라는 의미가 강조된다면, 거버넌스는 그 조직의 운영이나 작동이라는 의미를 강조한다. 둘째, 거버먼트가 공적 조직의 배타성을 강조한다면, 거버넌스는 조직과 외부의 관계성을 강조한다. 셋째, 거버먼트가 수직적으로 지배·통치하는 권력체제를 강조한다면, 거버넌스는 협력적 관계를 위한 협치의 의미를 강조하는 용어라고 할 수 있다.

2) 거버넌스의 대두 배경

전통적인 국가와 시민사회와의 관계에 큰 변화를 가져온 거버넌스가 대두된 배경으로 Peters와 Pierre(2000)는 국가의 재정위기, 이데올르기의 시장지향적 이동, 세계화, 정부실패, 새로운 행정관리방식인 신공공관리의 출현, 사회변화와 복잡성의 증가 등을 지적하고 있다(정책기획위원회, 2005: 15 재인용). 그리고 김석준 외(2000: 33-36)는 세계화, 정보화, 민주주의의 변화, 신자유주의의 확산과 그에 따른 국가의 기능 변화를 들고 있다.

이 밖에도 많은 연구자들이 거버넌스가 등장하게 된 배경을 설명하고 있는데, 그 내용을 보면 국가의 재정위기, 시장지향적 이념의 확산, 세계화와 지방화의 대두, 국가의 정책실패, 정책결정의 부분화와 전문화, 그리고 시민참여 확대를 비롯한 사회적 변화와 복잡성의 증가 등 매우 다양하다. 본 연구에서는 이러한 내용들을 종합하여 대두배경을 네 가지로 구분하여 살펴보고자 한다.

첫째, 정부의 역할과 위상의 약화이다.

그동안 국가중심의 통치체제는 능률성과 효과성을 기본가치로 삼아 위계적인 권위와 기능적 전문화를 통해 국정을 운영하고 관리해 왔으나 세계화와 신자유주의 등의 확산으로 자본과 시장을 통제하던 국민국가의 역할 및 정부기능이 약화됨에 따라 국가·시장 및 세계체제와의 관계를 재구축하지 않으면 안 되게 되었다.

또 세계화 및 신자유주의의 확산에 따라 사회가 점차 다원화·전문화되면서 정부의 능력만으로는 복합적인 사회경제적 문제의 해결이 어려워짐에 따라 국가기능과 권한이 민간부문으로 이전되기 시작하였다. 그리하여 더 이상 전통적인 중앙집권적 행정국가의 형태를 유지할 수 없게 되자 정부가 국정운영을 효율적이고 민주적으로 수행하기 위해서는 정부의 권력과 기능을 민간부문과 공유하고 협력하는 새로운 국정운영 시스템을 필요로 하게 되었다.

둘째, 새로운 공공관리의 필요성이다.

1980년대 이후 세계의 여러 국가들이 비능률과 재정위기 등을 타개하는데 정부실패에 봉착하게 되면서 정부규모의 지나친 비대화가 비판을 받게 되고 정부능력에 대한 불신이 심화되게 되었다. 이에 따라 이른바 '작은 정부'를 추구하는 움직임이 일어나게 되고, 그 방안의 하나로 민간부문의 관리방식인 신공공관리가 정부부문에 도입되게 되었다.

신공공관리론(new public management)은 정부의 기능 및 규모의 축소와 공공서비스의 민영화 등에 중점을 두고 산출되는 성과를 강조하는 한편 고객지향적 행정을 중시하며 작은 정부를 지향한다. 이는 정부의 역할을 종래의 계층제적 통제에 의한 일방적 통치가 아니라 분권화·민영화·시장화 등에 따라 정부와 국민을 동반자적 관계로 보고 국민의 복리증진과 질서유지를 위한 방향키(key)의 역할을 하는 것을 주된 임무로 인식하는 것이다. 이러한 신공공관리의 필요성이 거버넌스를 대두시킨 배경의 하나가 되었다.

셋째, 이해관계의 다원화와 가치의 복잡성의 증가이다.

현대사회는 이해관계가 다원화된 데다 서로 상반되는 가치들이 혼재하는 등 복잡성이 크게 증가되고 있기 때문에 이들을 조정·통합하여 공통의 이해기반을 마련할 필요성이 커지게 되었다. 즉 시민사회가 성숙해지면서 종래에 중요한 가치로 존중되어 온 경제발전, 국가안보와 같은 가치들을 넘어서서 문화·인권·환경과 같은 새로운 가치들이 등장하고 그 중요성도 커지게 되었다.

이러한 경향은 정부로 하여금 제도와 기능을 발전적으로 분화시키고 전문화하여 다양한 사회적 가치와 시민들의 욕구를 반영하도록 요구하고 있지만 정부의 능력만으로는 이에 대응하기가 어렵게 되었다.

이와 함께 기존의 대의정치시스템도 다원화된 집단 간의 이해와 갈등을 조정하고 합의를 도출하는 역할을 하는데 한계에 직면하게 되었다. 이에 따라 정부가 사회적인 다양한 가치와 욕구를 공공정책에 반영하기 위해서는 일반시민과 시민사회단체들을 행정에 참여시켜 상호 협력하는 거버넌스 형성이 불가피하게 되었다.

넷째, 정보화의 진전이다. 정보화는 국가·사회·기업 등 국가운영 주체 간의 관계를 변화시켜 산업사회의 운영 틀의 기본을 바꾸는 중요한 변수가 되었으며 거버넌스를 필요로 하게 되었다. 정보화는 시민사회의 역할을 증대시키고 정치적 대리인에 의한 간접민주주의인 대의체제를 약화시켰으며, 그 대신 정보기술의 지원을 받는 네트워크와 사이버 장치를 통한 국민들의 직접참여 욕구를 충족시킬 수 있게 되었다. 정보화는 또한 사이버공간의 관리를 통한 사이버 거버넌스(cyber governance)라는 새로운 형태의 공동체 운영기제를 등장시켜 국가권력을 기반으로 한 통치의 기능과 역할은 축소시키고 시민사회와 시장의 역할을 그만큼 증가시키도록 만들었다(정책기획위원회, 2005: 16).

이상에서 거버넌스의 대두배경을 살펴보았는데, 이러한 거버넌스 대두의 토대가 된 거버넌스이론은 1970년대에 등장한 이후 통시적 관점에서 크게 네 단계의 변화를 거쳐 왔다고 할 수 있다(은재호·이광희, 2009: 28-30). 그 내용을 보면, 1970년대에는 거버넌스가 국민국가 차원에서 정부(government)와 동일한 의미로 이해되었다. 따라서 이 시기의 거버넌스는 정부 내부의 새로운 업무처리 시스템을 통칭하는 관리중심적인 이론이었다고 할 수 있다.

그러다가 1980년대에 들어와 국가중심의 관리체제에 대한 위상과 역할이 한계를 드러내고 중앙집권적 관료주의의 폐해에 대한 반성이 제기됨에 따라 거버넌스는 중앙정부 위주의 통제체제에서 분리되면서 정부의 역할을 보완하거나 대체하는 개념으로 자리를 잡게 되었다. 또 1990년대에는 시민사회 및 시장중심이론의 대두로 인해 거버넌스가 시민사회 영역으로 그 적용범위가 확장되면서 의사결정과정에 대한 시민사회의 참여와 합의형성 등을 포함하는 민주주의적 특성이 강조되게 되었다(강경화, 2017: 16).

그리고 2000년대 들어와 거버넌스는 다양한 주체들 간의 단순한 네트워크 활동뿐만 아니라 행위주체들 간에 국가정책을 상호 조율함으로써 공공문제를 해결하는 통치시스템으로 변화되었다. 다시 말해 2000년대에 들어와 거버넌스는 국가운영의 틀을 재구축하는 이론적 기반으로 활용되게 되었다고 할 수 있다(여관현, 2017: 3).

3. 지역거버넌스의 개념과 대두 배경

1) 지역거버넌스의 개념

거버넌스가 정부·시장·시민사회가 자발적으로 상호의존하고 협력하는 통치체제라고 한다면, 지역거버넌스(local governance)는 지역적 수준에서 지방정부와 주민, 그리고 지역시민단체 등이 참여와 협력을 통하여 지역의 공동문제를 해결해 나가는 통치체제라고 할 수 있다.

지역거버넌스의 개념에 대해 Stoker(1997)는 "지역수준에서 발생하는 다양한 문제를 해결하고 사회경제적 목적을 달성하기 위해 정부와 다양한 사회주체들 간에 공통된 목적과 가치를 바탕으로 교류·협력을 추진하는 체계"라고 하였으며, Rose(2000)는 "공공기관들의 관계뿐만 아니라 공공기관과 시민사회간의 상이한 관계를 발전시키는 지역수준의 새로운 의사결정방식"으로 정의하고 있다(김성태, 2012: 41).

한편 이범수와 최일태(2001)는 지역거버넌스를 "지역적 차원에서 공사협력체계와 네트워크를 통한 공동의 해결방식 또는 조정방식"이라고 하였으며, 염일열과 설성현(2003: 2-3)은 "자신들이 속한 지역사회에서 그 구성원들이 지역문제를 해결하거나 지역정책을 결정하는데 수평적 관계에서 함께 참여하고 함께 해결하며 책임도 함께 지는 공공의 사결정 방식"으로 정의하고 있다.

이와 같이 지역거버넌스의 개념도 거버넌스와 마찬가지로 다양하게 정의되고 있으나, 본 연구에서는 앞에서 제시한 여러 정의들을 토대로 하여 지역거버넌스를 "기존의 지방정부중심의 통치방식에서 탈피하여 지역의 공공문제 해결을 위하여 정부, 기업, 시민사회단체 등 다양한 지역의 구성원들이 동반자 관계에 기초하여 의사결정 전반에 참여하는 문제해결 양식"으로 정의하고자 한다. 이렇게 정의되는 지역거버넌스는 국가수준에 비해 한정된 지역을 대상으로 하기 때문에 이해집단의 규모가 한정적이고, 지역주민 및 주민조직과의 접촉의 강도가 상대적으로 높은 것이 특징이다(류영아, 2013: 17).

Mayntz(1993)는 지역거버넌스의 개념적 구성요소로 다음의 다섯 가지를 지적하고 있다(홍종득, 2007: 36 재인용). 첫째, 지역거버넌스는 지방통치욕구에서 시작된다. 지방통치욕구란 지역사회에서 해결이 필요한 정책문제의 특성을 말한다. 둘째, 지역거버넌스는 지방통치욕구로 등장하는 정책문제에 관련되는 여러 행위자들의 참여를 전제로 한다.

셋째, 지역거버넌스는 행위자들의 이해관계를 포함한다. 행위자들은 정책결과가 자신에게 이익이 되거나 또는 최소의 손실이 되도록 노력한다. 넷째, 지역거버넌스는 행위자들의 이해관계를 해결하기 위한 수단의 적용을 포함한다. 다섯째, 지역거버넌스는 지방통치활동과 그 결과 간의 인과관계를 내포한다는 것이다.

지역거버넌스는 구조적 측면에서 보면 지방정부의 각 수준에서 형성되는 지방정부와 기업, 시민사회 등 다양한 조직 간의 네트워크 구조라고 할 수 있다. 이러한 네트워크 구조는 지역수준에서의 자원배분, 정책결정, 서비스제공에 대한 자율성 및 재량권을 가지는데, 그 보유 정도에 따라 행위주체들 간에 다양한 관계가 형성된다(최영출, 2006: 24).

반면에 지역거버넌스를 과정적 측면에서 보면 지역사회가 의사결정

권한을 공유하며 시민사회의 자치권 확대를 통해 지역의 주요 문제를 다양한 지역사회 행위자들이 참여하여 협력을 통해 해결해 나가는 기제라고 할 수 있다. 그런데 일반적으로 지방정부는 중앙정부보다도 거버넌스의 이념을 더 충실하게 실천할 수 있다고 본다. 그 이유는 지방정부가 더 많은 대민접촉을 하고 있으며 주민들이 체감할 수 있는 생활형 공공서비스를 제공하고 있기 때문이다.

2) 지역거버넌스의 대두 배경

우리나라에서 중앙정부 차원의 거버넌스가 등장한 이후 지역문제의 해결을 위한 거버넌스적 접근이 대두되게 된 것은 시민사회의 성장과 함께 지방자치가 실시되면서부터이다. 1980년대에 들어와 정치적 민주화가 이루어지면서 시민사회의 성장으로 민간부문의 통치욕구가 증대되었으며, 그 후 1990년대에 지방자치제의 실시로 행정적 분권화가 촉진되면서 중앙정부 차원의 일방적 통치와 획일적인 관리가 더 이상 지역주민들의 다양한 욕구를 충족시키지 못하는 한계를 드러내게 됨에 따라 지방정부 차원에서 지역문제를 합리적으로 해결하기 위한 새로운 체제가 요구되었다.

이러한 요구는 지방정부로 하여금 지역 내외의 다양한 제휴와 협력의 가능성을 적극적으로 모색하지 않을 수 없도록 함으로써 지방정부·기업·시민사회단체 등 지역의 다양한 주체들의 참여와 수평적 협력을 필요로 하는 지역거버넌스(local governance)의 형성을 촉진시키게 되었다. 지역거버넌스가 대두하게 된 구체적 배경은 다음과 같다.

첫째, 정치적 민주화와 함께 행정적 분권화가 진전됨에 따라 중앙정부 차원의 일방적 통치와 관리를 통한 사회문제 해결이 한계에 직면하게 되었다. 이에 따라 지역차원에서 지방정부와 지역주민 등 다양한 이해당사자들이 직접 참여하여 지역적 특성을 고려한 정책을 형성하고 문제를 해결해 나갈 수 있는 새로운 형태의 체계구축이 필요하게 되었다(김용웅 외, 2001: 238).

둘째, 가치관과 이해관계의 다원화와 함께 사회기능과 조직이 분절화 되면서 기능적 전문화와 과정적 통제를 근간으로 삼는 기존의 중앙정부구조로는 복합적인 사회·경제적 문제의 해결이 어려워짐에 따라 지역문제에 이해관계를 갖고 있는 지방정부, 주민조직, 시민사회민단체 등의 참여와 합의가 필요하게 되었다. 셋째, 세계화의 진전으로 국가의 역할이 약화되는 대신 지방정부가 국가발전에 기여하는 주체로서의 역할이 증대하게 되면서 지역경쟁력 강화를 위한 더 적극적인 대책 수립이 필요하게 되었다(최영출 외, 2006 : 24).

4. 지역거버넌스의 특징

거버넌스는 정부를 중심으로 한 제도적이고 공식적인 관계보다는 정부, 시민사회, 시장이 각자의 목표와 이해관계를 비공식적인 네트워크를 통하여 반영하고 이를 조정·통합해 나가는 체제이다. 따라서 정부주도로 정책과 행정을 일방적으로 운영해 나가는 전통적 통치방식과는 상당한 차별성을 갖고 있는데 그 중요한 특징으로는 상호의존성, 지속적인 상호작용, 게임의 규칙, 자율성 등 네 가지를 들 수 있다(김명현, 2010: 14-15).

첫째, 거버넌스는 정부와 비정부부문인 시민사회단체, 시장(market)과 같은 다양한 주체들로 이루어지는 네트워크로서 상호의존성을 가장 중요한 특징으로 한다. 상호의존성은 거버넌스에 참여하는 당사자들이 자발적 의지를 가지고 정보를 교환하고 자원(resources)을 제공하여 혼자서는 할 수 없거나 달성하기 어려운 일을 수행함으로써 서로에게 혜택이 돌아갈 것이라는 예측을 전제로 한다(최영출 외, 2006: 77).

이러한 상호의존성을 높이기 위해서는 참여자들이 각각 필요로 하는 자원을 서로 제공할 수 있어야 하는데, 이때 자원은 물질적 자원이든 비물질적 자원이든 어느 것이나 가능하지만, 그러한 자원을 상대방이 아닌 제3자에게서 제공받을 수 있는 여지가 없거나 적을수록 상호의존성은 더 커지게 된다(김태영, 2002: 146-147).

둘째, 거버넌스는 네트워크에 참여한 당사자들이 필요로 하는 자원을 교환하고 공유한 목적을 달성하기 위해 지속적인 상호작용을 필요로 한다. 이러한 상호작용이 활발히 지속되기 위해서는 당사자들의 특성이 중요하다. 즉 당사자들의 이질성의 정도가 어느 정도인지, 각 당사자들 간의 관여수준이 어느 정도인지에 따라 상호작용의 정도가 결정될 수 있다.

셋째, 네트워크를 통한 상호작용은 신뢰와 협력을 토대로 하며 참여자들 간의 협상과정을 거쳐 동의된 게임의 규칙에 따라 규제된다(최영출 외, 2006: 78). 거버넌스체제가 전통적 정부체제보다 시장과 시민사회의 요구에 대응성을 높일 수 있는 이유는 거버넌스가 하나의 게임으로서 상호신뢰와 협력이라는 규칙을 지키기 때문이다(김진명, 2009: 34). 이러한 게임의 규칙이 공정하게 이루어지기 위해서는 참여자들 상호간의 신뢰, 존경, 갈등 등의 관계가 중요한데, 게임의 규칙에 영향을 미치는 중요한 요인으로는 상대방에 대한 당사자들의 태도와 인식을 들 수 있다.

넷째, 거버넌스는 자율성을 가진 자기조직적인 네트워크를 특징으로 한다. 다양한 참여자로 구성된 거버넌스는 정부로부터 상당한 자율성을 가진 주체들의 네트워크로서 참여자들이 상호 독립적이라는 것을 강조한다. 따라서 거버넌스체제에서 정부는 다양한 주체들의 자율성과 독립성을 존중하면서 공공문제의 해결을 위해 주체들을 통합하고 조정하는 관리자의 역할에 초점을 맞춘다. 이러한 자율성을 가진 자기조직적 네트워크를 구성하기 위한 요소로서는 네트워크의 관리주체, 이해관계자의 범위, 네트워크의 구성형태, 책임소재, 참여방식, 참여단체 등이 중요한 요소로 작용한다(김진명, 2009: 35).

이상에서 거버넌스의 특징을 살펴보았는데, 이번에는 지역거버넌스의 특징을 살펴보자. 지역거버넌스는 거버넌스의 한 형태이기 때문에 앞에서 제시한 거버넌스로서의 일반적 특징과 함께 지역을 대상으로 이루어지는 거버넌스로서의 특징을 동시에 갖고 있다. Stoker(1997)는 이러한 지역거버넌스의 특징으로 개방성, 참여, 부문간의 지속적 상호협력 등 세 가지를 들고 있는데(강경화, 2017: 29 재인용), 지역거버넌스에 내재된 일반적인 주요 특징은 다음과 같다.

첫째, 지역거버넌스는 주민의식의 향상과 참여의 활성화를 전제로 한다. 이는 주민 개개인이 지역의 주체라는 권리의식과 책임의식을 가지고 문제해결을 위한 자발적 참여가 이루어져야 함을 의미한다. 둘째, 지역거버넌스는 그동안 지방통치에 주도적 역할을 해 온 지방정부의 권한의 분화를 전제로 전문분야별 성과관리를 필요로 한다(김명현, 2010: 14-15).

셋째, 지역거버넌스는 지방정부와 지역시민조직 등의 실질적 참여에 기초한 파트너십(partnership)을 통해 집합적 목표를 설정하고 공동책임 아래 정책을 결정하고 집행한다. 이를 위해서는 다양한 행위주체들이 지식과 정보 등 자원을 상호교환하고 공유해야 하기 때문에 행위주체들 간의 네트워크가 강조된다. 넷째, 지역거버넌스는 제한된 지역을 대상으로 하며 이해관계집단의 규모가 보다 한정적이고 지역주민 및 시민조직과의 접촉성이 상대적으로 높다(최병두, 2003: 158). 다섯째, 지역거버넌스는 참여자들의 상호신뢰와 협력이라는 규칙에 따라 규율되기 때문에 전통적 지방정부체제보다 시민사회와 시장의 요구에 대한 대응성이 높다는 특징을 가지고 있다.

5. 지역거버넌스의 유형

지역거버넌스의 유형은 행위주체, 비정부조직의 형성수준, 의사소통망 구성, 거버넌스에 대한 사고방식, 이해관계 등에 따라 다양하게 구분할 수 있다. 첫째, 지역거버넌스는 행위주체를 기준으로 국가중심형, 시장중심형, 시민사회중심형 거버넌스로 구분된다. 국가중심형 거버넌스는 능률성과 효과성을 지향하는 관리주의와 합리주의 그리고 법치주의를 추구하는 관료주의를 이념으로 하여 정부가 시장과 시민사회를 주도적으로 관리하는 체제이다.

이 거버넌스는 경쟁과 관리를 운영원리로 삼아 정부부문에 기업가적 정신과 민간의 효율적 관리기법들을 도입하여 정부조직의 유연성을 향상시키고 관리체제의 혁신을 이루어야 한다는 입장을 견지한다. 그러나 국가중심형 거버넌스는 정부 내부의 효율성을 우선적으로 추구함으로써 효율성이 저해되기 쉬운 주민참여에 적극적이지 않을 가능성이 있다. 국가중심적 거버넌스이론에는 신축모형, 탈규제모형, 좋은 거버넌스, 최소국가론 등이 있다(전영상, 2006: 25-26).

시장중심형 거버넌스는 시장의 자율적 작동범위를 확장하려는 체제로서 경쟁과 고객, 가격을 통한 자원의 배분 등을 근간으로 하는 시장주의를 운영원리로 한다. 이 유형은 공공서비스의 생산과 공급에 경쟁원리를 도입하여 정부부문과 민간부문의 다양한 참여와 경쟁을 유도하며, 소비자인 시민의 선호에 따라 민간기업을 통해 공공서비스를 경쟁적으로 공급함으로써 경비를 절감시킨다는 입장을 견지한다. 시장중심형 거버넌스이론에는 신공공관리론, 시장모형 등이 있다(황재성, 2011: 29).

한편 시민사회중심형 거버넌스는 대의제도의 한계를 보완하기 위하여 공공문제의 처리과정에서 시민(시민단체)의 적극적 참여를 강조하는 체제로서 참여민주주의를 운영원리로 한다(이승종·김혜정, 2018: 482). 이 모형에서는 정책의 기획 및 집행, 자원의 동원과 배분 등에서 주민주도성이 작동하며 공공의 개입은 최소한으로 한정된다. 시민사회중심형 거버넌스이론에는 사회-사이버네틱체계, 기업거버넌스, 참여적 정부모형 등이 속한다(황재성, 2011: 30).

그런데 시장중심형 거버넌스와 시민사회중심형 거버넌스에서 '시민'

은 국정운영 변화에 핵심이 되는 변수이지만 그 구체적 의미는 큰 차이가 있다. 전자의 경우에 시민은 국가서비스의 수혜자로서 소비자의 개념에 주목하는 반면에 후자의 경우에 시민은 정부운영에 참여자로서의 개념에 주목한다.

위에서 설명한 세 유형의 거버넌스들은 다양성과 함께 공통된 특성들을 가지고 있다. 이들 거버넌스들은 국가·시장·시민사회라는 3대 주체 중 어느 한 주체를 중심으로 하더라도 나머지 다른 두 주체의 존재와 의미를 무시하는 것이 아니다. 다만 국가중심, 시장중심, 시민사회중심으로 거버넌스를 구분하는 것은 보다 중시하는 역할을 어느 주체가 담당하느냐에 따른 것으로 보아야 한다. 따라서 거버넌스는 이러한 3대 주체를 중심으로 공식적, 비공식적 조직을 통해 사회적 이해관계를 조정하고 공공서비스를 공급하는 것으로 이해되어야 할 것이다(전영상, 2006: 27).

둘째, 지역거버넌스는 비정부조직의 형성수준과 정책참여에 대한 정부의 태도를 기준으로 통치형, 대립형, 참여형, 친화형 거버넌스로 구분된다. 통치형은 정책참여 및 네트워크에 대한 지방정부의 태도가 부정적이고 비정부조직도 활성화되지 못한 경우에 나타나는 거버넌스로서 엄밀한 입장에서 볼 때 거버넌스라고 할 수 없다. 대립형은 비정부조직들이 형성되어 참여욕구를 가지고 있으나 그들의 정책참여에 대한 지방정부의 태도가 부정적인 경우에 나타나는 거버넌스로서 정부와 비정부조직은 서로 불신하면서 대립하게 된다.

친화형은 정책참여 네트워크에 대한 지방정부의 입장은 긍정적이나 비정부조직이 제대로 활성화되지 못한 경우에 나타나는 거버넌스이다. 이 유형에서는 주로 관변 비정부조직이 지방정부의 정책과정에 참여하기는 하지만, 그 내용이 자문에 그치는 등 실질적인 정책과정에 영향력을 행사하지 못한다. 한편 참여형은 비정부조직이 잘 형성되어 있고 그들의 정책참여에 대한 지방정부의 태도도 긍정적인 경우에 나타나는 거버너스이다. 이 유형은 비정부조직이 지방정부의 정책과정에 실질적인 영향력을 행사하는 경우로서 시민사회가 성숙되고 정부도 민주적으로 운영될 때 나타난다.

셋째, 지역거버넌스는 지방정부와 비정부조직 간의 의사소통망 구성을 기준으로 일방형, 특혜형, 집합형, 별거형, 집중형, 네트워크형으로 구분된다(권필상, 2008: 11). 일방형 지역거버넌스는 지방정부가 일방적으로 정책참여집단을 통제하고자 하는 경우에 나타나는 거버넌스로서, 거버넌스 참여자의 능력이 모자라는 경우에 형성된다. 특혜형은 지방정부가 자신에게 유리한 정책결정을 유도하기 위하여 특정한 비정부조직에게는 정책참여를 허용하지만 다른 조직에게는 거부하는 경우에 나타나는 거버넌스이다.

집합형은 다양한 정책참여집단이 형성되어 있고 지방정부도 개방적으로 참여를 유도하는 경우에 나타나는 거버넌스로서, 참여집단과 정부 간에 개별적 상호작용은 이루어지지만 참여집단 간의 정보공유와 의사소통은 미흡한 형태이다. 이 유형은 전문성과 효율성을 중시하기 때문에 정책과정에서 지방정부가 주로 주도권을 행사하게 된다.

별거형은 정책참여집단 간에 네트워크는 형성되어 있으나 지방정부와의 네트워크는 단절된 형태의 거버넌스로서 지역주민들의 시민의식이 낮은 경우에 나타난다. 집중형은 정책참여집단 간의 네트워크가 형성되어 의사소통이 이루어지지만 정책은 지방정부가 주도하는 형태의 거버넌스이다. 한편 네트워크형은 지방정부와 참여집단이 함께 정책네트워크를 구성하는 형태의 거버넌스로서 정부가 정책을 주도하기보다는 정책네트워크의 조정자 역할을 수행한다.

넷째, 지역거버넌스는 거버넌스에 대한 사고방식을 기준으로 구조로서의 거버넌스와 과정으로서의 거버넌스로 구분된다. 구조로서의 거버넌스는 다시 계층제로서의 거버넌스, 시장으로서의 거버넌스, 네트워크로서의 거버넌스, 연결망으로서의 거버넌스로 세분할 수 있다. 계층제로서의 거버넌스는 계층제적 시스템이 지방정부와 시민사회의 연결 관계에 크게 영향을 미친다는 점을 강조하며, 시장으로서의 거버넌스는 시장이 가장 효율적이고 공정하게 자원을 배분하는 메커니즘으로 본다.

그리고 공동체로서의 거버넌스는 국가의 간섭이 최소화된 상태에서 공동체 스스로가 자신들의 문제를 해결해 나가는 것을 강조하며(한국지방행정연구원, 2011: 12-13), 연결망으로서의 거버넌스는 정책연결망이 다양한 참여자로 구성되어 공익과 사익의 조정을 용이하게 할 수 있으며 공공정책의 집행에서 효율성을 강조한다. 한편 과정으로서의 거버넌스는 방향잡기 및 조정과정으로 거버넌스를 파악한다.

그런데 이들 사고방식을 기준으로 한 거버넌스 유형을 위에서 설명한 행위주체를 기준으로 한 유형들과 연결시켜 보면 국가중심형 거버넌스는 계층제로서의 거버넌스, 시장중심형 거버넌스는 시장으로서의 거버넌스와 관련되며, 시민사회중심형 거버넌스는 연결망으로서의 거버넌스 및 공동체로서의 거버넌스와 관련된다.

다섯째, 지역거버넌스는 이해관계에 따라 갈등적 거버넌스와 협력적 거버넌스로 구분할 수 있다. 갈등적 거버넌스는 이해가 대립적이고 갈등상태에 있을 때 나타나는 거버넌스로서 이해당사자들은 상호배타적 입장에서 적대적이고 대립적인 관계를 형성한다. 이 거버넌스에서 행위자들의 대응방식은 주로 항의·시위 등을 통해 이루어지며 공식적이고 지속적인 협의의 공간이 존재하기보다는 사안에 따라 갈등과 논쟁이 존재한다.

한편 협력적 거버넌스는 이해관계를 상당 수준으로 조정할 수 있을 때 나타나는 거버넌스로서 행위자들의 대응방식은 주로 대화와 타협을 통해 이루어진다. 따라서 협력적 거버넌스에서는 공식적이며 지속적인 협의의 공간이 존재하는데, 그러한 공간은 위원회나 협의회 등의 형식으로 제도화될 가능성도 있다. 이 거버넌스에서 행위자들은 서로 자신의 요구를 합리적으로 표출하고 상대를 설득함으로써 자신의 이익을 어느 정도 관철할 수 있기 때문에 상호이해와 협력관계를 형성할 수 있다(한국지방행정연구원, 2006: 33). 이 밖에도 지역거버넌스는 그 발전단계에 따라 공공주도형 거버넌스, 공공중심형 거버넌스, 민관협력형 거버넌스, 시민중심형 거버넌스로 구분할 수 있다.

6. 지역거버넌스의 구성요소

지역거버넌스의 구성요소는 거버넌스의 역할 정도와 성패를 측정하는 중요한 기준이 된다. 그러한 구성요소로 Stoker(1998)는 상호의존성, 자원의 교환, 게임의 규칙, 자율성을 가진 자기조직적인 조직간 네트워크를 들고 있으며, Box(1998)는 행위자들의 민주적 참여, 책임성, 합리적 의사결정 등 세 가지를 제시하고 있다(김 영·이필용, 2008: 92 재인용). 그리고 세계은행(World Bank)은 참여성, 투명성, 책임성, 효과성, 형평성을 들고 있다.

또 김순은(2005)은 수평적 네트워크에 의한 파트너십, 주민참여, 지방정부의 책임성을 들고 있으며, 김인(2006)은 상호의존성, 자율성, 네트워크 구축, 협력과 조정의 네 가지를 제시하고 있다. 이 밖에도 많은 연구자들이 연구의 관점에 따라 다양한 요소들을 제시하고 있는데, 그 중에서 가장 많이 인용되고 있는 요소로는 참여, 과정 및 방법을 중심으로 한 네트워크, 구조 및 역할을 중심으로 한 파트너십의 세 가지를 지적할 수 있다.

지역거버넌스가 보다 민주적이고 합리적인 것이 되기 위해서는 먼저 다양한 이해관계집단의 참여와 함께 이들을 연결시켜 주는 장치로서 네트워크가 구축되고, 그러한 네트워크가 원활하게 운영되도록 해주는 파트너십이 필요하다. 네트워크가 의사결정과정에서 협력적 행동을 이끌어내기 위한 물리적 구조로서 거버넌스 형성의 필요조건이라면, 파트너십은 네트워크 내에서 참여자들 간에 이루어지는 상호작용으로서 거버넌스의 충분조건이라고 할 수 있다(김광구 외, 2006: 23).

이같이 지역거버넌스가 효과적으로 작동하기 위해서는 네트워크 차원과 파트너십 차원이 유기적으로 결합됨으로써 공식적이고 제도적인 기반을 조성하는 한편 비공식적인 사회적 조절기제가 상호보완적으로 연계되어야 할 것이다. 즉 시민사회의 자발적 참여와 합의에 기반을 둔 자치양식으로서의 네트워크 활성화와 함께 지역차원에서 시민사회와 지방정부 간의 관계를 재설정하고 제도적 변화를 통해 효과적인 파트너십 체제를 구축하는 노력이 동시적으로 이루어질 필요가 있다. 지역거버넌스의 세 가지 구성요소를 구체적으로 설명하면 다음과 같다.

1) 참여

복잡하고 어려운 사회문제를 해결하는 데 지방정부의 능력만으로는 대처가 어려워짐에 따라 그 대안으로 등장한 지역거버넌스는 다양한 사회주체들의 참여를 핵심적 내용으로 한다. 지역의 중요한 의사결정과정에 지방정부, 시민단체, 주민조직과 일반주민 등 이해관계자들의 직접적이고 폭넓은 참여는 지역거버넌스 구성의 핵심적 요소로서 공동의 문제를 해결하기 위한 필수조건이라고 할 수 있다.

지역거버넌스는 지역의 공공문제 해결을 위해 다양한 이해관계자들이 참여하여 상호협력하면서 공동으로 의사결정을 하게 된다. 이러한 의사결정의 상황에서 문제를 해결하기 위해서는 이해관계자들의 적극적 토론과 논변과정을 통하여 합의안을 도출해 내어야 하기 때문에 참여주체들의 자발적이고 실질적인 참여가 중요하다.

이를 위해서는 첫째, 자율성을 바탕으로 한 의사결정과정의 모든 단계에 참여의 기회를 공정하게 보장하여 가능한 한 지역의 계층 및 집단을 대표할 수 있는 사람들을 참여시킴으로써 대표성을 강화해야 한다. 만약 특정한 주체들에게만 참여의 기회가 주어진다면 참여를 통한 상호이해와 합의형성은 제한된 특정한 주체들만을 위한 것이 된다.

둘째, 의사결정과정에서 지방정부를 비롯한 참여주체들이 평등한 입장에서 동등한 지위와 권한을 가지고 자유로운 결정을 할 수 있어야 한다. 거버넌스체제에서 지방정부가 다른 참여자에 비해 월등한 자원·정보·권력을 통해 의사결정을 좌우하게 된다면 지방정부와 상충되는 이해관계를 가진 참여자들의 의견은 배제되기 쉽다. 거버넌스체제에서는 참여자들이 의사결정에 필요한 권한을 공유할 수 있을 때에 자발적인 참여가 이루어지게 되며 그 기능과 역할에 대한 정당성을 높일 수 있다.

셋째, 참여범위의 포괄성(inclusiveness)이 보장되어야 한다. 의사결정의 결과는 그 결정으로부터 영향을 받는 모든 사람들이 결정과정에 참여할 때 규범적으로 정당화될 수 있기 때문에 사회적 소수계층까지를 포함해 가능한 한 많은 이해관계자들을 참여시켜 의사결정의 정당성을 제고시켜야 한다. 넷째, 참여자들 간에 지식·정보 등 자원(resources)과 권력이 균형성을 확보해야 한다. 참여자들 간에 자원과 권력이 비대칭적으로 분포하게 되면 자유롭고 공정한 토론 속에서 자신들의 의견을 성찰적으로 수정해 나가는 합의가 이루어지지 못할 가능성이 많다.

2) 정책네트워크

(1) 정책네트워크의 개념과 특징

지역거버넌스는 네트워크를 그 구성요소의 하나로 하는데, 지역거버넌스에서의 네트워크는 참여자들이 상호작용을 통해 자원을 동원하고 배분한다는 점에서 정책네트워크라고 할 수 있다. 정책네트워크(policy network)는 일단의 정책행위자들 간에 연계가 이루어지는 특정한 관계유형이지만, 그에 대한 개념은 연구자들에 따라 다양하게 정의되고 있다. Kaufman은 정책네트워크를 "정책결정에 영향을 미치는 이익집단들 간의 의사소통과 정치적 지지관계"라고 하였으며, Schneider (1992)는 "정책결정과정에 협력하는 자율적이면서 상호의존적인 행위자들의 집합"으로 정의하고 있다(김진명, 2009: 46-47 재인용).

그리고 Hanf와 Scharpf(1979)는 "정책결정에 대한 정부와 사회의 상이한 수준과 기능적 영역들에 참여하는 공사 행위자들의 관계"라고 하였으며, 신영균(2006)은 "정책에 참여하는 다양하고 복잡한 이해관계자들이 특정한 정책이슈와 정책이익을 위해 역동적으로 상호작용하는 수평적 연결망"으로 정의하고 있다.

본 연구에서는 이러한 견해들을 토대로 하여 정책네트워크를 "특정한 정책결정에 참여하는 다양한 행위자들의 역동적이며 복합적인 상호작용에 의해 나타나는 관계구조와 권력교환의 장"으로 정의하고자 한다. Lipnack(1995)은 이러한 정책네트워크의 기본원리로 다음의 세 가지를 제시하고 있다(주재복 외, 2011: 40 재인용).

첫째는 공동목표이다. 공통된 견해, 가치, 바람직한 결과를 달성하려는 공동의 목표는 네트워크에 수용되어 업무과정에서 유지·보존된다. 둘째는 독립적인 구성원이다. 정책네트워크의 참여자들은 가입이 자유로워야 하고 자신의 능력을 발휘하기 위해 독립적이어야 하며, 네트워크 조직들도 마찬가지로 독립성이 유지되어 최선의 방법으로 업무를 수행할 수 있어야 한다. 이런 점에서 구성원들의 독립성은 정책네트워크의 독립성을 위한 필요조건이라고 할 수 있다. 셋째는 다수의 지도자로서, 정책네트워크에서는 절대적 권력을 가진 지도자보다 역량 있는 지도자를 필요로 한다.

이러한 정책네트워크는 다음과 같은 특징을 갖고 있다. 첫째, 정책네트워크는 정책을 중심으로 형성된다. 정책네트워크는 특정 정책영역에서 제기되는 문제의 해결과 정책참여자 간에 형성되는 것이며, 이를 둘러싸고 각 참여자들은 자신의 이익과 정책목표 달성을 위해 전략적인 연계활동을 추구한다(서순복 외, 2001: 1027).

둘째, 정책네트워크의 구성원들은 상호의존적이다. 정책문제가 복잡하고 정책자원이 분산되어 있는 상황에서 정책행위자들은 상호의존적인 연계를 통해 자원의 이동과 공동활용을 촉진하게 된다. 정책네트워크에서 행위자들이 상호의존적인 이유는 특정한 행위자가 목표달성에 필요로 하는 자원(resources)과 기술을 다른 행위자가 가지고 있기 때문에 그것을 얻기 위해서이다. 따라서 자금·물자·정보 등 자신이 갖지 못하고 있는 자원을 상대방으로부터 얻을 수 있다고 인식할 때 상호의존성은 높아지게 된다(양재대. 2003: 22-23).

셋째, 정책네트워크는 정책환경의 동태적 변화에 지속적으로 영향을 받는다. 이는 정책네트워크가 형성된 후에 폐쇄적 구조로 유지되거나 환경변화에 기계적, 수동적으로 변화하는 것이 아니라 선택적이고 의도적인 적응을 통해 변화한다는 것을 의미한다(양재대. 2003: 22-23). 넷째. 정책은 정책환경 속에서 네트워크 구성원들의 상호작용의 결과이기 때문에 정책네트워크의 구조변화는 정책산출의 변화를 가져온다.

(2) 정책네트워크의 구성요소

Ostrom(1990)은 지역거버넌스의 핵심은 네트워크를 어떻게 구성하느냐에 있다고 한다(홍종득, 2007: 49 재인용). 정책네트워크의 구성요소에 대하여 Rhodes와 Marsh(1992)는 구성원, 통합성, 자원, 권력의 네 가지를 들고 있으며, Waarden(1992)은 행위자, 기능, 구조, 행위규칙, 권력관계, 제도화, 행위자 전략을 제시하고 있다(강동완, 2008: 36 재인용). 그리고 배응환(2000)은 정책행위자, 정책이익, 권력관계, 상호작용 통로를 들고 있으며, 방민석(2002)은 정책행위자, 관계구조, 상호작용을 지적하고 있다.

이같이 정책네트워크의 구성요소는 연구자들의 관점에 따라 여러 가지가 제시되고 있으나 대부분의 연구에서 인용되고 있는 요소로는 정책행위자, 행위자들의 상호작용, 관계구조의 세 가지를 들 수 있는데, 그 내용은 다음과 같다(윤병철, 2010: 27).

첫째, 정책행위자이다. 정책행위자는 정책네트워크의 가장 중요한 구성요소로서, 정책의 결정 및 집행 등 정책과정에 참여하여 정책산출과 결과에 영향을 미치는 개인이나 사회집단을 말한다(정정길 외, 2010: 210). 이 행위자에는 정부부문과 민간부문 모두가 포함된다. 행위자는 거버넌스를 통한 의사결정과정에서 자신의 주장이나 이해를 최대한 반영시키기 위해 노력하게 되는데, 행위자들이 지향하는 목표와 이를 달성하기 위해 구사하는 전략에 따라 결정되는 정책의 성격이나 내용이 달라질 수 있다.

정책과정에 참여하는 행위자들은 각각 가지고 있는 권력과 자원이 동일하지 않고 서로 다르기 때문에 자신이 보유하지 못한 자원(resources)을 획득하기 위해 그들 간의 상호작용의 과정을 거치게 된다. 그 과정에서 개별 행위자들이 획득할 수 있는 자원의 정도에 따라 거버넌스의 주도적 행위자가 달라질 수 있으며 정책의 결정에 미치는 영향력도 차별성을 갖게 된다. 정책네트워크에서 영향력 행사의 기반으로 작용하는 자원으로는 아이디어, 전문지식, 인적 동원능력, 예산·조직에 대한 통제, 전문성, 조직의 결집력, 연대활동 등을 들 수 있다.

이러한 정책행위자들에 대한 중요한 분석변수로는 정책행위자의 수와 성격, 정책행위자들의 역할, 목표달성을 통해 얻으려는 이해관계의 내용을 들 수 있다(방민석, 2003: 44-45). 정책과정에 참여하는 행위자의 수는 정책네트워크의 크기를 결정하며 정책네트워크의 성격은 관련된 행위자의 유형에 의해 강한 영향을 받는다(김경주, 2002: 28-29). 그리고 정책행위자들의 역할은 정책네트워크 안에서 행위자들의 활동이 어떤 측면에서 이루어지고 있는가와 활동양태가 적극적인가 아니면 소극적인가를 규명하는 것이다. 또 이해관계의 내용은 정책행위자들이 목표달성을 통해 얻으려는 이해관계는 어떤 내용인가 하는 것인데, 여기에서의 목표는 행위자들이 정책과정에 참여하여 공식적 또는 비공식적으로 얻고자 하는 구체적인 이해득실을 말한다.

둘째, 행위자들 간의 상호작용이다. 상호작용은 정책행위자들이 자원을 동원하여 교환하고 공동의 목적을 달성하기 위해 합의된 게임의 규칙을 바탕으로 한 네트워크 전체의 구조를 형성하는 활동이다(공은숙, 2012: 32). 정책과정에서 다양한 행위자들은 자신의 이익을 반영하기 위해 전략적으로 상호작용을 하게 되며, 이 과정에서 행위자들은 그들의 신념·자원·욕구 및 전략 등을 교환함으로써 서로의 이해관계와 관심에 대해 알게 되며 신뢰와 이해의 정도를 넓히게 된다(강동완, 2008: 39).

상호작용과정에서 행위자들은 달성하고자 하는 정책목표의 일치 여부에 따라 협력 또는 갈등의 양상을 보이게 된다. 즉 행위자들 간에 동일한 정책목표를 지향할 때에는 상호 전략적 제휴나 협력적 관계를 형성하게 되는 반면에 정책목표의 지향점이 서로 다를 때에는 갈등관계를 가질 수 있기 때문에 행위자들 간의 상호작용의 성격에 따라 정책과정의 진척이 달리 나타나게 된다.

이러한 상호작용에 대한 중요한 분석변수로는 역할분담, 주도기능, 조정기제의 설치여부를 들 수 있다(방민석, 2003: 48-49). 여기에서 역할분담은 공식성과 강제성 차원에서 역할이 어떻게 분담되고 있는가를 분석하는 것으로서, 참여자들 간의 정책과정에서 이루어지는 상호작용은 공식적 규정과 제도화를 통한 역할분담이 되었을 때 보다 활발하게 이루어진다.

그리고 주도기능은 정책네트워크 안에서 정책주도집단이 어떻게 형성되었으며 자원의 흐름에 어떻게 관여하는가를 규명하는 것으로서 주도기능이 활발해지면 정책과정에서 정책산출을 가져오기 위한 네트워크 작동이 보다 실질화될 수 있다. 한편 조정기제 설치여부는 정책네트워크에서 구성원들의 갈등이나 문제가 발생할 경우에 제도적으로 해결할 수 있는 조정기제가 설치되었는지의 여부이다. 정책네트워크에서는 주도기능에 대한 조정기제의 형성이 권위주의적인 계서적 구조화와 부처할거주의를 방지하고 정책의 효과성을 증진시키는 등 정책방향에 큰 영향을 미친다.

셋째, 관계구조이다. 네트워크에서의 관계구조는 행위자들 간의 관계의 유형으로서 네트워크가 어떤 구조와 형태로 구성되는가 하는 것이다. 네트워크에 참여하는 행위자들의 영향력은 동일하지 않기 때문에 관계의 속성 및 상호작용을 통한 연계방식에 따라 상호작용의 관계구조는 다양한 형태로 나타난다(강동완, 2008: 41).

관계구조에 대한 중요한 분석변수로는 진입구조의 개방성 여부, 관계구조의 연계성과 지속성 등 세 가지를 들 수 있다(황병상, 2003). 진입구조의 개방성 여부는 참여자들이 얼마나 쉽게 네트워크에 참여할 수 있는 가의 정도로서, 행위자들이 네트워크에 참여하는데 자유로운 진입과 전출이 가능하다면 다양한 행위자들의 참여가 확대되어 정책이 특정집단에 유리한 방향으로 결정되고 집행되는 것을 억제할 수 있다.

그리고 관계구조의 연계성은 정책행위자들 간의 연계가 어떤 형태로 이루어졌는가를 분석하는 것으로서, 정부기관 내부와 민간부문 간의 권력적 상호작용이 어떻게 일어나는가를 파악할 수 있다(방민석, 2003: 46). 한편 관계구조의 지속성은 정책행위자들 간의 관계가 어느 정도 지속되는가 하는 것으로서, 일반적으로 행위자들 간의 관계가 지속적일수록 관계의 강도가 높아 정책네트워크의 제도적 구조화가 이루어지며, 협력적 관계의 강도가 높을수록 정책결과에 긍정적 영향을 미치게 된다(유승경, 2021: 47-48).

(3) 정책네트워크의 유형

정책네트워크의 유형은 정책네트워크의 구성요소 중 어떠한 변수에 주안점을 두느냐에 따라 다양하게 나타난다. 정책네트워크 유형에 대한 연구자들의 견해를 보면 Schneider(1992)는 정부와 이익집단과의 관계를 중심으로 조합주의 네트워크(corporatist network), 다원주의 네트워크(pluralist network), 고객주의 네트워크(clientist network)로 구분하였으며, Boase(1996)는 사회복지 정책분야의 이익조정패턴으로서 다원주의, 고객주의, 신조합주의 등 세 가지 유형을 제시하고 있다(유병권,

2009: 25 재인용).

한편 Yishai(1992)는 정책네트워크를 배제성과 행위자 간의 상호의존성을 기준으로 하여 가장 폐쇄적인 정책 커튼(policy curtain)에서부터 철의 듀엣(iron duet)과 철의 삼각(iron triangle)을 거쳐 가장 개방적인 이슈네트워크(issue network)에 이어지는 연속선상의 개념으로 분류하고 있으며(유병권, 2009: 23-24 재인용), Rhodes와 Marsh(1992)는 구성원, 통합, 자원, 권력의 배분과 균형 등을 기준으로 정책공동체와 이슈공동체로 구분하고 있다. 이같이 정책네트워크의 유형은 연구자들의 관점에 따라 다양하게 분류되고 있으나, 본 연구에서는 현실적인 정책과정에서 주로 나타나는 대표적 유형인 하위정부모형, 정책공동체모형, 이슈네트워크모형에 대해 고찰하고자 한다.

첫째, 하위정부모형이다.

하위정부모형(sub-government model)은 의회의 상임위원회, 행정부처 등의 공식적 참여자와 함께 비공식적 참여자인 일부 이익집단이 각 정책영역별로 독자적인 하위정치체제를 형성하여 정책과정에 영향을 미치는 폐쇄적 정책네트워크를 말한다. 이같이 하위정부모형은 폐쇄적 경계(closed boundary)를 강조하고 다른 이익집단이나 기타 집단의 참여를 배제하는 특징을 갖는다(공은숙, 2012: 25).

이 모형에서는 정책영역별로 행정기관, 입법부 및 이익집단 등 세 부류의 행위자들이 상호 빈번한 접촉을 통한 호혜관계를 형성하고 그들의 이익을 정책에 반영하기 때문에 외부 간섭으로부터의 자율성, 구성원들 간의 높은 상호의존성, 제한된 수의 참여자. 안정적이고 폐쇄적인 관계를 그 특징으로 하며, 결과적으로 정책은 소수 참여자의 협상의 산물로 나타난다(유승경, 2021: 38). 이 모형은 정책과정 참여자들 간의 상호작용과 영향력 관계를 동태적으로 묘사하고 있다는 점에서 의미가 있으나 정책과정에 있어서 이익집단의 역할이나 활동을 지나치게 강조하고 있다고 볼 수 있다(정정길 외, 2007: 236).

둘째, 정책공동체모형이다.

정책공동체모형(policy community model)은 폐쇄적인 하위정부모형의 한계에 대한 대안으로 제시된 정책네트워크 유형이다. 정책공동체는 제한된 소수의 참여자를 가정하며, 이들 간의 안정적이고 지속적인 관계와 참여자들 간의 높은 상호의존성을 강조한다. 이에 따라 정책문제에 대한 공동체 구성원 간에 빈번한 상호작용이 이루어지고 구성원의 자격, 정책결과에 대한 신념의 일치성이 존재하며 참여자들 간의 정책선호와 가치, 이데올르기에 대한 합의가 형성되는데다 자원을 가진 구성원들 간에 협상과 교환관계가 나타나게 된다(양한석, 2005: 25). 따라서 새로운 참여는 제한적이다.

정책공동체는 무엇보다도 정책분야별로 전문가들의 전문지식을 정책과정에 최대한 활용할 수 있기 때문에 정책내용에 합리성이 제고되며, 많은 상반되는 주장과 정책대안들이 제시되고, 그에 대한 토론이 전개됨으로써 다양한 요구들이 정책에 반영될 수 있다(정정길 외, 2007: 212). 그리고 서로 유사한 이해를 공유하고 게임의 규칙을 준수하며 도출된 결론을 수용할 태세가 되어 있는 행위자들로 구성되기 때문에 정책산출을 예측하기가 용이하다(정정길 외, 2007: 243-249). 그런데 정책공동체 참여자들은 정책문제가 공동체 내부에서 해결되어야 한다는 규범에는 동의하지만 구성원들의 이해관계와 견해가 서로 다르기 때문에 정책문제의 해결방안을 둘러싸고 갈등이 발생할 가능성이 있다.

셋째, 이슈네트워크모형이다.

이슈 네트워크모형(issue network model) 역시 폐쇄적인 하위정부모형의 한계에 대한 대안으로 제시된 정책네트워크 유형이다. 이 모형은 정부부처의 고위관료, 의원, 기업가, 로비스트, 학자, 언론인 등을 포함하는 특정 영역에 이해관계나 관심을 가지는 참여자들 간의 의사소통 네트워크로서(정정길 외, 2007: 243), 네트워크의 전·출입이 용이한 특성을 가지고 있어서 많은 사람들이 자율적으로 참여하며 참여자 간의 결합이 매우 느슨한 형태를 나타내기 때문에 특정한 경계가 설정되지 않는다.

따라서 이슈네트워크에 포함되는 행위자는 정책공동체와는 달리 매우 유동적이고 상호의존성이 약하다. 그리고 상황에 따라 중요시되는 자원의 종류가 달라지며 이슈의 성격에 따라서 수시로 주요 행위자가 변할 수 있는데 대체로 전문이익집단이나 기업이익집단이 주도적 행위자가 되는 경우가 많다

이슈네트워크에서는 행정관료를 포함한 구성원들의 해결을 필요로 하는 쟁점에 관한 전문성의 수준에 따라 영향력의 정도가 결정되는 것으로 보며(남근궁, 1996: 129), 이슈의 범위도 한정되어 있다기보다는 광범위하게 분산적이고 권력핵심이 존재하지 않는다. 그리고 이슈네트워크의 참여자들은 쟁점에 대한 관심을 공유하고 있지만 하나의 쟁점에 대해 다양한 이해관계가 나타나게 되면서 공유된 쟁점에 대한 서로 다른 입장으로 인해 갈등이 빈번하게 발생할 수 있다. 이슈네트워크가 정책공동체와 구별되는 특징은 개방적이라는 데에 있다(양한석, 2005: 30).

위에서 고찰한 세 가지 정책네트워크 유형을 서로 비교해 보면 하위정부모형과 정책공동체모형으로부터 이슈네트워크모형으로 갈수록 네트워크의 참여자가 다양해지며, 이들 행위자들 간의 연계관계도 점차 복잡해진다. 또 하위정부모형에서는 안정적인 협력관계를 가정했으나 정책공동체와 이슈네트워크에서는 참여자들 간의 관계가 유동적이며 공개적 갈등상황까지 가정하고 있다. 그리고 정책네트워크의 경계는 하위정부모형에서는 분명하지만 이슈네트워크모형에서는 경계가 불분명하고 시간의 흐름에 따라 가변적이다(양한석, 2005: 30-31).

(4) 정책네트워크의 변화와 정책변동

지역거버넌스에서 행위자들의 상호작용의 산물인 정책네트워크는 정책환경, 네트워크 구성요소 등의 변화에 지속적으로 반응하며 선택적이고 의도적인 적응을 통해 변화된다. 따라서 정책네트워크는 정책행위

자들의 상호관계, 네트워크 구성원들 간의 자원의존성, 공동목표 달성을 위한 지속적 상호작용, 정책행위자들 간의 합의된 규칙에 의한 통제와 자율성, 그리고 정책환경 변화에 대응하는 방식으로 동태적 변화를 보인다는 특징이 있다(최복천, 2017: 16).

정책행위자들은 정책결정의 결과에 따라 이익 또는 손실을 볼 수 있기 때문에 정책과정에 적극적으로 참여하여 자신들에게 이로운 대안은 지지하는 반면 불이익이 될 것으로 여겨지는 대안에 대해서는 정책으로 채택되지 못하도록 각종 수단을 동원하여 반대하게 된다. 또한 정책에 대해 갖는 기대감과 그들이 가지고 있는 자원에 따라 찬성과 반대의 연계를 형성하기도 한다.

이들은 정책과정에서 자신들이 선호하는 목표를 달성하기 위해 전략적으로 행동하게 되며 복잡한 상호작용을 하게 된다. 이러한 상호작용을 통해서 정치인이나 관료들은 정치적 지지와 합법성, 정보와 같은 자원을 확보하기도 하며, 민간부문의 이해관계자는 정책과정에 대한 접근을 통하여 행위자의 선호를 반영시킨다(윤석환, 1996: 37). 이러한 행위자들 간의 상호작용이 반복적으로 나타나게 되면, 그러한 연계구조는 점차 제도화되어 특정영역에 있어서 지배적인 정책네트워크가 형성되게 되며, 일단 형성된 네트워크는 지속성을 갖고 행위자를 제약하며 새로운 다른 행위자의 진입에 대해 저항하고 배제하게 된다(김경주, 2002: 35-6).

그러나 일단 형성된 정책네트워크는 영구불변한 것이 아니다. 기존의 정책네트워크가 해결할 수 없는 새로운 도전에 직면하거나 위기상황 등은 정책네트워크를 변화시키는 요인으로 작용한다. 정책네트워크의 변화란 네트워크 구성요소인 행위자. 상호작용 그리고 네트워크 구조의 변화를 의미한다. 정책네트워크의 변화를 가져오는 요인은 크게 두 가지를 들 수 있다.

첫째는 정책환경 요인의 변화에 따른 정책네트워크의 변화이다. 정책행위자들은 정책환경의 변화에 대응하기 위해 자신의 정책선호나 전략의 수정이 불가피할 경우가 있는데, 그럴 경우 행위자들 간의 상호작용이나 네트워크 구조가 변화하게 된다. 또 정책환경의 변화로 인해 새로운 행위자의 진입이나 특정행위자가 배제되는 경우에도 기존 정책네트워크에 변화가 일어나게 된다(이동호, 2007: 37).

Rhodes와 Marsh(1992)는 정책네트워크를 변화시키는 환경적 요인으로 경제적 요인, 이데올르기의 변화, 지식과 기술의 발전 그리고 제도의 변화를 제시하고 있는데(김경주, 2002: 36 재인용), 그들은 무엇보다도 경제적 요인을 정책네트워크의 변화를 촉진시키는 가장 중요한 원천으로 지적하고 있다. 그리고 Sabatier(1988)는 사회경제적 조건과 기술의 변화, 통치연합의 변화와 함께 다른 정책 하부시스템으로부터의 정책결정과 그 영향을 들고 있다(이동호, 2007: 38 재인용).

둘째는 정책네트워크의 내부적 요인에 따른 네트워크의 변화이다. 정책행위자들은 자신이 처한 상호작용관계와 연계구조에 대응하기 위해 자신의 정책선호나 전략을 변경할 경우가 있는데 이 때에도 정책네트워크의 변화가 일어난다. 정책네트워크 내에서의 정책결정과정에서는 행위자들 간의 일치된 합의가 항상 존재하는 것은 아니기 때문에 쟁점과 이해관계에 따라 갈등관계와 협력관계가 지속적으로 이루어진다(이동호, 2007: 38).

따라서 정책네트워크 내에서의 정책결정은 지속적인 갈등과 협상의 산물이라고 할 수 있는데, 정책행위자들의 이러한 지속적인 협상 과정에서 정책네트워크의 구성요소들이 재생산되고, 이것이 다시 정책네트워크의 변화를 유도한다고 할 수 있다. 이는 내적 변수의 변화에 의한 정책네트워크의 변화라고 할 수 있는데 행위자, 상호작용, 관계구조, 권력관계는 정책네트워크의 구성요소인 동시에 이에 대한 행위자들의 내용은 정책네트워크 변화의 내적 변수가 된다(양재대, 2003: 43-44).

이러한 정책네트워크의 변화는 정책의 변동을 가져온다. 정책의 변동은 정책의 순환과정에 따라 정책의 목표, 내용이나 집행수단이 기존의 체제와 달라지는 것을 말하는데, 정책결정단계에서 발생하는 정책의 수정 및 종결뿐만 아니라 정책집행단계에서 발생하는 수정 및 종결도 정책변동의 범위에 포함된다(정정길 외, 2007: 836).

3) 민관 파트너십

(1) 민관 파트너십의 개념과 특징

정부나 시민사회는 현실적으로 어느 한 쪽도 복잡한 사회문제를 해결하는데 필요한 역량을 충분히 갖고 있지 못하기 때문에 특정의 공동목표를 수행하기 위해서는 파트너십이 형성되어야 한다. 지역거버넌스에서의 파트너십은 민관 파트너십을 의미한다. 민관 파트너십(partnership)은 거버넌스에 참여하는 공공부문과 민간부문의 행위주체들이 공동의 문제에 대응하거나 공동목표를 달성하기 위하여 서로 역량을 모아 협력하는 것을 말한다.

파트너십은 행위주체들이 독자적으로는 해결하기 어려운 문제를 자발적이고 상호 대등한 관계에서 정보교환, 자원제공 등의 형태를 통하여 공동으로 수행함으로써 서로 도움이 될 것이라는 판단을 전제로 하여 형성된다(최영출 외, 2006: 77). 이러한 파트너십은 공공관리 개혁의 성격, 위험분담의 성격, 권력공유의 성격을 갖고 있는데(오수길, 2002: 54-55), Newman(2001)은 파트너십이 추구하는 7가지 목적을 다음과 같이 제시하고 있다(조경복, 2015: 50 재인용).

첫째, 파트너십은 공공정책을 개발하고 전달함에 있어 통합적이고 전체적인 접근방법을 제공한다. 둘째, 부처 간 장벽과 알력의 문제를 극복할 수 있게 해준다. 셋째, 정책의 중첩에 따른 거래비용을 조정과 통합을 통해 감소시킬 수 있다. 넷째, 파트너십은 다층의 행위자들의 역할을 이끌어 내면서 보다 나은 정책결과를 얻게 해 준다. 다섯째, 공급자들 간의 서비스 전달체계의 통합과 조정을 개선할 수 있게 한다. 여섯째, 서로 다른 파트너들의 공헌과 전문성을 결합하여 정책개발 및 서비스 공급의 새로운 접근방법을 제시해 준다. 일곱째, 파트너십의 발전은 투자재원을 증대시킬 수 있다.

파트너십은 거버넌스에 참여하는 당사자들이 어떤 일을 혼자서는 달성하기 어려운 경우 서로 자발적 의지로 정보교환이나 자원제공과 같은 형태를 통해 어떤 일을 공동으로 수행함으로써 상호 혜택이 있을 것이라는 예측을 전제로 하는 협력과정이라고 할 수 있다. 이러한 파트너십은 시너지와 각자의 자율성 간의 균형을 유지하면서 의사결정과정에서 동등한 참여, 상호존중, 상호간의 책임성과 투명성을 반영한다.

거버넌스에 있어서 파트너십의 특징으로 Peters(1998)는 구성원과 활동, 목적, 취지를 기준으로 하여 다음의 다섯 가지를 제시하고 있다(홍종득, 2007: 25 재인용). 첫째, 파트너십에는 의사결정과정에 정부(공공영역)를 포함하는 둘 이상의 행위자가 참여한다. 둘째, 참여하는 행위자는 당사자로서 자율성과 자기대표성을 가지고 의사결정에 참여한다.

셋째, 파트너십에 참여하는 행위자들 간의 상호작용은 일정기간 지속되어야 한다. 행위자들 간의 상호작용은 조화로울 수도 있지만 갈등을 초래할 가능성도 그만큼 존재한다. 따라서 행위자들 간의 상호이해와 목표를 달성하고 상승효과를 얻기 위해서는 진정한 상호작용과 자원의 교환이 일정 기간 지속적으로 이루어져야 한다(홍종득, 2007: 26). 넷째, 일방적인 자원과 가치의 제공을 통해서는 진정한 파트너십을 유지할 수 없기 때문에 참여자들은 파트너십에 동등하게 기여하여야 한다. 다섯째, 모든 참여자들은 파트너십 활동의 결과에 대한 책임을 공유해야 한다는 것이다(김태영, 2002: 141-142).

이와 같은 특징에서 보는 것처럼 정부와 시민사회 간의 진정한 파트너십의 형성조건은 상대방에 대한 상호인정을 바탕으로 하는 대등한 관계라고 할 수 있다. 파트너십은 결국 권력의 공유를 전제로 하여 형성되는 것인데, 이러한 권력에 대한 공유의식은 상대방의 자율성과 독립성의 인정을 통한 상호 대등한 관계의 성립에서 비롯되는 것이기 때문에 참여자들의 상대방에 대한 태도와 인식은 파트너십 형성에 영향을 미치는 중요한 요인이 된다고 할 수 있다.

(2) 민관 파트너십의 유형

민관 파트너십의 유형은 여러 기준에 의해 분류되고 있다. Bovaird는 파트너관계의 특성에 따라 파트너십을 느슨한 네트워크, 협동적 관계, 권력공유, 계약관계 파트너십으로 분류하였고, 파트너십의 정책목적에 따라 생산성 증진을 위한 파트너십, 고객 또는 약자에 대한 권한부여를 위한 파트너십, 사회통합문제에 대처하기 위한 파트너십으로 분류하였다. 또 범위에 따라 수직적 파트너십. 수평적 파트너십, 혼합파트너십으로 분류하였으며, 경제적 기준에 따라 공급측면의 파트너십, 수요측면의 파트너십, 혼합파트너십으로 분류하고 있다(김진명, 2009: 58 재인용).

그리고 Waddock는 지역거버넌스가 당면한 문제의 성격을 구조의 정도와 범위, 파트너들 안에서 문제의 상대적 부각 정도라는 두 가지 기준에 따라 체계적 파트너십(systemic partnership). 연맹적 파트너십(federational partnership), 프로그램적 파트너십(programmatic partnership) 등 세 가지 유형의 파트너십을 제시하였다(김진명, 2009: 56-57 재인용).

또 박상필(1999)은 NGO의 재정과 활동의 자율성을 기준으로 종속형, 협력형, 자율형, 권위주의적 억압형, 민주적 포섭형 파트너십으로 분류하고 있으며, 신광영(1999)은 정부의 태도와 NGO의 조직유형을 기준으로 포섭적 관계, 갈등적 관계, 협조적 관계, 지배적 관계 네트워크로 구분하고 있다(오승석, 2006: 155 재인용).

한편 Gidron 외(1992)는 재원부담과 서비스공급을 기준으로 정부와 민간부문 NGO간의 파트너십을 정부주도형, NGO주도형, 중첩형, 상호협조형의 네 가지로 분류하고 있다(문세경, 2002: 32-33, 오승석, 2006: 159-162 재인용). 그 중 정부주도형은 정부가 정책영역 및 정책목표의 설정과 집행 등 모든 정책과정에 주도적 역할을 행사하고 민간부문인 NGO는 정부서비스의 단순 집행자로서의 역할을 한다. 이 경우 파트너십의 구체적 내용은 정부의 정책선호에 좌우되며, 따라서 NGO의 활동은 정부의존적 성향을 갖게 된다.

NGO주도형은 NGO가 재원부담과 공공서비스의 양면에서 주도적 역할을 행사하는 유형으로서 정부의 NGO에 대한 의존도가 높다. 이 유형은 주로 정부가 정책에 대한 정통성을 NGO의 협조를 통하여 부여받으려 하거나, 정부의 규모축소를 위하여 공공서비스의 공급을 NGO로 이양할 때 나타난다.

그리고 상호협조형은 정부와 NGO가 상호 역할을 분담하여 주로 정부가 재원을 책임지고 NGO가 실질적인 공공서비스를 제공하는 유형이다. 현실제도적으로 상호협조형은 각종 법령에 따른 재정적 지원형태로 나타난다. 한편 중첩형(dual model)은 정부와 NGO가 각각의 영역에서 따로 사회복지에 관한 재정부담과 서비스 공급 두 가지 기능 모두를 수행하는 유형이다. 이 유형에서 재정은 정부와 NGO가 공동으로 부담하며 지방정부와 NGO 모두 공통적인 사업을 실시할 수 있어 독립적, 자율적으로 활동할 수 있다.

(3) 민관 파트너십의 효과

지방정부와 시민단체로 이루어지는 민관 파트너십은 정책결정과정의 민주성과 투명성을 높이고 행정의 책임성을 제고시키는 한편 지역거버넌스체제에 속한 전문적인 시설과 인력, 전문기술과 경험들을 활용함으로써 행정서비스의 질을 개선하는데 크게 기여한다. 이러한 민관 파트너십의 효과를 구체적으로 설명하면 다음과 같다(오승석, 2006: 153-154).

첫째, 민관 파트너십은 지역의 정책의제 설정단계에서부터 지역시민단체의 제언자적 역할을 활용함으로써 시민들의 요구사항을 충족시킬 수 있다. 둘째, 민관 파트너십은 지역시민단체의 역할을 활용하여 현대행정의 관료주의적 행태인 획일적 대응, 개별성이나 창조적 행동의 억제, 형식주의를 주민위주의 행태로 쇄신할 수 있는 개혁의 계기로 삼을 수 있다.

셋째, 민관 파트너십은 공공서비스 공급체계의 효율성을 제고시킴으로써 예산대비 성과를 높인다. 특히 정책집행과정에서의 지역시민단체의 활동은 공공서비스의 공동생산과 분배에 주민들이 생산적으로 참여함으로써 서비스 공급의 효과성을 높일 수 있는 유용한 대안이다. 넷째, 민관 파트너십은 정책집행에서 정부의 인력과 예산의 부족을 충당할 수 있는 능동적인 인력활용 대안으로서의 기능을 수행할 수 있다.

이상에서 살펴본 바와 같이 민관 파트너십은 정책과정에서 여러 가지 긍정적 기능을 가지고 있으나 부정적 기능도 함께 가지고 있다. 파트너십 과정에서 지역시민단체가 정부와 유착함으로써 관료적 통제아래 놓이게 되어 단순한 행정서비스 전달자로 전락할 우려가 있으며, 지역시민단체가 정부서비스를 대체함으로써 지역시민단체의 관료제화 경향과 함께 서비스 전달평가체제의 미흡으로 주민들에 대한 서비스의 비효율성을 가져올 가능성도 지적된다.

(4) 민관 파트너십 효과의 결정요인

민관 파트너십의 효과를 가져오게 하는 요인들로 한창묵(2016)은 자원, 파트너십, 외부환경을 제시하고 있으며, 유호룡과 장인봉(2009)은 참여자, 참여네트워크, 신뢰를 들고 있다. 그리고 Lasker 외(2001)는 자원, 파트너들의 특성, 파트너들의 관계, 파트너십의 특성, 외부환경 등 다섯 가지를 제시하고 있는데 그 구체적 내용은 다음과 같다(최보희, 2015: 23-25 재인용).

첫째, 자원(resources)이다. 파트너십에는 자금, 공간, 장비, 정보, 전문적 지식과 기술 등 유·무형의 자원을 필요로 한다. 이러한 자원들은 파트너십을 통해 다양한 방법으로 결합되어 시너지효과를 창출함으로써 네트워크에 참여하는 행위자들이 개별적으로 성취할 수 있는 것 이상의 성과를 도출할 수 있다.

둘째, 파트너의 특성이다. 네트워크를 구성하는 파트너들이 어느 정도 이질적인지 어느 정도 참여하는지의 정도는 파트너십의 목표를 달성하는데 중요한 영향을 미치게 된다. 파트너의 특성이 이질적일수록 파트너십의 목표달성에 장애가 있을 것이며, 파트너의 참여 정도에 따라 파트너들 간의 지속적인 상호작용이 높아질 수도 낮아질 수도 있다.

셋째, 파트너들 간의 관계이다. 파트너들 간의 관계는 신뢰, 존경, 갈등, 권한차별 등을 들 수 있다(최영출, 2004: 24-25). 신뢰는 파트너십 성공을 위한 선행조건이다. 이질성을 갖고 있는 파트너들이 서로 협력하기 위해서는 다른 파트너들이 그들의 의무와 책임을 다하고 그들만의 이익을 추구하지 않는다는 데에 대한 신뢰를 가지고 있어야 한다. 파트너들 간의 상호신뢰가 없으면 협력을 전제로 하는 파트너십은 형성되기 어렵다.

Southern(2002)에 따르면 파트너십에서 신뢰는 예측가능성을 높임으로써 복잡성을 줄여주기 때문에 불확실성에 대처하는데 도움을 주며, 부담스러운 외적 통제를 내적 통제로 전환시켜 줄 수 있다. 또 신뢰는 각자의 목표를 달성하기 위해서 이해관계자들이 상호의존 상황을 인식하고 수용하도록 한다(권혁소, 2011: 68).

파트너십에서 신뢰에 영향을 주는 요인으로는 의사소통과 정보공유를 들 수 있다. 파트너십이 형성되기 위해서는 행위자들 간의 신뢰가 필요한데, 이를 위해서는 행위자들 간에 지속적인 의사소통이 요구된다. 또 파트너십은 행위자들이 서로 토론하고 의견을 교환하는 과정에서 공동의 목표를 설정하고 이를 달성하고자 하는 노력을 통해 형성되게 된다.

정보공유 역시 신뢰형성의 주요 요인으로 작용한다. 정보공유는 행위자들이 가지고 있는 정보와 지식의 상호교환을 의미하는데 정보공유를 통하여 행위자들 간의 정보의 불균형을 제거하여 상대의 행동패턴과 목적, 가치관, 인센티브 등에 대한 불확실성을 제거함으로써 신뢰형성에 기여하게 된다(권혁소, 2011: 69). 한편 존경은 행위자들이 다른 파트너들도 모두 공동의 목표에 기여하고 있다는 인식과 함께 그들이 가지고 있는 접근방법을 인정해 주는 것이다.

그리고 갈등(conflict)은 파트너들 간의 이해관계의 상충에서 발생하는 것으로서, 심각한 견해 차이가 잘 관리될 경우는 문제해결을 위한 새로운 아이디어와 접근방법을 강구할 수 있는 효과를 가져오지만 잘 관리되지 못하면 파트너들 간에 긴장관계를 야기하게 된다. 마지막으로 권한차별(power differential)은 파트너들 간에 누가 참여해야 하는지, 누가 의사결정에 중요한 영향을 미치게 되는지에 관한 것으로서 이를 결정하는 것 역시 파트너십 효과에 영향을 준다(홍종득, 2007: 48).

넷째, 파트너십의 특성이다. 이는 파트너들 간의 리더십(leadership)을 의미하는데, 이들 간의 리더십 유형이 거버넌스의 효과에 영향을 미친다. 상대방을 파트너가 아니라 추종자로 인식하는 전통적 리더십보다는 참여자들을 동일한 권한을 갖는 동반자로 인식하고 그들의 다양한 의견과 욕구를 이해하는 민주적 리더십이 거버넌스 형성에 도움을 준다.

다섯째, 외부환경이다. 이는 파트너십과 관련된 지역사회가 얼마나 파트너십의 형성 및 운영에 도움이 되는가 하는 것을 말한다. 신뢰와 협력이 정착된 사회에서는 서로 대등한 입장에서 파트너십을 형성하기가 용이한 반면에 그렇지 못한 사회에서는 파트너십을 형성하고 유지하기가 쉽지 않다고 할 수 있다(최보희, 2015: 24-25).

7. 지역거버넌스 능력의 결정요인

지역거버넌스 능력이란 거버넌스 주체인 다양한 이해관계자들 간에 자율적인 협력체제를 구성하고 이를 운영하는 자체적 능력을 의미한다. 이러한 능력을 결정하는 요인들은 여러 가지가 있겠으나, 여기에서는 이해관계자들의 자치역량, 이해관계자들의 상호신뢰, 제도적인 중재장치, 리더십 등 네 가지에 대해 살펴보고자 한다.

첫째, 이해관계자들의 자치역량이다. 지역거버넌스 체제를 합리적으로 운영하기 위해서는 이해관계자들이 자율적으로 조직을 관리하고 운영할 수 있는 능력을 갖추어야 한다. 또 지방정부와 시민사회단체 간에 갈등이 발생했을 때에 이해관계자들이 공동선(public good)을 위해서 자체적으로 이해관계를 조정하고 소속 성원들을 설득할 수 있는 능력이 있어야 한다. 특히 시민사회단체가 일반시민의 이해를 대변하고 다른 단체 또는 지방정부와 파트너로서 존재하고자 할 때 일반시민들에 대한 대표성과 함께 의제를 합리적으로 다룰 수 있는 전문성 등 자체적인 역량을 보유하고 있어야 한다(강황선·최병대, 2001: 35).

둘째, 이해관계자들 간의 상호신뢰이다. 지역거버넌스 체제에 참여하는 이해관계자들은 상호의존적인 신뢰관계가 형성되어야 한다. 이는 가장 포괄적이고 추상적인 조건이면서 동시에 성공적인 거버넌스를 위한 가장 중요한 전제조건이기도 하다. 이질성을 가진 파트너들이 서로 긴밀하게 협력하기 위해서는 상대방이 자신의 이익만을 추구하지 않고 공동의 목표를 위하여 노력할 것이라는 신뢰를 가질 수 있어야 한다. 거버넌스체제에서 상호신뢰를 유도해 낼 수 있는 가장 효과적인 방법은 의사결정과정에서 이해관계를 달리하는 참여자들이 서로 정보와 지식을 교환하여 공유하는 것이라고 할 수 있다.

셋째, 제도적인 중재장치이다. 서로 다른 가치와 이해관계를 갖고 있는 다양한 주체들이 참여하는 지역거버넌스 체제에서는 크고 작은 대립과 갈등상황이 나타나기 마련이므로 그러한 갈등상황을 중재할 수 있는 제도적 장치가 마련되어 있어야 한다. 일반적으로 제도적 중재자로서 가장 적합한 기구는 지방정부기구라고 할 수 있으나 지방정부는 때때로 다른 이해관계자들과 갈등 및 경쟁관계에 서게 될 수도 있기 때문에 그런 경우에는 다른 제3의 중재기구를 설치하는 것이 필요하다고 할 수 있다(강황선·최병대, 2001: 37). 예를 들어 이해관계자 양측으로부터 신뢰를 받을 수 있는 위원회형태의 중재장치를 마련하여 갈등상황에 대처하는 것도 그 방안의 하나가 될 수 있다.

넷째, 리더십이다. 지역거버넌스 체제를 운영하는데 있어서 지방정부조직의 리더들은 이해관계자들 간의 협력체제를 구축하는데 결정적 역할을 한다. 지방정부조직의 리더들은 거버넌스에 참여하는 이해관계자들의 정보의 공유를 보장하고 상호협력을 유도하며 체제 내부에서 갈등상황이 발생했을 때 적극적인 중재자로 개입할 수도 있다. 따라서 이들의 리더십은 거버넌스체제의 성공적 운영을 위한 결정적인 요인의 하나가 된다고 할 수 있다(강황선·최병대, 2001: 39). 지역거버넌스 체제를 운영하는데 가장 바람직한 리더십은 협력적 리더십이라고 할 수 있다.

8. 합리적 지역거버넌스를 위한 네트워크의 구조화

지역거버넌스가 합리적으로 운영되기 위해서는 네트워크의 구조화가 제대로 이루어져야 한다. 이를 위해서는 네트워크의 형태구성, 참여범위, 참여방식 등을 어떻게 할 것이며, 이와 관련하여 해결해야 할 쟁점들이 무엇인가를 확인하고 구조화에 반영시켜야 하는데 그 구체적 내용은 다음과 같다(최영출 외, 2006: 183-187).

첫째, 거버넌스 관리의 주체이다. 누가 거버넌스에서 관리주체가 되며, 어떻게 주도할 것인가는 거버넌스 전략에서 가장 먼저 고려해야 할 요소이다. 다양한 이해관계자들이 관여되어 있는 네트워크에서 혼란을 완화시킬 수 있고 대표되지 않은 이익이나 예상하지 못한 이익들을 보호하기 위해서는 다른 당사자들보다도 참여주체들 간의 역할이나 참여범위 등을 조정할 수 있는 지방정부가 주도적 역할을 하는 것이 적절하다고 할 수 있다.

그러나 이는 지방정부가 지역거버넌스를 합리적으로 운영하기 위해 그 관리를 주도한다는 것이지 정책결정 자체를 주도한다는 것은 아니다. 행정기관이 관리주체가 될 경우에 유념해야 할 것은 자기들의 기관 이익을 보호하기 위하여 이와 반대되는 파트너들을 배제하거나 우호적 파트너에게 지나친 영향력을 행사하는 점을 경계해야 한다는 것이다(최보희, 2015: 26-27).

둘째, 참여의 범위이다. 이는 파트너십을 형성하는데 누가 참여하며 누가 배제되는가 하는 것이다. 지방정부의 정책결정 및 집행과정에는 비영리단체들이 참여하게 되는데, 너무 많은 단체가 참여하게 되면 합의에 도달하기가 그만큼 어려워지기 때문에 어떤 단체를 공식적으로 네트워크에 포함시키고 배제하는가에 관한 기준이 필요하다. 이 기준은 각 정책별로 이해관계자가 달라질 수 있기 때문에 일률적으로 정할 수는 없지만 정책과 직접 관계되는 이해관계자들의 집약된 의사를 반영할 수 있는 대표성을 가진 사람들과 시민사회단체는 반드시 참여할 수 있어야 한다.

셋째, 네트워크의 형태구성이다. Rhodes(1997)는 거버넌스는 정책네트워크 내의 행위주체들이 자원의존에 의해 서로 연결되어 있으며, 연결된 정도를 기준으로 하여 고도로 통합된 정책네트워크에서 느슨하게 통합된 이슈네트워크까지 다양하다고 주장한다(최영출, 2006: 185 재인용; 최보희, 2015: 27 재인용). 이처럼 네트워크의 형태는 다양하지만, 그 구성은 기본적으로 각 행위자들이 서로 견제와 균형을 유지할 수 있도록 해야 한다.

넷째, 책임의 소재이다. 이는 참여의 결과에 누가 책임을 질 것인가 하는 것이다. 많은 이해관계자들이 정책과정에 참여하게 되면 그 결과에 상응하는 책임문제가 수반되게 된다. 책임의 종류는 세 가지로 구분되는데 파트너들 간의 책임, 각 파트너와 행정기관 간의 책임, 각 파트너가 일반주민에 대하여 지는 책임이다(최보희, 2015: 27-28). 이런 문제에 대하여 지방정부 차원에서 명확히 설정하여 놓지 않으면 분쟁이 발생할 여지가 많기 때문에 참여주체별로 책임의 한계를 명확히 할 필요가 있다.

다섯째, 참여의 방식이다. 각 파트너들의 참여방식에는 행정기관에 의한 일방적인 정보제공 방식, 자문방식, 적극적인 참여방식이 있다. 네트워크에의 참여는 단순한 형식적인 참여가 아니라 구속력을 갖는 결정을 할 수 있는 수준의 실질적이고 적극적인 참여가 이루어져야 한다. 여섯째, 정책참여의 분야이다. 거버넌스를 구성할 때 정책의 영향을 받게 될 이해관계자들을 어떤 정책에 참여시킬 것인지 또는 배제시킬 것인지를 결정하는 것은 매우 중요하다. 이에 대해서 기본적으로는 주민들에게 영향을 미치는 모든 정책에 참여시키는 것이 바람직하지만 지방정부의 내부문제 및 기관의 고유권한에 대해서는 예외를 두어야 할 것이다.

일곱째, 참여의 단계이다. 이는 정책과정의 어느 단계에 참여할 것인가 하는 것이다. 당연히 정책의 입안·결정·집행·평가의 모든 단계에 참여할 수 있어야 할 것이다. 그 이유는 정책의 초기단계인 의제설정단계부터 참여하는 것이 정책집행의 성공가능성을 높이고 책임소재를 명확히 할 수 있기 때문이다.

9. 우리 사회에서 추구해야 할 지역거버넌스모형

거버넌스의 모형과 관련하여 Peters(1996)는 전통적인 정부모형에 대한 대안으로 시장적 정부모형, 참여적 정부모형, 신축적 정부모형, 탈규제적 정부모형 등 네 가지를 제시하였으며, Miller와 Dickson 외(2000)도 지역주의모형, 개별주의모형, 동원화모형, 집권화모형 등 네 가지를 제시하고 있다(홍종득, 2007: 40 재인용).

그리고 김석준 외(2000: 153-157)는 거버넌스를 형성하는 3대 주체인 국가, 시장, 시민사회 간의 협력체제를 통해 구축되는 거버넌스의 모형으로 거버넌스에 참여하는 주체들 간의 관계와 역할을 중심으로 구분한 독립모형, 연립병존모형, 네트워크모형 등 세 가지 모형을 제시하고 있다. 지역거버넌스 모형도 이들과 같다고 할 수 있다. 다만 거버넌스에서 행위주체인 국가가 지역거버넌스에서는 지방정부로 대체된다고 하겠다. 이하에서는 김석준 외가 제시한 거버넌스모형을 중심으로 하여 우리 사회가 어떤 모형을 지향해 나가는 것이 바람직한가를 구체적으로 살펴보고자 한다.

첫째, 독립모형은 정부, 시장, 시민사회가 서로 독립적인 위치에서 서로 다른 원리에 따라 운영되는 체제이다. 정부는 관리주의와 관료주의에 따라 활동하고, 시장은 경쟁원리 및 고객주의에 따라 움직이며, 시민사회는 참여주의와 공동체주의(communitarianism)를 지향하면서 민주주의를 기반으로 작동하게 된다(홍종득, 2007: 19). 이 모형에서 정부, 시장 및 시민사회라는 세 주체는 상호 협력적 관계를 유지할 수도 있지만 대부분의 경우는 갈등과 대립의 관계를 형성하거나 한 주체가 나머지 두 주체를 지배하는 형태를 취하게 된다(김석준 외, 2000: 154).

둘째, 연립병존모형은 세 주체 간에 일정한 거리를 두고 상호 존립하는 체제로서 행위주체들인 정부, 시장, 시민사회의 작동원리가 그대로 존재하면서 불안정하게 정립하고 있는 모형이다. 이 모형은 잘 작동될 경우에는 각 주체들이 서로의 장점을 살리면서 공동체를 유지·발전시킬 수 있으나 급격한 환경변화는 이러한 잠정적 연립상태를 변화시키는 요인으로 작용할 수 있다. 그렇게 될 경우에 세 주체 간의 관계는 독립형으로 역행하거나 어느 한 주체가 다른 두 주체를 주도하는 형태로 후퇴할 수도 있다(전영상, 2006: 30).

셋째, 네트워크모형은 정부, 시장, 시민사회의 세 주체들이 서로 독자적인 작동원리와 자율성을 유지하면서도 세 주체 간에 공동의 목표와 기본가치를 공유하면서 상호 견제와 협력의 관계를 동시에 구축하는 형태이다. 따라서 네트워크모형에서는 한 주체가 다른 두 주체를 배타적으로 지배하는 관계는 형성될 수 없으며 한 주체가 다른 두 주체에 비해 상대적으로 중심역할을 하는 경우에도 상호 인정과 존중, 그리고 신뢰를 바탕으로 하는 파트너십을 기반으로 하나의 실체를 형성하게 된다. 이렇게 대등한 동반자적 관계의 형태로 인해 네트워크모형은 공통의 가치와 목표를 추구하면서 점점 복잡화·다양화되어 가는 현대사회의 이해관계와 갈등을 해결할 수 있게 되는 것이다(김석준 외, 2000: 157).

현재 우리나라의 거버넌스체제는 국가, 시장, 시민사회가 서로 독립적 지위에서 각각의 원리에 따라 운영되는 독립모형에 해당된다고 볼 수 있다. 이러한 독립모형은 과거의 전통적 행정체제와 형태를 유지하는 수단으로 악용되거나 계층제적 관료제의 속성에서 탈피하지 못하기 때문에 체제개혁의 궁극적 목적을 달성하기 어려운 문제를 갖고 있다. 따라서 우리나라의 거버넌스체제는 독립모형에서 국가·시장·시민사회가 공존·협력·경쟁하는 체제인 네트워크모형으로 전환되는 것이 바람직하다.

그런데 독립모형에서 바로 네트워크모형으로 전환하는 것은 정치·경제 및 사회구성체가 변화하는데 따른 통치체제의 비용이 크다는 점에서 용이한 일이 아니다. 그렇다고 연립병존형으로 전환한다 하더라도 세계질서의 다양한 변화로 인해 독립형으로 다시 회귀하게 될 가능성이 높고, 이러한 경우 새로운 사회적 불안과 변화의 요소가 잔존하게 되어 통치체제의 비용을 치를 우려가 커지게 된다(김흥수, 2005: 48).

그러므로 비록 거버넌스 운용과정에서 통치체제의 비용을 치른다 하더라도 정책과정의 합리화와 함께 세계화·정보화라는 새로운 세계질서에 효과적으로 대처하기 위해서는 거버넌스체제가 네트워크모형으로 전환되어야 할 것이다. 네트워크모형은 사회적 문제와 갈등을 관련된 이해당사자들이 참여하여 상호의존과 상호작용을 하는 과정에서 문제의 해결책을 찾아나가는 방식이다. 따라서 네트워크모형으로 전환될 때 독립모형인 국가중심형 거버넌스에서 발생하는 문제들을 어느 정도 완화시킬 뿐만 아니라 세계화·정보화시대의 요청에도 대응할 수 있다고 본다.

제❷절 협력적 지역거버넌스

1. 협력적 지역거버넌스의 개념

1990년대에 지방자치가 부활된 이후 지방정부들은 지역의 중요한 공공문제들을 해결하기 위해 대표성 있는 주민들을 행정에 참여시켜 정부와 공동으로 문제를 해결하거나 공동으로 서비스를 창출하는 지역 거버넌스체제를 구축하는데 노력해 왔다. 그러나 법적·제도적인 뒷받침 부족, 행정위주의 경로의존성, 효율성만을 강조하는 계층제적 인식 등의 영향으로 시민사회의 참여는 실질적 참여가 아닌 명목적 참여에 머물러 결국에는 지방정부 주도의 형식적 거버넌스에 그치는 경우가 흔하였으며, 심지어는 거버넌스를 지방정부의 책임회피 수단으로 이용하는 경우도 적지 않았다.

이에 대한 대응으로 대두된 것이 거버넌스 참여자들 간의 협력과 합의적 가치를 지향하는 협력적 거버넌스라고 할 수 있다. 협력적 거버넌스(collaborative governance)의 개념에 대해 Ansell과 Gash(2007)는 "공공정책 및 계획에 있어서 공식적이고 합의지향적이며, 집합적인 의사결정과정에 공공기관과 비정부기관 등의 이해당사자들이 참여하는 조직 또는 체계"라고 정의하고 있다(황명주, 2020: 48 재인용).

그리고 Emerson(2012)은 "공공목적을 달성하기 위하여 공공기관, 사적 영역, 시민사회영역의 경계를 가로질러 다양한 사람들이 건설적으로 관여하는 공공정책 결정 및 관리의 과정과 구조"라고 하였으며(정수용, 2016: 20-21 재인용), Tang과 Mazmanian(2008)은 "다양한 부문의 조직들이 공공정책으로 인해 발생하는 문제를 해결하기 위해 협의하고 계획·실행·평가하는 과정"으로 정의하고 있다(황명주, 2020: 49 재인용).

한편 정수용(20160은 협력적 거버넌스를 "다양한 사회의 각 구성원

간의 자율적이고 수평적인 관계를 바탕으로 자발적 협력과 다양한 상호작용을 통해 공동의 문제를 해결하는 사회조정양식"이라고 하였으며, 이명석(2010)은 "자율적인 행위자와 조직들 간의 다양한 형태의 상호작용을 활용하여 기존의 조직적 경계와 정책을 초월하여 새로운 공공가치를 창조하는 사회문제 해결방식"으로 정의하고 있다(권혁소, 2016: 17 재인용).

본 연구에서는 이러한 견해들을 토대로 하여 협력적 거버넌스를 "다양한 행위자들의 자발적 참여를 토대로 상호협력과 권한의 공유, 그리고 공동의 결정을 통해 보다 나은 성과의 창출을 지향하는 거버넌스 체계"로 정의하고자 한다, 협력적 거버넌스를 이렇게 정의할 때 협력적 지역거버넌스는 "지역단위에서 공사부문의 다양한 행위자들이 자발적 참여를 토대로 상호협력과 권한의 공유, 공동의 결정을 통해 보다 나은 성과의 창출을 지향하는 거버넌스체제라고 할 수 있다.

이러한 협력적 지역거버넌스의 개념정의에 함축되고 있는 내용으로는 공공과 민간부문 행위자의 참여, 공공부문과 민간부문 행위자간의 정책결정 영역의 분할, 규칙화되고 투명한 결정과정, 합의에 기초한 정책결정 등 네 가지를 들 수 있다(주재복 외, 2011: 188-198). 첫째, 공공부문과 민간부문 행위자의 참여이다. 일반적으로 협력적 지역거버넌스는 정책의 결정과 집행의 영역에서 공공부문과 민간부문 행위자들의 협력을 전제로 하는데, 이를 위한 최소한의 요건은 두 부문 행위자들이 참여하는 것이다.

둘째, 정책결정 영역의 분할이다. 협력적 지역거버넌스는 정책결정의 효율성과 수용성을 제고하기 위하여 공공부문의 정책행위자가 정책결정과정을 민간부문 행위자와 공유하는 것에 기초하고 있다. 셋째, 규칙화되고 투명한 결정과정이다. 협력적 지역거버넌스의 정책결정에는 결정과정의 준거가 되는 규칙이 필요한데, 이 규칙은 모든 행위자들이 의견을 제시할 수 있도록 해야 한다. 이러한 맥락에서 결정과정의 규칙화와 투명성은 결정의 정당성과 수용성을 위해 중요한 역할을 한다. 넷째, 합의적인 결정과정이다. 기본적으로 협력적 지역거버넌스는 결정과정이 합의중심적으로 진행되고 최종결정이 행위자들에게 받아들여질 수 있을 때 제 기능을 발휘한다.

이상에서 협력적 거버넌스의 개념에 대해 살펴보았는데, 협력적 거버넌스는 거버넌스 및 참여적 거버넌스와 구별되는 개념이다. 거버넌스와 협력적 거버넌스는 둘 모두 참여민주주의(participatory democracy)라는 이념적 맥락을 이론적 기반으로 하고 있으나, 거버넌스는 협력적 거버넌스보다 더 포괄적 개념으로서 정책과정에의 참여의 핵심을 일반주민 다수의 실질적 참여에 두고 있다. 이에 비해 협력적 거버넌스는 거버넌스의 한 형태로서 그 핵심을 정책과정에 이해관계자들의 실질적인 참여뿐만 아니라 참여자들이 수평적 입장에서 상호 협력을 통하여 합의를 이루어 내는데 두고 있다. 이같이 협력적 거버넌스는 참여자들 간의 상호협력을 더욱 강조한다는 점에서 거버넌스와 구별된다.

한편 협력적 거버넌스와 참여적 거버넌스 역시 참여민주주의라는 이념적 맥락을 이론적 기반으로 하고 있으나, 참여적 거버넌스는 공공문제의 해결을 위한 정책과정에 관련 이해당사자들이 참여하여 공공문제에 대한 인식과 정책에 대한 타협을 이끌어 내는 것에 초점을 두고 있다. 이에 비해 협력적 거버넌스는 공공문제 해결의 전 과정에 관련 이해관계자들의 참여가 보장되는 것뿐만 아니라, 그들이 서로 협력하여 자발적으로 공공문제를 해결해 나가기 위한 협력공동체를 구성하여 활동한다는 데에 강조점이 있다는 점에서 차이가 있다(정우송, 2011: 43).

참여적 거버넌스에 비하여 협력적 거버넌스는 정책과정에서 단순한 참여와 타협의 단계를 넘어 상호 협력과 의존성을 높이는 체제적 구성과 기능을 한다는 데에 그 의의와 목적이 있다고 할 수 있다. 또 참여적 거버넌스는 이슈나 문제를 둘러싼 현상 또는 상황의 인식, 결과의 파악에 그치는 제한적인 제도인데 비하여 협력적 거버넌스는 정책과정의 전체적 절차에 걸쳐 관여함으로써 사회문제의 해결에 있어서 문제의 변화 과정, 동기유발의 과정적 차원을 더 중시한다(정우송, 2011: 43-44).

2. 협력적 지역거버넌스의 특징

Ansell과 Gash(2007)는 전통적 행정이 공식적 권위를 가진 정부에 의해 주도적·수직적으로 수행되는데 비하여 협력적 지역거버넌스는 특정한 사회문제와 관련된 민간부문을 행정에 적극 참여시켜 상호 협력하면서 문제를 해결해 나가는 방식으로서 관료제와는 달리 문제해결 중심이며 성과중심적 책임구조와 수평적 조직형태 등을 그 특징으로 한다고 한다(김광휘, 2012: 17 재인용).

한편 이종수 외(2011: 159)는 협력적 지역거버넌스의 특징으로 다음의 세 가지를 제시하고 있다. 첫째, 협력적 지역거버넌스는 다양한 조직단위 간의 호혜적인 상호의존성을 특징으로 하는 협력체계이다. 둘째, 협력적 지역거버넌스는 공공과 민간이 파트너십을 통한 조직간의 상호의존성과 협력관계를 형성하여 사회문제를 해결하는데 초점을 둔다. 셋째, 협력적 지역거버넌스는 공공문제를 해결하는 과정에서 정부와 민간부문 간의 협력적 네트워크를 적극적으로 활용하는 체계라는 것이다.

협력적 지역거버넌스의 특징에 대해서는 연구자들의 관점에 따라 다양한 견해들이 제시되고 있으나, 일반적 특징으로는 다음의 다섯 가지를 들 수 있다(은재호 외, 2009: 27). 첫째, 협력적 지역거버넌스는 문제해결 중심으로 구조화되기 때문에 전통적 관료제와는 달리 무형적이고 비정형적이다. 둘째, 협력적 지역거버넌스는 수직적 권위보다는 수평적 관계, 조직내부 지향적이기 보다는 외부지향적이다.

셋째, 협력적 지역거버넌스는 전통적 관료제가 가지는 공식적 지위나 권위보다는 지식과 정보, 문제해결능력 그리고 리더십이 조직운영의 기초가 된다. 넷째, 협력적 지역거버넌스는 책임구조에 있어서 사후적 통제보다는 대화와 소통을 근간으로 하는 과정적 통제를 지향함으로써 궁극적으로 성과중심적 책임구조를 갖는다. 다섯째, 협력적 지역거버넌스는 경쟁보다는 협력의 원리를, 갈등보다는 공동의 비전을, 기회주의적 계산보다는 신뢰에 토대를 둔 장기적인 거래관계와 공동체적 관계를 중시한다는 특징을 갖고 있다.

3. 협력적 지역거버넌스의 구성요소

협력적 지역거버넌스는 거버넌스의 기본적 구성요소를 포함하고 있다. 거버넌스는 공공문제 해결을 위해 정부, 시장, 시민사회 세 부문 간의 견제와 균형 그리고 협력을 통한 문제해결에 초점을 두고 있는데, 협력적 지역거버넌스 역시 구성원들 간의 상호작용, 정부와 시민사회의 수평적 네트워크와 파트너십을 통한 협력을 강조한다(황명주, 2020: 58).

협력적 지역거버넌스의 구성요소에 대해 Stoker(1997)는 상호의존성, 자원의 교환, 게임의 규칙, 자율성을 가진 조직간 네트워크를 들고 있으며, Hilliard와 Kerrp(1999)는 정부정책의 개방성, 투명성, 대중과의 대화, 정책형성과 공표과정에서의 시민참여를 들고 있다(황명주, 2020: 58 재인용). 그리고 Lasker 외(2001)는 자원, 파트너 특성, 파트너들 간의 관계, 파트너십 특성, 외부환경 등 다섯 가지를 지적하고 있으며(강경화, 2017: 21 재인용), Frischtak(1994)은 공공의 관여, 제도적 발전, 의사결정의 투명성, 관심의 표현, 갈등해결, 권력제한, 책임 있는 리더십을 들고 있다(유미현, 2017: 25 재인용).

이같이 협력적 지역거버넌스의 구성요소는 연구자들의 연구 관점에 따라 다양하게 제시되고 있는데, 여기에서는 가장 많이 인용되고 있는 상호협력, 공동의사결정, 공동사업수행의 세 가지를 구성요소로 들고자 한다. 그 내용은 다음과 같다. 첫째, 상호협력은 공공부문과 민간부문이

상호신뢰를 바탕으로 공동의 목표를 설정하고, 그 목표를 달성하기 위해 상호작용을 하면서 의사를 결정하고 행동양식을 규정하는 것을 말한다(황명주, 2020: 61).

둘째, 공동의사결정은 정책을 결정하는 과정에 공공부문과 대표성을 가진 민간부문 참여자들이 동등하게 참여하고 자율성을 바탕으로 의사를 결정하는 것을 의미한다. 협력적 거버넌스는 참여자들의 의사개진에서부터 결과도출 과정까지 상호신뢰와 협력적 관계가 동등하게 유지되어 자율성을 바탕으로 공동결정이 이루어졌을 때 형성된다.

셋째, 공동사업 수행은 정부와 민간이 사업을 수행하는 과정에서 참여자 개개인의 전문성을 고려하고 정보의 공유와 분업을 통한 협력을 기반으로 공동의 목표를 달성하는 것을 말한다(류명희, 2018: 36-37). 이같이 협력적 지역거버넌스는 공동사업 수행과 관련된 참여자들의 전문성을 바탕으로 상호간에 정보공유 및 네트워크 구축을 통해 효율성을 증진시키며, 공동목표를 달성하는데 참여자인 공공부문과 민간부문이 책임을 공유한다.

4. 협력적 지역거버넌스의 유용성과 한계

1) 협력적 지역거버넌스의 유용성

협력적 지역거버넌스는 지방정부의 전통적 통치행위에 비하여 공공문제를 해결하는데 여러 가지 유용성을 갖고 있다. Goldsmith와 Eggers(2004)는 협력적 지역거버넌스가 관료제적 정부에 비하여 다음과 같은 몇 가지 장점을 갖는다고 한다. 첫째, 협력적 지역거버넌스는 기존의 조직의 문화나 틀에 얽매이지 않아 혁신이 수월하다. 둘째, 정부관료제의 틀을 벗어날 수 있어서 신속성과 유연성을 발휘할 수 있다. 셋째, 시민사회조직을 비롯한 다양한 시민친화적 조직형태를 활용하여 시민접근성을 제고시킬 수 있다는 것이다(정우송, 2011: 40 재인용).

한편 Agranoff(2007)는 협력적 지역거버넌스가 현대사회의 발달된 정보통신기술(ICT)과 결합되면 사회문제의 신속하고 정확한 인지와 필요한 정보의 교환, 외부전문성과 기술의 활용, 창발적인 신기술의 개발과 적용, 지식인프라 관리의 개선을 통한 사회문제 해결에 필요한 새로운 역량의 구축, 호혜적인 프로그램과 공동전략의 개발 그리고 공동정책의 결정 및 공동정책사업 추진 등의 기능을 수월하게 할 수 있다고 한다(정우송, 2011: 40 재인용).

이러한 협력적 지역거버넌스의 유용성을 구체적으로 설명하면 다음과 같다(송경순, 2021: 34-35). 첫째, 협력적 지역거버넌스는 사회 내의 다양한 행위자들과 조직들의 공공가치에 대한 합의형성을 가능하게 해 준다. 정부가 사회성원들에게 적절하고 공정한 행정서비스를 제공하는 보장성 가치를 구현하기 위해서는 이에 대한 사회성원들의 소통과 공감대 형성이 전제되어야 하는데 협력적 지역거버넌스는 참여자들 간의 신뢰에 기초한 소통과 담론을 활성화시켜 공공가치의 합의형성을 가능하게 해 준다.

둘째, 협력적 지역거버넌스는 공공부문과 민간부문 간의 적절한 기능 및 역할의 배분과 조정을 통해 사회문제의 해결능력을 제고할 수 있다. 셋째, 협력적 지역거버넌스는 정부와 민간조직들 간의 정책의 공동결정과 프로그램의 공동운영을 통해 사회 내의 한정된 자원을 공동으로 활용하는데 기여한다. 넷째, 협력적 지역거버넌스는 정부와 민간부문 간의 상호이해와 신뢰를 형성하여 정부불신을 해소하고 장기적으로 사회적 자본을 축적하는데 도움을 준다(최길수, 2010: 8-9).

다섯째, 협력적 지역거버넌스를 통한 시민참여는 정책에 대한 참신한 아이디어의 제공과 다양한 정보를 교환할 수 있게 함으로써 결정되는 정책의 실효성을 제고시킬 수 있다. 여섯째, 협력적 지역거버넌스는 지방정부, 시민사회단체, 일반주민 등이 서로 긴밀하게 협력하면서 사회적 이슈에 대응함으로써 민주성을 지향할 수 있다.

2) 협력적 지역거버넌스의 한계

민주화, 지방화, 세계화 등에 따른 사회변화와 함께 지역주민들의 욕구가 다양화됨에 따라 이해관계자들의 참여를 통해 정책을 결정하고 문제를 해결하는 협력적 지역거버넌스의 필요성은 계속 커지고 있으며, 실제로 지방행정의 많은 분야에서 적용이 이루어지고 있다. 그러나 협력적 지역거버넌스는 이론적 한계와 함께 실제의 운용면에서도 적지 않은 문제를 가지고 있다.

첫째, 참여자간의 권력과 자원의 불균형문제이다. 지역거버넌스 참여자간에 권력 및 지식·정보 등 자원(resources)의 불균형한 배분은 합리적이고 공정한 정책결정을 저해할 수 있다. 지역거버넌스를 통한 정책결정과정에서 참여자간에 권력과 정보가 균형을 이루지 못하면 이를 많이 가진 참여자(참여집단)가 결정과정을 주도하여 정책결정을 왜곡시킴으로써 오히려 참여자간에 갈등을 증폭시킬 수 있다(정정화, 2011: 582).

둘째, 거버넌스 참여자의 대표성 확보문제이다. 원칙적으로 지역거버넌스에는 특정한 정책으로부터 영향을 받는 사람들은 누구나 참여할 수 있어야 하지만 제도화된 정책결정기구에는 현실적으로 제한된 사람들만이 참여할 수 있기 때문에 대표성이 문제가 된다. 그리고 이해관계집단의 규모가 크고 집단의 특성이 이질적일수록 참여자들의 대표성은 저하되게 된다. 그렇게 되면 다원적 가치와 이해관계가 균형 있게 반영되어야 한다는 지역거버넌스의 본래적 가치는 훼손될 수밖에 없다(문태현, 2010 : 484).

셋째, 시민적 역량에 따르는 문제이다. 지역거버넌스가 제대로 작동하여 지역의 공공문제를 합리적으로 해결하기 위해서는 참여자들이 공공문제에 대한 관심, 관용과 개방적 태도, 상호존중과 공동선의 추구와 같은 시민적 역량과 덕성을 가져야 한다. 그러나 아직도 우리 사회는 자기와 타자의 차이(다름)를 인정하고 수용하려는 다원주의적 가치가 제대로 형성되지 못하고 있으며, 참여자들이 지역문제에 대해 공동선을 추구하기보다는 자기집단의 이익을 우선시하는 경향이 적지 않다. 또 참여자들은 스스로의 책임아래 문제를 해결하려는 자치의식이 높지 못하여 거버넌스를 통한 공공문제의 해결에 실패할 경우에는 정부를 불신하고 책임을 전가하는 경향이 있다.

넷째, 지역거버넌스는 실제의 운용면에서도 지방정부가 강력한 주도권을 가지고 있다는 문제가 있다. 지방정부는 지역주민, 시민단체, 기업 등과 같이 지역거버넌스 참여주체의 하나이다. 때문에 지방정부가 정책결정과정에서 다른 참여자들과 동등한 입장에 서서 조정자·지원자 역할을 할 때라야 지역거버넌스가 자율성과 독립성을 바탕으로 합리적인 정책결정을 할 수 있게 된다.

다른 참여자들에 비해 권력과 자원이 월등한 지방정부가 지역거버넌스의 정책과정에 주도적으로 개입할 경우에는 다른 참여자들의 민주적이고 협력적인 협의를 왜곡시키고 정부의 의도대로 결정될 가능성이 높아지게 되는데, 그러한 결과는 성숙한 거버넌스체제를 실현하기 어렵게 하고 거버넌스에 참여한 이해당사자들의 수용성 저하로 이어지게 된다.

이 밖에도 협력적 지역거버넌스에서 협력의 과정은 비용과 시간이 많이 소요되며, 다양한 주체들의 참여로 결과에 대한 책임의 소재가 불분명하여 책임회피의 근거가 될 수도 있다. 따라서 지방정부가 민간부문과 파트너십을 형성하려고 할 때에는 이러한 한계에 따르는 위험 또한 감수하려는 의지를 가지는 것이 필요하다고 하겠다(정정화, 2011: 585).

5. 협력적 지역거버넌스에서의 숙의

1) 숙의민주주의의 특징과 구성요소

(1) 숙의민주주의의 개념과 특징

최근 들어 우리 사회에서는 지방정부의 정책이나 공공사업을 둘러싸고 이념갈등 또는 이해갈등이 빈발하여 사회적 비용이 급증하고 있는데, 이를 기존의 행정적·사법적 접근이나 대의민주주의의 선호집합적 방식으로 해결하기에는 한계에 봉착하고 있다. 이에 따라 공공갈등에 대한 전통적 해결방식이나 협상의 차원을 넘어 갈등당사자 간의 소통과 신뢰에 토대를 둔 합의형성의 중요성이 부각되면서 숙의민주주의(deliberative democracy)가 새로운 해결방식으로 관심을 모으고 있다(정규호, 2007: 91).

숙의민주주의는 시민들이 공공의제에 대한 자유롭고 평등한 토론과정에 참여함으로써 보다 합리적이고 성찰적인 정치적 판단에 도달할 수 있으며, 그 과정에서 형성된 여론이 민주주의를 더욱 진전시킬 것이라는 이론적 가정에 기반하고 있다. 특히 숙의민주주의 이론은 공적 이슈에 대한 토론과정을 민주주의 활성화의 핵심적인 조건으로 강조하는데, 이는 토론이 갖는 특성이 공중의 정치적 판단능력을 활성화할 수 있는 최적의 기회를 제공해 준다고 판단하기 때문이다.

토론과정에 참여함으로써 시민들은 특정 사안에 대한 광범한 주장과 대안들 그리고 보다 심층적인 정보를 접하게 되어 사안에 대한 이해의 폭과 성찰의 깊이를 심화시킬 수 있으며, 이를 통해 공적사안에 대한 보다 성찰적이고 정교한 판단에 도달하게 된다는 것이다(이건혁, 2005: 120).

숙의민주주의는 다원화시대에 다양한 이해관계자들의 자발적 참여와 민주적이고 이성적 토론을 통해 합의를 도출해 냄으로써 의사결정의 정당성을 제고하고 갈등을 사전에 방지하는데 기여한다, 아울러 숙의민주주의는 기존의 대의민주주의의 약점으로 지적되어 온 소수 대표자들에 의한 결정이 초래하는 정당성의 문제와 선호집합적 의사결정의 한계를 보완하는 이론적 토대를 제공해 준다. 이러한 숙의민주주의는 두 가지 핵심적인 요소를 갖는다. 하나는 의사결정으로부터 영향을 받는 모든 사람들 또는 그들 대표자들이 참여하는 민주적 요소이고, 다른 하나는 합리적이고 공평무사한 참여자들 간의 논증에 의하여 정책결정을 한다는 숙의적 측면이다.

(2) 숙의민주주의의 구성요소

가. 참여

숙의민주주의는 참여, 숙의, 합의의 세 가지를 구성요소로 하는데 그 내용은 다음과 같다(정정화, 2011: 580-581). 먼저 참여(participation)에 대해 살펴보면, 숙의민주주의는 집합적 의사결정이라는 측면에서 정책결정과 이해관계가 있는 각 분야의 주체들이 배제되지 않고 자유롭게 참여하여야 한다.

만약 특정한 주체들에게만 참여의 기회가 주어진다면 참여를 통한 상호이해와 합의형성은 제한된 특정한 주체들 간에만 가능하게 된다. 그리고 숙의과정에서 각 참여주체들은 서로의 존재를 인정하고 동등한 지위를 가져야 한다. 이같이 숙의민주주의는 모든 이해관계자의 참여를 구성요소로 하고 있으나 현실적으로 제도화된 의사결정기구에는 제한된 사람들만이 참여할 수 있기 때문에 참여주체의 대표성이 확보되어야 하며 참여범위의 포괄성이 보장되어야 한다.

첫째, 참여주체의 대표성이다. 참여주체는 소속집단이나 단체로부터 대표성을 인정받아야 함은 물론이고 가능한 한 많은 이해당사자들로부터 대표성이 확보되어야 정당성이 강화될 수 있다. 또 힘 있는 특정집단의 목소리가 과대 대표되지 않도록 계층적 대표성을 고려한 참여구조가 설계되어야 하고 직·간접적인 이해관계자들을 고르게 대표할 수 있는 방안이 마련되어야 한다.

둘째, 참여범위의 포괄성이다. 합의의 결과는 의사결정으로부터 영향을 받는 모든 사람들이 토의와 결정과정에 참여할 때 규범적으로 정당화될 수 있다. 그러므로 가능한 한 많은 이해관계자들을 참여시켜 의사결정의 정당성을 제고시켜야 하며 권력의 역학관계를 고려하여 사회적 소수자들의 의견이 반영될 수 있어야 한다.

나. 숙의

참여가 의사결정의 폭을 확장시킨다면 숙의는 의사결정의 깊이를 심화시키는 역할을 한다. 숙의(deliberation)는 참여자들이 토론과 성찰을 통해서 자신들의 판단·선호·관점을 변화시켜 나가는 사회적 과정으로서(정정화, 2011: 580), 숙의과정에서 이러한 변화가 일어나기 위해서는 소통성과 숙의절차의 공정성이 확보되어야 한다.

첫째, 숙의과정의 소통성이다. 숙의적 의사결정은 참여자들에 대한 지속적이고 깊이 있는 정보와 지식의 제공을 토대로 한 학습을 전제로 한다. 상대방의 의사를 존중하고 경청하는 관용과 개방적 태도는 소통성을 판단하는 중요한 기준이 되는데, 참여자들 간에 신뢰와 호혜성의 규범이 작동하고 상호성의 문화가 정착되어야 소통이 원활하게 이루어질 수 있다.

둘째, 숙의절차의 공정성이다. 의사소통과정의 왜곡을 방지하기 위해서는 토론과정에 내외적 제약이나 이데올르기적 왜곡이 없어야 하며 모든 참여자들의 발언에 균등한 기회가 주어져야 한다. 숙의민주주의의 이념에 가장 부합되는 합의도출방식은 만장일치이지만 실제로는 이에 도달하기 어렵기 때문에 합의를 위한 기본규칙을 마련하는 것도 필요하다(정정화, 2011: 585).

다. 합의

합의형성은 서로 다른 이해관계를 가진 개인이나 집단들이 대면적인 토론과정에 참여하여 공통의 문제를 탐색하고 정책에 관한 동의를 얻어 가는 과정이다. 합의형성은 기본적으로 강제력에 의존하지 않는 갈등의 해소과정을 의미한다. 정책결정과정에서 합의형성은 개별 선호 간의 거래를 통한 협상이나 보상의 방법으로도 이루어질 수 있지만, 여기에서의 합의형성은 문제해결에 폭넓은 이해관계자의 참여, 토론과정에서 참여자의 학습과 숙의 등 숙의민주주의적 접근을 통해 이루어지는 것을 말한다.

숙의민주주의적 의사결정은 다양한 참여자들이 이성적 논증(reasoned argument)을 통해 사회적 합의의 도출을 목표로 한다는 점에서 합의의 결과는 성찰성과 지속성이 있어야 한다. 첫째, 합의결과의 성찰성이다. 합의는 숙의과정의 최종 결론이며 민주적 갈등관리의 최종결정으로서의 의의를 갖기 때문에(윤종설, 2014: 68), 숙의민주주의에서 추구하는 합의는 이성적 논증의 형태로 이루어져야 한다. 합의안이 피상적 수준에 머물게 되면 갈등이 재연될 소지가 많다. 합의는 단순한 선호의 집합이 아니라 개별 참여자나 집단의 선호가 성찰적으로 묻어나는 내용의 질이 중요하다.

둘째, 합의결과의 지속성이다. 숙의과정을 통해 도출된 합의는 이해당사자들이 수용함으로써 합의내용이 구속력을 가져야 한다. 이성적 논증과정을 거쳐 이루어진 합의라고 하더라도 토론참여자들이 속한 집단 성원들의 승인을 받지 못하면 합의내용은 실행할 수 없게 된다. 그러므로 합의가 지속성을 담보할 수 있기 위해서는 합의내용의 추진주체와 방법 등 이행계획을 명문화하여 불이행시에는 제재를 할 수 있는 근거를 명시하는 등 대응절차를 마련할 필요가 있다(정정화, 2011: 585).

2) 숙의를 통한 합의형성의 유용성과 한계

(1) 숙의를 통한 합의형성의 유용성

여기에서 숙의(deliberation)란 이해당사자들이 일정한 규칙에 따라

조직화되는 합리적 토론을 통해 자신들의 판단·선호·관점을 변화시켜 나가면서 합의를 도출하는 사회적 과정으로서(정정화, 2011: 580), 이해당사자들이 대등한 입장에서 이해와 설득을 바탕으로 하여 성찰적 합의에 도달하는 것을 말한다. Cohen(2012)에 따르면 숙의는 이해당사자들의 참여와 토론에 의한 합의도출을 목표로 하고 있으며, 그 조건으로서 명확한 근거 제시, 참여자들의 동등한 지위와 함께 제시된 주장들에 대한 자유로운 지지 또는 비판이 가능해야 한다(조병식, 2018: 25 재인용).

협력적 지역거버넌스가 잘 운영되기 위해서는 의사결정에 숙의를 적용하는 것이 바람직하다. 이러한 숙의의 유용성에 대해서 Elster(1998)는 개인의 정보표출, 제한된 합리성의 극복, 요구를 정당화하는 양식, 궁극적 선택의 정당화, 배분적 정의를 위한 보다 좋은 의사결정, 참여자들의 도덕적·지적 능력의 향상을 지적하고 있다.

그리고 Gutmann과 Thompson(1996)은 도덕적 정당성 확보, 공적 이슈에 대한 공공정신 고양, 상호 존중하는 의사결정과정의 확보, 과거의 잘못에 대한 교정 등을 들고 있으며, Fung(2005)은 공적 행위에 대한 정당성 확보, 정의의 구현, 효과성을 지적하고 있다. 이 밖에도 여러 연구자들이 숙의의 유용성을 제시하고 있는데, 협력적 거버넌스를 통한 정책과정에서 숙의 적용의 유용성을 구체적으로 설명하면 다음과 같다(문태현, 2010: 482-484).

첫째, 숙의는 정책결정의 정당성 확보에 기여한다. 이해관계자들이 폭넓게 참여하여 동등한 입장에서 이성적 토론을 거쳐 합의를 이루어내는 숙의적 정책결정은 절차적 합리성과 사회정의 측면에서 정당성을 가지게 된다. 정책의 정당성은 다수결원리보다는 정책으로부터 영향을 받는 사람들의 동의에 의해 확보되는 것이기 때문에 정책결정이 정당성을 확보하려면 자유롭고 평등한 참여자들의 숙의가 전제되어야 한다. 숙의를 통하여 참여자들이 자신의 의견과 논거를 제시하고, 토론과정에서 논리에 따라 의견을 변경하며, 여러 제안들 가운데 가장 합당하다고 판단되는 의견에 따라 결정이 이루어져야 참여자들로부터 정당성을 인정받을 수 있게 된다.

둘째, 숙의는 정책내용의 질을 제고시켜 문제해결능력을 높이는데 기여한다. 숙의는 그 과정에서 정보의 확산을 가져오게 하고 정책문제나 해결책에 대한 참여자들의 이해를 높이며 인간의 제한된 합리성을 확대시킴으로써 결정되는 정책의 질을 제고시킨다. 그리고 숙의적 정책결정은 그 과정에서 다양한 참여자들을 공적 토론에 노출되게 하기 때문에 자신에게만 이익이 되는 이기적인 주장을 어느 정도 억제할 수 있도록 한다.

셋째, 숙의는 자유로운 토론을 통해 정책과정의 민주화에 기여한다. 숙의에 의한 정책결정은 토론과정을 통해 다양한 참여자들이 정책이슈에 대한 선호나 입장을 명확하게 이해할 수 있게 하며 자기와 다른 견해도 경청하고 이해하는 관용(tolerance)의 자세를 갖게 함으로서 정책과정의 민주화에 기여한다. 넷째, 숙의는 그 과정을 통해 정책결정에 대한 민주적 가치와 규범을 내면화시키는 교육적 기능을 수행한다. 정책숙의는 참여자들에게 민주적 가치와 규범을 내면화시킬 뿐만 아니라 정책문제에 영향력을 행사할 수 있다는 효능감(efficacy)을 높여 정치참여를 촉진시킴으로서 민주시민을 육성하는 교육적 기능을 수행한다.

다섯째, 숙의는 결과적으로 사회갈등을 완화하고 사회통합을 실현하는데 기여한다(정책기획위원회, 2006: 30). 숙의에 의한 정책결정은 이해당사자들이 직접적 대화와 토론, 그리고 숙의를 통한 시민적 합의에 기초해서 이루어지기 때문에 정당성이 높아 그 결정에 이해당사자들이 승복하게 함으로써 갈등을 완화하고 궁극적으로 사회통합에 기여하게 된다. 이 밖에도 숙의를 통하여 합의된 정책결정은 참여자들에게 책임감을 공유하도록 하며 사회적 유대를 증진시켜 주는 효과도 가지고 있다(김찬동, 2015: 584). 이는 정책과정에서 숙의가 사회적 자본을 형성하는데도 기여한다는 것을 의미한다.

(2) 숙의를 통한 합의 형성의 한계

지속적인 논증과 공론을 통해 합의에 도달하는 숙의를 통한 정책결정방식은 규범적이고 이상적인 상황을 가정하고 있지만 현실의 정책과정은 시간과 정보의 제약, 권력의 불균형, 참여자의 대표성 확보문제 등 많은 제약여건 아래서 이루어지기 때문에 숙의가 제대로 작동하기가 쉽지 않다. 따라서 협력적 거버넌스를 통한 정책과정에서 숙의의 적용은 그 유용성과 정당성에도 불구하고 다음과 같은 한계를 가지고 있다.

첫째, 권력과 자원의 불균형문제이다. 거버넌스의 참여자 간에 권력 및 지식·정보 등 자원의 불균형한 배분은 합리적이고 공정한 숙의를 저해할 수 있다. 정책숙의과정에서 권력과 정보가 불균형이 되면 이를 많이 가진 참여자나 참여집단이 의사결정을 주도하는 현상이 나타날 수 있으며(정정화, 2011: 582), 특정한 이해관계를 가진 참여자나 집단이 의사결정을 왜곡 또는 지연시킴으로써 오히려 갈등을 증폭시킬 수도 있다.

특히 지방정부는 지역의 다른 이해당사자들에 비해 권력과 자원이 월등한 위치에 있기 때문에 숙의과정에 주도적으로 개입할 경우 성찰적 논의를 왜곡시키고 정부의 의도대로 정책이 결정될 가능성이 높아지게 된다. 또 지방정부의 주도적 개입은 다른 이해당사자들의 수용성 저하로 이어져 결국 합의결과의 지속성을 떨어뜨림으로써 갈등해결의 기제로 작용하지 못하게 하는 요인이 된다.

둘째, 숙의과정 참여자들의 대표성 확보문제이다. 원칙적으로 숙의적 정책결정에는 정책으로부터 영향을 받는 사람들은 누구나 참여할 수 있어야 하지만 제도화된 정책결정기구에는 현실적으로 제한된 사람들만이 참여할 수 있으며, 이해관계집단의 규모가 크고 집단의 특성이 이질적일수록 참여자들의 대표성은 저하되게 된다. 그렇게 되면 다원적 가치와 이해관계가 균형 있게 반영되어야 한다는 정책숙의의 본래적 가치는 훼손될 수밖에 없다(문태현, 2010: 484).

셋째, 시민적 덕성의 문제이다. 숙의과정이 제대로 작동되기 위해서는 공공문제에 대한 관심, 관용과 개방적 태도, 상호존중과 공동선의 추구와 같은 시민적 덕성이 그 전제가 된다. 숙의방식에 의한 합의형성에 있어서는 이와 같은 시민적 덕성을 갖춘 사람들이 공적인 사회문제에 대해 이성적 논의를 통해 합의에 도달할 자세가 되어 있어야 한다(정정화, 2011: 582).

그러나 아직도 우리 사회는 숙의민주주의 실현에 필요한 문화가 제대로 정착되지 못하고 있어 공적 문제에 대한 이성적인 숙의가 이루어지지 못하고 여전히 편협하고 자기주장이 강한 사람들의 주장이 특권화되는 경향이 있다(정책기획위원회, 2006: 31). 그리고 자기와 타자의 차이(다름)를 인정하고 수용하려는 다원주의적 가치가 제대로 형성되어 있지 못한 실정이다.

넷째, 숙의에 따르는 거래비용의 문제이다. 거래비용은 행정이 일방적으로 정책을 추진하다가 주민들과 갈등을 빚는 경우에 많이 발생하지만 정책숙의과정에서도 발생할 가능성이 적지 않다. 시민과 시민단체의 입장에서는 정책숙의에 참여하기 위한 시간과 금전이 과다하게 발생할 기능성이 있으며, 행정의 입장에서도 정책숙의가 시간과 금전의 투입뿐만 아니라 정책결정의 효율성과 시의성을 저하시키는 동시에 정책을 둘러싼 조정비용도 증가할 가능성이 있다. 정책숙의에 따른 거래비용이 결정된 정책의 효율성보다 크게 된다면 그 정책의 정당성은 약화되게 된다.

이상에서 살펴 본 숙의적 정책결정의 문제와 한계를 감안할 때 아직도 수직적인 정치·행정문화에서 탈피하지 못하고 있는 우리 사회에서는 숙의과정 정착이 쉬운 일이 아니다. 특히 가치갈등 및 생존권 문제와 관련된 이해갈등은 협력적 거버넌스가 구축되고 숙의과정이 진행된다고 하더라도 사회적 합의를 형성하기가 쉽지 않다.

하지만 우리 사회에서 정책을 둘러싸고 이념 및 계층갈등이 증폭되고 있을 뿐만 아니라 정책과정 참여자들의 다양한 요구가 폭발적으로 증대되고 있는 현실은 협력적 거버넌스에서 숙의방식의 적용을 불가피하게 하고 있다고 할 수 있다(문태현, 2010: 486). 따라서 실제의 정책결정을 위한 숙의과정에서는 참여자들이 이러한 한계를 제대로 인식하고 대처해 나갈 필요가 있다.

3) 숙의를 통한 합리적 정책결정의 조건

(1) 참여주체들의 대표성 확보

협력적 거버넌스에 의한 숙의적 정책결정에서는 그 과정에 누가 참여하며, 무엇을 어떠한 방법으로 숙의하는가가 정책의 내용에 큰 영향을 미치게 된다. 따라서 숙의방식을 적용하여 합리적으로 정책을 결정하기 위해서는 숙의에 필요로 하는 조건들이 충족되어야 한다. 여기에서는 그러한 조건을 숙의의 주체, 숙의의 대상, 숙의의 절차와 방법 등 셋으로 구분하여 고찰하고자 한다.

숙의과정에 누구를 참여시킬 것인가 하는 주체의 문제는 숙의적 정책결정의 성패를 좌우할 정도로 중요한 문제이다. 원래 숙의적 정책결정에는 결정으로 인하여 영향을 받는 모든 사람들이 참여하는 것이 바람직하지만 현실적으로는 소수의 대표자만이 참여할 수밖에 없다. 그런 점에서 정책숙의에서 참여주체는 그 대표성이 확보되어야 하며 참여범위가 포괄성을 가져야 한다.

참여주체의 대표성은 토론과 의사결정에 참여하는 대표자의 선정이 공정하고 합리적 절차를 거쳐야 한다는 것이다. 참여주체는 소속집단으로부터 대표성을 인정받아야 함은 물론 가능한 한 많은 이해당사자들로부터 대표성을 확보해야 정당성을 높일 수 있다. 따라서 정당한 사유 없이 참여에 배제되는 집단이 있어서는 안 되며 또 힘 있는 특정집단의 목소리가 과대 대표되지 않도록 대표성을 고려한 참여구조가 설계되어야 한다.

다음은 참여범위의 포괄성 문제인데, 합의의 결과는 정책결정으로부터 영향을 받는 모든 사람들이 토론과 결정과정에 참여할 때 규범적으로 정당화될 수 있다. 가능한 한 많은 이해관계자들이 참여할수록 집합적 의사결정의 정당성이 강화될 수 있기 때문에 사회적 약자계층도 참여시켜 그들의 의사가 결정과정에 반영될 수 있도록 해야 한다.

그리고 정책숙의의 참여자들은 서로 상대를 존중하면서 정책토론을 할 수 있는 품성과 자질을 갖추어야 한다. 유능한 숙의자가 되기 위해서는 자신의 목표를 성찰하고 자신의 이해관계를 다른 참여자들의 그것과 관련시켜 생각할 수 있는 능력과 함께 다른 참여자들의 의견을 경청하고 정책담론과정에서 이성적이고 합리적인 대안을 개발할 수 있는 능력도 있어야 한다.

(2) 정책숙의 대상의 확대

어떠한 정책문제가 숙의대상이 되어야 할 것인가에 대해서는 그 대상을 특정분야로 제한해야 한다는 입장과 어떤 제한도 두어서는 안 된다는 입장이 대립되고 있다. 숙의민주주의를 공적 이성(reason)의 관점에서 이해하는 Rawls(1993)는 정책숙의의 대상을 헌법과 관련된 중요한 정치적 주제로 제한시키고 합의가 어려운 도덕적 문제는 배제되어야 한다고 주장한다(김명식, 2004: 262 재인용).

이에 비해 숙의민주주의를 의사소통적 합리성의 관점에서 이해하는 Habermas(1996)는 숙의의 절차를 강조하고, 숙의의 내용과 범위에 대해서는 어떠한 제한도 두지 않아야 한다면서 숙의의 영역을 공론장과 생활정치의 영역으로 확대시킬 것을 주장한다(정규호, 2005: 41 재인용).

오늘날 한국사회에서 환경문제, 생명문제, 평화문제 등 중요한 정책문제는 근본적으로 도덕적 불일치 문제와 관련되는 것들이 적지 않다. 그런데도 Rawls의 주장대로 정책숙의과정에서 도덕적 문제를 제외하고 헌법과 관련된 정치적 문제나 기본적 정의의 문제에만 국한시켜 다룬다면 정책숙의의 공간을 지나치게 축소시킴으로써 숙의의 실효성을 약화시킬 수 있다(문태현, 2010: 476). 이런 점에서 정책을 통하여 해결하려는 중요한 사회문제는 모두 정책숙의의 대상으로 하는 것이 바람직하다고 본다.

(3) 숙의과정과 방법의 개선

첫째, 자유롭고 평등한 숙의과정이 확보되어야 한다.

정책숙의의 역할은 1차적으로는 정책결정의 질을 제고시키는데 있지만, 궁극적으로는 정책의 영향을 받는 사람들로부터 정책의 정당성을 확보하는데 있다(문태현, 2010: 477). 따라서 정책숙의에서 자유로운 분위기와 공정한 숙의과정의 확보가 무엇보다 중요하다. 자유로운 정책숙의란 참여자들이 숙의과정에서 필요한 정보와 지식 등에서 대내외적 제약이나 이데올르기적 왜곡이 없는 상태를 의미한다. 하지만 현실적으로 정책결정은 시간·정보 및 권력으로부터의 제약 등 수많은 대내외적 제약 속에서 이루어지고 있기 때문에 이러한 제약요건을 감소시켜 정당성을 확보하기 위한 참여주체들의 노력이 필요하다고 하겠다.

그리고 숙의민주주의정신에 가장 부합되는 합의의 도출방식은 만장일치이지만 실제적으로는 시간 등 여러 가지 제약으로 대부분의 경우 만장일치에 도달하기가 어렵기 때문에 궁극적으로는 다수결원리에 의존할 수밖에 없다. 그런데 숙의를 거친 다수결은 단순히 선호를 집합하는 것과는 달리 논증을 통한 주장과 반박이 계속되는 동안 자신들의 견해를 성찰적으로 반성하는 과정을 거쳐 다수가 형성된다는 점에서 결과의 정당성이 그만큼 높아지게 된다(김성훈, 2003: 41).

정책숙의에서 공정성의 확보는 참여자들이 균등한 발언의 기회를 갖는 것을 의미한다. 이러한 공정성과 관련하여 주목할 것은 소수자의 목소리를 어떻게 균형 있게 반영할 것인가이다. 만약 소수자들이 숙의에 참여하더라도 자신의 의견을 제시하고 상대방을 설득하는 것이 강자들에 비해 심히 불리하게 이루어진다면 정책숙의는 형식적 수준에 머물고 공정성이 훼손되게 될 것이다.

둘째, 숙의과정에서 자원과 권력의 균형성이 확보되어야 한다.

거버넌스의 참여자들 간에 자원과 권력이 비대칭적으로 분포하게 되면 정책숙의가 왜곡되어 자유롭고 공정하며 이성적 논쟁 속에서 자신들의 의견을 성찰적으로 수정해 나가는 합의가 이루어지지 못할 가능성이 높다. 따라서 정책숙의에서 참여자들 간에 자원과 권력을 어떻게 균형 있게 배분하는가가 중요한 문제로 대두된다.

정책논증에서 가장 중요한 자원은 바로 정보와 지식이다. 참여자들이 정보와 지식을 갖지 못할 경우 정책논쟁에서 유리한 위치를 차지하기가 거의 불가능하기 때문이다. 따라서 숙의적 정책결정을 위해서는 다양한 참여자들로 하여금 어느 정도 균형 있게 정보와 지식을 가질 수 있도록 정책숙의구조의 제도화방안이 마련되어야 할 것이다.

그리고 정책숙의의 과정에서는 참여자들 간에 이해관계가 대립되기 때문에 자신의 견해를 관철하기 위한 수단으로 권력이 개입될 가능성이 크다. 숙의과정에 권력이 개입하게 되면 참여자들 간에 자유로운 토론이나 대등한 지위에서의 숙의는 원천적으로 불가능하다. 그러므로 숙의적 정책결정을 설계할 때에는 참여자들 간의 권력관계가 어느 정도 균형을 유지할 수 있는 방향으로 구성하는 것이 중요하다고 본다(문태현, 2010: 479).

셋째, 논증방식에 의한 숙의과정이 확보되어야 한다.

정책결정과정은 다양한 정책대안들이 경쟁적으로 대립되고, 평가되고, 정당화되는 과정으로서 정책숙의는 본질적으로 논쟁지향적인 활동이라고 할 수 있다. 즉 정책결정은 상호성과 이성의 교류가 수반되는 활동으로서 합리적인 논쟁과정(argumentation)을 필요로 한다. 정책에 대한 논쟁과정이란 어느 정도 불확실성을 인정하면서 정책에 대한 주장을 정당화할 수 있도록 논거를 체계적으로 전개하는 과정이다(유민봉, 1994: 1176).

이 과정에서는 정책문제에 대한 자료나 정보를 출발점으로 하여 문제해결을 위한 주장이 이루어지고 본증, 보증, 반증에 의해 정책주장에 대한 증거가 제시되면 그 증거의 신뢰성 내지 설득력에 따라 정책주장의 정당성이 결정된다(문태현, 2010: 480). 여기에서 본증이란 자료나 정보로부터 특정 주장을 뒷받침할 수 있는 근본적 이유를 의미하며, 보증이란 본증 자체만으로는 정책주장의 정당성이 자명하지 않을 때 추가적으로 보완해 주는 것을 말한다. 그리고 반증은 본증이나 보증으로 제시된 증거가 적합성이나 신뢰성이 저해될 수 있는 예외적인 상황을 말한다(유민봉, 2010: 1194).

정책숙의가 이러한 논증방식에 의존하는 이유는 논증방식은 자신의 주장을 논거를 통해 상대방에게 논리적으로 설득하고, 여기에 반대하는 사람들 역시 자신의 반대주장을 논거를 제시하는 방식으로 사용함으로써 참여자들이 정책문제를 합리적으로 파악할 수 있는 기회를 제공하기 때문이다(문태현, 2010: 481). 그러나 사회문제는 다양하고 복합적인 성격을 지니고 있기 때문에 합리적이고 과학적인 논증만으로 사회문제의 다양한 측면을 모두 파악하기에는 한계가 있다. 그러므로 정책대화를 비롯한 대안도 함께 검토하여 보조적 수단으로 활용하는 것이 바람직하다고 본다.

6. 협력적 지역거버넌스 참여주체들이 공유해야 할 요소들

지방정부의 정책과정에서 협력적 지역거버넌스는 공·사부문의 참여주체들이 각각 자원을 공유하면서 정책에 영향력을 행사하는 의사결정단위라고 할 수 있다. 따라서 참여주체가 공유하는 요소들은 협력적 지역거버넌스를 활성화할 수 있는 요인이 된다(안윤주, 2014: 26). 협력적 지역거버넌스에서 정책목표의 달성을 위해 참여주체들이 네트워크 구조를 통해 공유해야 할 요소들은 크게 공동목표, 자원의 공유, 공동결정, 집행협력 등 네 가지를 들 수 있는데 그 내용은 다음과 같다.

첫째, 공동목표이다. 여기에서 목표란 조직의 의사결정을 통해서 실현하고자 하는 '미래의 바람직한 상태'를 말한다. 이러한 목표는 미래의 사회상태를 바람직한 방향으로 변화시키는 역할을 할 뿐만 아니라, 최선의 의사결정 수단을 선정할 수 있도록 하며 결정된 의사의 집행지침과 집행결과에 대한 평가기준으로서의 역할을 한다(최봉기, 2008: 57). 협력적 지역거버넌스의 각 참여주체들은 직업적 신분, 가치관, 그리고 조직 내에서의 활동방식이 서로 다르기 때문에 참여자들이 이를 극복하고 거버넌스 운영이 성과를 거두기 위해서는 정부가 조직의 목표를 보다 구체적으로 제시하고 더 나아가 참여자들 간의 목표의식을 서로 일치시킬 필요가 있다.

둘째, 자원의 공유이다. 협력적 지역거버넌스에는 공공부문과 민간부문 주체들이 참여하여 목표달성을 위해 노력하게 되는데, 각 주체가 보유하고 있는 자원의 질과 양은 서로 다르다. 거버넌스체제에서 참여주체들이 보유하고 있는 자원은 네트워크 내에서 영향력을 행사할 수 있는 실질적인 권력과 비례하기 때문에 참여주체들이 가지고 있는 자원의 양과 질의 차이는 그들의 지위와 영향력의 차이를 가져온다.

그 때문에 다른 참여주체들에 비해 질 높은 자원을 많이 가져 영향력이 큰 주체가 지역거버넌스 체제에서 정책결정을 주도한다면 정책에 자신들의 이해관계를 우선 반영하려고 할 것이며, 이해관계를 달리하는 다른 참여주체들의 의견은 결정과정에서 배제될 우려가 크다. 이러한 문제를 극복하고 정책을 합리적으로 결정하기 위해서는 각 참여주체들이 개별적으로 보유하고 있는 자원을 공동목표의 달성을 위해 실질적으로 활용할 수 있도록 서로 공유할 수 있는 과정과 수단의 확보가 필수적이라고 할 수 있다(안윤주, 2014: 31).

셋째, 공동결정이다. 협력적 지역거버넌스를 통한 참여주체들 간의 정책의 공동결정은 민주주의의 심화된 형태임과 동시에 기존 정책결정방식의 한계를 극복하고 보다 수준 높은 정책결정을 추구할 수 있다는 점에서 의미가 있다(정규호, 2002: 21). 이러한 공동결정이 제대로 이루어지기 위해서는 가능한 한 모든 이해관계집단을 평등하게 참여시키고 참여자들에게 정책결정에 필요한 정보를 제공해 주어야 한다. 또 충분한 숙의를 통해 합의를 지향하며 정책결정의 기준이 투명하고 공개적이어야 한다.

그리고 협의과정에서 결정기준이 공정해야 하며 결정된 내용에 대해서는 참여자들이 공동책임을 진다는 자세를 가져야 한다. 이러한 요건들이 충족된다면 정책결정과정의 파편성과 분산성의 문제가 해결되고 소수자의 견해가 충분히 반영되며, 정책결정과정에서 갈등으로 나타날 비용을 최소화함으로써 효율적 결정구조가 작동되고 원만한 합의체제가 가능해질 것으로 본다(김상준, 2009: 183).

넷째, 집행협력이다. 협력적 지역거버넌스의 성공적인 목표달성은 구체적인 정책의 실질적 집행을 통하여 이루어진다. 다양하고 이질적인 공·사부문 주체들이 참여하는 협력적 지역거버넌스는 그 특성상 정책집행이 효율적으로 이루어지지 않을 가능성이 적지 않기 때문에 정책의 집행에 대한 협력은 거버넌스의 성공을 위한 중요한 요인의 하나가 된다. 따라서 지역거버넌스의 참여주체들은 결정된 정책의 집행도 공동책임이라는 인식을 가지고 상호 협력해 나가야 할 것이다.

7. 협력적 지역거버넌스의 활성화 조건

성공적인 협력적 지역거버넌스를 실현하는데 필요한 요소가 무엇인가에 대하여 선행연구들은 다양한 견해를 제시하고 있다. Stoker(1998)는 그에 필요한 요소로 반대의견을 자유롭게 제기할 수 있는 개방성과 다양한 대중의 참여, 상호협력을 들고 있으며(서혁준 외, 2009: 158 재인용), Goldsmlth와 Eggers(2004)는 파트너들 간의 의사소통 채널의 구축과 업무조정, 파트너들 간의 지속적 관계를 위한 조건 및 기반의 마련, 책무성 확보를 제시하고 있다(조경복, 2015: 43 재인용).

그리고 Curtis(1999)는 그에 필요한 요소로 권력집중의 배제, 분권적 권력구조, 이익집단의 참여보장, 지역주민에 권한 부여, 적극적 참여의식을 들고 있다. 한편 김형양(2006)은 참여정도를 나타내는 자발적 참여, 신뢰와 공동의 목표인식을 나타내는 협동, 동등한 권력 및 책임분담 인식을 들고 있으며, 서정철(2013)은 이해관계자의 포괄적 참여, 지속적이고 충분한 숙의과정과 합의를 제시하고 있다.

이렇게 다양하게 제시되고 있는 협력적 지역거버넌스의 성공을 위한 요소들은 바로 지역거버넌스 활성화의 조건을 의미하는 것이라고 할 수 있다. 본 연구에서는 이러한 협력적 지역거버넌스 활성화의 조건으로 참여주체들의 대표성과 형평성 확보, 참여주체들의 거버넌스 능력 함양, 참여주체들에 대등한 권한 부여, 적절한 중재제도 등 네 가지를 제시하고 그 내용을 구체적으로 살펴보고자 한다.

첫째, 참여주체들의 대표성과 형평성이 확보되어야 한다. 협력적 지역거버넌스는 다양한 이해당사자들이 참여하여 충분한 논의과정을 거쳐 정책을 결정하고 결정된 내용을 성숙하게 받아들이는 과정을 통해 형성될 수 있다(이용식, 2011: 18). 때문에 정책과정의 모든 단계에 참여의 기회를 공정하게 보장하여 가능한 한 여러 계층 및 집단을 대표할 수 있는 사람들을 참여시킴으로써 다양성과 대표성을 강화해야 한다.

협력적 지역거버넌스체제에 특정계층의 주민이나 단체들만 참여하는 경우에는 그 계층 중심의 이해관계를 반영시키기 위해 노력함으로써 공동선(public good)을 저해할 가능성이 높다. 그러므로 참여과정에 있어서 기회의 불평등이 고착되지 않도록 이해관계가 있는 모든 계층을 참여시켜 형평성을 도모해야 하며, 특히 소외계층에 대한 참여기회를 확대해야 할 것이다.

둘째, 참여주체들의 거버넌스 능력이 함양되어야 한다. 협력적 지역거버넌스는 참여자들의 의식·태도·경험에서 비롯되는 의도적 행위이기 때문에 참여자들의 능력은 거버넌스의 정착과 활성화를 위한 일차적 요소라고 할 수 있다. 거버넌스 참여자가 능력이 부족할 경우는 문제해결을 위한 협의과정에서 권력과 전문성 등 월등한 능력을 가진 지방정부와 대등한 관계를 형성할 수가 없기 때문에 거버넌스의 결과가 지방정부의 일방적인 선호와 이해관계에 따라 결정될 가능성이 크다. 그러므로 협력적 지역거버넌스를 형성하는 모든 주체들은 협의형성에 필요로 하는 일정한 지식과 협상기술 등의 능력을 갖추어야 한다.

셋째, 참여주체들에게 대등한 권한을 부여해야 한다. 협력적 지역거버넌스체제는 정책의 결정 및 집행에 필요로 하는 권한이 모든 참여자들에게 비교적 균등하게 부여될 때에 자발적 참여가 이루어지며 그 역할에 대해서도 정당성을 높일 수 있다. 자원과 정보, 권한이 다른 주체들에 비해 월등한 지위에 있는 지방정부가 지역거버넌스체제에서 정책결정을 독점적으로 주도한다면 지방정부와 이해관계를 달리하는 다른 참여주체들의 의견은 결정과정에서 배제될 우려가 크다.

그러므로 지역거버넌스체제에서 바람직한 정책결정이 이루어지려면 참여자들이 비교적 동등한 권한을 가져야 하는데, 이를 위해서는 시민사회 영역의 활성화와 권한 강화를 통해 지방정부의 위상을 재조정함으로써 균형 있는 협력체제가 구축되어야 할 것이다(김성주, 2009: 34).

넷째, 적절한 중재제도를 마련해야 한다. 협력적 지역거버넌스체제는 서로 다른 이해관계와 가치를 갖는 다양한 주체들로 구성되기 때문에 구조적인 불안정성을 항상 내포하고 있다. 이러한 불안정성은 거버넌스 주체들 간의 갈등으로 표출될 가능성이 많기 때문에 이를 중재할 수 있는 제도를 확보하는 것이 중요하다(김성주, 2009: 35-36).

일반적인 입장에서 제도적 중재자로서 가장 적합한 기구는 지방정부의 기관이라고 할 수 있으나 지방정부는 때때로 다른 이해관계자들과 경쟁과 갈등관계에 서게 될 수도 있기 때문에, 그런 경우에는 다른 제3

의 중재기구를 설치하는 것이 필요하다고 본다(강황선·최병대, 2001: 37). 예를 들어 이해관계를 달리하는 참여자들로부터 신뢰를 받을 수 있는 위원회형태의 중재장치를 마련하여 갈등상황에 합리적으로 대처하는 것도 그 방안의 하나가 될 수 있다.

8. 협력적 지역거버넌스의 활성화를 위한 참여주체들의 역할

1) 지방정부의 역할

21세기 패러다임의 전환과 함께 행정운영의 새로운 양식으로 등장한 협력적 지역거버넌스는 다양한 부문의 행위주체들이 참여하여 자율성을 바탕으로 상호의존과 상호작용을 통하여 공동의 목적을 달성하기 위한 체제라고 할 수 있다. 이러한 협력적 지역거버넌스가 합리적이고 효과적으로 운영되기 위해서는 네트워크에 참여하는 행위주체들이 대등한 입장에서 서로의 입장과 역량을 인정하고 존중하는 바탕아래 활동하면서 생산의 결과에 책임을 공유하는 인식과 태도를 가져야 한다.

협력적 지역거버넌스에는 지방정부, 시민단체, 주민조직, 일반주민 등 다양한 이해관계자들이 행위주체로 참여하여 활동하지만 여기에서는 지방정부와 지역시민단체에 한정하여 그 역할을 살펴보고자 한다. 협력적 지역거버넌스체제에서 가장 중요한 역할을 하는 행위자는 바로 지방정부이다. 지방정부는 다른 참여주체들과 대등한 입장에서 지역거버넌스에 참여하여 다른 주체들의 자율성을 인정하면서 지역문제 해결을 위한 결정이 바람직하게 이루어질 수 있도록 참여자들의 상호협력과 합의를 이끌어내기 위한 활동을 지원하고 조정하는 역할을 수행해야 한다(홍종득, 2007: 55).

그런 점에서 협력적 지역거버넌스의 성패는 핵심적 관리자인 지방정부가 거버넌스를 얼마나 합리적으로 설계하고 공식적 권위에 의존함이 없이 얼마나 잘 관리하는가의 여부에 달려 있다고 할 수 있다(양세진, 2011: 29). 과거에 지방정부는 민간부문을 앞장서서 이끄는 역할을 담당해 왔었지만 이제는 지방정부가 종전처럼 일방적으로 네트워크를 주도하는 역할을 수행하기가 어렵게 되었으며 또 수행해서도 안 되게 되었다.

협력적 지역거버넌스에서 지방정부의 주도적 역할을 지나치게 강조하게 되면 거버넌스의 장점을 활용하기 어렵게 될 우려가 있으며, 심한 경우에는 정부가 사회문제 해결의 책임을 교묘하게 회피하면서 민간부문에 대한 통제력을 유지하거나 오히려 강화하는 수단으로 악용할 위험성도 존재한다. 그러므로 지역네트워크 관리측면에서 볼 때 지방정부의 역할은 거버넌스를 이끄는 것이라기보다는 거버넌스가 올바른 방향으로 나아갈 수 있도록 방향타를 잡아주는 것이라야 할 것이다.

이같이 협력적 지역거버넌스에서 지방정부의 역할은 규제자·통제자로서가 아니라 거버넌스의 목표를 실현할 수 있도록 과정자체를 설계하고 협력대상인 다양한 참여주체들의 요구를 종합적으로 수렴하여 조화시키며 참여자들이 제 역할을 다할 수 있도록 하는 조정자·지원자로서의 역할을 해야 한다. 이러한 지방정부의 구체적 역할은 다음과 같다.

(1) 협력적 지역거버넌스의 설계

협력적 지역거버넌스의 성공여부는 네트워크의 초기 설계가 좌우한다고 할 수 있다. 협력적 네트워크의 설계가 초기에 제대로 이루어지지 않으면 적절한 파트너가 네트워크에서 누락되거나 적절하지 못한 파트너가 포함될 수도 있다. 또 거버넌스에서 사회적 조정방식이 적절한 비율 이상 또는 그 이하로 작동되는 문제가 발생할 수도 있다(정우송, 2011: 49).

이러한 협력적 지역거버넌스의 초기 설계상의 문제는 성공적인 사회문제 해결을 저해하거나 악화시킬 수 있으며, 심지어는 새로운 사회문제를 유발하는 심각한 부작용을 초래할 수도 있다(양세진, 2011: 31). 그러므로 지방정부가 지역거버넌스 운영을 위한 네트워크의 초기 설계를 제대로 하기 위해서는 다음과 같은 구체적 전략을 고려할 필요가 있다(정우송, 2011: 50).

첫째, 협력적 지역거버넌스의 설계과정에서 사회문제 해결을 통하여 추구해야 할 공공가치(public value)를 정확하게 규정해야 한다. 둘째, 협력적 거버넌스의 장점을 최대한 활용하기 위하여 정부와 민간부문을 포함한 다양한 자원과 역량을 동원할 수 있는 창의적 방법을 탐색해야 한다. 셋째, 규정된 공공가치를 극대화하기 위하여 가장 적절한 협력적 거버넌스 네트워크의 유형을 탐색할 필요가 있다.

넷째, 적절한 참여자를 선택하기 위하여 잠재적 참여자들 간의 문화적 조화가능성, 참여자가 보유한 자원, 정부와 시민사회 간의 원활한 의사소통을 도와줄 수 있는 대민근접성 등을 검토해야 한다. 다섯째, 협력적 거버넌스에서는 다양한 참여자들로 이루어진 네트워크를 통합하고 관리할 수 있는 중추가 필요하기 때문에 파트너들 간의 상호작용이 유기적으로 연계될 수 있도록 적절한 통합관리자를 선정할 필요가 있다(양세진, 2011: 35).

(2) 협력적 지역거버넌스의 관리

협력적 지역거버넌스를 효율적으로 관리하기 위한 요건에 대해서는 여러 연구자들이 다양한 견해를 제시하고 있다. Ansell과 Gash(2008)는 이해관계자 간의 파트너십, 제도적 기반구축, 의사결정과정의 공정성, 투명성, 균등한 참여를 들고 있으며(조병식, 2018: 26 재인용), Sullivan과 Skelcher(2002)는 정확한 문제 및 상황인식, 다양한 조직 간의 차이 및 역량인식, 효율적 의사소통, 적절한 파트너 선정 및 연결, 협상, 갈등해결, 위험부담, 창의적 문제해결 방안 강구, 자기관리 등의 기술이 요구된다고 한다(양세진, 2011: 29 재인용).

그리고 Lasker 외(2001)는 효율적 협력체계를 구축하기 위한 주요 요소로 재화·정보·사람과 같은 자원, 파트너간의 이질성과 관여수준을 나타내는 파트너의 특성, 신뢰·존경·갈등과 같은 파트너들 간의 관계, 리더십·운영체계와 같은 파트너십의 특성, 지역사회의 특성 및 정책과 같은 외부환경을 들고 있다(조경복, 2015: 42 재인용).

이상에서 일부 연구자들이 제시한 협력적 지역거버넌스의 관리요건들을 살펴보았는데, 일반적 입장에서 협력적 지역거버넌스의 효율적 관리를 위한 주요 요건으로는 효과적 의사소통 채널 구축, 정교한 업무조정, 파트너들 간의 지속적 관계 유지, 책무성 확보 등을 들 수 있다. 그 내용은 다음과 같다.

첫째, 효과적인 의사소통 채널을 구축해야 한다. 협력적 거버넌스에서 의사소통의 부족은 정보와 아이디어의 흐름을 심각하게 왜곡하고 파트너들 간에 목표와 기대에 대한 혼란을 야기하여 결과적으로 성공적인 정책결정을 어렵게 한다. 특히 파트너들 간에 문화적 차이가 크게 존재하는 경우에 의사소통의 중요성은 더욱 커지게 된다. 그러므로 다양한 참여자들 간에 공통의 문제인식과 가치공유, 역할분담과 책임의 공유로 이어지는 선순환구조를 형성하기 위해서는 적절한 의사소통과 정보공유를 촉진할 수 있는 채널을 구축해 나가야 한다(양세진, 2011: 39).

둘째, 정교한 업무조정이 이루어져야 한다. 지방정부는 거버넌스 파트너들 간의 경쟁과 협력이 균형을 유지할 수 있도록 관계를 적절히 조정하고 업무의 내용 및 처리절차에 대한 조정과 함께 업무처리과정의 가시성과 투명성을 제고시켜야 한다. 셋째, 파트너들 간의 지속적인 관계를 유지하도록 해야 한다. 협력적 거버넌스체제를 적절하게 유지하기 위해서는 파트너들 간의 튼튼한 연결망과 지속적 관계가 유지될 수 있는 방안을 마련해야 한다.

넷째, 책무성 확보방안을 마련해야 한다. 공공문제에 대한 창발적 대응 등을 특징으로 하는 협력적 거버넌스는 전통적인 행정의 책무성 모델과 잘 조화되지 않아 충돌을 일으키기 쉽다. 그러므로 지방정부는 협력적 거버넌스에 적합한 성과측정 및 보상체계 구축, 리스크(lisk) 공유방안 등 다양하고 창의적인 책무성 확보방안을 마련해야 한다(정우송, 2011: 51).

다섯째, 협력적 지역거버넌스가 가능한 분야를 발굴하는데 노력해야 한다. 지방정부의 기능과 지역의 현실적 여건을 감안할 때 지방행정의 모든 분야에 거버넌스 구축은 적합하지 않다고 판단되므로 이를 지양하는 대신 분야별로 지역거버넌스가 필요한 영역을 찾아내어 실행하는 것이 바람직하다고 할 수 있다. 그런 점에서 환경이나 문화, 관광 또는 시민교육 등에 대하여 지역거버넌스의 적용을 적극 추진해 나갈 필요가 있다고 본다.

2) 지역시민단체의 역할

협력적 지역거버넌스에서 지방정부와 시민사회의 파트너십은 정책과정에 지역의 시민단체들이 다양하게 참여하는 방식으로 이루어진다. 그러므로 이들 시민단체는 정책의 기획단계에서부터 주요 이해당사자로 참여하여 정부와 대등한 입장에서 권한과 책임을 공유하는 정책파트너십이 형성되어야 한다. 그러나 우리나라에서 지방정부와 이들 단체의 관계는 아직도 정부우위의 형식적·위계적 관계에 있기 때문에 참여자들 간의 대등한 파트너십을 기반으로 하는 협력적 지역거버넌스의 실현을 어렵게 하고 있다.

지역시민단체는 공공성을 참여적 방식으로 재구성하는데 핵심적인 역할을 할뿐만 아니라 시민사회의 소통의 문화를 확산시키는데 중요한 역할을 한다. 때문에 지방정부는 지역거버넌스에 참여하는 이들 단체들을 대등한 권한을 갖는 파트너로 인정해야 하며, 이들 단체는 거버넌스 과정에서 지방정부와 대등한 입장에서 다음과 같은 역할을 수행해야 할 것이다(최영출 외, 2006: 46-47).

첫째, 지역의 공적 문제에 대한 시민들의 관심과 참여를 유도해야 한다. 그동안 지역의 전통적인 이익집단이나 여론주도 세력들은 자금력과 조직력을 바탕으로 지방정부의 정책과정에서 영향력을 행사해 왔지만 그 과정에서 일반주민들은 대부분 배제되었다. 지역시민단체는 그러한 주민들을 정치적 영역으로 끌어들여 주민들의 이슈를 조직화함으로써 주민들의 지역문제에 대한 관심을 제고시키고 거버넌스에 적극적으로 참여하도록 유도해야 한다.

둘째, 정책과정에서 지역주민들의 욕구를 충족시켜 주어야 한다. 지역시민단체는 지역에 근거를 두어 활동하고 있기 때문에 특정분야에 대해서는 오히려 지방정부보다도 유리한 접근성과 현장 감각을 가지고 있다. 그러므로 지역거버넌스과정에서 이러한 이점을 활용하여 공공서비스를 더욱 효과적으로 산출할 수 있도록 지방정부와 협력함으로써 정부의 성과를 높여주는 동시에 지역주민들의 욕구를 충족시켜 주는데 노력해야 한다.

지역거버넌스체제에서 정책과정별로 시민단체에 기대되는 역할은 정책의제 설정 및 결정단계에서는 시민여론 형성 및 공론화, 정책의 의제화, 정책대안 제시, 정책에 대한 지식과 정보의 제공, 행정에 대한 견제와 압력을 행사하는 역할을 해야 한다. 그리고 정책집행단계에서는 공공서비스의 공동생산 및 제공, 정책의 변경 및 보완 요구, 자발적인 시민참여 촉구역할을 해야 하며, 정책평가단계에서는 정책의 평가와 비판, 시정요구, 평가에 따른 재투입 요구 등의 역할을 해야 한다(전영상, 2006: 62).

지역시민단체가 지역거버넌스에서 위와 같은 역할을 제대로 수행하기 위해서는 사회적 이슈를 제기하기만 할 것이 아니라 정책의 결정과정 및 결과에 대해 강한 책임의식을 공유해야 한다. 그래야 거버넌스 파트너들 간의 신뢰가 형성되며 함께 공동의 가치를 실현할 수 있는 토대가 마련되게 된다.

셋째, 지역시민단체는 전문성을 토대로 합리적 정책대안을 제시해야 한다. 지역시민단체의 활동이 시민적 공감대를 얻고 있는 기반은 도덕적 권위라고 할 수 있다. 그러나 사회적으로 극단적 주관주의의 갈등 문화가 확산되고 있는 최근의 복합갈등 국면에서 이러한 도덕적 권위는 그것을 너무 강조할 경우에 오히려 사회적 균열과 대립의 요소로 작용될 소지가 있다(조대엽, 2007: 319-320). 지역시민단체가 도덕적 우위를 과도하게 강조하여 일방적으로 정부와 시장부문을 비도덕적이라고 매도할 경우에는 정치의 도덕화현상이 나타나게 되어 지역거버넌스에서 정치적 토론과 상호작용의 성격을 지나치게 이분법적이고 극단적인 방향으로 흐르게 하기 쉽다.

이런 점에서 지역시민단체가 지역거버넌스 참여를 통해 전문성에 입각하여 지역문제 해결을 위한 합리적 대안을 제시하는 것은 이들 단체의 활동에 도덕성을 보강해 줄 수 있는 강력한 무기가 될 뿐만 아니라 점점 다양화되고 복잡해지고 있는 지역문제에 대하여 지방정부와 대등한 입장에서 서로 협력하면서 합의를 이루어 나가는 바탕이 된다고 할 수 있다.

참고 문헌

1. 국내 문헌

1) 단행본

- 강대기, 현대사회에서 공동체는 가능한가, 아카넷, 2001.
- 강황선·최병대, 서울시정의 로컬거버넌스 도입방안, 서울시정연구원, 2001.
- 고경훈 외, 지방자치단체의 사회적 자본 측정 및 증진방안, 한국지방행정 연구원, 2012.
- 곽현근, 사회적 자본과 마을만들기, 대전발전연구원, 2013.
- 곽현근, 마을공동체 복원을 통한 주민자치 실현방안, 서울시정개발연구원, 2010.
- 구혜정, 사회적 자본의 형성과 대안적 평생교육, 한국학술정보(주), 2006.
- 국토연구원도시재생사업단, 녹색커뮤니티 만들기: 성과와 과제, 국토연구원, 2011.
- 김경동 외, 사회통합을 위한 나눔과 배려문화 제고방안, 경제·인문사회연구회, 2011.
- 김경동, 현대사회학, 박영사, 1997.
- 김 구, 스마트사회와 공동체, 대영문화사, 2016.
- 김 구, 인간과 공공사회, 윤성사, 2019.
- 김규원 외, 대구의 정체성 정립 및 도시브랜드 가치 제고방안, 대구·경북연구원, 2010.
- 김기곤·김재철, 참여와 소통을 위한 거버넌스 구축과 활성화방안, 광주발전연구원, 2012.
- 김석준 외, 뉴거버넌스 연구, 대영문화사, 2000.
- 김선기·이소영, 주민주도형 마을만들기 추진모형, 한국지방행정연구원, 2007.
- 김영종, 지방자치론, 형설출판사, 2000.

- 김왕배, 도시·공간·생활체계, 한울아카데미, 2000.
- 김용웅 외, 신지역개발론, 한울아카데미, 2009.
- 김용학, 사회연결망이론, 박영사, 2003.
- 김용학·하재경, 네트워크사회의 빛과 그늘, 박영사, 2009.
- 김용환, 관용과 열린사회, 철학과현실사, 1999.
- 김우택·김지희 공편, 한국사회의 신뢰와 불신의 구조: 미시적 접근, 도서출판 소화, 2002.
- 김종수, 지역공동체 활성화를 통한 사회통합 증진방안에 관한 연구, 한국행정연구원, 2014.
- 김준기, 한국 시민단체의 내부 의사결정과정에 관한 연구, 서울대학교출판부, 2006.
- 김찬동 외, 마을공동체 복원을 통한 주민자치 실현방안, 서울시정개발연구원, 2012.
- 김태룡, 사회자본과 자원봉사, 집문당, 2011.
- 김태준, 사회적 자본 효과분석 및 체계적 지원방안, 한국보건사회연구원, 2010.
- 김태준, 사회적 자본형성 관점에서 본 시민의식 측정연구, 한국교육개발원, 2003.
- 김현호, 지방자치단체 주도의 지역공동체 활성화 방안, 한국지방행정연구원, 2013.
- 남원석 외, 경기도 마을만들기 지원방안 연구, 경기개발원, 2012.
- 노영순, 지역문화 진흥을 위한 공공부문의 역할과 과제, 한국문화관광연구원, 2014.
- 도수관, 사회자본과 경제발전 그리고 정부의 질, 집문당, 2015.
- 류석춘 외, 한국의 사회자본: 역사와 현실, 백산출판사, 2008.
- 류영아, 시민참여 활성화를 위한 시민과 정부의 역할, 한국지방행정연구원, 2013.
- 류태건a, 사회자본연구: 지역발전의 모색, 세종출판사, 2015.
- 류태건, 신뢰: 사회발전의 자본, 세종출판사, 2018.
- 박노동a, 도시정체성 확립을 위한 정책방향과 과제, 대전발전연구원, 2014.
- 박노동b, 사회적 자본 확충을 위한 자발적 참여네트워크에 관한 연구, 대전

발전연구원, 2014.
- 박노동, 시민참여형 의사결정 강화방안, 대전발전연구원, 2015.
- 박세경·김형용 외, 지역복지 활성화를 위한 사회자본 형성의 실태와 과제, 한국보건사회연구원, 2008.
- 박희봉a, 사회자본, 조명문화사, 2009.
- 박희봉, 국회공무원의 사회자본에 대한 진단·평가와 이를 통한 국회조직의 역량제고에 관한 연구, 국회입법조사처, 2013.
- 백선혜, 서울시 생활문화·예술 동아리 활성화 방안, 서울연구원, 2016.
- 부만근, 사회통합론, 도서출판 온누리디앤피, 2016.
- 숭실대학교 기독교사회연구소 편, 도시주민지역운동, 1990.
- 신용하 편, 공동체이론, 문학과지성사, 1987.
- 안성호 외, 지역정체성과 사회자본1: 대전·충남지역연구, 다운샘, 2004.
- 양승실·박덕제, 국가인적자원정책 추진의 비전과 전략: 사회적 자본형성을 중심으로, 한국교육개발원, 2007.
- 연세대학교산학협력단, 공정사회 구축을 위한 사회적 자본 확충방안, 2011.
- 오혁진, 지역공동체와 평생교육, 집문당, 2014.
- 유재원·사공영호, 지방자치의 정착을 위한 주민참여의 활성화 방안: 자생조직적 주민참여 방식의 모색, 한국지방행정연구원, 1995.
- 은재호·이광희, 국가거버넌스연구, 법문사, 2009.
- 이경아·윤윤진, 평생교육의 사회적 자본형성과 효과에 관한 실증연구, 한국교육개발원, 2006.
- 이관률·도모연, 충남지역 비영리민간단체의 활동특성과 네트워크 구조, 충남발전연구원, 2009.
- 이동원 외, 제3의 자본, 삼성경제연구소, 2009.
- 이수상, 네트워크의 분석방법론, 도서출판 논형, 2015.
- 이승종·김혜정, 시민참여론, 박영사, 2018.
- 이왕건·박태선 외, 지역자산 활용형 도시재생전략에 관한 연구, 국토연구원, 2011.
- 이용식, 인천거버넌스 활성화 방안, 인천발전연구원, 2011.
- 이은구 외, 로컬거버넌스, 법문사, 2003.
- 이종수 편, 한국사회와 공동체, 다산출판사, 2008.

- 이종수 편, 공동체: 유토피아에서 마을만들기까지, 법문사, 2015.
- 이종수·윤영진, 새행정학, 대영문화사, 2011.
- 이훈구, 연고주의, 법문사, 2003.
- 장세훈 외, 다차원적 사회자본 양성을 통한 도시재생 역량 구축방안 연구, 부산발전연구원, 2014.
- 전대욱 외, 지역공동체 주도의 발전전략 연구, 한국지방행정연구원, 2012.
- 정기환 외, 농촌지역의 사회적 자본과 지역사회발전, 한국농촌경제연구원, 2006.
- 정광호, 정부신뢰, 법문사, 2011.
- 정세구 외, 공동체주의교육, 교육과학사, 2002.
- 정지웅 외, 지역사회 종합연구, 교육과학사, 2005.
- 정찬모, 사이버공동체에서의 규범형성과 유지형태, 정보통신정책연구원, 2003.
- 조권중, 서울시의 사회적 자본: 현황과 정책과제, 서울시정개발연구원, 2010.
- 조대엽, 한국의 사회운동과 NGO: 새로운 운동주기의 도래, 도서출판 아르케, 2007.
- 조명래, 공간으로 사회읽기, 한울아카데미, 2013.
- 조석주·강인성, 지방자치단체의 주민참여 수준 진단과 발전방안, 한국지방행정연구원, 2006.
- 조현성, 전통적 정신문화의 현대화 방안, 한국문화관광연구원, 2009.
- 주성수, 자원봉사, 도서출판 아르케, 2005.
- 주재복·한부영, 한국지방자치단체의 협력적 거버넌스 재설계 방안, 한국지방행정연구원, 2006.
- 지은구·김민주, 복지국가와 사회통합, 청록출판사, 2014.
- 차미숙 외, 지역발전을 위한 거버넌스체계 구축 및 운용방안 연구, 국토연구원, 2003.
- 채은경 외, 인천광역시 주민조직 사례연구, 인천발전연구원, 2013.
- 채종헌·김종수, 지역공동체 활성화를 통한 사회통합 증진방안에 관한 연구, 지방행정연구원, 2014.
- 최길수, 대전광역시 사회적 자본의 증진방안에 관한 연구, 대전발전연구원, 2013.
- 최길수·김동신, 사회적 자본 지표개발 및 적용에 관한 연구: 대전지역의 인

지도 조사를 중심으로, 대전발전연구원, 2013.
- 최영출 외, 지역경쟁력 강화와 로컬거버넌스, 대영문화사, 2006.
- 최창호, 지방자치학, 삼영사. 1995.
- 최호준, 시민행정학, 거목출판사, 1987.
- 하현상 외, 지역공동체의 이해와 활성화, 행정안전부, 2017.
- 한국교육개발원, 평생교육의 사회적 자본형성과 효과에 관한 실증연구, 2006.
- 한국도시연구소 엮음, 도시공동체론, 한울아카데미, 2003.
- 한국보건사회연구원, 사회통합과 국민행복 인식조사, 2014.
- 한국지방행정연구원, 지방자치단체의 협력적 거버넌스 재설계 방안, 2011.
- 한국지역진흥재단, 지역공동체 활성화 마스터플랜 수립연구, 행정자치부, 2016.
- 한국학술진흥재단, 농촌지역 활성화를 위한 학교와 지역공동체의 협력모형에 대한 연구 최종보고서, 2011.
- 한국형사정책연구원, 법집행의 공정성에 대한 국민의식 조사연구, 2012.
- 한상우, 경남의 주민참여 주도형 문화·예술활동 육성지원 방안, 경남발전연구원, 2011.
- 한상우 외, 경남지역 문화공동체 육성을 위한 추진과제, 경남발전연구원, 2011.
- 한준상 외, 지역공동체 문화발전론, 원미사, 2003.
- 행정안전부, 지역공동체의 이해와 활성화, 2017.
- 행정자치부, 지역공동체 복원 및 형성에 관한 연구, 2007.
- 황원실, 서울형 숙의민주주의 제도화 방안, 서울연구원, 2019.
- 황익주 외, 한국의 도시지역 공동체는 어떻게 형성되는가, 서울대학교출판문화원, 2016.

2) 논문

- 강경화, 지역문화정책 거버넌스의 활성화 방안에 관한 연구, 경상대학교대학원 박사학위논문, 2017.
- 강내원, 시민의 뉴스정보 이용의 호혜성 및 사회규범 인식에 미치는 영향: 사회자본이론과 사회규범이론을 중심으로, 사회과학연구, 제38권 제4호, 경희대학교 사회과학연구소, 2012.
- 강내원, 사회자본으로서의 신뢰에 대한 개념적·방법론적 고찰, 공공정책과

국정관리, 제2권 제1호, 단국대학교 사회과학연구소, 2008.
- 강동완, 정책네트워크 분석을 통한 대북지원정책 거버넌스 연구, 성균관대학교대학원 박사학위논문, 2008.
- 강용배, 지역사회정체성과 사회자본 형성요인 분석: 지역사회공동체운동 사례를 중심으로, 한국정책과학학회보, 제7권 제2호, 한국정책과학학회, 2003.
- 강은영, 사회적 자본으로서 규범신뢰감 형성에 영향을 주는 교사의 생활지도 태도, 이화여자대학교대학원 박사학위논문, 2016.
- 강정규, 지역사회환경이 복지태도에 미치는 영향, 한영신학대학교대학원 박사학위논문, 2015.
- 강향미, 베이비부머 세대의 공동체의식과 사회참여가 노후불안과 죽음의 가치관에 미치는 영향, 동방문화대학원대학교 박사학위논문, 2015.
- 고준희, 인천시민의 지역정체성 확립을 위한 유치원교육 실태조사, 인천학연구, 제2권 제2호, 인천대학교 인천학연구원, 2003.
- 공은숙, 지역 메가이벤트 정책과정에 있어서 정책네트워크 변화분석, 한양대학교대학원 박사학위논문, 2012.
- 곽현근, 현대지역공동체의 의의와 활성화 방안: 동네공동체의 활성화를 중심으로, 사회과학논집, 제23권 제1호, 대전대학교 사회과학연구소, 2004.
- 권태형·박종화, 사회적 자본이 도시경쟁력에 미치는 영향분석, 지방행정연구, 제14권 제3호, 한국지방정부학회, 2010.
- 권혁소, 광역행정의 협력적 거버넌스 형성과정 연구, 서울시립대학교대학원 박사학위논문, 2016.
- 김경원, 사회적 네트워크의 특성이 개인의 성과에 미치는 영향에 관한 연구, 부산대학교대학원 박사학위논문, 2010.
- 김관수, 로컬거버넌스가 주민자치센터의 이용만족도에 미치는 영향에 관한 연구, 단국대학교대학원 박사학위논문, 2012.
- 김광희, 시민사회단체와 정부의 협력적 거버넌스의 생산성에 관한 연구, 국민대학교대학원 박사학위논문, 2012.
- 김근혜 외, 마을공동체사업의 사회적 성과 창출을 위한 성과요인 분석, 한국정책분석평가학회, 전자자료, 2018.
- 김기현, 지역주민의 사회연결망과 사회자본이 복지거버넌스에 미치는 영향, 남부대학교대학원 박사학위논문, 2018.

- 김남선·김만희, 지역공동체와 사회적 자본과의 관계에 관한 연구, 지역사회개발학술지, 제10권 제2호, 한국지역사회개발협회, 2000.
- 김동례, 마을만들기사업 참여와 문화예술활동이 마을만들기 만족도, 지역사회 만족도, 지역공동체의식에 미치는 영향, 광주대학교대학원 박사학위논문, 2018.
- 김명현, 지방정부와 NGO간의 거버넌스 형성의 영향요인 분석, 창원대학교대학원 박사학위논문, 2010.
- 김미연·김인설, 마을지 만들기 사업의 공동체적 경험과 의미 그리고 한계, 문화정책논총, 제32집 제1호, 한국문화관광연구원, 2018.
- 김선기, 살기 좋은 지역만들기 모델 유형화 및 공모방안 연구, 서울시립대학교대학원 박사학위논문, 2008.
- 김성태, 관광특구지역의 사회적 자본과 로컬관광거버넌스와의 관계에 관한 연구, 한양대학교대학원 박사학위논문, 2012.
- 김수미, 주민참여 유형이 아파트공동체의식 형성에 미치는 영향연구, 서울시립대학교대학원 박사학위논문, 2013.
- 김수영 외, 신공동체 구축을 위한 시론적 논의, 한국지방정부학회, 전자자료, 2013.
- 김수영 외, 마을공동체 형성의 구성요소 탐색과 인과구조 분석, 한국지역사회복지학, 제49집, 한국지역사회복지학회, 2014.
- 김승현, 사회적 자본의 구성요소와 상관관계에 관한 연구, 한국정치학회보, 제42집 제2호, 한국정치학회, 2008.
- 김 영·이필용, 마을만들기 거버넌스 특성과 평가에 관한 연구: 순천시사례를 중심으로, 도시행정학보, 제21집 제3호, 한국도시행정학회, 2008.
- 김영옥, 자원봉사활동이 사회적 자본형성에 미치는 영향 연구: 중·고령층의 자원봉사자를 중심으로, 한성대학교대학원 박사학위논문, 2011.
- 김영화, 지역발전을 위한 주민참여와 거버넌스, 한국사회복지행정학, 제16권 제3호, 한국복지행정학회, 2014.
- 김왕배·이경용, 사회자본으로서의 신뢰와 조직몰입, 한국사회학, 제36권 제3호, 한국사회학회, 2002.
- 김용동, 지역공동체 형성을 위한 지방정부의 역할, 공공행정연구, 제4권 제2호, 대전·충남행정학회, 2001.

- 김용웅, 사회자본과 지역발전, 충남발전연구원, 전자자료, 2009.
- 김용학, 고신뢰 사회를 향한 연결망 구축방안, 정책포럼, 제22호, 대통령자문정책기획위원회, 1997.
- 김은아, 마을만들기 참여가 사회적 안녕감에 미치는 영향에 관한 연구, 숭실대학교대학원 박사학위논문, 2016.
- 김은영, 사회적 자본으로서 규범신뢰감 형성에 영향을 주는 교사의 생활지도 태도, 인하대학교대학원 박사학위논문, 2016.
- 김장학, 지역의 사회자본 증진을 위한 지역사회참여 활성화 방안 연구: 익산지역을 중심으로, 원광대학교대학원 박사학위논문, 2010.
- 김정훈 외, 사회자본의 경제안정과 효과분석, 경기연구원, 2017.
- 김준태, 사회자본이 여성결혼이민자의 생활만족에 미치는 영향, 순천대학교대학원 박사학위논문, 2016.
- 김중수, 공공용지 취득과정에서의 정부신뢰에 관한 연구, 경원대학교대학원 박사학위논문, 2007.
- 김지영·정명호, 사회적 네트워크에서의 호혜성의 효과, 인사·조직연구, 제23권 제4호, 한국인사·조직학회, 2015.
- 김진명, 로컬거버넌스 성공요인에 대한 실증분석: 임실치즈벨리사업을 중심으로, 전주대학교대학원 박사학위논문, 2009.
- 김진아, 공동체주의 정의론의 관점에서 본 마을만들기사례 비교분석, 서울시립대학교대학원 박사학위논문, 2013.
- 김필동, 참여와 연대, 신용하 편, 공동체이론, 문학과지성사, 1985.
- 김필두·윤준희, 주민의 공동체의식이 마을만들기 참여자의 역할인식에 미치는 영향, 한국정책학회, 전자자료, 2010.
- 김학실, 지역공동체 위기에 대응한 공동체 주도 발전전략에 관한 연구, 한국위기관리논집, 제10권 제5호, 2014.
- 김형양, 로컬거버넌스 형성의 영향요인에 관한 연구, 한국행정논집, 제16권 제1호, 한국정부학회, 2004.
- 남상우, 사회적 자본을 통한 지역사회 거버넌스모형에 관한 연구, 중앙대학교대학원 박사학위논문, 2008.
- 노병찬, 지역사회지도자의 리더십이 사회적 자본형성에 미치는 영향 연구: 대전광역시 좋은 마을만들기사업을 중심으로, 성균관대학교대학원 박사

학위논문, 2016.
- 노자은, 청소년의 신뢰: 구체적 신뢰·일반신뢰·공적 신뢰, 중앙대학교대학원 박사학위논문, 2015.
- 류석춘 외, 연고집단과 자발적 결사체의 신뢰 비교연구, 동양사회사상, 제17집, 동양사회사상학회, 2008.
- 류석춘·장미혜, 사회적 자본과 한국사회, 사회발전연구, 제8집, 연세대학교 사회발전연구소, 2002.
- 류영아, 시민참여 활성화를 위한 시민과 정부의 역할, 한국지방행정연구원, 전자자료, 2013.
- 류태건, 사회자본의 시각에서 본 시민참여와 호혜성의 관계, 지방정부연구, 제18권 제1호, 한국지방정부학회, 2014.
- 류태건b, 사회자본의 구성요소와 효과에 관한 연구, 부경대학교대학원 박사학위논문, 2015.
- 문상석, 사회통합을 위한 새로운 접근을 모색하며: 사회적 자본과 공동체건설을 중심으로, 국제학논총, 제25집, 계명대학교 국제학연구소, 2017.
- 문태현, 심의민주주의적 정책결정의 논리와 한계, 한국정부학회, 전자자료, 2010.
- 박기관·이상임, 연고주의 행태 및 조직문화의 효과성에 관한 실증적 분석, 한국지방자치학회보, 제23권 제2호, 한국지방자치학회, 2011.
- 박병찬, 신뢰형성에 있어 사회참여와 제도의 역할, 한국사회학, 제4권 제3호, 한국사회학회, 2007.
- 박병춘, 지역발전과 지역공동체: 지역공동체 활성화를 위한 모형 및 기본정책방향을 중심으로, 지역사회연구, 제20권 제2호, 한국지역사회학회, 2012.
- 박선미, 자발적 결사체의 사회적 자본형성 전략 분석: 부산분권혁신운동본부 사례를 중심으로, 부산대학교대학원 박사학위논문, 2016.
- 박수진·나주몽, 마을만들기사업이 사회적 자본형성에 미치는 영향에 관한 연구: 매개효과 분석을 중심으로, 도시행정학보, 제28권 제4호, 한국도시행정학회, 2015.
- 박승현, 풀뿌리 주민자치와 마을만들기의 방향과 과제, 기억과 전망, 제14호, 민주화운동기념사업회, 2006.
- 박의철, 규범의 개념, 논문집, 제44집, 목원대학교, 2004.

- 박인권, 지역재생을 위한 지역공동체 주도 지역발전전략의 규범적 모형: SAGE전략, 한국지역개발학회지, 제24권 제4호, 한국지역사회개발학회, 2012.
- 박종관, 지역공동체 형성전략: 천안시를 중심으로, 공공행정연구, 제11권 제2호, 한국공공행정학회, 2012.
- 박종민, 사회자본과 민주주의: 집단가입·사회신뢰 및 민주시민성을 중심으로, 정부학연구, 제9권 제1호, 고려대학교 정부학연구소, 2003.
- 박종민·배정현, 정부신뢰의 원인: 정책결과·과정 및 산출, 정부학연구, 제11권 제2호, 고려대학교 정부학연구소, 2011.
- 박종민 외, 한국사회에서의 사회신뢰 형성, 한국정치학회보, 제40권 제2호, 한국정치학회, 2006.
- 박종화, 지역혁신체계에서 사회적 자본의 역기능성, 국토연구, 통권 제69권, 국토연구원, 2011.
- 박찬웅, 신뢰의 위기와 사회적 자본, 사회비평, 제19집, 도서출판 나남, 1999.
- 박충우, 사회적 자본이 자원봉사활동에 미치는 영향연구, 한성대학교대학원 박사학위논문, 2013.
- 박통희, 신뢰의 개념에 관한 비판적 검토와 재구성, 한국행정학보, 제33권 제2호, 한국행정학회, 1999.
- 박형준, 해방50년과 시민사회, 나라의 길, 제27호, 나라정책연구원, 1995.
- 박희봉b, 사회자본과 정치발전, 국회입법조사처, 전자자료, 2009.
- 박희봉 외, 우리나라 정부신뢰 특성 및 영향요인 분석, 한국행정학보, 제37권 제3호, 한국행정학회, 2003.
- 방영준, 공동체의 본질과 실현에 관한 연구, 윤리연구, 제64호, 한국윤리학회, 2007.
- 배일섭, 사회적 자본으로서 신뢰향상 방안에 관한 연구, 2010년도 한국정책학회 하계대회 및 국제학술회의 발표논문집, 한국정책학회, 2010.
- 배재현, 네트워크의 거버넌스 조건과 운영기제에 관한 연구, 성균관대학교 국정전문대학원 박사학위논문, 2008.
- 배화정 외, 사회적 자본 관점에서 본 거버넌스의 한계와 가능성, 서울터전, 제52호, 서울특별시, 2018.
- 서승재, 지역사회자본과 지역애착 역량이 주민참여에 미치는 영향, 중앙대

학교대학원 박사학위논문, 2015.
- 서의권, 도시재생의 계획특성 분석을 통한 도시정체성 확립방안에 관한 연구, 한양대학교대학원 박사학위논문, 2010.
- 서정철, 협력적 거버넌스의 성공요인 연구, 성균관대학교국정전문대학원 석사학위논문, 2013.
- 서혜숙, 사회자본과 지역사회 복지서비스 수혜자의 만족에 관한 연구, 동아대학교대학원 박사학위논문, 2007.
- 성경륭, 한국사회의 불신구조와 신뢰증진 방안, 국가균형발전위원회, 2005.
- 손호중, 정부신뢰의 영향요인에 관한 연구, 영남대학교대학원 박사학위논문, 2005.
- 송주연, 지역자산이 지역경제 활성화에 미치는 영향, 성균관대학교국정전문대학원 박사학위논문, 2017.
- 송하중, 신뢰사회 구현을 위한 정부개혁, 정책기획위원회, 2004.
- 신경희, 평생학습을 통한 서울시 사회적 자본 형성에 관한 연구, 서울시립대학교대학원 박사학위논문, 2002.
- 신석근, 사회적 자본형성에 관한 초등학교 평생교육 참여자의 인식분석, 한국교원대학교대학원 박사학위논문, 2010.
- 신선화, 마을만들기의 주민주체와 공동체 활동에 관한 연구, 경상대학교 디지털디자인전문대학원 박사학위논문, 2017.
- 신예철, 지역만들기에 있어서 지역공동체역량이 지속적 참여와 참여확대에 미치는 영향 연구, 한양대학교대학원 박사학위논문, 2012.
- 신중진·정지혜, 지역공동체 회복을 위한 마을만들기의 역할과 과제: 수원화성과 행궁동 사람들의 도전을 중심으로, 정신문화연구, 제36권 제4호, 한국학중앙연구원, 2013.
- 심응섭, 한국의 지역문화 활성화 방안에 관한 연구, 건국대학교대학원 박사학위논문, 2005.
- 안우환, 가족 내 사회적 자본과 학업성취와의 관계, 경북대학교대학원 박사학위논문, 2005.
- 안윤주, 거버넌스의 주체간 협력의 균형과 영향요인에 관한 연구, 광운대학교대학원 박사학위논문, 2014.
- 안청자, 로컬거버넌 구성요인이 도시창조성과 도시브랜드에 미치는 영향:

부산광역시를 중심으로, 부경대학교대학원 박사학위논문, 2018.
- 안태숙, 사회자본이 로컬거버넌스에 미치는 영향: 경기지역 지역사회복지협의체를 중심으로, 강남대학교사회복지전문대학원 박사학위논문, 2011.
- 안황권·김상돈, 지역사회의 연결망을 통한 범죄피해 예방에 관한 연구: 사회적 자본과 네트워크의 효과를 중심으로, 교정연구, 제18호, 한국교정학회, 2003.
- 양건모, 권위주의적 권력과 정책과정 참여가 정부신뢰에 미치는 영향, 이화여자대학교대학원 박사학위논문, 2006.
- 양덕순·강영순, 지역공동체의식이 주민참여에 미치는 영향분석, 한국지방자치학회보, 제20권 제1호, 한국지방자치학회, 2008.
- 양세진, 한국 사회적 기업의 협력적 거버넌스에 대한 사례연구, 성균관대학교국정전문대학원 박사학위논문, 2011.
- 양창삼, 자아실현의식의 규범성과 사회발전, 인간과경험 동서남북, 통권 제1호, 한양대학교 민족학연구소, 1988.
- 여관현, 마을만들기를 통한 공동체 형성과정 연구: 성북구 장수마을 사례를 중심으로, 한국도시행정학회, 전자자료, 2013.
- 여관현, 마을만들기에서 참여주체 간 거버넌스 형성과정 분석: 성북구 장수마을 사례를 중심으로, 한국지방정부학회, 전자자료, 2017.
- 오승석, 우리나라 지방정부-NGO간 파트너십 유형과 발전방안, 정책개발연구, 제6권 제1호, 한국정책개발학회, 2006.
- 오영안, 지역공동체에서의 주민참여 동기에 관한 연구, 대전대학교대학원, 박사학위논문, 2017.
- 오태원, 사이버공간의 규제문제와 사회규범에 대한 법철학적 분석, 법철학연구, 제12권 제1호, 한국법철학회, 2009.
- 오태원, 사이버공간에서 사회규범의 특성과 법과의 관계에 관한 연구, 연세대학교대학원 박사학위논문, 2008.
- 오혁진, 지역공동체 평생교육의 사회적 자본형성과 효과에 관한 실증연구, 평생교육학연구, 제12권 제1호, 한국평생교육학회, 2006.
- 옥일남, 시민성교육을 위한 참여의 유형 탐색, 시민교육연구, 제49권 제2호, 한국사회과학교육학회, 2017.
- 용 욱, 연고주의가 군조직 효과성에 미치는 영향: 조직문화의 조절효과를

중심으로, 한남대학교대학원 박사학위논문, 2020.
- 원동재, 지역사회 특성이 사회자본에 미치는 영향, 상지대학교대학원 박사학위논문, 2013.
- 유승우, 지역학습정책이 로컬거버넌스에 미치는 영향, 상지대학교대학원 박사학위논문, 2006.
- 유시용, 한국사회자본의 특성에 관한 연구, 국가정책연구, 제31권 제4호, 중앙대학교 국가정책연구소, 2017.
- 유재원, 시민참여의 확대 방안: 참여민주주의의 시각에서, 한국정책과학학회보, 제7권 제2호, 한국정책과학학회, 2003.
- 유종호, 지방정부의 정책신뢰에 관한 연구, 상지대학교대학원 박사학위논문, 2003.
- 유해숙, 지역복지운동의 거버넌스 유형연구, 성결대학교대학원 박사학위논문, 2004.
- 윤두섭·오승은, 사회적 자본이 지방정부 외부역량에 미치는 영향, 행정논총, 제45권 제1호, 한국정부학회, 2007.
- 윤민재, 신뢰와 사회자본에 대한 사회적 이해, 신뢰연구, 제4권 제1호, 한림과학원, 2004.
- 윤병철, 순천시 사회적 자본의 특성과 정책적 함의, 순천대학교대학원 박사학위논문, 2011.
- 윤종빈·김진주, 한국적 사회적 자본에 관한 탐색적 연구, 문화와정치, 제6권 제2호, 한양대학교 평화연구소, 2019.
- 이 건, 지역사회문화 형성과 지역사회공동체 형성: 지역사회공동체의 활성화 방안, 정책포럼, 제33호, 정책기획위원회, 2002.
- 이건혁, 인터넷 숙의민주주의, 사회과학연구, 제5권 제1호, 한국사회과학회, 2005.
- 이기태, 지역공동체 활성화를 위한 중간지원조직의 역할, 한국행정학회, 전자자료, 2015.
- 이나영, 공동주택단지의 공동체의식과 외부공간 구성, 전남대학교대학원 박사학위논문, 2009.
- 이 명, 사회관계망이 노인의 사회참여에 미치는 영향 연구, 국제신학대학교대학원 박사학위논문, 2015.

- 이명현, 시민권과 기본소득: 호혜성원리 중심의 고찰, 사회보장연구, 제26권 제4호, 한국사회보장학회, 2010.
- 이명호, 공동체의 위기와 복원에 관한 탐색적 연구: 향촌공동체와 마을공동체를 중심으로, 사회사상과 문화, 제19권 제1호, 동양사회사상학회, 2016.
- 이미숙, 지역사회의 네트워크 활성화 요인에 관한 연구: 금천구 사례, 서울시립대학교대학원 박사학위논문, 2007.
- 이민영, 민간기업과 공공조직 구성원의 사회적 네트워크 특성, 인하대학교대학원 박사학위논문, 2008.
- 이선미, 근대사회이론에서 공동체 의미에 대한 비판적 연구, 한국사회학, 제4권 제5호, 한국사회학회, 2008.
- 이성조, 사회적 자본정책의 우선순위 결정에 관한 연구: 대전광역시 정책을 중심으로, 배재대학교대학원 박사학위논문, 2014.
- 이 수, 중국농촌 관광지역의 사회적 자본이 관광개발 성과에 미치는 영향, 한양대학교대학원 박사학위논문, 2016.
- 이승종, 정부신뢰에 대한 종교의 영향, 한국행정학보, 제44권 제1호, 한국행정학회, 2010.
- 이윤희, 인천시민의 지역정체성에 관한 연구, 인천학 연구, 창간호, 인천발전연구원, 2002.
- 이은희, 후기 근대지역공동체의 성찰적 동학, 이화여자대학교대학원 박사학위논문, 2008.
- 이인숙, 지역사회 주민참여 결정요인과 사회자본 형성에 미치는 영향: 마을만들기 참여지역 주민을 중심으로, 한국사회복지학, 제67권 제2호, 도서출판 청목, 2016.
- 이자은, 도시재생정책에서 주민참여 경험에 대한 근거이론적 해석, 서울시립대학교대학원 박사학위논문, 2019.
- 이재열, 도시와 농촌의 지역공동체 복원, 국가균형발전위원회, 살기 좋은 지역만들기, 제이플러스애드, 2006.
- 이재혁, 시민사회의 변화와 사회적 자본 그리고 시민역량, 직업과 인력개발, 제10권 제3호, 한국능력개발원, 2007.
- 이정복, 노인평생교육에서의 사회적 자본 실태분석, 가천대학교대학원 박사학위논문, 2016.

- 이종수, 정부의 신뢰와 그 결정요인, 사회과학논집, 제32집, 연세대학교 사회과학연구원, 2001.
- 이진석, 사회적 네트워크 형성요인이 개인의 단체참여에 미치는 영향, 통계연보, 제18권 제2호, 통계청, 2013.
- 이희태, 지방정부의 경쟁력 강화를 위한 사회적 자본 확충전략: 부산광역시 해운대구를 중심으로, 지방행정연구, 제6권 제3호, 한국지방정부학회, 2012.
- 임선영, 지역사회 취약성과 다양성이 청소년의 사회적 자본에 미치는 영향, 경기대학교대학원 박사학위논문, 2015.
- 임신우, 기업의 지식경영 활성화를 위한 근로자 참여동기에 관한 연구, 대전대학교대학원 박사학위논문, 2018.
- 임우석, 사회적 자본과 노인 생활만족도의 관계에 관한 연구: 서울특별시를 중심으로, 서울시립대학교대학원 박사학위논문, 2009.
- 임 호, 지역공동체 활성화의 전망과 과제, 부산발전포럼, 제108호, 부산발전연구원, 2007.
- 임희섭, 현대 한국사회에서의 공동체 해체의 문제, 현대 한국사회의 진단과 처방, 한국사회학회, 1991.
- 장세훈, 커뮤니티개발과 주민참여, 국토, 통권 제221호, 국토연구원, 2000.
- 장손득, 지방정부의 사회적 자본 측정지표 개발과 관리에 관한 연구, 동의대학교대학원 박사학위논문, 2017.
- 장수찬, 한국 연줄사회의 근원과 사회적 신뢰, 한국NGO학회, 전자자료, 2008.
- 장용석 외, 한국의 사회적 자본과 갈등: 사회적 자본의 다면적 속성에 대한 재조명, 조사연구, 제10권 제2호, 한국조사연구학회, 2009.
- 장찬우, 기초단체의 문화예술 발전을 위한 협력적 로컬거버넌스 구축방안 연구: 아산시를 중심으로, 순천향대학교대학원 박사학위논문, 2017.
- 장태옥·김시영, 도시 및 지역개발에 있어 분권과 참여의 필요와 조건, 한국행정학보, 제18권 제1호, 한국행정학회, 1984.
- 장헌일, 커뮤니티행정을 위한 주민자치센터 운영에 관한 연구, 전남대학교대학원 박사학위논문, 2004.
- 전계영, 지역주민의 지방정부신뢰 영향요인 연구, 서울시립대학교대학원 박사학위논문, 2009.

- 전미리, 농촌지역 개발사업에서 사회적 자본(통합성, 연계성) 인식수준이 주민의 참여도에 미치는 영향, 서울시립대학교대학원 박사학위논문, 2019.
- 전병재, 비법률적 사회규범의 성격과 기능, 법학연구, 제8호, 연세대학교 법학연구소, 1998.
- 전영상, 협력적 거버넌스에 대한 공무원태도의 결정요인 분석, 건국대학교대학원 박사학위논문, 2006.
- 전지훈 외, 공동체 활동과 문화를 통한 지역발전연구, 한국정책학회, 전자자료, 2014.
- 정규호, 심의민주주의적 의사결정논리의 특성과 함의, 시민사회와 NGO, 제3권 제1호, 한양대학교출판부, 2005.
- 정근식, 지역정체성과 도시상징 연구를 위하여, 전남대학교 사회과학연구소, 지역사회 연구방법의 모색, 전남대학교출판부, 1997.
- 정두숙, 한국지방자치와 시민참여에 관한 연구, 조선대학교대학원 박사학위논문, 2006.
- 정 석, 마을단위 도시계획 실현방안(1): 주민참여형 마을만들기 사례연구, 서울시정개발연구원, 1999.
- 정성훈, 공동체주의 공동체의 한계와 현대적 조건에서의 현실적인 공동체, 도시인문학연구, 제8권 제2호, 서울시립대학교 도시인문학연구소, 2016.
- 정수용, 협력적 거버넌스의 성공요인에 관한 연구, 성균관대학교국정전문대학원 박사학위논문, 2016.
- 정용복, 미디어 이용특성이 지역사회자본과 정치참여에 미치는 영향, 한양대학교대학원 박사학위논문, 2014.
- 정우송, 대형 국책사업을 둘러싼 공공갈등과 협력적 거버넌스를 통한 해결방안에 관한 연구, 국민대학교대학원 박사학위논문, 2011.
- 정정화, 공공갈등과 합의형성: 심의민주주의의 적용과 한계, 한국행정논집, 제23권 제2호, 한국정부학회, 2002.
- 정 현·정문기, 사회적 자본이 주민참여에 미치는 영향, 지방행정연구, 제33권 제1호, 지방행정연구원, 2019.
- 조경복, 공유경제 실현과 지역경제 연계를 위한 협력적 로컬거버넌스 구축, 부경대학교대학원 박사학위논문, 2015.
- 조광식, 지역문화 거버넌스 형성에 관한 연구, 계명대학교대학원 박사학위

논문, 2007.
- 조남억, 청소년 집단활동 참여와 사회적 자본의 형성 가능성에 대한 이론적 고찰, 미래청소년학회지, 제5권 제3호, 미래청소년학회, 2008.
- 조남호, 지방자치단체 자원봉사 프로그램에의 주민참여 연구, 가톨릭대학교 대학원 박사학위논문, 2005.
- 조영복·김경원, 사회적 네트워크의 특성이 직무성과와 협력행동에 미치는 영향에 관한 연구, 인적자원관리연구, 제8권 제1호, 한국인적자원관리학회, 2011.
- 조일현, 팀내 사회적 네트워크와 신뢰가 지식공유와 팀유효성에 미치는 영향, 한국외국어대학교대학원 박사학위논문, 2020.
- 조창희, 규범의 기원과 사회적 의미, 학생생활연구, 청주대학교 학생생활연구소, 제7집, 1985.
- 종효명, 사회자본의 형성과 직업소득, 성균관대학교대학원 박사학위논문, 2007.
- 지희숙, 마을만들기사업에서 평생학습 매니저의 학습활동 분석, 공주대학교 대학원 박사학위논문, 2014.
- 차진영, 성장단계에 따른 차별적 마을공동체 활성화 영향요인 연구, 한국정치학회, 전자자료, 2017.
- 천지영, 도시지역 주거유형에 따른 사회적 자본의 비교분석, 서울시립대학교대학원 박사학위논문, 2009.
- 최강립, 도시정체성과 장소만들기: 장소만들기를 통한 도시정체성 확립의 방향, 도시문제, 통권 제469호, 대한지방행정공제회, 2007.
- 최경애, 지역공동체 활성화와 사회적 자본형성, 공공사회연구, 제6권 제4호, 한국공공사회학회, 2016.
- 최경옥, 지역사회 사회자본이 청소년 사회적 역량에 미치는 영향, 성공회대학교대학원 박사학위논문, 2015.
- 최경희, 지방자치단체 문화정책의 활성화 방안, 동의대학교대학원 박사학위논문, 2008.
- 최기조, 사회적 자본의 지역발전 기여도에 대한 실증연구, 고려대학교대학원 박사학위논문, 2009.
- 최문형 외, 공동체의식이 주민참여에 미치는 영향, 한국행정학보, 제49권

제2호, 한국행정학회, 2015.

- 최병두a, 살기 좋은 국토공간 만들기를 위한 지역공동체 복원방안, 도시문제, 제41권 제1호, 대한지방행정공제회, 2006.
- 최병두b, 살기 좋은 도시를 위한 지역공동체 복원방안, 지리학연구, 제40권 제4호, 국토지리학회, 2006.
- 최병두, 지역공동체와 지역정체성을 통한 지역발전 방안과 과제, 지역문화발전과 지역공동체 형성전략 모색 토론회 주제발표 논문, 국토연구원, 2007.
- 최보희, 로컬거버넌스를 통한 지역공동체 활성화에 관한 연구: 살기 좋은 지역만들기를 중심으로, 건국대학교대학원 박사학위논문, 2015.
- 최승호, 지역마을공동체 만들기운동의 발전방안 모색, 한·독사회과학논총, 제19권 제1호, 한·독사회과학회, 2009.
- 최영출, 지역의 사회자본 측정지표 설정, 지방정부연구, 제8권 제3호, 한국지방정부학회, 2004.
- 최은숙, 개인의 시회단체 참여수준과 기부·자원봉사의 관계, 서울시립대학교대학원 박사학위논문, 2012.
- 최이조, 민·군 협력거버넌스체제 구축방안에 관한 연구, 한남대학교대학원 박사학위논문, 2006.
- 최재필, 온-오프라인 사회적 네트워크가 업무성과와 경력성공에 미치는 영향, 국민대학교대학원 박사학위논문, 2013.
- 최종덕, 사회자본 형성을 위한 시민교육의 방향, 시민교육연구, 제39권 제4호, 한국사회과교육학회, 2006.
- 최종렬, 신뢰와 호혜성의 통합의 관점에서 바라본 사회자본: 사회자본 개념의 이념형적 구성, 전통과현대, 통권 제24호, 백산출판사, 2008.
- 최학유, 규범에 관한 연구, 인문과학연구, 창간호, 동아대학교 인문과학연구소, 1994.
- 한세억·주선옥, 시민참여의 한계와 대안적 논의, 한국지방정부학회, 전자자료, 2014.
- 한창묵, 주민중심의 자산을 활용한 지역발전방안 연구: 행촌마을 도시농업 사례를 중심으로, 전자자료. 2018.
- 허철행·허용훈, 한국사회자본의 한계와 전망, 한국행정논집, 제9권 제2호,

한국정부학회, 2007.
- 홍성만·이종원, 숙의거버넌스의 합의형성, 행정논총, 제47권, 서울대학교 행정대학원, 2009.
- 홍성모·황진수 외, 사회자본의 지역사회 참여에 관한 연구, 동북아논총, 제16권 제2호, 한국동북아학회, 2011.
- 홍영란, 사회적 자본형성을 위한 전략, 교육개발, 제34권 제4호, 한국교육개발원, 2007.
- 홍종득, 로컬거버넌스 구축에 관한 연구: 광명시 고속철도역 활성화 사례를 중심으로, 건국대학교대학원 박사학위논문, 2007.
- 홍혜승, 조직내 사회적 관계가 구성원의 조직행태에 미치는 영향, 성균관대학교국정전문대학원 박사학위논문, 2016.
- 황명주, 사회적 자본이 지역공동체의식과 협력적 거버넌스에 미치는 영향연구, 단국대학교대학원 박사학위논문, 2020.
- 황재성, 북한지역 개발전략의 유형화 연구: 거버넌스이론을 중심으로, 선문대학교대학원 박사학위논문, 2011.

2. 외국문헌

- Almond, G.A. & Verba, S.(1963). The Civic Culture: Political Attitudes and Democracy in Five Nations, Princeton: Princeton University Press.
- Ansell, C. & Gash,A.(2008). Collaborative Governance in Theory and Practive, Journal of Public Administration Research and Theory, 18(4): 543-571.
- Arnstein, S.(1969). A Ladder of Citizen Participation, Journal of the American Institute of Planners, 35(4): 216-224.
- Barber, B.R.(1984). Strong Democracy: Participatory Politics for a new Age, Berkeley: University of California Press.
- Bourdieu, P.(1986). The Forms of Capital. In J. G. Richardson, ed. Handbook of Theory and Research for the Sociology of Education, 241-258, New York: Greenwood.
- Coleman, J.S.(1990). Foundations of Social Theory, Cambridge, MA:

Harvard University Press.
- Coleman, J.S.(1988). Social Capital in the Creation of Human Capital, American Journal of Sociology 94, 95-120.
- Etzioni, A.(1975). A Comparative Analysis of Complex Organizations, New York: Free Press.
- Fukuyama, F.(1995). Trust: The social Virtues and the Creation of Prosperity, New York: Free Press.
- Grootaert, C. & Van Bastelare, T.(2002). Conclusion: measuring Impact and drawing Policy Implications. 341-350. In Thierry Van Bastelaer, ed. The Role of Social Capital in Development, Melbourne; Cambridge University Press.
- Hardin, R.(1990). Trusting Persons, Trusting Institutions. in Zecjhauser. R.J., ed. Strategy and Choice, 185-209. Cambridge University Press.
- Hillery, G.(1955). Definitions of Community: Areas of agreement, Rural Sociology, 20: 111-123.
- Keohane, R.O.(1986). Reciprocity in International Relations, International Organization, 40: 1-27.
- Lin, Nan.(2001). Social Capital: A Theory of Social Structure and Action, Cambridge: Cambridge University Press.
- McMillan, D.A. & Chavis.D.M.(1986). Sence of Community a Definition and Theory, Journal of Community Psychology, 14: 6-12.
- Newton, K. & Morris. P.(2000). Confidence in Public Institutions: faith, cluture or performance? Pharr, Susan.J. & Putnam.R.D. eds. Disaffected Democracies: Whats troubling the trilateral countries? Princeton: Princeton University Press.
- Nisbet, R.(1962). Community and Power(The Quest for Community), New York: Galaxy Book.
- Putnam, R.D.(1993a). Making Democracy Work: Civic Traditions in Modern Italy, Princeton: Princeton University Press.
- Putnam, R.D.(1993b). The Prosperous Community: Social Capital and Public Life, the American Prospects, 13: 35-42.

- Putnam, R.D.(1995). Bowling Alone: America's Declining Social Capital, Journal of Democracy, 6(1): 65-78.
- Sahlins, M.(1972). Stone Age Economics. Chicago: Aldine-Atherton.
- Simmel, G.(1971). The Metropolis and mental Life. In Warren. W. ed. New Perspectives on the American Community, 2nd ed. Chicago: Rand MaNally.
- Sztompka, P.(1996). Trust and Emerging Democracy, International Sociology, 11(1): 37-62.
- Tönnies, F.(1957). Community and Society(Gemeinschaft und Gesellschaft), New York: Harper & Row.
- Woolcock, M. & Narayan. D.(2000). Social Capital: Implications for Development Theory, Research and Policy, The World Bank Research Observer, 15(2): 225-249.
- Yamagishi, T. & Yamagishi. M.(1994). Trust and Commitment in the United States and Japan, Motivation and Emotion, 18(2): 129-166.
- 岩崎忠夫, 住民參加論(東京: 第一法規), 1984.
- 本田弘, 情報公開制度論(東京: 北樹出版社), 1989.

지역공동체 형성과 사회적 자본

초판 1쇄 발행 | 2022년 11월 1일
초판 2쇄 발행 | 2024년 11월 1일

저자 부 만 근

펴낸곳 온누리디앤피
등록 1995년 8월 31일 제51호
주소 제주특별자치도 제주시 신성로12길 21-2
전화 064-722-0086
팩스 064-755-3380
이메일 on21@hanmail.net

ISBN 978-89-94495-78-1 93300

값 20,000원